STAATSORGANISATIONSRECHT

2018

Ralf Altevers
Rechtsanwalt und Repetitor

ALPMANN UND SCHMIDT Juristische Lehrgänge Verlagsges. mbH & Co. KG
48143 Münster, Alter Fischmarkt 8, 48001 Postfach 1169, Telefon (0251) 98109-0
AS-Online: www.alpmann-schmidt.de

Zitiervorschlag: Altevers, Staatsorganisationsrecht, Rn.

Altevers, Ralf
Staatsorganisationsrecht
17., neu bearbeitete Auflage 2018
ISBN: 978-3-86752-584-8

Verlag Alpmann und Schmidt Juristische Lehrgänge
Verlagsgesellschaft mbH & Co. KG, Münster

Unterstützen Sie uns bei der Weiterentwicklung unserer Produkte.
Wir freuen uns über Anregungen, Wünsche, Lob oder Kritik an:
feedback@alpmann-schmidt.de

INHALTSVERZEICHNIS

LITERATURVERZEICHNIS

Verweise in den Fußnoten auf „RÜ" und „RÜ2" beziehen sich auf die Ausbildungszeitschriften von Alpmann Schmidt. Dort werden Urteile so dargestellt, wie sie in den Examensklausuren geprüft werden: in der RechtsprechungsÜbersicht als Gutachten und in der Rechtsprechungs-Übersicht 2 als Urteil/Behördenbescheid/Anwaltsschriftsatz etc.

RÜ-Leser wussten mehr: Immer wieder orientieren sich Examensklausuren an Gerichtsentscheidungen, die zuvor in der RÜ klausurmäßig aufbereitet wurden. Die aktuellsten RÜ-Treffer aus ganz Deutschland finden Sie auf unserer Homepage.

Abonnenten haben Zugriff auf unser digitales RÜ-Archiv.

Degenhart	Staatsrecht I, 33. Auflage 2017
Ehlers/Schoch	Rechtsschutz im Öffentlichen Recht, 2009
Friauf/Höfling	Berliner Kommentar zum GG (Loseblatt), 2017
Frotscher/Pieroth	Verfassungsgeschichte 16. Auflage 2017
Gröpl	Staatsrecht I, 9. Auflage 2017
Hölscheidt	Das Recht der Parlamentsfraktionen, 2001
Hömig	Grundgesetz 11. Auflage 2016
Ipsen	Staatsrecht I (Staatsorgansiationsrecht), 29. Auflage 2017
Isensee/Kirchhof	Handbuch des Staatsrechts der Bundesrepublik Deutschland, 3. Auflage 2013
Jarass/Pieroth	Grundgesetz für die Bundesrepublik Deutschland, 14. Auflage 2016
Kahl/Waldhoff/Walter	Bonner Kommentar zum GG (Loseblatt), 2017
Kloepfer/Greve	Staatsrecht kompakt 2. Auflage 2016

Maurer	Staatsrecht I, 7. Auflage 2017
Maunz/Dürig	Grundgesetz (Loseblatt) 2016
Maunz/Schmidt-Bleibtreu/ Klein/Bethge	Bundesverfassungsgerichtsgesetz (Loseblatt), 2017
vMünch/Mager	Staatsrecht I, 8. Auflage 2015
Morlok/Michael	Staatsorganisationsrecht, 3. Auflage 2017
Robbers	Verfassungsprozessuale Probleme in der öffentl.-rechtl. Arbeit, 2. Auflage 2005
Sachs	GG, 8. Auflage 2018
Sachs	Verfassungsprozessrecht, 4. Auflage 2016
Schlaich/Korioth	Das Bundesverfassungsgericht, 10. Auflage 2015
Schmidt	Staatsrecht, 3. Auflage 2013
Schmidt-Bleibtreu/Hofmann/ Henneke	Grundgesetz, 14. Auflage 2017
Schweitzer/Dederer	Staatsrecht III, 11. Auflage 2016
Sodan	Grundgesetz, 4. Auflage 2018
Stein/Frank	Staatsrecht, 21. Auflage 2010
von Mangoldt/Klein/Starck	Grundgesetz, 6. Auflage 2010
Z/W	Zippelius/Würtenberger, Deutsches Staatsrecht, 32. Auflage 2008

1. Teil: Vorbemerkung – Grundbegriffe – Verfassungsgeschichte

1. Abschnitt: Gegenstand und Einordnung des Verfassungsrechts

STAATSRECHT 1
die für die staatliche Grundordnung konstitutiven Rechtssätze

Allgemeines Staatsrecht
Rechtsbeziehungen der Staaten allgemein

Besonderes Staatsrecht
die einen bestimmten Staat betreffenden grundlegenden Rechtsnormen

= VERFASSUNGSRECHT

Grundrechte

Staatsorganisationsrecht

Das vorliegende Skript behandelt das **Staatsorganisationsrecht** und damit einen Teil des Verfassungsrechts. Die Begriffe Verfassungsrecht und Staatsrecht werden häufig synonym verwendet, obwohl sie nicht deckungsgleich sind.

A. Das Staatsrecht

Das **Staatsrecht** ist ein Teilbereich des Öffentlichen Rechts. Es befasst sich mit den 2
Rechtssätzen, die konstitutiv für die allgemeine staatliche Grundordnung sind (Aufbau und Organisation des Staates, grundlegende Bestimmungen über das Verhältnis des Bürgers zum Staat).

- Das **allgemeine Staatsrecht** behandelt dabei **abstrakt** die Rechtsbeziehungen der Staaten, d.h. Begriff, Entstehen und Untergang eines Staates, sein Handeln und die grundsätzlichen Beziehungen zwischen dem Staat und den seiner Macht unterworfenen Personen.
- Das **besondere Staatsrecht** betrachtet demgegenüber die sich auf einen bestimmten Staat beziehenden Rechtsnormen und ist daher praktisch mit dem **Verfassungsrecht identisch**.[1]

B. Das Verfassungsrecht der Bundesrepublik Deutschland

Das Verfassungsrecht der **Bundesrepublik Deutschland** ist weitgehend, aber nicht 3
ausschließlich, im Grundgesetz (GG) geregelt. Es umfasst das Staatsorganisationsrecht und die Grundrechte.

1 Zu weiteren, teilweise abweichenden Definitionen und Abgrenzungsversuchen vgl. Ipsen Staatsrecht I, Rn. 17 ff.; Maurer Staatsrecht I, § 1 Rn. 29 ff.; Morlok/Michael Staatsorganisationsrecht, Rn. 1 ff.

4 Die Vorschriften des Grundgesetzes bilden das sog. **formelle Verfassungsrecht**, d.h. die Regelungen, die in einer **Verfassungsurkunde** enthalten sind.

Die meisten Staaten haben eine geschriebene Verfassungsurkunde (wichtigste Ausnahme ist Großbritannien, wo sich verschiedene Verfassungsgesetze finden, z.B. die Magna Charta Libertatum, die Habeas-Corpus-Akte und die Bill of Rights).

5 Unter dem **materiellen Verfassungsrecht** versteht man demgegenüber alle für die staatliche Ordnung grundlegenden Regelungen. Es umfasst sämtliche dem (besonderen) Staatsrecht zugehörigen Rechtssätze, gleich auf welche Weise und an welcher Stelle diese kodifiziert sind.[2]

Allerdings gibt es im GG auch Vorschriften, die **nur formelles**, nicht aber materielles Verfassungsrecht darstellen, da sie für die staatliche Grundordnung irrelevant sind, z.B. Art. 27 GG: „Alle deutschen Kauffahrteischiffe bilden eine einheitliche Handelsflotte" und Art. 48 Abs. 3 S. 2 GG: Die Abgeordneten „haben das Recht der freien Benutzung aller staatlichen Verkehrsmittel."

Zum materiellen Verfassungsrecht der Bundesrepublik zählen deshalb – neben den grundgesetzlichen Vorschriften –

6 ■ die grundlegenden Vorschriften des **Einigungsvertrages** (EV) zwischen der Bundesrepublik Deutschland und der ehemaligen DDR:[3]

Der EV regelt den Beitritt der DDR zur Bundesrepublik Deutschland und dessen Rechtsfolgen. Insbesondere setzt er das GG im Beitrittsgebiet in Kraft und trifft die Regelungen zur Überleitung der Rechtsordnung der Bundesrepublik Deutschland im Zuge der Herstellung der staatlichen Einheit. Die DDR hört mit dem Wirksamwerden des Beitritts auf zu bestehen, die Hoheitsgewalt der Bundesrepublik Deutschland wird auf das Beitrittsgebiet erstreckt. Insoweit ist der EV dem Verfassungsrecht zuzuordnen.

7 ■ **einfache Gesetze**, soweit sie die **staatliche Grundordnung** betreffen,

z.B. Staatsangehörigkeitsgesetz (StAG), PUAG, Bundeswahlgesetz (BWG), Bundesverfassungsgerichtsgesetz (BVerfGG);

8 ■ **Geschäftsordnungen der Verfassungsorgane**,

z.B. GO Bundestag, GO Bundesrat, GO Bundesregierung.

---

2 vMünch/Mager Staatsrecht I, Rn. 7.

3 BVerfG DVBl. 1996, 1365.

2. Abschnitt: Die verfassungsgeschichtliche Entwicklung des GG

9

Entstehung und Entwicklung des GG

- **Vorläufer:** Paulskirchen-Verfassung 1848
  Reichsverfassung 1871
  Weimarer Reichsverfassung 1919
- **Vorarbeiten:** Herrenchiemseer Verfassungskonvent 1948
  Parlamentarischer Rat 1948/49
- nach Annahme durch die Länderparlamente (Art. 144 Abs. 1 GG – außer Bayern), Zustimmung der Alliierten, **Inkrafttreten** mit Ablauf des **23.05.1949**
- seit dem 03.10.1990 Geltung für das gesamte Deutsche Volk
- bisher 57 Änderungsgesetze mit ca. 185 Einzeländerungen, insbes.
  - Wehrverfassung (1956)
  - Notstandsverfassung (1968)
  - Beitritt DDR (1990)
  - Europäische Integration (1993)
  - Kleine Verfassungsreform (1994)
  - Föderalismusreform I (2006)
  - Vertrag von Lissabon (2008/2009)
  - Föderalismusreform II (2009)

1848/49

Nach der Märzrevolution von 1848 trat in der **Frankfurter Paulskirche** eine verfassunggebende Nationalversammlung zusammen. Dabei wurden ein Grundrechtskatalog und eine **Deutsche Reichsverfassung** verabschiedet. Sie sah einen Bundesstaat mit dem preußischen König als Erbkaiser und eine gewählte Volksvertretung vor. Weil sie durch den preußischen König und andere Einzelstaaten abgelehnt wurde, ist sie nie in Kraft getreten.[4] 10

1871

Nach dem Deutsch-Französischen Krieg 1870/71 wurde das Deutsche Reich gegründet und die **Reichsverfassung vom 16.04.1871** erlassen. Das Deutsche Reich bestand aus 25 Einzelstaaten. Staatsoberhaupt des Gesamtstaates war der Deutsche Kaiser als konstitutioneller Monarch. Die Regierungsgeschäfte wurden vom Reichskanzler geführt, der vom Kaiser ernannt wurde. Der Reichskanzler war Vorsitzender des Bundesrates, der sich aus Vertretern der Einzelstaaten zusammensetzte. Dem 11

4 Zu den Einzelheiten der Paulskirchen-Verfassung vgl. Frotscher/Pieroth Verfassungsgeschichte, § 11; Maurer Staatsrecht I, § 2 Rn. 48 ff.; Morlok/Michael Staatsorganisationsrecht, Rn. 19 ff.

Reichstag als gewählter Volksvertretung stand zwar das Recht zur Gesetzgebung zu, die **Gesetze bedurften aber stets der Zustimmung des Bundesrates („Zwei-Kammer-System")**. Der Reichstag hatte keinen Einfluss auf die Regierungsbildung und vermochte (bis 1918) auch den Reichskanzler nicht zu stürzen, der lediglich vom Vertrauen des Kaisers abhängig war. Einen Grundrechtskatalog enthielt die Reichsverfassung von 1871 nicht.[5]

1919

12 Nach dem Ende des Kaiserreiches trat 1919 in Weimar eine Nationalversammlung zusammen und erließ eine neue Verfassung **(Weimarer Reichsverfassung)**. Deutschland wurde zum republikanischen Bundesstaat. Wichtigstes Organ der parlamentarischen Demokratie wurde der Reichstag als Legislativorgan; geringere Bedeutung hatte der Reichsrat als Vertretung der Länder. Die Reichsregierung unter Führung des Reichskanzlers war abhängig vom Vertrauen des Parlaments. Repräsentatives Staatsoberhaupt war der unmittelbar vom Volk für sieben Jahre gewählte Reichspräsident, dem einige wichtige Befugnisse zustanden, z.B. Auflösung des Reichstages (Art. 25 WRV), Oberbefehl über die Reichswehr (Art. 47 WRV) und das sog. Notverordnungsrecht nach Art. 48 WRV. Die WRV enthielt zwar einen Grundrechtsteil (Art. 109 ff.), jedoch wurden die Grundrechte nur als Programmsätze verstanden, die keine unmittelbare Bindung der Staatsgewalt bewirkten.[6]

Im Anschluss an die Machtübernahme durch die Nationalsozialisten **1933** wurde die Weimarer Reichsverfassung zwar nicht offiziell, aber durch Übergang zur diktatorischen Staatsform doch **praktisch außer Kraft** gesetzt.

Insbesondere durch das sog. Ermächtigungsgesetz vom 24.03.1933, wonach Reichsgesetze außer durch den Reichstag, auch durch die Reichsregierung beschlossen werden konnten.

1945–1949[7]

13 Nach der Kapitulation Deutschlands im Mai 1945 wurde die Staatsgewalt durch die vier Siegermächte übernommen, eine Annexion erfolgte jedoch ausdrücklich nicht. Im Juli 1948 ermächtigten die drei **westlichen Militärgouverneure** die Ministerpräsidenten in den neu geschaffenen Ländern, statt einer Verfassung zunächst ein „vorläufiges Grundgesetz" zu erarbeiten **(„Frankfurter Dokumente")**. Anlässlich des **Herrenchiemseer Verfassungskonvents** im August 1948 erstellten Sachverständige einen ersten Entwurf als Diskussionsgrundlage. 1948/49 tagte dann in Bonn der **Parlamentarische Rat** (dessen Mitglieder von den Landtagen gewählt wurden) und erarbeitete die endgültige Fassung des Grundgesetzes, auf die die Alliierten jedoch durch wiederholte Intervention nicht unerheblich Einfluss nahmen. Der Parlamentarische Rat nahm das Grundgesetz am 08.05.1949 an (vgl. Art. 145 Abs. 1 GG). Anschließend erklärten die Alliierten unter Anbringung gewisser Vorbehalte ihre Zustimmung. Nach Billigung durch die Länderparlamente (Art. 144 Abs. 1 GG) – ausgenommen Bayern, das aber seine Zugehörigkeit zur Bundesrepublik Deutschland

5 Zu den Einzelheiten vgl. Frotscher/Pieroth Verfassungsgeschichte, § 13; Maurer Staatsrecht I, § 2 Rn. 54 ff.

6 Vgl. Katz Staatsrecht, Rn. 551: „Unter der WRV galten die Grundrechte im Rahmen der Gesetze, während nach dem GG die Gesetze im Rahmen der Grundrechte gelten."

7 Vgl. i.E. Morlok/Michael Staatsorganisationsrecht, Rn. 104 ff.

ausdrücklich bestätigte – trat das Grundgesetz mit Ablauf des 23.05.1949 in Kraft (Art. 145 Abs. 2 GG).[8]

Die Nachkriegsentwicklung in der **sowjetisch besetzten Zone** war geprägt durch grundlegende Änderungen in den Bereichen Industrie und Landwirtschaft. Wichtigstes Mittel war die sog. **Bodenreform**, in deren Vollzug umfangreiche Enteignungen erfolgten. 14

Vgl. Art. 143 Abs. 3 GG, wonach entschädigungslose **Enteignungen** aus der Zeit der „Demokratischen Bodenreform" (1945–1949), die auf besatzungsrechtlicher Grundlage erfolgten, für irreversibel erklärt werden (vgl. Art. 41 Einigungsvertrag). Das BVerfG[9] hat hierin keinen Verstoß gegen den – Verfassungsänderungen allein einschränkenden – Art. 79 Abs. 3 GG gesehen: Art. 143 Abs. 3 GG greife nicht in den Menschenwürdegehalt des Art. 1 GG ein. Es handele sich um Akte fremder Staatsgewalt, die zwar entschädigungsloser Eigentumsentzug, aber keine menschenunwürdigen Verfolgungsmaßnahmen seien.[10]

Art. 3 Abs. 1 GG fordert jedoch auch nach Auffassung des BVerfG für diese Enteignungen gewisse Wiedergutmachungszahlungen, wenn auch keine Enteignungsentschädigung i.S.d. Art. 14 Abs. 3 GG.[11]

Die **Verfassungsgebung** in Ostdeutschland wurde geprägt durch die Arbeiten der sog. Volkskongresse in den Jahren 1948/49. Auf dieser Grundlage trat am 07.10.1949 die (erste) Verfassung der DDR in Kraft.

Die Verfassung der DDR wurde 1968 grundlegend novelliert (zweite Verfassung) und diese wiederum im Jahre 1974 neu gefasst (dritte Verfassung).

■ 1949–1989

Sowohl das Grundgesetz als auch die Verfassung der DDR gingen 1949 von dem Fortbestand eines einheitlichen deutschen Staates aus.[12] 15

Daher entsprach es der h.M., dass durch die Kapitulation Deutschlands im Mai 1945 das Deutsche Reich **nicht untergegangen** sei. Mit der Errichtung der Bundesrepublik wurde nicht etwa ein neuer Staat gegründet, sondern nur ein Teil Deutschlands neu organisiert. Die Bundesrepublik Deutschland war nicht „Rechtsnachfolger" des Deutschen Reiches, sondern als Staat identisch mit dem Staat „Deutsches Reich", in Bezug auf seine räumliche Ausdehnung allerdings nur teilweise.[13]

In der Folgezeit entwickelten sich die Bundesrepublik und die DDR jedoch praktisch zu selbstständigen Staaten, sodass der **Grundlagenvertrag 1972** erstmals von den 16

---

8 Zur Entstehung des Grundgesetzes vgl. Frotscher/Pieroth Verfassungsgeschichte, §§ 20, 21; Maurer Staatsrecht I, § 3; Ipsen Staatsrecht I, Rn. 26 ff. – Zur Verbindlichkeit des Grundgesetzes für Bayern vgl. Bay VerfGH NVwZ 1991, 1073.

9 BVerfGE 84, 90; 94, 12.

10 Zustimmend Sendler DÖV 1994, 401 ff.; Uechtritz DVBl. 1996, 1218 ff.; vgl. auch EGMR NJW 1996, 2291: Restitutionsausschluss kein Verstoß gegen die Europäische Menschenrechtskonvention. Kritisch Leisner NJW 1991, 1569 ff.; NJW 1995, 1513 ff.; Wasmuth NJW 1993, 2476 ff.; DÖV 1994, 986 ff.; vSchlieffen NJW 1998, 1688 ff., die Art. 143 Abs. 3 GG teilweise als verfassungswidrige Verfassungsnorm qualifizieren.

11 Vgl. das Entschädigungs- und Ausgleichsleistungsgesetz (BGBl. I 1994, 2640), dessen Verfassungsmäßigkeit – im Hinblick auf Art. 3 Abs. 1 GG – umstritten ist; vgl. Motsch NJW 1995, 2249 ff.; Uechtritz DVBl. 1995, 1158 ff.; jeweils m.w.N.

12 Vgl. Art. 1 Abs. 1 Verf DDR (1949): „Deutschland ist eine unteilbare demokratische Republik".

13 So die zuletzt herrschende Theorie von der Teilidentität; vgl. BVerfGE 36, 1, 15 (zum Grundlagenvertrag von 1972); BVerfGE 77, 137, 155; BVerfG DVBl. 1995, 286, 288; BayVerfGH NVwZ 1991, 1073; anders die in den 50er-Jahren entwickelte Identitätstheorie, wonach allein die Bundesrepublik mit dem Deutschen Reich identisch sei und die DDR als „lokales de facto Regime" qualifiziert wurde (sog. Alleinvertretungsanspruch).

„beiden deutschen Staaten" sprach.[14] Nach westlicher Auffassung bestand jedoch weiterhin ein einheitliches deutsches Staatsgebiet mit einem einheitlichen deutschen Staatsvolk, insbes. war die DDR im Verhältnis zur Bundesrepublik **kein Ausland**. Es bestanden sog. **inter-se-Beziehungen**.

Demgegenüber vertrat die DDR seit 1952 die sog. Zwei-Staaten-Lehre: Das Deutsche Reich sei durch Aufspaltung in zwei selbstständige Staaten untergegangen.[15] Deswegen wurde z.B. 1967 rückwirkend eine eigene DDR-Staatsbürgerschaft eingeführt.

17 ■ **1956: Wehrverfassung**[16]

u.a. Einfügung von Art. 17 a, 87 a GG

18 ■ **1968: Notstandsverfassung**[17]

u.a. Einfügung von Art. 10 Abs. 2 S. 2, 20 Abs. 4, 53 a, 80 a, 115 a ff. GG

■ **1989/90: Einigungsvertrag**

19 Eine friedliche Revolution führte im November 1989 zur Beseitigung des kommunistischen Systems in der DDR. Schon bald traten die Aspekte der Wiederherstellung der staatlichen Einheit in den Mittelpunkt der politischen Diskussion. Nachdem die Alliierten ihre Bedenken und Vorbehalte aufgegeben hatten, wurde aufgrund des **Einigungsvertrages** vom 31.08.1990 (im Folgenden: EV) durch den Beitritt der DDR zur Bundesrepublik nach Art. 23 GG a.F. die **staatliche Einheit** Deutschlands vollendet. Seit dem 03.10.1990 gilt das Grundgesetz damit für das gesamte Deutsche Volk (Satz 3 der Präambel und Art. 146 GG).[18]

Mit dem Beitritt ist die **DDR** Teil des Staates „Bundesrepublik Deutschland" geworden und damit als **Völkerrechtssubjekt untergegangen**.

Die Rechte aus dem EV stehen gemäß Art. 44 EV nunmehr den neuen Ländern zu.[19] Die nicht verfassungsändernden Vorschriften des Einigungsvertrages haben allerdings – auch soweit sie zum materiellen Verfassungsrecht zählen (oben S. 2) – nur den Rang einfachen Bundesrechts (Art. 45 Abs. 2 EV) und können daher jederzeit vom Bundesgesetzgeber geändert und aufgehoben werden.[20]

20 Die rechtliche Identität der Bundesrepublik ist durch den Beitritt unberührt geblieben. Sie ist nach wie vor **dasselbe Völkerrechtssubjekt** und ist nach h.M. mit dem Völkerrechtssubjekt „Deutsches Reich" identisch. Verträge und Rechtsbeziehungen, die durch die Bundesrepublik vor dem Beitritt begründet wurden, gelten unverändert fort und erstrecken sich nunmehr auch auf das neue Staatsgebiet (vgl. auch Art. 11 EV).[21]

---

14 BVerfG NJW 1995, 1811; NJW 1997, 929: „Die DDR war im Sinne des Völkerrechts – unabhängig von ihrer völkerrechtlichen Anerkennung durch die Bundesrepublik (vgl. dazu BVerfGE 36, 1, 22) – ein Staat und als solcher Völkerrechtssubjekt".

15 Vgl. Rauschning JuS 1991, 977, 978.

16 Zu Einzelheiten der sog. Wehrverfassung (4. Gesetz zur Ergänzung des GG v. 26.03.1954 und 7. Gesetz zur Ergänzung des GG v. 19.03.1956) Maurer Staatsrecht I, § 5 Rn. 14 ff.; Morlok/Michael Staatsorganisationsrecht, Rn. 114.

17 Zur sog. Notstandsverfassung (17. Gesetz zur Ergänzung des GG v. 24.06.1968) vgl. i.E. Maurer Staatsrecht I, § 5 Rn. 17 f.; Morlok/Michael Staatsorganisationsrecht, Rn. 114.

18 Zum Beitritt der DDR vgl. Pestalozza Jura 1994, 561 ff.; Ipsen Staatsrecht I, Rn. 29 ff.

19 Vgl. dazu BVerfG DVBl. 1996, 1365.

20 Vgl. Klein DÖV 1991, 569, 571; vMünch NJW 1991, 865, 868.

21 vMünch NJW 1991, 865, 868; Schnappauf DVBl. 1990, 1249, 1254; Blumenwitz NJW 1990, 3041, 3048.

Wesentlich für die Rechtsstellung des vereinten Deutschlands ist vor allem der mit den ehemaligen Alliierten am 12.09.1990 geschlossene „Vertrag über die abschließende Regelung in Bezug auf Deutschland" (sog. **Souveränitätsvertrag, „Zwei-plus-Vier-Vertrag"**), der die Wiedervereinigung ermöglichte und die Außengrenzen Deutschlands endgültig festlegte (insbesondere die Oder-Neiße-Grenze). Nach Art. 7 des Vertrages hat das vereinte Deutschland **volle Souveränität** über seine inneren und äußeren Angelegenheiten.

Zuvor bestand lediglich eine eingeschränkte Souveränität unter dem Vorbehalt der Verantwortlichkeit der Siegermächte für „Deutschland als Ganzes".[22]

Die förmliche Festlegung der deutschen Ostgrenze erfolgte schließlich durch den deutsch-polnischen Grenzvertrag vom 14.11.1990.[23]

1994: (Kleine) Verfassungsreform

Art. 5 EV empfahl den gesetzgebenden Körperschaften des vereinten Deutschlands, sich innerhalb von zwei Jahren mit den im Zusammenhang mit der deutschen Einigung aufgeworfenen Fragen zur Änderung oder Ergänzung des Grundgesetzes zu befassen. Dabei sollte vor allem geprüft werden, ob und inwieweit Verfassungsänderungen in Bezug auf die Stärkung föderaler Strukturen und auf Staatszielbestimmungen erforderlich sind. Ferner sollte die Bedeutung und Handhabung des Art. 146 GG geklärt werden. **21**

Aufgrund der Empfehlung des Art. 5 EV wurde 1992 eine **Gemeinsame Verfassungskommission** von Bundestag und Bundesrat gebildet, die ihren Abschlussbericht Ende Oktober 1993 vorlegte. Im Verlauf der Beratungen wurden ca. 80 Änderungs- und Ergänzungsanträge beraten, aber nur wenige grundlegende Empfehlungen beschlossen.[24]

Ein wichtiger Bereich betraf die **Europäische Integration** und dabei die Voraussetzungen für das Inkrafttreten der sog. Maastrichter Verträge. Insoweit ist in das Grundgesetz vor allem ein neuer Art. 23 eingefügt und Art. 24 ergänzt worden. Außerdem wurde durch Art. 28 Abs. 1 S. 3 GG die Grundlage eines Kommunalwahlrechts für EU-Bürger geschaffen.[25] Während diese Änderungen bereits Ende 1992 vorab in Kraft traten, verzögerte sich die übrige Verfassungsreform bis zum November 1994, die sich – mangels Konsensfähigkeit im Übrigen – auf einige wenige Punkte beschränkte, u.a.: **22**

- Verpflichtung des Staates zur Förderung der tatsächlichen Durchsetzung der **Gleichberechtigung** von Frauen und Männern (Art. 3 Abs. 2 S. 2 GG), **23**
- Einführung des **Umweltschutzes** als Staatsziel (Art. 20 a GG),
- Stärkung der **Gesetzgebungskompetenz der Länder** durch Änderung der Art. 72 ff. GG,
- Straffung des **Gesetzgebungsverfahrens** (Art. 76, 77 GG).

Ebenso wurde auf die Bedeutung und Handhabung des Art. 146 GG nicht näher eingegangen.

22 Zum Souveränitätsvertrag vgl. Ipsen Staatsrecht I, Rn. 32; Blumenwitz NJW 1990, 3041 ff.; Rauschning DVBl. 1990, 1275 ff.

23 Dazu BVerfG NJW 1992, 3222, wonach das Zustimmungsgesetz zu diesem Vertrag mangels entsprechender Regelung keine Grundrechte (insbesondere Art. 14 GG) der aus den ehemaligen Ostgebieten vertriebenen Deutschen verletzt.

24 Vgl. BT-Drucks. 12/6000; Maurer Staatsrecht I, § 5 Rn. 27 ff.; Morlok/Michael Staatsorganisationsrecht, Rn. 54 f.; Rubel JA 1993, 12 u. 296.

25 Maurer Staatsrecht I, § 4 Rn. 1 ff., 23 ff.; Morlok/Michael Staatsorganisationsrecht, Rn. 56 f.

Art. 146 GG ermöglicht nach h.M. keine Verfassungsablösung, sondern – abweichend von Art. 79 GG – die Möglichkeit einer Beschlussfassung des Volkes über eine Verfassungsreform, die aber ihrerseits in vollem Umfang an die Vorgaben des Art. 79 Abs. 2 und 3 GG gebunden ist. Da Art. 146 GG das Verfahren selbst nicht regelt, muss es mit den erforderlichen **2/3-Mehrheiten** beschlossen werden (also z.B. die Einführung eines Referendums oder die Einberufung einer verfassunggebenden Nationalversammlung).[26]

2006: Föderalismusreform I

24 Allgemeines Ziel dieser Reform ist eine Modernisierung der bundesstaatlichen Ordnung. Umgesetzt werden soll die Reform durch umfangreiche **Grundgesetzänderungen** sowie **Änderungen von Begleitgesetzen** (z.B. BVerfGG), die im Wesentlichen zum 01.09. bzw. 12.09.2006 in Kraft getreten sind.

Im Wesentlichen werden konkret folgende Ziele verfolgt:

- **Reform der Mitwirkungsrechte des Bundesrates** durch Abbau der Zustimmungsrechte (Art. 84 Abs. 1 GG n.F.) und Einführung neuer Fälle der Zustimmungsbedürftigkeit bei Bundesgesetzen mit erheblichen Kostenfolgen für die Länder (Art. 104 a Abs. 4 GG n.F.);
- **Reform und Straffung der Gesetzgebungskompetenzen** durch Abschaffung der Rahmengesetzgebung (Art. 75 GG a.F.) und Neuordnung des Kataloges der konkurrierenden Gesetzgebung (Art. 74 Abs. 1 GG n.F.), verbunden mit einer Reduzierung des Anwendungsbereichs der Erforderlichkeitsklausel (Art. 72 Abs. 2, 93 Abs. 2 GG n.F.) und der Einführung einer Abweichungsgesetzgebung in bestimmten Gesetzgebungsbereichen (Art. 72 Abs. 3 GG n.F.);
- **Stärkung der Europatauglichkeit des Grundgesetzes** u.a. durch eine Neuregelung der Außenvertretung (Art. 23 Abs. 6 S. 1 GG n.F. i.V.m. §§ 6 Abs. 2 n.F.; 7 Abs. 4 – neu – Gesetz über die Zusammenarbeit von Bund und Ländern in Angelegenheiten der EU) und Regelungen zu einem nationalen Stabilitätspakt (Art. 109 Abs. 5 GG n.F. i.V.m. **SanktionsaufteilungsG**) sowie zur Verantwortlichkeit für die Einhaltung von supra-nationalem Recht (Art. 104 a Abs. 6 GG n.F. i.V.m. LastentragungsG);
- **Entflechtung der Finanzverantwortung** von Bund und Ländern (Art. 91 a, b; 143 c GG i.V.m. **EntflechtungsG**);
- **Verbot des Bundesdurchgriffs** auf die kommunale Ebene (Art. 84 Abs. 1 S. 7, 85 Abs. 1 S. 2 GG).

2007/2008: Vertrag von Lissabon

25 Der Vertrag von Lissabon vom 13.12.2007, durch den der Vertrag über die Europäische Union und der Vertrag zur Gründung der Europäischen Gemeinschaft geändert wird, erweitert u.a. die Zuständigkeiten der EU, die Möglichkeiten im Rat mit qualifizierter Mehrheit abzustimmen und verstärkt die Beteiligung des Europäischen Parlaments im Rechtssetzungsverfahren. Er löst die bisherige Säulenstruktur auf und verleiht der EU eine eigene Rechtspersönlichkeit.[27]

---

26 Erichsen Jura 1992, 52, 55; Jarass/Pieroth GG, Art. 146 Rn. 4; Ipsen Staatsrecht I, Rn. 36 ff.; Maurer Staatsrecht I, § 22 Rn. 23 f.; Degenhart Staatsorganisationsrecht, Rn. 44 f.

27 BVerfG RÜ 2009, 519; Ipsen Staatsrecht I, Rn. 49; Schweitzer/Dederer Staatsrecht III, Rn. 773 f.

Insbesondere zum Schutz der Rechte und zum besseren Schutz der Rechte des Bundestages und des Bundesrates wurden zeitgleich mit dem Zustimmungsgesetz auch sog. **Begleitgesetze** erlassen, u.a. das Gesetz zur Umsetzung der Grundgesetzänderungen für die Ratifizierung des Vertrages von Lissabon. Eingefügt wurde ein neuer Art. 23 Abs. 1 a GG, neugefasst wurden Art. 45 und Art. 93 Abs. 1 Nr. 2 GG.[28] Die Grundgesetzänderungen sind am 01.12.2009, gleichzeitig mit dem Vertrag von Lissabon, in Kraft getreten.[29]

- **2009: Föderalismusreform II**

Die Föderalismusreform II betrifft in erster Linie die Finanzbeziehungen von Bund und Ländern und führt mit Wirkung zum 01.08.2009 u.a. eine sog. Schuldenbremse in Art. 109 Abs. 3 GG n.F. sowie die Möglichkeit eines sog. Stabilitätsrates in Art. 109 a GG ein. Weitere Einzelheiten sind in einem Begleitgesetz geregelt. **26**

3. Abschnitt: Der Begriff des Staates – Die Drei-Elementen-Lehre

Zusammenfassende Übersicht unten Rn. 36.

Nach der von Jellinek[30] begründeten Drei-Elementen-Lehre ist der Staat ein soziales Gebilde, dessen konstituierende Merkmale ein bestimmtes Territorium **(Staatsgebiet)**, eine darauf ansässige Gruppe von Menschen **(Staatsvolk)** und eine faktisch wirksame **Staatsgewalt** sind.[31] **27**

Hinweis: *Gemäß Art. 4 UN-Charta können nur Staaten Mitglieder der Vereinten Nationen werden.*

A. Staatsgewalt

I. Völkerrechtliche Anforderungen

Staatsgewalt ist die originäre, effektive und selbstorganisationsfähige Herrschaftsmacht über das Staatsgebiet und das Staatsvolk.[32] **28**

1. Staatsgewalt setzt **Herrschaftsmacht** voraus. Diese erstreckt sich vor allem darauf, eine rechtliche Ordnung (Verfassung) für das Zusammenleben zu geben. Deshalb muss die Macht zumindest mit dem Anspruch auftreten, dass ihre Anordnungen von Rechts wegen verbindlich und zu beachten sind. „Macht" bedeutet dabei die Möglichkeit, die auf dem eigenen Willen beruhenden Anordnungen durchzusetzen. Das braucht nicht durch Zwang zu erfolgen, sondern geschieht ganz überwiegend dadurch, dass Anordnungen erlassen und von dem Betroffenen aufgrund der Einsicht in ihre Richtigkeit und

---

28 Vgl. ausführlich zu den Begleitgesetzen Wüstenbecker RÜ 2009, 668, 669 f.

29 Vgl. Art. 6 EUV-Lissabon.

30 Allgemeine Staatslehre, 3. Aufl., S. 394 f.

31 Ipsen Staatsrecht I, Rn. 5; Schweitzer/Dederer Staatsrecht III, Rn. 540 f.; Degenhart Staatsorganisationsrecht, Rn. 1 ff.; Hölscheidt u.a. Jura 2005, 83, 85 ff.; BVerwG DVBl. 1994, 519 f.

32 BVerwG DVBl. 1994, 519 f.; Maurer Staatsrecht I, § 1 Rn. 7.

Notwendigkeit freiwillig befolgt werden. Die Möglichkeit, Zwang anzuwenden, ist beim Staat aber unverzichtbar.

Kehrseite dieser Macht des Staates ist, dass andere Gruppen im Staat bzw. der einzelne Bürger kein Recht zur Gewaltanwendung haben **(Gewaltmonopol des Staates)**.[33]

2. Die Staatsgewalt muss **effektiv** ausgeübt werden, d.h. dass der Staat in der Lage sein muss, sowohl innerstaatlich sein Recht durchzusetzen,[34] als auch auf internationaler Ebene seinen völkerrechtlichen Verpflichtungen nachzukommen.

3. Die Staatsgewalt muss **originär**, d.h. unabgeleitet von fremder Macht oder Staatsgewalt sein. Das ist nicht der Fall, wenn sie ihre Befugnisse von einer anderen Stelle im Staat (z.B. einer Partei oder einer ständischen Gruppe) oder außerhalb des Staates (z.B. von einem anderen Staat, wie bei einer Kolonie oder einem Protektorat) ableitet.

II. Aussagen des Grundgesetzes

29 Gemäß Art. 20 Abs. 2 S. 1 GG geht alle Staatsgewalt vom Volke aus (einheitliche Trägerschaft beim Volk; Volkssouveränität).

Die Ausübung der Staatsgewalt erfolgt gemäß Art. 20 Abs. 2 GG (naturgemäß) nicht durch das Volk, sondern durch besondere Organe der Gesetzgebung, der vollziehenden Gewalt und der Rspr. (Grundsatz der Gewaltenteilung). Man spricht von der **repräsentativen Demokratie**.[35]

B. Staatsgebiet – Gebietshoheit

I. Völkerrechtliche Anforderungen

30 Staatsgebiet ist die durch Grenzen gekennzeichnete Zusammenfassung von geografischen Räumen und einer gemeinsamen Rechtsordnung. Es ist der Bereich, in dem ein Staat grundsätzlich gegenüber allen Personen oder Sachen Zwangsgewalt ausüben und die hoheitliche Einwirkung eines anderen Staates abwehren darf (sog. **Gebietshoheit**).[36]

Die Grenzen des Staatsgebiets bestimmen sich nach völkerrechtlichen Grundsätzen und Verträgen.[37]

II. Staatsgebiet der Bundesrepublik Deutschland

31 Das Gebiet der Bundesrepublik Deutschland (Bundesgebiet) besteht aus den Gebieten der 16 deutschen Bundesländer (vgl. auch S. 2 der Präambel zum GG). Dabei ist jedes Landesgebiet gleichzeitig Bundesgebiet und andererseits gibt es kein Bundesgebiet,

---

33 Maurer Staatsrecht I, § 1 Rn. 14.

34 BVerfG NJW 2009, 2267 Rn. 331 f.

35 Jarass/Pieroth GG, Art. 20 Rn. 8; Kloepfer/Greve Staatsrecht kompakt, Rn. 112.

36 Morlok/Michael Staatsorganisationsrecht, § 1 Rn. 3.

37 Vgl. dazu Maurer Staatsrecht I, § 1 Rn. 7.

das nicht gleichzeitig Landesgebiet wäre, also kein bundesunmittelbares Gebiet (wie z.B. der Hauptstadtdistrikt Washington D.C.).

C. Staatsvolk – Personalhoheit

I. Völkerrechtliche Anforderungen

Staatsvolk ist die Gesamtheit aller Staatsangehörigen in umfassender Lebensgemeinschaft. Die Ausgestaltung des Staatsangehörigkeitsrechts überlässt das Völkerrecht den einzelnen Staaten, soweit bestimmte Anknüpfungspunkte beachtet werden. Anerkannt sind insoweit das Geburtsort- bzw. **Territorialprinzip**, wonach alle Personen, die auf dem Staatsgebiet geboren werden, automatisch die Staatsangehörigkeit erlangen, und das **Abstammungsprinzip**, wonach die Abstammung über die Staatsangehörigkeit entscheidet. Eine dritte Möglichkeit ist die Einbürgerung.[38] **32**

Staatsvolk ist des Weiteren der Personenkreis, der einer bestimmten Staatsgewalt auch außerhalb des Staatsgebiets auf Dauer rechtlich unterworfen ist (sog. **Personalhoheit**).[39]

Die Zugehörigkeit zu einem bestimmten Staatsvolk begründet für die Staatsangehörigen Rechte und Pflichten, mit denen entsprechende Rechte und Pflichten des jeweiligen Staates korrespondieren.

II. Staatsangehörigkeit nach dem Staatsangehörigkeitsgesetz – Deutscher i.S.d. Grundgesetzes

1. Erwerbs- und Verlustgründe der deutschen Staatsangehörigkeit

Das deutsche Staatsangehörigkeitsrecht ist im Staatsangehörigkeitsgesetz (StAG) geregelt. **33**

Eine **abschließende** Aufzählung der Erwerbsgründe findet sich in § 3 StAG, eine Aufzählung der Verlustgründe in § 17 StAG.

Für den praktisch häufigsten Fall (vgl. § 4 Abs. 1 StAG) gilt das Abstammungsprinzip, während das Territorialprinzip im Wesentlichen nur im Rahmen des neu eingeführten § 4 Abs. 3 StAG für Kinder von Ausländern gilt.[40]

2. Deutscher i.S.d. Grundgesetzes

Deutscher i.S.d. Grundgesetzes ist, wer die deutsche Staatsangehörigkeit besitzt (Art. 116 Abs. 1 Fall 1 GG) oder als Flüchtling oder Vertriebener deutscher Volkszugehörigkeit oder als dessen Ehegatte oder Abkömmling in dem Gebiet des Deutschen Reiches nach dem Stand vom 31.12.1937 Aufnahme gefunden hat (2. Fall; sog. Statusdeutsche). **34**

---

38 Maurer Staatsrecht I, § 1 Rn. 7; Schnapp/Neupert Jura 2004, 167, 168 f.

39 Jarass/Pieroth GG, Art. 20 Rn. 4 f.

40 Zu den verfassungsrechtlichen Bedenken gegen das sog. Optionsmodell gemäß § 29 StAG und zu weiteren Einzelheiten des StAG vgl. Bönning JA 2000, 257; Maurer Staatsrecht I, § 7 Rn. 22; Wagner JA 2008, 39.

Aufgrund der Neuregelung in § 40 a StAG haben die meisten Statusdeutschen zum 01.08.1999 kraft Gesetzes die deutsche Staatsangehörigkeit erworben, sodass heute grundsätzlich davon auszugehen ist, dass Deutsche i.S.d. Grundgesetzes die deutsche Staatsangehörigkeit besitzen.

Der Begriff des Deutschen i.S.d. Grundgesetzes erlangt insbesondere Bedeutung bei verschiedenen Grundrechten (z.B. Art. 12, Art. 33 GG), die als sog. Bürgerrechte nur deutschen Staatsangehörigen zustehen und nicht, wie die sog. Menschenrechte (z.B. Art. 2 Abs. 1 GG), auch Ausländern oder Staatenlosen.

3. Rechte und Pflichten von deutschen Staatsangehörigen

35 Die deutsche Staatsangehörigkeit löst zahlreiche staatsbürgerliche Rechte und Pflichten aus. Zu den Pflichten gehörten z.B. die Steuerpflicht, zu den Rechten die oben bereits genannten Bürgerrechte sowie das aktive und passive Wahlrecht (vgl. §§ 12, 15 BWG).

36

STAAT
(Drei-Elementen-Lehre)

Staatsgebiet
= räumlich abgegrenzter Teil der Erdoberfläche

Abgrenzung:
- zu anderen Ländern: Grenzen
- Meer: 12-Meilen-Zone (24 Meilen: Angrenzerzone; 200 Meilen: Wirtschaftszone, 350 Meilen: Festlandsockel)
- Luftraum (ca. 80–100 km)

Staatsgewalt
- tatsächliche Herrschaftsmacht
- nicht abgeleitet und selbstorganisationsfähig

Staatsvolk
= Summe der Staatsangehörigen in umfassender Lebensgemeinschaft

- autonome Regelung der Staatsangehörigkeit
- aber Anknüpfung an Völkerrecht
  - Territorialitätsprinzip
  - Abstammungsprinzip
- Einbürgerung

Gebietshoheit
- **positiv:** Bezug auf sämtliche Personen und Sachen im Staatsgebiet
- **negativ:** Verbot für andere Staaten, auf fremdem Staatsgebiet Staatsgewalt auszuüben

Personalhoheit
= begründet Rechte und Pflichten des Staatsvolks

- **Rechte:**
  - Grundrechte, Wahlrecht
  - diplomatischer Schutz u.a.
- **Pflichten:**
  - Steuerpflicht
  - Wehrpflicht
  - allg. Treuepflicht u.a.

Schranke: Gebietshoheit anderer Staaten

BUNDESREPUBLIK DEUTSCHLAND

Staatsgebiet
Präambel: 16 Länder **Bundesgebiet**

Staatsgewalt
Alle **Staatsgewalt** geht vom Volke aus, Art. 20 Abs. 2 GG

Ausübung
- durch Wahlen (Art. 28, 38 GG)
- Abstimmungen (Art. 29, 146 GG)
- durch die drei Gewalten: Legislative, Exekutive, Judikative

Staatsvolk
Art. 116 Abs. 1 GG

- **Deutsche Staatsangehörigkeit** nach StAG
  - Erwerb, §§ 3 ff.
  - Verlust, §§ 17 ff.
- **Statusdeutsche**

2. Teil: Staatsformmerkmale und Staatszielbestimmungen

1. Abschnitt: Vorbemerkung

A. Überblick

37 Die grundlegenden normativen Festlegungen für die Verfassungsordnung der Bundesrepublik Deutschland **(„Grundentscheidungen")**[41] finden sich in

- der **Präambel:** Friedenssicherung und europäische Einigung

  Die Präambel ist nicht nur eine unverbindliche Einleitung, sondern weist im Hinblick auf die europäische Integration („in einem vereinten Europa") und die Friedenspolitik („dem Frieden der Welt zu dienen") selbstständigen normativen Gehalt auf.[42]

- **Art. 1 GG:** Achtung der Würde des Menschen und Bindung an die Grundrechte
- **Art. 20 GG:** Der nach dem GG organisierte Staat ist (eine)

Demokratie | **Republik** | **Rechtsstaat** | **Sozialstaat** | **Bundesstaat**

B. Bedeutung

38 Diese Prinzipien sind unmittelbar geltendes Recht und als Staatsformmerkmale und Staatszielbestimmungen von außerordentlicher Bedeutung für das richtige Verständnis des deutschen Staates. Nicht zu Unrecht wird Art. 20 GG deshalb als **Verfassung in Kurzform** bezeichnet („Staatsfundamentalnorm").[43] Für die praktische Anwendung darf man allerdings nicht verkennen, dass der rechtliche Gehalt dieser Merkmale wegen ihrer großen Weite nur schwer zu bestimmen ist.

Die **Bedeutung** der Prinzipien des Art. 20 GG besteht im Wesentlichen darin, dass

- sie in Zweifelsfragen **Auslegungshilfen** geben,[44]
- sie als **Auffangtatbestände** für nicht geregelte, aber regelungsbedürftige Fragen wirken (so ist z.B. das Verbot rückwirkender Gesetze aus dem Rechtsstaatsprinzip entwickelt worden),
- sie durch Art. 79 Abs. 3 GG die wichtigsten Grundlagen unseres Verfassungsrechts gegenüber **Verfassungsänderungen** abgesichert sind[45] und
- sie als „Werte mit Verfassungsrang" **immanente Grundrechtsschranken** sein können.[46]

---

41 Maurer Staatsrecht I, § 6.
42 BVerfGE 36, 1, 17; vMangoldt/Klein/Starck GG, Präambel Rn. 30; vMünch/Kunig GG, Präambel Rn. 7.
43 Gröpl Staatsrecht I, Rn. 226 ff.
44 Kees JA 2008, 795; Morlok/Michael Staatsorganisationsrecht, Rn. 10 ff.; Jarass/Pieroth GG, Einl. Rn. 5 ff.
45 Vgl. Maurer Staatsrecht I, § 6; Degenhart Staatsorganisationsrecht, Rn. 1–3.
46 Vgl. dazu i.E. AS-Skript Grundrechte (2017).

C. Begriffsbestimmung

Staatsformmerkmale oder Staatsstrukturprinzipien sind staatsorganisatorische, formelle Grundprinzipien der Verfassung, die den Aufbau des Staates und die Modalitäten der Staatstätigkeit festlegen. Dazu gehören die Prinzipien Republik, Demokratie, Bundesstaat sowie die **formellen Elemente des Rechtsstaatsprinzips** (z.B. der Gewaltenteilungsgrundsatz).[47] 39

Staatszielbestimmungen sind **materielle** Verfassungsprinzipien, die den Staat auf die Verfolgung eines bestimmten, inhaltlich näher benannten Ziels verpflichten.[48] Dazu zählen neben der Präambel und dem Sozialstaatsprinzip die **materiellen Elemente des Rechtsstaatsprinzips** (z.B. Rückwirkungsverbot, Verhältnismäßigkeitsgrundsatz) sowie Art. 1 Abs. 1, 3 Abs. 2 S. 2, 20 a, 23 Abs. 1, 87 e Abs. 4, 87 f Abs. 1 S. 1, 109 Abs. 2 GG. 40

D. Staatsformmerkmale bzw. Staatsstrukturprinzipien in der Klausurbearbeitung

Der Inhalt der Staatsformmerkmale bzw. Staatsstrukturprinzipien ist abstrakt und nur kurz im GG formuliert, weil es nur so möglich ist, eine Grundlage bzw. Lösung für eine Vielzahl (noch) nicht überschaubarer verfassungsrechtlicher Fragestellungen zu schaffen. Insbesondere durch die Rspr. des BVerfG ist jedoch der knappe und abstrakte Text des GG in vielfacher Weise durch die Bildung von **Fallgruppen** konkretisiert und strukturiert worden. 41

In Anlehnung an diese Rspr. sowie die dreiteilige Grundrechtsprüfung (Schutzbereich betroffen – Eingriff – Eingriffsrechtfertigung) empfiehlt sich deshalb folgender Prüfungsgang/-aufbau:

Prüfungsgang

1. Bezeichnung des einschlägigen Staatsstrukturprinzips bzw. Staatsformmerkmals, Angabe seiner verfassungsrechtlichen Verankerung sowie die Nennung einer konkreten den allgemeinen Grundsatz spezifizierenden Ausprägung bzw. Fallgruppe

   Beispiel: Die hoheitliche Maßnahme könnte verstoßen gegen Art. 20 Abs. 3 GG, Bestimmtheitsgebot.

2. Darstellung der konkreten Anforderungen der jeweils in Bezug genommenen Fallgruppe

   Beispiel: Das Bestimmtheitsgebot verlangt, abgestuft nach der Intensität des jeweiligen Grundrechtseingriffs, dass der Normadressat hinreichend deutlich erkennen kann, unter welchen Voraussetzungen er welche Rechtsfolgen zu erwarten hat.

3. Subsumtion der konkret zu prüfenden hoheitlichen Maßnahme, Abwägung mit möglicherweise gegenläufigen Vorgaben des GG und Festlegen der konkreten Rechtsfolgen

47 vMünch/Mager Staatsrecht I, Rn. 68.

48 Maurer Staatsrecht I, § 6 Rn. 9 ff.; Pieroth JuS 2010, 473, 474; Voßkuhle/Kaufhold JuS 2010, 116.

2. Abschnitt: Demokratie siehe §3 Vorlesung

A. Herleitung und Geltungsbereich

42 Dass die Bundesrepublik Deutschland eine Demokratie ist, ergibt sich nicht nur aus der ausdrücklichen Normierung in **Art. 20 Abs. 1 GG** („**demokratischer** ... Bundesstaat"), sondern **vor allem** aus der Festlegung in **Art. 20 Abs. 2 S. 1 GG**, wonach **„alle Staatsgewalt vom Volke ausgeht."**

Mittelbar ergibt sich die Geltung des Demokratieprinzips aus **Art. 23 Abs. 1 S. 1 GG** („**demokratische** ... Grundsätze") und **Art. 28 Abs. 1 S. 1 GG** („Grundsätze des **demokratischen** ... Rechtsstaates").

43 Das Demokratieprinzip gilt nach Art. 28 Abs. 1 S. 1 GG auch für die **Länder**[49] und gemäß Art. 28 Abs. 1 S. 2 GG für die **Kommunen**. Für **andere Selbstverwaltungsträger** (z.B. Hochschulen,[50] Rechtsanwalts- und Ärztekammern) ist das demokratische Prinzip zwar nicht ausdrücklich vorgeschrieben, da sie aber auch öffentliche Aufgaben wahrnehmen, also an der Ausübung der Staatsgewalt beteiligt sind, gelten auch für sie demokratische Grundsätze.[51]

Auch die politischen **Parteien** sind wegen Art. 21 Abs. 1 S. 3 GG dem Demokratieprinzip unterworfen. Danach muss ihre Ordnung demokratischen Grundsätzen entsprechen. Entsprechendes gilt nach § 48 Abs. 1 AbgG für die **Fraktionen** als „Parteien im Parlament".

49 VerfGH NRW JuS 2009, 854.
50 VG Trier, Beschl. v. 14.06.2006 – 2 L 440/06.
51 BVerfGE 11, 310, 320; VGH NRW DÖV 1987, 108.

44

Staatsorganisationsformen; Fallgruppen des Demokratieprinzips

Einherrschaft
- Monarchie

Demokratie

Alle Staatsgewalt geht vom Volke aus – Volkssouveränität (Art. 20 Abs. 2 GG)

- unmittelbare (plebiszitäre) Demokratie
- mittelbare (parlamentarische) Demokratie

Mehrherrschaft
- Aristokratie
- Plutokratie

Prinzipien der Willensbildung

- vom Volk zu den Staatsorganen **(von unten nach oben)**
  - Neutralitätspflicht der Staatsorgane -> keine Wahlwerbung, aber Öffentlichkeitsarbeit zulässig
  - keine vollständige oder verdeckte Parteienfinanzierung durch den Staat
- **Mehrheitsprinzip**, aber Minderheitenschutz

Ausübung der Staatsgewalt

- durch **Wahlen**
  - Art. 38 Abs. 1 S. 1 GG
  - periodisch
- durch **Abstimmungen**
  - auf Bundesebene nur, soweit im GG vorgesehen (Art. 29, 146 GG)
  - LVerf kann zulassen:
    - Volksinitiative
    - Volksentscheid
    - Volksbegehren
    - Volksbefragung
- ununterbrochene **Legitimationskette** vom Volk zu den Staatsorganen

sonstige Konkretisierungen

- Mehrparteiensystem
- Opposition
- Bestehen demokratischer **Grundrechte** (insbesondere Art. 5, 8, 9 GG)
- Wahlgrundsätze
- Parlamentsvorbehalt
- Kommunale und funktionale Selbstverwaltung
- Öffentlichkeitsgrundsatz, Transparenz

- Bund (Art. 20 Abs. 1, 2 GG)
- Länder (Art. 28 Abs. 1 S. 1 GG)
- Kommunen (Art. 28 Abs. 1 S. 2 GG)
- andere Selbstverwaltungsträger
- Parteien (Art. 21 Abs. 1 S. 3 GG)
- Fraktionen (§ 48 Abs. 1 AbgG)
- Europäische Integration (Art. 23 Abs. 1 GG)

B. Art. 20 Abs. 2 S. 1 GG: Alle Staatsgewalt geht vom Volk aus

In der Demokratie (griechisch: Herrschaft des Volkes) ist der **Träger der Staatsgewalt** das Volk. Dabei werden unterschieden die

- **unmittelbare** (direkte, plebiszitäre) Demokratie, in der grundsätzlich **das gesamte Volk** über Fragen durch Abstimmungen entscheidet und die
- **mittelbare** (repräsentative) Demokratie, in der Repräsentationsorgane, die zuvor vom Volk gewählt wurden, entscheiden.

Während in der Demokratie das Volk Träger der Staatsgewalt ist (sog. **Volkssouveränität**),[52]

- ist in der **Monarchie** eine **einzelne** Person (Kaiser, König etc.) Träger der Staatsgewalt,
- wogegen eine **Aristokratie** (Adelsherrschaft) bzw. **Plutokratie** (Besitzherrschaft) vorliegt, wenn eine **begrenzte Zahl** von Personen (als Oberschicht) Träger der Staatsgewalt ist.

45 Die Verfassung muss darüber entscheiden, wer Träger der **Staatsgewalt** ist und wer die Herrschaftsbefugnisse gegenüber dem Staatsvolk (Personalhoheit) und anderen Personen, die sich auf dem Staatsgebiet aufhalten (Gebietshoheit), ausüben darf. Das GG hat sich für die **Volkssouveränität** entschieden, die in der Bundesrepublik Deutschland **repräsentativ** ausgestaltet ist, Art. 20 Abs. 2 S. 1 und 2 GG.

46 **Volk** i.S.v. Art. 20 Abs. 2 und Art. 28 Abs. 1 S. 2 GG ist **das deutsche Staatsvolk**, d.h. die Gesamtheit der Personen, die die deutsche Staatsangehörigkeit besitzen oder Status-Deutsche i.S.v. Art. 116 Abs. 1 Hs. 2 GG sind (h.M.).[53]

Anmerkung: *Dabei ist zu beachten, dass nach § 40a StAG alle Statusdeutschen zum 01.08. 1999 automatisch die deutsche Staatsangehörigkeit erworben haben.*

Nach teilweise vertretener Literaturauffassung ist nicht allein auf die Staatsangehörigkeit abzustellen, sondern vielmehr auf das jeweilige Betroffensein oder das Unterworfensein. Für die h.M. spricht insbesondere, dass der Staat auch ein Personenverband ist und – wie jeder Personenverband – die Mitgliedschaftsrechte, insbesondere das Wahlrecht, den Mitgliedern (also den Staatsangehörigen) vorbehält. Damit besteht insbesondere für **Ausländer kein Wahlrecht** auf Bundes-, Landes- oder Gemeindeebene (Ausnahme: EU-Ausländer bei Kommunalwahlen wegen Art. 28 Abs. 1 S. 3 GG und Art. 22 Abs. 1 AEUV).

47 **Staatsgewalt** ist jedenfalls alles amtliche Handeln mit Entscheidungscharakter, also Entscheidungen, die unmittelbar nach außen wirken sowie solche, die nur behördenintern die Voraussetzungen für die Wahrnehmung der Amtsaufgaben schaffen sowie die Wahrnehmung von Vorschlagsrechten.[54]

---

52 BVerfGE 89, 155, 182; Hillgruber JZ 2002, 1072.

53 BVerfGE 83, 37, 51; DVBl. 2003, 923 f.; Jarass/Pieroth GG, Art. 20 Rn. 4, 6; Degenhart Staatsorganisationsrecht, Rn. 68 ff.; Morlok/Michael Staatsorganisationsrecht, Rn. 89 ; Gröpl Staatsrecht I, Rn. 251 ff.; Maurer Staatsrecht I, § 7 Rn. 22 f. mit Nachweisen auch zur Gegenmeinung.

54 BVerfG DVBl. 2003, 923 f.; Maurer Staatsrecht I, § 7 Rn. 25.

C. Art. 20 Abs. 2 S. 2 GG: Ausübung der Staatsgewalt durch Wahlen, Abstimmungen und besondere Organe der drei Gewalten

I. Wahlen – Mehrheitsprinzip – Art. 39 GG

Fall 1: Verschiebung der Bundestagswahl

Im Jahre X stehen im Herbst Bundestagswahlen bevor. Derzeit hat eine Koalition aus der A- und der B-Partei eine deutliche Mehrheit, während die C-Partei in Opposition steht. Im Frühjahr des Jahres geriet die Bundesrepublik in eine schwere wirtschaftliche Krise, weil zahlreiche Staaten wegen Devisenmangels und zum Schutze ihrer eigenen Wirtschaft Beschränkungen für Waren aus Deutschland einführten und dadurch der Absatz der deutschen Exportindustrie drastisch zurückging. In wenigen Monaten erhöhte sich die Arbeitslosenzahl um mehr als 1 Mio. Als im Sommer auch noch ein akuter außenpolitischer Konflikt hinzukam, erklärten sich führende Politiker der Regierungsparteien außerstande, ihre Zeit und Kraft einem Wahlkampf zu opfern. Absolut vordringlich sei zunächst, die wirtschaftliche und politische Krise zu bewältigen, und nicht, sich in Parteienstreitereien zu verzetteln. Aus diesem Grunde sollten die Bundestagswahlen um ein Jahr verschoben werden. Da diesem Vorschlag auch einige Politiker der C-Partei zustimmen, kann mit einer 2/3-Mehrheit im Bundestag und Bundesrat gerechnet werden.
Wäre eine Verschiebung der Bundestagswahl um ein Jahr rechtlich möglich? Könnte stattdessen bestimmt werden, dass die derzeitige Bundesregierung trotz Neuwahlen des Bundestags noch bis zur Bewältigung der Krise, längstens für ein Jahr, im Amt bleibt und für diese Zeit auch ein konstruktives Misstrauensvotum ausgeschlossen wird?

A. Eine Verschiebung der Bundestagswahl ist nur dann möglich, wenn eine solche nicht gegen das GG verstoßen würde. Nach **Art. 39 Abs. 1 S. 1 GG** wird der Bundestag auf vier Jahre gewählt. Für eine **Verlängerung der Wahlperiode** ist daher eine Abänderung dieser Vorschrift und damit eine **Änderung des GG** erforderlich. Ob eine Verfassungsänderung zulässig ist und welche Voraussetzungen dafür gelten, richtet sich nach Art. 79 GG. 48

I. Die nach Art. 79 Abs. 1 und 2 GG erforderlichen **formellen** Voraussetzungen, insbesondere die 2/3 Mehrheit im Bundestag und Bundesrat, können nach dem Sachverhalt voraussichtlich herbeigeführt werden.

II. In **materieller** Hinsicht könnte aber die **Sperre des Art. 79 Abs. 3 GG** eingreifen (sog. **Ewigkeitsgarantie** oder **Verfassungsidentität**). Danach ist u.a. eine Änderung der in Art. 20 Abs. 1 und Abs. 2 S. 1 GG niedergelegten Grundsätze des **Demokratieprinzips** unzulässig. 49

1. Für die Bildung des politischen Willens gilt in der Demokratie das Mehrheitsprinzip.[55] Deshalb wird Demokratie auch als **Herrschaft der Mehrheit** bezeichnet. Die Mehrheit darf die Minderheit aber nicht unterdrücken; erforder- 50

55 Maurer Staatsrecht I, § 7 Rn. 55.

lich ist daher ein **effektiver Minderheitenschutz.**[56] Zwar ist die Minderheit Sachentscheidungen der Mehrheit ausgesetzt, das Demokratieprinzip verlangt jedoch, dass die Minderheit die Möglichkeit besitzt, ihren Standpunkt in den Willensbildungsprozess einzubringen. Gleichzeitig ist auch die Herrschaftsbefugnis der Mehrheit zeitlich begrenzt. In einer Demokratie gibt es **nur Herrschaft auf Zeit.**[57] Die Minderheitsmeinung muss jederzeit zur Mehrheit werden können. Deshalb müssen **Wahlen** in einer Demokratie **periodisch** stattfinden.[58] Das Hinausschieben fälliger Wahlen verstößt daher grundsätzlich gegen das Demokratieprinzip.[59]

Nach Auffassung des VerfG MV kann ein Wahlberechtigter eine Verletzung der Wahlgrundsätze aus Art. 20 Abs. 2 S. 2 Verf MV = Art. 38 Abs. 1 S. 1 GG im Wege der Verfassungsbeschwerde auch mit dem Vorbringen geltend machen, sein Wahlrecht verliere durch eine Verlängerung der Wahlperiode an politischem Gewicht. Der Bürger werde insofern auch vor einer Aushöhlung seines Wahlrechts geschützt, welche die Wahlgrundsätze als solche nicht antastet, deren Bedeutung aber grundlegend verändert. Hierzu gehöre auch der Grundsatz der Periodizität der Wahlen.[60]

Somit ist eine Verschiebung von Wahlen **verfassungsrechtlich unzulässig.** Auch das Bestehen einer schwerwiegenden Krise ist keine Rechtfertigung. Gerade in einer Krise kann es erforderlich sein, dass die Opposition die Chance erhält, alternative politische Vorschläge anzubieten. Der Belastung kann durch eine Verkürzung des Wahlkampfes Rechnung getragen werden.

51 2. Einer Verfassungsänderung steht dieser Gedanke aber nur entgegen, wenn die Verlängerung der Legislaturperiode einen Eingriff in den **unantastbaren Kernbereich** der Demokratie (Art. 79 Abs. 3 GG) darstellt. Dafür spricht, dass dem Volk für die Zeit der Verlängerung praktisch jede Einflussnahme auf die Politik entzogen würde. Das Demokratieprinzip verlangt, dass das Parlament seine Legitimation – auch in zeitlicher Hinsicht – vom Volk herleitet. Könnte das Parlament seine nur auf Zeit eingeräumte Herrschaftsbefugnis aus eigener Macht verlängern, entfiele für diese Zeit eine Legitimation durch das Volk. Zwar mag in besonders gelagerten Ausnahmefällen eine Verlängerung der eigenen Wahlzeit zulässig sein, jedoch dürfte insoweit die Regelung des Art. 115 h GG abschließend sein. Die **Verlängerung einer laufenden Legislaturperiode** stellt daher einen Eingriff in den Kernbereich des demokratischen Grundgedankens dar, sodass Art. 79 Abs. 3 GG einer entsprechenden Verfassungsänderung entgegensteht.[61]

Eine allgemeine Verlängerung für **künftige Wahlperioden** ist dagegen mit Art. 79 Abs. 3 GG vereinbar, wobei jedoch überwiegend von einer Obergrenze von fünf Jahren ausgegangen wird.[62]

---

56 Maurer Staatsrecht I, § 7 Rn. 62 f.; Morlok/Michael Staatsorganisationsrecht, Rn. 667.

57 Gröpl Staatsrecht I, Rn. 340 ff.; LVerfG MV RÜ 2009, 114.

58 Degenhart Staatsorganisationsrecht, Rn. 67.

59 BVerfGE 1, 14, 33; 18, 151, 154; NVwZ 1994, 893; Jarass/Pieroth GG, Art. 39 Rn. 1.

60 NVwZ 2008, 1343 f.; krit. Anm. Erbguth JZ 2008, 1038.

61 Jarass/Pieroth GG, Art. 39 Rn. 1; Degenhart Staatsorganisationsrecht, Rn. 31; Gröpl Staatsrecht I, Rn. 343; vgl. auch BVerfGE 1, 14, 33; 18, 151, 154.

62 Sachs GG, Art. 39 Rn. 5; Maurer Staatsrecht I, § 13 Rn. 51; LVerfG MV RÜ 2009, 114; Gröpl Staatsrecht I, Rn. 342.

Beachte: *Unzulässig wegen Verstoßes gegen Art. 39 GG und das Demokratieprinzip ist auch eine* ***Verkürzung der Wahlperiode*** *durch Vorziehung von Wahlen, insbesondere besteht kein (vorzeitiges)* ***Selbstauflösungsrecht*** *des Bundestags.*

B. Auch der zweite Vorschlag, dass die derzeitige Bundesregierung trotz Neuwahlen noch im Amt bleibt, wäre nur möglich, wenn eine solche Verlängerung nicht gegen das GG verstoßen würde. Nach Art. 69 Abs. 2 GG enden die Ämter der Mitglieder der Bundesregierung „in jedem Falle mit dem Zusammentritt eines neuen Bundestages". Eine Verlängerung der **Amtsdauer der Bundesregierung** bedürfte daher ebenfalls einer Änderung des GG. Hinsichtlich der formellen und materiellen Voraussetzungen gilt zunächst das oben (A.) gesagte. **52**

I. Durch eine Verlängerung der Amtszeit der Bundesregierung könnte ein Verstoß gegen das Prinzip der **parlamentarischen Demokratie** gegeben sein (Art. 20 Abs. 1 u. 2 GG). Die Regierung muss in ihrem personalen Bestand vom **Vertrauen der Parlamentsmehrheit** abhängig sein, d.h. das Parlament muss berechtigt sein, die Regierungsmitglieder oder zumindest den Regierungschef zu wählen und wieder abzuwählen (vgl. Art. 63, 67 GG). Da es sich hier im Wesentlichen um das Verhältnis Parlament – Regierung handelt, spricht man auch vom parlamentarischen Regierungssystem.

Gegensatz dazu ist die **Präsidialdemokratie** (wie in Frankreich oder den USA), bei der neben dem Parlament ein zweites, vom Volk gewähltes Staatsorgan existiert, das entweder der Regierung vorsteht oder diese von ihm abhängig ist.

Wird die Amtsdauer einer Bundesregierung durch den bisherigen Bundestag verlängert, so kann die Bundesregierung ihre Befugnisse nicht auf den danach gewählten Bundestag zurückführen. Dieser darf sie für eine bestimmte Zeit – hier ein Jahr – auch nicht abwählen. Damit ist die Regierung in dieser Zeit vom Parlament unabhängig, wodurch das parlamentarische Regierungssystem durchbrochen wird.

II. Jedoch kann diese Ausprägung nicht zum **Kernbereich** der Demokratie i.S.d. Art. 79 Abs. 3 i.V.m. Art. 20 GG gerechnet werden. Das Volk wird nach wie vor ausreichend durch das Parlament repräsentiert. Diesem bleiben auch wesentliche Befugnisse, insbesondere der Erlass von Gesetzen und die Bewilligung der finanziellen Mittel durch Haushaltsgesetz und Haushaltsplanung. Die Verlängerung der Amtsdauer der Bundesregierung würde daher nicht an Art. 79 Abs. 3 GG scheitern, wäre also durch verfassungsänderndes Gesetz möglich. **53**

II. Abstimmungen

1. Abstimmungen auf Bundesebene

a) Nach Art. 20 Abs. 2 S. 1 GG geht die Staatsgewalt vom Volke aus. Damit ist aber noch nicht entschieden, inwieweit das Volk an der Ausübung der Staatsgewalt beteiligt werden soll. Dabei gibt es zwei Möglichkeiten: **54**

aa) Mittelbare oder repräsentative Demokratie, d.h., das Volk entscheidet grundsätzlich nur über die Zusammensetzung der Repräsentationsorgane (insbesondere Parlament), die dann ihrerseits die Staatsgewalt im Namen des Volkes ausüben.

bb) Unmittelbare, direkte oder plebiszitäre Demokratie, d.h. grundsätzlich entscheidet das gesamte Staatsvolk durch Abstimmungen im Einzelfall über anstehende politische Entscheidungen, insbesondere über Gesetze.

55 **b)** Überwiegend wird dabei die **Volksabstimmung** oder das **Plebiszit** als Oberbegriff angesehen für die Unterfälle Volksbefragung – Volksentscheid – Volksbegehren.[63]

aa) Volksbefragung ist eine durch den Staat vorgenommene Erhebung zur Meinung des Volkes zu einer genau formulierten Frage, die in einem förmlichen Verfahren durchgeführt wird. Das Ergebnis ist (außer im Fall von Art. 29 Abs. 5 GG) für die Staatsorganisation nicht bindend, sondern nur konsultativ.[64]

bb) Volksentscheid oder Referendum (z.B. gemäß Art. 29 Abs. 2, 3, 7 GG) ist die bindende Entscheidung des Volkes über eine ihm vorgelegte Frage oder einen Gesetzentwurf.[65]

cc) Volksbegehren oder Volksinitiative (z.B. gemäß Art. 29 Abs. 4 GG) ist die vom Volk ausgehende Initiative zur Erreichung eines Volksentscheides, ggf. auch einer Parlamentsentscheidung.[66]

56 **c)** Dem **Grundgesetz** wird nach ganz herrschender Auffassung in Rspr. und Lit. das Prinzip der repräsentativen Demokratie entnommen und deshalb **Volksabstimmungen** grundsätzlich für **unzulässig** gehalten.

Zur Begründung wird zunächst der Wortlaut von Art. 20 Abs. 2 S. 2 GG herangezogen, wonach die Möglichkeit von Abstimmungen erst nach der Möglichkeit von Wahlen vorgesehen ist und außerdem angeordnet wird, dass die Staatsgewalt vom Volke durch besondere Organe der Gesetzgebung, der vollziehenden Gewalt und der Rspr. ausgeübt werden soll. Des Weiteren wird ein Gegenschluss aus Art. 29 und Art. 118 S. 2 GG herangezogen, wo ausdrücklich in bestimmten Fällen Volksabstimmungen vorgesehen sind und damit in übrigen Fällen Volksabstimmungen unzulässig sein sollen. Weiterhin wird geltend gemacht, dass die Entscheidungsfähigkeit der Staatsorgane geschwächt werde und die bei Plebisziten notwendige Reduzierung auf eine Ja- oder Nein-Alternative nicht geeignet sei, sachgerechte Entscheidungen von teilweise hoch komplexen Sachfragen herbeizuführen, die in der Praxis häufig gerade auf einem Kompromiss beruhten. Schließlich wird auch auf die angeblich schlechten Erfahrungen mit Volksabstimmungen zur Weimarer Zeit hingewiesen sowie auf die Weisungsfreiheit des Abgeordneten aus Art. 38 Abs. 1 S. 2 GG und die ausführliche und abschließende Regelung über das Gesetzgebungsverfahren in Art. 76 und 77 GG.[67] Nach h.M. können thematisch eng um-

---

63 Gröpl Staatsrecht I, Rn. 290 f.; Paus/Schmidt JA 2012, 48; Schmidt S. 296 ff.

64 Vgl. Ipsen Staatsrecht I, Rn. 125.

65 Vgl. Ipsen Staatsrecht I, Rn. 125.

66 Vgl. Ipsen Staatsrecht I, Rn. 125; Maurer Staatsrecht I, § 7 Rn. 31; Degenhart Staatsorganisationsrecht, Rn. 104; Kloepfer DVBl. 2008, 1333.

67 Morlok/Michael Staatsorganisationsrecht, Rn. 70 f.; Gröpl Staatsrecht I, Rn. 299; Degenhart Staatsorganisationsrecht, Rn. 111 f.; Maurer Staatsrecht I, § 7 Rn. 35 f.; Dreier Jura 1997, 251 f.; Karpen JA 1993, 110; a.A. Bleckmann Rn. 347 f.; Stein/Frank § 14 IV; Frotscher/Faber JuS 1998, 820, 822.

grenzte Volksabstimmungen durch Verfassungsänderung in das Grundgesetz aufgenommen werden, ohne dass Art. 79 Abs. 3 i.V.m. Art. 20 Abs. 2 GG entgegenstehen würde.[68]

d) Umstritten ist allerdings die Zulässigkeit der **konsultativen Volksbefragungen**. **57**

aa) Teilweise werden sie ebenfalls für verfassungswidrig gehalten, da selbst eine unverbindliche Volksbefragung einen derart starken faktischen politischen Druck ausübe, dass die Staatsorgane davon kaum werden abweichen können.[69]

bb) Die Gegenmeinung verweist demgegenüber darauf, dass es bei Volksbefragungen nicht um die direkte Teilhabe und Ausübung von Staatsgewalt gehe, sodass Volksbefragungen durch den Bund im Rahmen seiner Gesetzgebungskompetenz durch einfaches Gesetz eingeführt werden könnten.[70]

cc) Für die letztgenannte Auffassung spricht, dass eine faktisch-politische Bindungswirkung lediglich eine **Frage der politischen Verantwortung** ist, und eben nicht eine rechtliche Bindung auslöst. Die konsultative Volksbefragung überlässt es den staatlichen Organen, wie sie sich inhaltlich entscheiden wollen. Daher wäre nur für eine rechtlich bindende Volksbefragung eine Verfassungsänderung erforderlich.[71]

2. Abstimmungen auf Länderebene

a) In den Verfassungen der Länder gibt es, anders als auf Bundesebene, überwiegend Regelungen über die Durchführung obligatorischer bzw. fakultativer **Volksabstimmungen**.[72] **58**

Dies ist grundsätzlich mit dem **Homogenitätsprinzip** des Art. 28 Abs. 1 GG vereinbar, da die Durchführung von Volksabstimmungen – wie Art. 20 Abs. 2 S. 2 GG („Abstimmungen") zeigt – nicht schlechthin der mittelbar repräsentativen Demokratie widerspricht.[73]

b) Für Volksabstimmungen auf Landesebene gelten aber folgende **Einschränkungen**: **59**

- Sie sind nur zulässig im Rahmen der **Gesetzgebungskompetenz** des **Landes**,

  also z.B. kein Volksbegehren bei ausschließlicher Bundeskompetenz, wie im Verteidigungswesen, bei der Atomkraft[74] oder bei Planfeststellungsverfahren durch Bundesbehörden (z.B. AEG), wie im Fall von **Stuttgart 21**.[75]

- Die Abstimmung muss materiell mit **höherrangigem Recht vereinbar** sein (Bundesrecht, Landesverfassung), andernfalls ist sie unzulässig.

68 Ipsen Staatsrecht I, Rn. 134; Degenhart Staatsorganisationsrecht, Rn. 111 f.; Kühling JuS 2009, 777.

69 Maurer Staatsrecht I, § 7 Rn. 35; Degenhart Staatsorganisationsrecht, Rn. 112; Heußner/Pautsch, NVwZ 2014, 1058.

70 Jarass/Pieroth GG, Art. 20 Rn. 9; Frotscher/Faber a.a.O. S. 822.

71 Maunz/Dürig GG, Art. 20 Rn. 114.

72 Vgl. Degenhart Staatsorganisationsrecht, Rn. 103 ff.; Morlok/Michael Staatsorganisationsrecht, Rn. 71 Fn. 12; Kloepfer DVBl. 2008, 1333.

73 Vgl. BVerfGE 60, 175, 208; Degenhart Staatsorganisationsrecht, Rn. 103; Morlok/Michael Staatsorganisationsrecht, Rn. 71 Fn. 13; ThürVerfGH ThürVBl. 2002, 83; BremStGH BayVBl. 2000, 915; Nord ÖR 2000, 186; Pestalozza Jura 1994, 561, 576; Karpen JA 1993, 110 ff.

74 BVerfGE 8, 104, 117 f.; vgl. auch HessStGH NJW 1982, 1142; BW StGH NVwZ 1987, 574, 575; VerfGH NRW NWVBl. 1987, 13, 14; Bay VerfGH BayVBl. 1987, 652, 654; Ipsen Staatsrecht I, Rn. 132.

75 Vgl. dazu Ewer NJW 2011, 1328.

Beispiele:

- Art. 20 Abs. 1 GG, Bundesstaatsprinzip: Einflussnahme des Volkes auf Bundesratsmitglieder des Landes ist unzulässig, da das Landesvolk ansonsten Bundesangelegenheiten beeinflussen würde.[76]
- Art. 20 Abs. 2 S. 2, Art. 20 Abs. 3 GG, Gewaltenteilungsgrundsatz: Kein Volksbegehren auf Erlass eines Gesetzes, das eine bestimmte Verpflichtung der Landesregierung enthält.[77]
- Haushaltsvorbehalt bzw. Budgetrecht in der jeweiligen Landesverfassung.[78]

c) Volkswillensbildung und parlamentarische Willensbildung sind gleichrangig. Daraus folgt nach h.M. insbesondere, dass ein Volksentscheid **keine Sperrwirkung** i.S.e. inhaltlichen oder zeitlichen Bindungswirkung für den parlamentarischen Gesetzgeber entfalten kann.[79]

III. Besondere Organe; demokratische Legitimation

60 Gemäß Art. 20 Abs. 2 S. 1 GG liegt die Staatsgewalt zwar beim Volk (einheitliche Trägerschaft), die Ausübung erfolgt jedoch nur bei Wahlen und Abstimmungen **unmittelbar** durch das Volk, während im Übrigen das Volk **mittelbar** Staatsgewalt ausübt durch „besondere Organe der Gesetzgebung, der vollziehenden Gewalt und der Rspr." (Art. 20 Abs. 2 S. 2 Fall 3 GG). Dabei bedürfen die Organe der drei Gewalten bei jeglichem hoheitlichen Handeln einer Legitimation, die sich auf die Gesamtheit der Bürger als Staatsvolk zurückführen lässt.[80]

Ununterbrochene Legitimationskette (Beispiel)
Strafurteil von Richtern am LG
⇩
werden ernannt von
⇩
Justizminister
⇩
wird ernannt von der
⇩
Ministerpräsidentin
⇩
wird gewählt vom
⇩
Landtag
⇩
wird gewählt vom
⇩
(Landes-)Volk

76 BVerfGE 8, 104, 120; BW StGH NVwZ 1987, 574, 575.

77 Brem StGH DÖV 1986, 792.

78 BVerfGE 102, 176; VerfGH NRW NVwZ 1982, 188; BBG VerfG LKV 2002, 77; Thür VerfGH LKV 2002, 83; Sächs VerfGH LKV 2003, 327.

79 VerfG HH DVBl. 2005, 439.

80 BVerfG DVBl. 2003, 923 f., Anm. Haußermann JA 2004, 22; Jestaedt JuS 2004, 649.

Nach Auffassung des BVerfG und der Lit. sind vier verschiedene Formen der demokratischen Legitimation zu unterscheiden, wobei nach Auffassung des BVerfG nicht die Form der demokratischen Legitimation entscheidend ist, sondern deren Effektivität; notwendig sei ein bestimmtes **Legitimationsniveau**.[81] **61**

a) Organisatorisch-personelle Legitimation erfordert eine ununterbrochene Legitimationskette vom Volk zu den mit staatlichen Aufgaben betrauten Organen und Amtswaltern hin,[82] d.h. jeder Amtsträger muss sein Amt im Wege einer Wahl durch das Volk oder Parlament oder dadurch erhalten haben, dass er durch einen seinerseits personell legitimierten, in Verantwortung gegenüber dem Parlament handelnden Amtsträger oder mit dessen Zustimmung bestellt worden ist.[83] **62**

b) Sachlich-inhaltliche Legitimation wird gewährleistet durch die Gesetzesbindung aller drei Gewalten (vgl. Art. 20 Abs. 3 GG), durch Weisungsabhängigkeit der Amtswalter in der Exekutive sowie durch administrative Aufsichts- und Kontrollrechte.[84] **63**

c) Für die **institutionelle Legitimation** wird darauf abgestellt, dass die Errichtung oder der Bestand einer staatlichen Institution durch die Verfassung oder Parlamentsgesetz angeordnet wird.[85] **64**

d) Funktionelle Legitimation liegt immer dann vor, wenn einer staatlichen Institution durch die Verfassung oder durch Parlamentsgesetz staatliche Aufgaben zugewiesen werden.[86] **65**

Zusammenfassender ***Merksatz:*** *„Die vollständige demokratische Legitimation der Staatsgewalt setzt voraus, dass die Staatsorgane durch die Verfassung begründet werden, die für sie handelnden Personen durch eine ununterbrochene Legitimationskette vom Volk berufen werden, und dass inhaltlich der im Gesetz manifestierte Wille des Volkes ausgeführt wird."*

IV. Unionsrecht und demokratische Legitimation

Das GG ist auf eine internationale, insbesondere **europäische Integration** angelegt. **66**
Dies wird insbesondere in Art. 23, 24 GG deutlich, wonach die Bundesrepublik Deutschland den **Verfassungsauftrag zur Verwirklichung eines vereinten Europas** hat (Art. 23 Abs. 1 S. 1 GG) und **Hoheitsrechte** auf zwischenstaatliche Einrichtungen, insbesondere auf die EU **übertragen** (Art. 23 Abs. 1 S. 2 GG) kann. Da die EU zu einer eigenen Rechtsetzung befugt ist[87] und damit Hoheitsakte schaffen kann, die **unmittelbar** in Deutschland gelten und grundsätzlich sogar **höherrangiges Recht** darstellen,[88] stellt sich im Rahmen des Demokratieprinzips die Frage, inwieweit die Verlagerung von Befugnissen auf die EU zulässig ist. Problematisch ist insoweit, dass es an einer ununterbrochenen Legitimationskette zwischen dem deutschen Staatsvolk und den (Rechtset-

81 BVerfG DVBl. 2003, 923 f.; Voßkuhle/Kaiser JuS 2009, 803, 804.
82 BVerfG DVBl. 2003, 923 f.
83 Gröpl Staatsrecht I, Rn. 268 ff. mit Beispiel.
84 BVerfG a.a.O. S. 925; Z. S. 21 Fn. 131; Gröpl Staatsrecht I, Rn. 271 ff.
85 Gröpl Staatsrecht I, Rn. 266 ff.; BVerfGE 49; 89, 125.
86 Gröpl Staatsrecht I, Rn. 266 ff.; BVerfGE 49; 89, 125.
87 Fehling Jura 2016, 498.
88 AS-Skript Europarecht (2018), Rn. 325 ff.

zungs-)Organen der EU fehlen könnte, da nicht alle Rechtsetzungsorgane der EU unmittelbar vom (deutschen) Staatsvolk gewählt werden.

Beispiel: Nach Art. 16 EUV wird **der Rat** gemeinsam mit dem Europäischen Parlament als Gesetzgebungsorgan tätig. Der Rat setzt sich aus **Regierungsvertretern** der Mitgliedsstaaten zusammen. Da das Wahlvolk die Regierungsmitglieder nicht unmittelbar wählt, ist eine ununterbrochene Legitimationskette nicht gegeben.

Aus diesem Grunde wird die Übertragung von Hoheitsrechten an die EU auf verschiedene Weise **begrenzt**.

67 ■ So ist eine Übertragung der **Kompetenz-Kompetenz**, also der Kompetenz der EU, eigenständig neue Zuständigkeiten und Hoheitsrechte zu begründen, ausgeschlossen.[89] Dies ist auch in Art. 5 Abs. 1, 2 EUV geregelt („Prinzip der begrenzten Einzelermächtigung").

■ Eine Übertragung von Hoheitsrechten und eine Änderung des Primärrechts der EU bedürfen gemäß Art. 23 Abs. 1 S. 2, 3 GG i.V.m. Art. 79 Abs. 2 GG eines **Parlamentsgesetzes**, das mit Zweidrittelmehrheit ergeht und der Zustimmung des Bundesrates bedarf. Einzelheiten sind im Integrationsverantwortungsgesetz geregelt.

68 ■ Nach Art. 23 Abs. 1 S. 3 GG i.V.m. Art. 79 Abs. 3 GG müssen auch bei der Übertragung von Hoheitsrechten auf die EU insbesondere die in Art. 1 und 20 GG formulierten Grundsätze beachtet werden (sog. **Struktursicherungsklausel**). Dazu gehören vorrangig das **Demokratie- und Rechtsstaatsprinzip** sowie die Achtung der Grundrechte in ihrem **Menschenwürdekern** (**Verfassungsidentität**). Das BVerfG überprüft Rechtsakte der EU aus diesem Grunde **im Sinne einer absoluten Grenze** darauf, ob diese Grundsätze missachtet werden (**Identitätskontrolle**).[90] Daneben tritt (als spezieller Unterfall der Identitätskontrolle) die sog. **ultra-vires-Kontrolle** durch das BVerfG. Dabei prüft das BVerfG, ob ersichtlich ist, dass Handlungen der europäischen Organe und Einrichtungen **außerhalb der übertragenen Kompetenzen** ergangen sind[91] (s. auch unten Fall 2, Rn. 69).

69 ■ Zur Sicherung der Mitwirkung von Bundestag und Bundesrat besteht eine **Informationspflicht** der Bundesregierung (Art. 23 Abs. 1 S. 2 GG). Daneben arbeiten Bundesregierung und Bundestag zusammen (Art. 23 Abs. 3 GG i.V.m. ZusEUBBG).

Fall 2: Der OMT-Beschluss

Angesichts der Finanz- und Wirtschaftskrise in mehreren Mitgliedstaaten der EU wurde der dauerhafte Europäische Stabilitätsmechanismus (ESM) geschaffen. Ergänzend dazu fasste die EZB einen Beschluss über „Technical features of Outright Monetary Transactions" (OMT-Beschluss), wonach Staatsanleihen ausgewählter Mitgliedstaaten in unbegrenzter Höhe aufgekauft werden können, wenn und solange diese Mitgliedstaaten zugleich an einem mit dem ESM vereinbarten Reformprogramm teil-

89 BVerfG RÜ 2009, 519; Jarass/Pieroth GG, Art. 23 Rn. 24; Voßkuhle/Kaufhold JuS 2013, 309, 310.

90 BVerfG RÜ 2016, 242, 244.

91 BVerfG RÜ 2014, 313, 318 f.; AS-Skript Europarecht (2018), Rn. 350 ff.

nehmen. Erklärtes Ziel des OMT ist die Sicherstellung einer ordnungsgemäßen geldpolitischen Transmission und der Einheitlichkeit der Geldpolitik.

A erhob gegen das Unterlassen der Bundesregierung, gegen den OMT-Beschluss der EZB vorzugehen, eine Verfassungsbeschwerde zum BVerfG. Er rügte vor allem, dass die EZB dadurch ersichtlich ihr währungspolitisches Mandat und damit die Kompetenzen überschritten habe, die ihr als Einrichtung der EU zustehen. Der OMT-Beschluss sei ein unzulässiger ultra-vires-Akt und vom Mandat der EZB nach Art. 119, 127 ff. AEUV nicht gedeckt. Insofern wäre die Bundesregierung verpflichtet gewesen, gegen den OMT-Beschluss vorzugehen. A meint, er sei in seinen Rechten aus Art. 38 Abs. 1 S. 1 GG i.V.m. Art. 20 Abs. 1, Abs. 2 GG verletzt.

Das BVerfG legte dem Gerichtshof als Teil des Gerichtshofs der Europäischen Union u.a. die Frage zur Vorabentscheidung vor, ob der OMT-Beschluss mit dem Unionsrecht vereinbar ist.* Daraufhin urteilte der Gerichtshof, dass die EZB-Beschlüsse zum Ankauf von Staatsanleihen mit dem EU-Recht vereinbar seien. Insbesondere stellte der Gerichtshof fest, dass es sich um eine währungspolitische Maßnahme, und nicht um eine wirtschaftspolitische handele. Allerdings formulierte der Gerichtshof einige den Umfang des OMT-Programms begrenzende Maßgaben (z.B. die Möglichkeit der gerichtlichen Kontrolle der Verhältnismäßigkeit; Teilnahme der Mitgliedsstaaten an Anpassungsprogrammen; nur Staaten, die selbst Zugang zum Anleihenmarkt haben; Begrenzung des Volumens der Ankäufe).**

Hat die zulässige Verfassungsbeschwerde des A Erfolg?

* BVerfG RÜ 2014, 313, 317 ff.
** Gerichtshof RÜ 2015, 591.

Die zulässige Verfassungsbeschwerde des A hat Erfolg, soweit sie begründet ist. Die Verfassungsbeschwerde ist begründet, wenn A durch die Untätigkeit der Bundesregierung in seinen Grundrechten oder grundrechtsgleichen Rechten verletzt wird. Das Unterlassen der Bundesregierung, gegen den OMT-Beschluss der EZB vorzugehen, könnte den A in seinem **grundrechtsgleichen Recht aus Art. 38 Abs. 1 S. 1 GG** verletzen.

I. Dann muss der Beschluss der EZB überhaupt an den Maßstäben des GG zu messen sein.

1. Nach Art. 23 Abs. 1 S. 1 GG wirkt die Bundesrepublik Deutschland an der Gründung und Fortentwicklung der Europäischen Union mit. Mit dieser Verpflichtung Deutschlands enthält Art. 23 Abs. 1 GG zugleich ein **Wirksamkeits- und Durchsetzungsversprechen für das Unionsrecht**. Für den Erfolg der Europäischen Union und die Erreichung ihrer vertraglichen Ziele ist die **einheitliche Geltung ihres Rechts** von zentraler Bedeutung. Daher billigt das Grundgesetz auch die im Zustimmungsgesetz zu den Verträgen enthaltene Einräumung eines **Anwendungsvorrangs** zugunsten des Unionsrechts, der grundsätzlich auch mit Blick auf entgegenstehendes nationales Verfassungsrecht gilt und bei einer Kollision in aller Regel zur Unanwendbarkeit des nationalen Rechts im konkreten Fall führt.[92] Daher sind **Hoheitsakte der EU** und, soweit diese durch das Unionsrecht deter- **70**

92 BVerfG RÜ 2016, 518, 522.

miniert werden, Akte der deutschen öffentlichen Gewalt im Hinblick auf den Anwendungsvorrang des Unionsrechts **grundsätzlich nicht** am Maßstab des GG zu messen.

71 2. Allerdings reicht der Anwendungsvorrang des Unionsrechts **nur so weit**, wie das GG und das Zustimmungsgesetz die Übertragung von Hoheitsrechten auf die EU erlauben. Die Grenzen für die Öffnung deutscher Staatlichkeit ergeben sich aus der in Art. 79 Abs. 3 GG niedergelegten **Verfassungsidentität des Grundgesetzes** (Art. 23 Abs. 1 S. 3 GG) und dem gemäß Art. 23 Abs. 1 S. 2 GG im Zustimmungsgesetz niedergelegten Integrationsprogramm, das dem Unionsrecht für Deutschland erst die notwendige demokratische Legitimation verleiht.[93] Zu diesen Grenzen gehört auch das **Demokratieprinzip** (Art. 20 Abs. 1, Abs. 2 GG). Es vermittelt dem einzelnen Bürger über sein Wahlrecht (Art. 38 Abs. 1 S. 1 GG) ein subjektives Recht darauf, dass (von ihm nicht unmittelbar gewählte) Organe und Einrichtungen der EU **durch offensichtliche und strukturell bedeutsame Kompetenzüberschreitungen diese demokratische Legitimation nicht aushöhlen**. Damit schützt Art. 20 Abs. 1 und Abs. 2 i.V.m. Art. 79 Abs. 3 GG davor, dass die durch die Wahl bewirkte Legitimation von Staatsgewalt durch die Verlagerung von Aufgaben und Befugnissen des Deutschen Bundestages auf die europäische Ebene entleert wird.

72 3. Zur Gewährleistung der Grenzen, die sich aus dem GG für die Anwendung und Auslegung des Unionsrechts und der Maßnahmen der EU ergeben, prüft das BVerfG einerseits im Rahmen einer **Identitätskontrolle**, ob die durch Art. 79 Abs. 3 GG für unantastbar erklärten Grundsätze (insbesondere Art. 1 und 20 GG) bei der Übertragung von Hoheitsrechten durch den deutschen Gesetzgeber oder durch eine Maßnahme von Organen oder Einrichtungen der EU berührt werden. Dabei ist wegen des Demokratieprinzips sicherzustellen, dass dem Deutschen Bundestag bei einer Übertragung von Hoheitsrechten nach Art. 23 Abs. 1 GG **eigene Aufgaben und Befugnisse von substantiellem politischem Gewicht verbleiben.**[94] Andererseits überprüft das BVerfG im Rahmen einer **ultra-vires-Kontrolle**, ob eine Maßnahme von Organen, Einrichtungen und sonstigen Stellen der EU das Integrationsprogramm in hinreichend qualifizierter Weise überschreitet und ihr deshalb in Deutschland die demokratische Legitimation fehlt. Für eine **hinreichend qualifizierte** Überschreitung des Integrationsprogramms kommen nur **offensichtliche Kompetenzüberschreitungen** in Betracht, die für die Kompetenzverteilung zwischen der EU und der Bundesrepublik Deutschland strukturell bedeutsam sind.

73 Beide Kontrollvorbehalte lassen sich auf Art. 79 Abs. 3 GG zurückführen, es liegt ihnen aber ein jeweils unterschiedlicher Prüfungsansatz zugrunde. So überprüft das BVerfG im Rahmen der ultra-vires-Kontrolle, ob das Handeln der Organe, Einrichtungen und sonstigen Stellen der Europäischen Union von den im Zustimmungsgesetz gemäß Art. 23 Abs. 1 S. 2 GG enthaltenen Vorgaben des Integrationsprogramms gedeckt ist oder die Maßnahme aus dem vom parlamentarischen Gesetzgeber vorgegebenen Rahmen ausbricht. Da Kompetenzen gemäß Art. 23 Abs. 1 S. 3

93 BVerfG RÜ 2016, 518, 522.

94 BVerfG RÜ 2016, 518, 522.

GG nur in den Grenzen des Art. 79 Abs. 3 GG auf die Europäische Union übertragen werden dürfen, tritt neben die ultra-vires-Kontrolle die Identitätskontrolle. Anders als die ultra-vires-Kontrolle betrifft die Identitätskontrolle **nicht die Einhaltung der Reichweite** der übertragenen Zuständigkeit. Vielmehr wird die Maßnahme der EU in materieller Hinsicht an der **„absoluten Grenze"** der Grundsätze der Art. 1 und Art. 20 GG gemessen.

4. Da die Identitäts- und ultra-vires-Kontrolle dazu führen können, dass das BVerfG das Unionsrecht in Einzelfällen in Deutschland für unanwendbar erklärt, muss wegen der Europarechtsfreundlichkeit des GG sowie zum Schutze der Funktionsfähigkeit der Rechtsordnung der EU im Vorfeld einer solchen Entscheidung im Wege des Vorabentscheidungsverfahrens gemäß Art. 267 Abs. 3 AEUV der EuGH mit der Angelegenheit befasst werden. In diesem Rahmen muss das BVerfG eine richterliche Rechtsfortbildung durch den Gerichtshof auch dann respektieren, wenn dieser zu einer Auffassung gelangt, der sich mit gewichtigen Argumenten entgegentreten ließe, solange sie sich auf anerkannte methodische Grundsätze zurückführen lässt und **nicht objektiv willkürlich** erscheint. Dies gilt im Rahmen sowohl der Identitäts- als auch der ultra-vires-Kontrolle.[95] **74**

II. Danach würde die Untätigkeit der Bundesregierung den A dann in seinem grundrechtsgleichen Recht aus Art. 38 Abs. 1 S. 1 GG i.V.m. Art. 20 Abs. 1, Abs. 2 GG und Art. 79 Abs. 3 GG verletzen, **wenn der OMT-Beschluss der EZB eine offensichtliche und strukturell bedeutsame Kompetenzüberschreitung im Sinne einer ultra-vires-Maßnahme** darstellen würde. **75**

Auf der Grundlage der vom Gerichtshof vorgenommenen Auslegung stellt der OMT-Beschluss dann keinen ultra-vires-Akt dar, wenn Ankäufe nicht angekündigt werden, das Volumen der Ankäufe im Voraus begrenzt ist, zwischen der Emission eines Schuldtitels und seinem Ankauf durch das Europäische System der Zentralbanken eine im Voraus festgelegte Mindestfrist liegt, die verhindert, dass die Emissionsbedingungen verfälscht werden, nur Schuldtitel von Mitgliedstaaten erworben werden, die einen ihre Finanzierung ermöglichenden Zugang zum Anleihemarkt haben, die erworbenen Schuldtitel nur ausnahmsweise bis zur Endfälligkeit gehalten werden und die Ankäufe begrenzt oder eingestellt werden und erworbene Schuldtitel wieder dem Markt zugeführt werden, wenn eine Fortsetzung der Intervention nicht erforderlich ist. Zumindest stellt der OMT-Beschluss unter diesen Prämissen keine offensichtliche und strukturell bedeutsame Kompetenzüberschreitung im Sinne einer ultra-vires-Maßnahme dar.[96]

Damit ist A nicht in seinem Recht aus Art. 38 Abs. 1 S. 1 GG verletzt. Die Verfassungsbeschwerde ist unbegründet und erfolglos.

---

95 BVerfG RÜ 2016, 518, 523.

96 BVerfG RÜ 2016, 518, 524. Dabei hatte das BVerfG zwar gewichtige Bedenken. Diese könnten aber „noch" hingenommen werden.

D. Weitere Fallgruppen

I. Politische Willensbildung von unten nach oben

76 Nach Art. 20 Abs. 1 GG soll die Staatsgewalt (maßgeblich) vom Volk ausgehen. Daraus ergibt sich u.a., dass die politische Willensbildung grundsätzlich vom Volk zu den Staatsorganen („von unten nach oben") erfolgen muss und nicht umgekehrt.

Problematisch in diesem Zusammenhang sind insbesondere die sog. „Wahlwerbung auf Staatskosten" bei Öffentlichkeitsarbeit der Regierung sowie die vollständige oder verdeckte Parteienfinanzierung.

1. Keine Wahlwerbung auf Staatskosten

Fall 3: Wahlwerbung

Im Land L finden im November Landtagswahlen statt. Seit August veröffentlicht der Umweltminister des Landes in einer Reihe von Tageszeitungen eine Anzeigenserie, die aus 12 Folgen besteht und in der bis unmittelbar vor der Wahl unter Hinweis auf die Umweltpolitik der Landesregierung Ratschläge an die Bürger zur Müllvermeidung und Wiederverwertung von Abfall gegeben werden („Müllspartipps"). Die Anzeigen enden jeweils mit der Formulierung: „ ... rät der Umweltminister des Landes L." Die Gesamtausgaben der Werbekampagne belaufen sich auf fast 2,5 Mio. €, die aus hierfür bereitgestellten Haushaltsmitteln stammen. Die Oppositionspartei X hält die Anzeigenserie für verfassungswidrig, da es sich um Wahlwerbung zugunsten der Regierungspartei auf Kosten der Steuerzahler handele. Zu Recht?

Bearbeiterhinweis: Die Vorschriften der Landesverfassung entsprechen denen des GG.

A. In Betracht kommt zunächst ein Verstoß gegen Art. 20 Abs. 2 S. 1 GG.

77 I. Gemäß Art. 20 Abs. 2 S. 1 GG geht alle Staatsgewalt vom Volke aus. Dementsprechend findet die politische Willensbildung **vom Volk zu den Staatsorganen** statt („von unten nach oben"). Daraus folgt für die Staatsorgane, zu denen auch die Regierung und die ihr angehörenden Minister gehören, die **Pflicht zur parteipolitischen Neutralität**. Aus diesem Grunde ist es jedem Staatsorgan (gemäß Art. 28 Abs. 1 GG auch der Länder) verwehrt, im Vorfeld von Wahlen in seiner amtlichen Funktion offen oder verdeckt für eine bestimmte Partei einzutreten.[97]

Ergänzend wird das Neutralitätsgebot aus den Grundsätzen der Wahlfreiheit und Wahlgleichheit gemäß Art. 38 Abs. 1 GG sowie aus dem verfassungsrechtlichen Status der politischen Parteien (Art. 21 GG) und dem hieraus folgenden Recht auf Chancengleichheit abgeleitet.[98] Da die Neutralitätspflicht aber auch auf dem Demokratieprinzip beruht, gilt sie auch außerhalb von Wahlkampfzeiten,[99] aber nicht bei Volksabstimmungen.

---

97 Grundlegend BVerfGE 20, 56; vgl. auch BVerfGE 44, 125, 141; 63, 230, 243; 66, 369, 380; 73, 40, 85; Berl VerfGH DVBl. 1996, 560; VerfGH NRW DÖV 1992, 215; Hess StGH NVwZ 1992, 465. – Gleiches gilt für Bürgermeister bei Kommunalwahlen (BVerwG DVBl. 1997, 1276; BayVGH BayVBl. 1996, 145) oder für Beamte bei Nutzung des Diensttelefons für Wahlwerbung (BVerwG NVwZ 1999, 424).

98 Vgl. BayVerfGH NVwZ 1994, 993, 994; VGH Mannheim NVwZ 1992, 504, 505; Sachs JuS 1995, 262, 263 m.w.N.

99 LVerfG Sachsen-Anhalt JZ 1996, 723, 724 f.

II. Allerdings sind die Staatsorgane befugt, **Öffentlichkeitsarbeit** zu betreiben, d.h. sich selbst und die eigene Arbeit der Bevölkerung vorzustellen. Öffentlichkeitsarbeit ist nicht nur zulässig, sondern auch notwendig, um Staatsbewusstsein und Identifikation der Bürger mit dem Staat im demokratischen Gemeinwesen lebendig zu erhalten. In den Rahmen zulässiger Öffentlichkeitsarbeit fällt auch, die Politik der Regierung und ihre Maßnahmen darzulegen.[100] **78**

III. Die Öffentlichkeitsarbeit der Regierung findet dort ihre **Grenze**, wo die **Wahlwerbung** beginnt. Den Staatsorganen ist es von Verfassungs wegen untersagt, sich in amtlicher Funktion im Hinblick auf Wahlen mit politischen Parteien oder Wahlbewerbern zu identifizieren und sie unter Einsatz staatlicher Mittel zu unterstützen oder zu bekämpfen und dadurch die Entscheidung des Wählers zu beeinflussen. Das Recht der politischen Parteien auf **Chancengleichheit** wird verletzt, wenn Staatsorgane einseitig zugunsten oder zulasten einer politischen Partei oder einzelner Wahlbewerber auf den Wahlkampf Einfluss nehmen. Ein parteiergreifendes Einwirken ist auch in Form von Öffentlichkeitsarbeit nicht zulässig.[101] **79**

1. Ob die Grenze zur unzulässigen Wahlwerbung überschritten ist, hängt von den Umständen des Einzelfalles ab. Abgrenzungskriterien sind insbesondere **Inhalt, Aufmachung** und **Anlass** der Publikation, **Menge** und **Adressatenkreis**.

   Beispiel: Die Grenze zur unzulässigen Wahlwerbung ist überschritten, wenn die Regierung den politischen Gegner angreift oder der informative Gehalt der Publikation eindeutig hinter der reklamehaften Aufmachung zurücktritt.

2. Auch wenn sich regierungsamtliche Veröffentlichungen weder durch ihren Inhalt noch durch ihre Aufmachung als Werbemaßnahmen zu erkennen geben, können sie unzulässig sein, wenn sie im nahen **Vorfeld der Wahl** ohne akuten Anlass in so großer Zahl erscheinen und in solchem Umfang verbreitet werden, dass Auswirkungen auf das Wahlergebnis nicht mehr ausgeschlossen werden können. **80**

   Beispiele: Großformatige Anzeigenserien in der Presse, Herausgabe eines amtlichen Umweltberichtes, Veranstaltung eines Informationstages.

   All diesen Aktivitäten ist gemeinsam, dass sie nicht von vornherein unzulässig sind; entscheidend ist vielmehr der **Zeitpunkt** ihres Einsatzes. Eine an sich zulässige Information der Öffentlichkeit überschreitet umso eher die Grenze zur unzulässigen Wahlwerbung, je näher der Wahltermin rückt. In der „heißen Phase" des Wahlkampfes gilt das **„Gebot äußerster Zurückhaltung"**.[102] Während dieses Zeitraums, der spätestens 6 Wochen vor dem Wahltermin beginnt,[103] hat die amtliche Öffentlichkeitsarbeit auf jegliche Arbeits-, Leistungs- **81**

---

100 VerfGH NRW DÖV 1992, 215; Schürmann NJW 1992, 1072; Engelbert/Kutscha NJW 1993, 1233, 1237: Versorgung mit Information als Basis zur Ausübung der Volkssouveränität; umfassend Hill JZ 1993, 330 ff. Zur Zulässigkeit von sog. Warnerklärungen der BReg vgl. BVerfGE 105, 252 – „Glykol" – und BVerfGE 105, 279 – Osho.

101 RhPf VerfGH NVwZ 2007, 200.

102 VerfGH NRW, Beschl. v. 16.07.2013 – VerfGH 17/12.

103 Saarl VerfGH NVwZ-RR 2010, 785: 4 Monate.

und Erfolgsberichte zu verzichten.[104] Ausgenommen sind lediglich Veröffentlichungen, die aus **akutem Anlass** geboten sind (z.B. Veröffentlichungen, die sich im Wesentlichen auf die Wiedergabe des Textes kürzlich verabschiedeter oder in naher Zukunft in Kraft tretender Gesetze beschränken).[105]

Hier könnte durch die Anzeigenserie beim Wähler der Eindruck entstehen, die die Landesregierung tragende Partei trete in besonderem Maße für den Umweltschutz ein. Da die Anzeigen ohne akuten Anlass, in ganz erheblichem Umfang (Aufwand 2,5 Mio. €) und dazu noch im unmittelbaren Vorfeld der Wahl veröffentlicht wurden, könnte dies für eine unzulässige Wahlwerbung sprechen.

82 IV. Etwas anderes könnte sich jedoch daraus ergeben, dass es sich bei der Anzeigenserie nicht um typische Leistungs- oder Erfolgsberichte handelte, sondern um eine sachbezogene **Öffentlichkeitsaufklärung**.

1. Der VerfGH NRW[106] geht davon aus, dass von Maßnahmen der Öffentlichkeitsaufklärung nicht im gleichen Ausmaß ein werbender Effekt ausgehe wie von der Öffentlichkeitsarbeit, da die Regierung in diesem Bereich nicht nur ihre Arbeit präsentiert und erläutert, sondern **unmittelbar gesetzlich zugewiesene Aufgaben** erfüllt. Würde man derartige sachbezogene Maßnahmen im gleichen Umfang beschränken wie die Veröffentlichung von Leistungsberichten u.Ä., so würde dies dazu führen, dass zum Ende der Legislaturperiode politische Sachziele nach außen nicht mehr verfolgt werden könnten. Eine derartige Beschränkung wäre aber mit der bis zum Ende der Amtszeit fortdauernden Regierungsverantwortung nicht vereinbar.

Anders als bei Wahlen unterliegen die staatlichen Organe bei **Volksentscheiden** keiner strikten Neutralitätspflicht. Da es hier um Sachfragen geht, tritt an die Stelle des Neutralitätsgebotes ein (weniger strenges) **Sachlichkeitsgebot**.

So darf z.B. die Landesregierung in objektiver Weise auf die Vor- und Nachteile der einen oder anderen Lösung hinweisen. Unzulässig ist es dagegen auch hier, wenn Staatsorgane die eigenverantwortliche Entscheidung des Abstimmenden beeinträchtigen oder eine Partei in der Öffentlichkeit diffamieren.[107]

83 2. Das BVerfG hat in seiner Rspr.[108] eine solche Differenzierung bislang nicht vorgenommen und daher auch objektive **Sachinformationen** grundsätzlich nur dann für unbedenklich erklärt, wenn sie nicht in unmittelbarer Beziehung zu einer bevorstehenden Wahl stehen oder durch einen akuten Anlass geboten sind.

84 3. Folgt man dem VerfGH NRW so sind die verfassungsrechtlichen Grenzen weiter zu ziehen, wenn die Regierung **unmittelbar zur Erfüllung einer Sachauf-**

---

104 Mandelartz DÖV 2009, 509.

105 BVerfGE 44, 125, 156; 63, 230, 241; BVerwG NVwZ-RR 1989, 262; DVBl. 1993, 207; BayVerfGH NVwZ 1994, 993, 994; BayVerfGH NVwZ 1992, 287; NVwZ 1991, 699; a.A. VerfGH Berlin DVBl. 1996, 560, 561; kritisch Schürmann NVwZ 1992, 852, 855.

106 DÖV 1992, 215, 216.

107 Brem StGH NVwZ 1997, 264, 266; Berl VerfGH LKV 1996, 133 u. 335; BayVerfGH NVwZ-RR 1994, 529; vgl. auch BVerfG NJW 1998, 293; LKV 1996, 333.

108 Vgl. BVerfGE 44, 125, 151.

gabe tätig wird. Allein die zeitliche Nähe zu einer Wahl macht die Maßnahme nicht per se unzulässig; es müssen vielmehr weitere Elemente hinzutreten, die in der Gesamtschau die Schlussfolgerung aufdrängen, dass die Qualität sachbestimmter Regierungstätigkeit gegenüber dem wahlwerbenden Effekt praktisch vollständig in den Hintergrund tritt.[109]

Unzulässig wäre es z.B., wenn das angeblich verfolgte Sachziel nur Vorwand wäre, um zugunsten der die Regierung tragenden Parteien wahlwerbenden Einfluss auf die Willensbildung der Bürger zu nehmen.

4. Hier diente die Anzeigenkampagne des Umweltministers der Verwirklichung des in § 1 KrWG statuierten Zieles der Schonung der natürlichen Ressourcen (u.a. Abfallvermeidung). Damit handelte es sich nicht um eine bloße Erfolgsmeldung der Regierung, sondern um die Umsetzung normativ vorgegebener Sachziele. Da nicht ersichtlich ist, dass die Anzeigenserie nach Form und Inhalt besonders aufdringlich aufgemacht war, kann aus der bloßen zeitlichen Nähe zur Wahl nicht geschlossen werden, dass die Grenze zur unzulässigen Wahlwerbung überschritten ist. Die Maßnahme des Umweltministers verstößt daher nicht gegen Art. 20 Abs. 2 S. 1 GG.[110]

B. Verstoß gegen die **Chancengleichheit der Parteien** im Wahlkampf aus Art. 21 i.V.m. 38 Abs. 1 S. 1 GG[111] **85**

I. Ungleichbehandlung

Gemäß Art. 21 GG wirken auch die Parteien an der politischen Willensbildung, insbesondere durch Wahlen, mit. Aus der passiven Wahlrechtsgleichheit aus Art. 38 Abs. 1 S. 1 GG folgt weiterhin, dass sie im Wahlkampf von allen staatlichen Stellen gleichbehandelt werden müssen.

Diese Vorgaben sind im vorliegenden Fall nicht eingehalten, weil die Regierungspartei durch die Anzeigenkampagne aus Steuermitteln auch Wahlwerbung für sich betreiben kann, während die Oppositionspartei ausschließlich aus eigenen Parteimitteln den Wahlkampf betreiben muss.

II. Sachliche Rechtfertigung

Sofern man mit dem VGH NRW die Anzeigenkampagne nicht als Wahlwerbung, sondern als sachbezogene Öffentlichkeitsaufklärung bezeichnet, besteht jedoch ein sachlicher Grund für die Ungleichbehandlung, sodass auch ein Verstoß gegen Art. 21 i.V.m. 38 Abs. 1 S. 1 GG ausscheidet.

C. Verstoß gegen Art. 38 Abs. 1 S. 1 GG, **passive Wahlrechtsgleichheit** zugunsten der Wahlkandidaten der Oppositionspartei? **86**

I. Eine Ungleichbehandlung von Wahlkandidaten der Oppositionspartei im Vergleich zu den Kandidaten der Regierungspartei ergibt sich aus den gleichen Gründen wie die Ungleichbehandlung der Parteien (siehe oben B. I.).

II. Ungleichbehandlungen im Rahmen von Art. 38 Abs. 1 S. 1 GG sind grundsätzlich unzulässig und nur ausnahmsweise aus zwingenden staatspolitischen Gründen zulässig (sog. formaler oder absoluter Gleichbehandlungsgrundsatz).[112]

Ein solcher zwingender staatspolitischer Grund ist im vorliegenden Fall nur dann gegeben, wenn man die Anzeigenkampagne des Umweltministers als sachbezogene Öffentlichkeitsauf-

---

109 Vgl. VerfGH NRW DÖV 1992, 215, 217; Schürmann NVwZ 1992, 852, 853; kritisch Goerlich NWVBl. 1992, 159 ff.; Burgi JA-Übbl. 1993, 220, 225; vgl. auch Rottmann in BVerfGE 44, 125, 181, 189.

110 Kritisch Görlich NWVBl. 1992, 159.

111 BVerfGE 85, 264, 312; Degenhart Staatsorganisationsrecht, Rn. 87.

112 Degenhart Staatsorganisationsrecht, Rn 98, 86.

klärung einstuft, wie der VGH NRW, und nicht als Wahlwerbung. Sofern man das tut, liegt kein Verstoß gegen Art. 38 Abs. 1 S. 1 GG vor.

87 D. Verstoß gegen Art. 38 Abs. 1 S. 1 GG, **Freiheit der Wahl**?

I. Eingriff in den Schutzbereich

Freiheit der Wahl verlangt, dass kein öffentlicher oder privater Zwang auf den Inhalt der Wahlentscheidung ausgeübt werden darf. Weiterhin dienen die Wahlrechtsgrundsätze dazu, die demokratische Legitimation des Bundestags als Volksvertretung und durch diesen vermittelt auch der gesamten Staatsgewalt zu garantieren. Die Staatsgewalt geht aber nur dann tatsächlich vom Volk aus, wenn die Besetzung der Volksvertretung dem Wählervotum entspricht und nicht durch Einflussnahme von oben manipuliert wird.

Die oben genannten Garantien der Freiheit der Wahl sind bei der Wahlwerbung auf Staatskosten beeinträchtigt, weil dem Wahlbürger unter dem Deckmantel einer objektiven Öffentlichkeitsarbeit der Anschein vermittelt wird, dass nur die Entscheidung für die Regierungspartei die richtige sei.

II. Sofern man mit dem VGH NRW von einer sachbezogenen Öffentlichkeitsaufklärung ausgeht, die auch ohne ausdrückliche Ermächtigung zulässig ist, liegt kein Verstoß gegen Art. 38 Abs. 1 S. 1 GG vor.

Ergebnis: Die Anzeigenkampagne des Umweltministers ist verfassungsgemäß. Die Oppositionspartei hat Unrecht.

2. (Verbot der vollständigen oder verdeckten) Parteienfinanzierung

88 Ein Verstoß gegen das Demokratieprinzip ist nicht nur gegeben bei unzulässiger Wahlwerbung auf Staatskosten (Willensbildung von „oben nach unten"), sondern auch bei **vollständiger** oder verdeckter **Parteienfinanzierung** durch den Staat.[113]

Dies ergibt sich einerseits aus dem Grundsatz der **Staatsfreiheit der Parteien** aus Art. 21 Abs. 1 GG, § 2 Abs. 1 S. 2 ParteiG („Vereinigung von **Bürgern**")[114] andererseits aus folgenden Überlegungen:

113 BVerfG NJW 1992, 2545.

114 Gröpl Staatsrecht I, Rn. 398 ff.

89

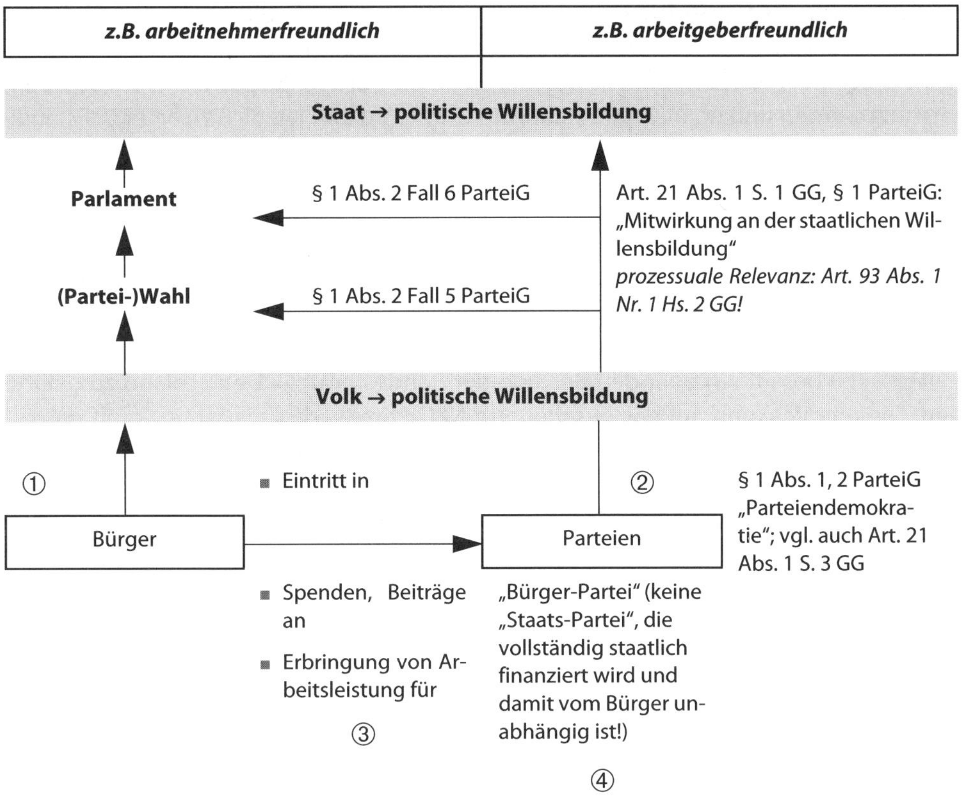

① Politische **Willensbildung von unten nach oben** bedeutet, dass grundsätzlich allein der Bürger durch Wahlen zum jeweiligen Parlament entscheidet, in welcher Weise die staatlichen Organe die politische Willensbildung ausrichten (z.B. arbeitnehmerfreundlich, unternehmerfreundlich, umweltfreundlich).

② Neben dem Bürger sollen aber auch, durch Art. 21 Abs. 1 GG verfassungsrechtlich garantiert, die Parteien an der politischen Willensbildung im Staate mitwirken, indem sie sich insbesondere durch Aufstellung von Bewerbern an den Wahlen in Bund, Ländern und Gemeinden beteiligen und auf die politische Entwicklung im Parlament und Regierung Einfluss nehmen (vgl. § 1 Abs. 2 ParteiG); sog. **Parteiendemokratie**.

③ Der Bürger kann die ihm nahe stehende Partei fördern durch Spendenbeiträge oder Erbringung von Arbeitsleistungen und damit eine gewisse Abhängigkeit der Parteien vom Wohlwollen der Wahlbürger begründen; sog. **Bürgerpartei**.

④ Sofern der Staat die Parteien **vollständig** finanzieren würde, würde aus der Bürgerpartei letztlich eine Staatspartei wegen der Abhängigkeit der Parteien vom Staat, sodass keine politische Willensbildung von unten nach oben stattfindet, sondern umgekehrt.

Zulässig und damit vereinbar mit dem Demokratieprinzip ist deshalb nur eine teilweise staatliche Parteienfinanzierung (so ausdrücklich § 18 Abs. 1 S. 1 ParteiG) im Rahmen von absoluten bzw. relativen Obergrenzen (vgl. § 18 Abs. 2, Abs. 5 ParteiG).

Unzulässig ist eine **verdeckte Parteienfinanzierung**, wie z.B. die staatlichen Globalzuschüsse an die parteinahen Stiftungen oder Jugendorganisationen, weil in diesen Fällen nicht festgestellt werden kann, in welcher Höhe die Parteien tatsächlich vom Staat unterstützt werden und ob nicht die staatliche Unterstützung letztlich zu einer vollständigen Parteienfinanzierung führt.[115]

3. Ausschluss von der Parteienfinanzierung

90 Nach Art. 21 Abs. 3 S. 1 GG können Parteien von der Parteienfinanzierung ausgeschlossen werden, wenn sie nach ihren Zielen oder nach dem Verhalten ihrer Anhänger **darauf ausgerichtet** sind, die freiheitlich demokratische Grundordnung zu beeinträchtigen oder zu beseitigen oder den Bestand der Bundesrepublik Deutschland zu gefährden. Diese in Reaktion auf das gescheiterte NPD-Parteiverbotsverfahren[116] in das GG aufgenommene Regelung stellt ein **milderes Mittel** im Vergleich zu einem Parteiverbot dar.[117] Über den Ausschluss von der staatlichen Parteienfinanzierung entscheidet gemäß Art. 21 Abs. 4 GG ebenfalls das Bundesverfassungsgericht.

II. Selbstverwaltungsgarantie

91 Den Interessen des Volkes wird in der Regel am besten gedient, wenn der Bürger nicht nur verwaltet wird, sondern selbst mitverwalten kann. Deshalb ist auch die garantiefreie Selbstverwaltung (insbesondere durch Art. 28 Abs. 2 S. 1 GG) Ausdruck und zugleich Voraussetzung einer freiheitlichen Demokratie, die das Grundgesetz normiert.[118] Kommunale Selbstverwaltung erfolgt in den kommunalen Gebietskörperschaften, wie Gemeinden und Kreise, funktionale Selbstverwaltung in Personalkörperschaften (z.B. berufsständische Kammern, Hochschulen) und in sog. Zweckverbänden (z.B. Wasserverbänden).

III. Wahlrecht – Beachtung von Wahlgrundsätzen entsprechend Art. 38 Abs. 1 S. 1 und 28 Abs. 1 S. 2 GG

92 In der demokratischen Ordnung des Grundgesetzes äußert sich die Volkssouveränität unmittelbar, also nur in Wahlen zum Bundestag. Der Bundestag wird durch die Wahlen unmittelbar demokratisch legitimiert. Damit jedoch die Wahlen zum Bundestag diesem tatsächlich demokratische Legitimation als dem Repräsentanten des Volkswillens verleihen können, müssen sie bestimmten verfassungsrechtlichen Anforderungen genügen. Diese enthält Art. 38 Abs. 1 S. 1 GG.[119]

Auch nach Auffassung des BVerfG ist das Wahlrecht elementarer Bestandteil des Demokratieprinzips, welches für den Bürger einen (im Wege der Verfassungsbeschwerde einklagbaren) Anspruch auf demokratische Selbstbestimmung, auf freie und gleiche Teil-

---

115 OVG Berlin-Brandenburg RÜ 2012, 798; von Arnim JA 1985, 207, 209; Günther ZRP 1994, 289; Ockermann ZRP 1992, 323.

116 BVerfG NJW 2017, 611.

117 Gröpl, Staatsrecht I, Rn. 409 a.

118 Morlok/Michael Staatsorganisationsrecht, Rn. 496, 500; Gröpl Staatsrecht I, Rn. 651 f.

119 Degenhart Rn. 43; ähnlich Gröpl Staatsrecht I, Rn. 354.

habe an der Staatsgewalt sowie auf die Einhaltung des Demokratiegebotes, einschließlich der verfassungsgebenden Gewalt des Volkes begründet.[120]

Insofern enthält das Wahlrecht auch die **materielle Komponente**, dass das Wahlrecht nicht entleert (bzw. ausgehöhlt) werden darf. Vielmehr müssen dem Bundestag Aufgaben und Befugnisse **von substanziellem Gewicht** verbleiben. Dies setzt der Übertragbarkeit von Befugnissen (insbesondere auf die europäische Union) Grenzen, deren Überschreitung vom wahlberechtigten Bürger unter Berufung auf Art. 38 Abs. 1, Abs. 2 GG **im Wege der Verfassungsbeschwerde** gerügt werden kann.[121] **93**

IV. Mehrparteiensystem

Das Mehrparteienprinzip ist in Art. 21 GG, insbesondere durch die Gründungsfreiheit der Parteien nach Art. 21 Abs. 1 S. 2 GG, (mit-)gewährleistet. Es ist als Konkretisierung des Demokratieprinzips praktische Voraussetzung für die Durchführung freier Wahlen und eine wesentliche Ergänzung des Schutzes politischer Minderheiten.[122] Es wird abgesichert durch das Prinzip der Chancengleichheit der Parteien[123] und das Gebot der Gleichheit des rechtlichen Status der politischen Parteien. Das Mehrparteienprinzip ist ebenso wie die Chancengleichheit der Parteien Bestandteil der sog. **freiheitlich demokratischen Grundordnung**. **94**

V. Möglichkeit der Bildung und Ausübung von Opposition

Effektiver Schutz politischer Minderheiten sowie ein tatsächliches Mehrparteiensystem ist nur dann gewährleistet, wenn sich die derzeitige Minderheitspartei im Parlament als Opposition formieren und angemessen betätigen kann. Auch dieser Schutz wird durch das Demokratieprinzip garantiert und ist als Ausprägung des Mehrparteiensystems ebenfalls Teil der sog. **freiheitlich demokratischen Grundordnung**.[124] **95**

VI. Mehrheitsprinzip, ergänzt durch angemessenen Minderheitenschutz

1. Zweck des Mehrheitsprinzips

„Auch in der Demokratie müssen Entscheidungen getroffen werden. Je größer aber die Zahl der an der Entscheidung beteiligten Personen und je komplexer der Entscheidungsgegenstand sind, desto schwieriger wird es, eine allseits befriedigende Lösung zu finden. In diesem Fall greift das Mehrheitsprinzip ein. Eine Mehrheitsentscheidung ist immer noch besser als ein Verzicht auf Tätigwerden oder ein fauler Kompromiss."[125] **96**

120 BVerfG, Urt. v. 30.06.2009 – 2 BvE 2/08 u.a., Ziff. 172 f., 208 f.; Anm. Schübel-Fister/Kaiser JuS 2009, 767, 768.

121 BVerfG, Urt. v. 30.06.2009 – 2 BvE 2/08 u.a., Ziff. 173 f., 208 f., 249 f; Burkiczak JuS 2009, 805, 806 unter Hinweis auf BVerfG NJW 1993, 3074, 3050 f.; BVerfG NJW 1998, 1934, 1936.

122 Morlok/Michael Staatsorganisationsrecht, Rn. 129 f.

123 BVerfGE 82, 322, 337; Maurer Staatsrecht I, § 11 Rn. 42 f.

124 Jarass/Pieroth GG, Art. 21 Rn. 16 f.

125 Maurer Staatsrecht I, § 7 Rn. 55; ähnlich Gröpl Staatsrecht I, Rn. 303 ff.

2. Ausgestaltung des Mehrheitsprinzips

97 Gemäß Art. 42 Abs. 2 GG ist zu einem **Beschluss des Bundestags** grundsätzlich die Mehrheit der abgegebenen Stimmen erforderlich. Ausnahmen zu diesem Grundsatz müssen immer ausdrücklich im Grundgesetz bestimmt sein, wobei die Anforderungen an die jeweils erforderliche Mehrheit mit der Bedeutung der jeweiligen Entscheidung ansteigen.[126]

Gleiches gilt auch für die angemessene Höhe des Unterstützungs-, Beteiligungs- oder Zustimmungs**quorums** für **Volksbegehren**.[127]

3. Grenzen des Mehrheitsprinzips

98 ■ Angemessener **Minderheitenschutz**

Aus dem Mehrparteiensystem des Grundgesetzes (siehe oben) und dem Recht aller Parteien auf Chancengleichheit ergibt sich immanent die Pflicht zur angemessenen Berücksichtigung der Minderheitsparteien, also der Opposition.[128]

99 ■ Herrschaft der Mehrheit nur **auf Zeit**

Da Mehrheiten sich mit der Zeit ändern können und auch die Minderheit von Zeit zu Zeit die Möglichkeit haben muss, eventuell Mehrheiten im Volke zu erreichen, lässt das Demokratieprinzip nur eine Herrschaft der Mehrheit auf Zeit zu. Art. 39 Abs. 1 GG in der derzeitigen Fassung ordnet deshalb an, dass der Bundestag grundsätzlich auf vier Jahre gewählt wird und dass spätestens 48 Monate nach der Wahlperiode Neuwahlen stattfinden müssen. Als noch vereinbar mit dem Demokratieprinzip (Herrschaft der Mehrheit nur auf Zeit) wird auch noch eine Wahlperiode von bis zu fünf Jahren angesehen.[129]

4. Absicherung des Mehrheitsprinzips

100 Das Mehrheitsprinzip, einschließlich angemessenen Minderheitenschutzes, ist zum einen Teil der sog. **freiheitlich demokratischen Grundordnung** und zum anderen in seinen Grundzügen unabänderlicher Teil des Grundgesetzes i.S.v. Art. 79 Abs. 3 GG.[130]

VII. Parlamentsvorbehalt

101 Der Parlamentsvorbehalt begründet – vereinfacht gesagt – sowohl Rechte als auch Pflichten des Parlaments (der Volksvertretung). Zum einen soll das Parlament seine Gesetzgebungsaufgabe nicht vernachlässigen und sich nicht aus seiner politischen Verantwortung stehlen; auf der anderen Seite hat das Parlament auch das Recht, bestimm-

126 Maurer Staatsrecht I, a.a.O. Rn. 61; ausführlich zu den verschiedenen Mehrheiten für die Beschlüsse des Bundestags noch unten Rn. 272 ff.

127 Kielmannsegg JuS 2006, 323, 326.

128 Degenhart Staatsorganisationsrecht, Rn. 604, 626, 733; Maurer Staatsrecht I, a.a.O. Rn. 62 f.; Morlok/Michael Staatsorganisationsrecht, Rn. 217 ff.

129 Pieroth a.a.O., S. 479 f.; Morlok/Michael Staatsorganisationsrecht, Rn. 167; Gröpl Staatsrecht I, Rn. 342 ff.; Degenhart Staatsorganisationsrecht, Rn. 67; Maurer Staatsrecht I, § 13 Rn. 51.

130 Degenhart Staatsorganisationsrecht, Rn. 222.

te Entscheidungen ganz oder teilweise selbst zu treffen. Weiterhin dürfen bestimmte Entscheidungen nicht am Parlament vorbei allein durch die Regierung getroffen werden. Allerdings besteht nach heute h.M. kein Totalvorbehalt, d.h. es müssen nicht alle einigermaßen relevanten politischen Entscheidungen abschließend vom Parlament getroffen werden, sondern nur noch wesentliche Entscheidungen für das Gemeinwesen, insbesondere grundrechtsrelevante Maßnahmen (sog. **Wesentlichkeitstheorie**).[131]

VIII. Bestehen demokratischer Grundrechte

Ein wirkliches Wahlrecht kann das Volk nur dann ausüben, wenn hinreichende Informationen über die Alternativen bestehen. Auch im Vorfeld staatlicher Entscheidungen (Erlass von Gesetzen durch den Bundestag, Maßnahmen der Bundesregierung) muss das Volk die Möglichkeit haben, seine Vorstellungen und Interessen geltend zu machen und für sie zu werben, um auf diese Weise auf die öffentliche Meinung und staatliche Meinungsbildung einzuwirken. **102**

Aus diesem Grunde werden auch durch das Demokratieprinzip insbesondere die Meinungs-, Informations- und Pressefreiheit (Art. 5 Abs. 1 GG) sowie die Versammlungsfreiheit (Art. 8 GG) gefordert.[132] Damit auch in diesen Fällen die Willensbildung „von unten nach oben" erfolgt, muss der politische Willensbildungsprozess frei von staatlicher Einflussnahme bleiben.[133]

IX. Öffentlichkeitsgrundsatz, Transparenzgebot

In einer Demokratie muss das Volk in die Entscheidungen, die in seinem Namen erfolgen, angemessen Einblick nehmen können. Deshalb müssen Verhandlungen des Bundestages („Volksvertretung") und seiner Ausschüsse grundsätzlich öffentlich stattfinden.[134] **103**

Gleiches gilt auch für die Wahlen zum Bundestag.

„Der Grundsatz der Öffentlichkeit der Wahl aus Art. 38 i.V.m. Art. 20 Abs. 1 und Abs. 2 gebietet, dass alle wesentlichen Schritte der Wahl öffentlicher Überprüfbarkeit unterliegen, soweit nicht andere verfassungsrechtliche Belange eine Ausnahme rechtfertigen."[135]

Des Weiteren müssen auch Verhandlungen der Gerichte („im Namen des Volkes") grundsätzlich öffentlich erfolgen (§ 169 GVG).

Fall 4: Oppositionsfraktionsrechte

Der 18. Deutsche Bundestag bestand aus 630 Abgeordneten (zu Beginn 631). Davon entfielen auf die beiden Oppositionsfraktionen „Die Linke" und „Bündnis 90/Die Grünen" 127 Sitze. Damit unterschritt die Gesamtheit der Oppositionsfraktionen die Quoren, die das GG für die Ausübung parlamentarischer Minderheitenrechte vor-

131 Morlok/Michael Staatsorganisationsrecht, Rn. 212 ff.; Gröpl Staatsrecht I, Rn. 286; Degenhart Staatsorganisationsrecht, Rn. 30 ff.

132 Jarass/Pieroth GG, Art. 20 Rn. 10.

133 BVerfGE 80, 124, 134.

134 Morlok/Michael Staatsorganisationsrecht, Rn. 669 Fn. 10; Gröpl Staatsrecht I, Rn. 328; BVerfGE 70, 324, 355; Gusy DVBl. 2013, 941.

135 BVerfG NVwZ 2009, 708; Degenhart Staatsorganisationsrecht, Rn. 48 a.

sieht (1/3 bzw. 1/4 der Mitglieder des Bundestages). Die beiden Oppositionsfraktionen meinten, eine effektive Kontrolle der Mehrheit durch die Minderheit sei so nicht möglich. Aus dem Demokratieprinzip und dem Rechtsstaatsprinzip müssten sich aber effektive Oppositionsrechte ergeben. Zumindest in der 18. Wahlperiode des Deutschen Bundestages müssten die Minderheitenrechte von mindestens zwei Fraktionen gemeinsam ausgeübt werden können, die nicht die Bundesregierung tragen.

Ergeben sich aus dem GG (ausdrücklich oder durch Auslegung ermittelt) spezifische Oppositionsfraktionsrechte?

104 I. Aus dem **Demokratieprinzip** (Art. 20 Abs. 1, Abs. 2 GG) und aus dem **Rechtsstaatsprinzip** (Gewaltenteilung, Art. 20 Abs. 3 GG) ergibt sich, dass die oppositionelle Minderheit auch von der Verfassung geschützt werden muss. Dabei gilt in der Demokratie zwar das **Mehrheitsprinzip** (Art. 42 Abs. 2 GG), sodass die Entscheidungen der parlamentarischen Mehrheit respektiert werden müssen. Andererseits enthält das GG jedoch **Durchbrechungen des Mehrheitsprinzips** (z.B. Art. 44 Abs. 1 S. 1 GG) die deutlich machen, dass sich die derzeitige Minderheit im Parlament zur Opposition formieren und angemessen betätigen kann, insbesondere die (regierungstragende) **Mehrheit kontrollieren** können muss. Insofern ist die Bildung und Ausübung einer organisierten politischen Opposition konstitutiv für die freiheitliche demokratische Grundordnung. Weil im parlamentarischen Regierungssystem die Bildung einer stabilen Mehrheit für die Wahl einer handlungsfähigen Regierung und deren fortlaufende Unterstützung unerlässlich ist (vgl. Art. 63 und 67 bis 69 GG), obliegt die parlamentarische Kontrolle der Regierung nicht nur dem Parlament als Ganzem, sondern **insbesondere und gerade auch den Abgeordneten und Fraktionen, die nicht die Regierung tragen**.[136]

105 Diese Kontrollfunktion der oppositionellen Minderheit ergibt sich ebenfalls aus dem Verfassungsprozessrecht, wonach z.B. bereits eine Minderheit eine abstrakte Normenkontrolle einleiten kann (Art. 93 Abs. 1 Nr. 2 GG, § 76 Abs. 1 BVerfGG) oder die Möglichkeit der Prozessstandschaft im Organstreitverfahren besitzt (Art. 93 Abs. 1 Nr. 1 GG, § 64 Abs. 1 BVerfGG).

Daher ergibt sich aus der Verfassung, konkretisiert durch die Rspr. des BVerfG, ein **allgemeiner Grundsatz effektiver Opposition**.

II. Fraglich ist aber, ob sich aus diesem verfassungsrechtlichen Grundsatz auch **spezifische** Oppositions(fraktions)rechte herleiten lassen.

106 1. Die Opposition ist im GG nicht eigenständig geregelt. Vielmehr gesteht das GG in Ausnahmefällen der **parlamentarischen Minderheit** Rechte zu, die aber unabhängig davon bestehen, ob diese Minderheitenrechte von der Opposition oder von Abgeordneten/Fraktionen der regierenden Mehrheit geltend gemacht werden. Dabei ist den Regelungen des GG zu entnehmen, dass die Minderheitenrechte **nur einer qualifizierten Minderheit**, also einem Quorum von Mitgliedern des Bundestages zur Verfügung stehen. Zwar mag im Regelfall die Opposition von

136 BVerfG RÜ 2016, 443, 446; Jarass/Pieroth GG, Art. 20 Rn. 22.

den Minderheitenrechten profitieren. Voraussetzung ist der Oppositionsstatus für ein Berufen auf die Minderheitenrechte jedoch nicht.[137]

Damit ergeben sich zumindest **nicht ausdrücklich** spezifische Oppositions(fraktions)rechte aus dem GG.

2. Entsprechende Rechte könnten sich jedoch möglicherweise **aus dem GG durch Auslegung herleiten** lassen.

a) Einer solchen Herleitung spezifischer, nur der Opposition zur Verfügung stehender Fraktionsrechte könnte aber **Art. 38 Abs. 1 S. 2 GG entgegenstehen**. Danach sind alle Abgeordneten frei in ihren Entscheidungen. Aus dem freien Mandat der Abgeordneten ergibt sich auch ein **spezieller Gleichbehandlungsanspruch**, der auch für die Fraktionen gilt.[138] Daher sollen und dürfen auch Abgeordnete aus den Regierungsfraktionen im Einzelfall „opponieren", wenn eine Entscheidung mit ihrem Gewissen nicht vereinbar ist. **107**

Beispiel: So gab es in den Regierungsfraktionen im Zusammenhang mit den Entscheidungen zur Eurorettung oder zu den Asylpaketen durchaus „Abweichler".

Spezifische Oppositions(fraktions)rechte würden aber die Regierungsfraktionen und ihre Abgeordneten **ungleich** behandeln. Eine solche Ungleichbehandlung wäre nur gerechtfertigt, wenn **besonders gewichtige Gründe** vorliegen, die die Ungleichbehandlung der Abgeordneten tragen können.[139] Ein Abgeordneter der Regierungsfraktion wird zwar nur selten „opponieren". Ein solches Verhalten ist aber auch nicht ausgeschlossen, sodass sich die Regierung auch immer wieder vor den eigenen Abgeordneten rechtfertigen muss. Die Verantwortung für sein Abstimmungsverhalten und Auftreten im Parlament trägt ungeachtet politischer Präferenzen und Parteizugehörigkeit allein der Abgeordnete selbst, sodass Art. 38 Abs. 1 S. 2 GG **jedem einzelnen Abgeordneten eine eigene Oppositionsmöglichkeit** eröffnet. Daran ändert auch die besondere Situation einer entrechteten Opposition angesichts einer geradezu erdrückenden Regierungsmehrheit nichts.[140] **108**

b) Um eine Ungleichbehandlung der Abgeordneten zu vermeiden wäre auch denkbar, dass die **Quoren des GG** insgesamt von einem Drittel bzw. einem Viertel für den Fall **abgesenkt würden**, dass die Oppositionsfraktionen diese Quoren in einer Wahlperiode nicht erreichen. Eine solche Regelung wäre in Bezug auf die Gleichheit aller Abgeordneten neutral.

Dieser Auslegung des GG steht aber die **bewusste Entscheidung des Verfassungsgebers für die bestehenden Quoren** entgegen. Aufgrund des expliziten Wortlauts der Grundgesetzbestimmungen kommt eine Auslegung im Sinne einer teleologischen Reduktion der Quoren nicht in Betracht.[141]

137 BVerfG RÜ 2016, 443, 447.
138 BVerfG RÜ 2016, 443, 447; Degenhart Staatsorganisationsrecht, Rn. 668.
139 BVerfG Urt. v. 28.02.2012 – 2 BvE 8/11; Jarass/Pieroth GG, Art. 38 Rn. 44, 49.
140 BVerfG RÜ 2016, 443, 447.
141 BVerfG RÜ 2016, 443, 448.

109 Eine generelle Absenkung der Quoren gegen den klaren Wortlaut des GG kann auch nicht mit der Figur des **verfassungswidrigen Verfassungsrechts** begründet werden. Unabhängig von der umstrittenen Frage, ob eine solche Rechtsfigur überhaupt anzuerkennen ist, wäre für die Annahme verfassungswidrigen Verfassungsrechts eine Änderung des GG erforderlich, die dann selbst wiederum an der Verfassung zu messen wäre. Die Quoren sind aber vom Gesetzgeber aktuell nicht geändert worden.

Die Rechtsfigur des verfassungswidrigen Verfassungsrechts ist bereits deshalb problematisch, weil auf derselben Normebene keine Hierarchie auszumachen ist, die ein Kriterium dafür liefern könnte, welcher verfassungsrechtlichen Norm Vorrang zukommt. Das Grundgesetz kann nur als Einheit begriffen werden. Daraus folgt, dass auf der Ebene der Verfassung selbst ranghöhere und rangniedere Normen in dem Sinne, dass sie aneinander gemessen werden könnten, grundsätzlich nicht denkbar sind. Eine Ausnahme wird lediglich dann gemacht, wenn Verfassungsnormen gegen die Grundsätze verstoßen, die der Ewigkeitsgarantie aus Art. 79 Abs. 3 GG widersprechen.

Ergebnis: Damit begründet das GG **weder ausdrücklich** spezifische Oppositions(fraktions)rechte, **noch** lassen sich solche aus dem GG **herleiten**.

---

3. Abschnitt: Republik

110 Art. 20 Abs. 1 GG legt im Staatsnamen („Bundesrepublik") auch die Staatsform der Republik fest. Der Begriff der Republik hat praktisch nur Bedeutung in Abgrenzung zur **Monarchie.** Da Art. 20 Abs. 2 S. 1 GG ohnehin vorschreibt, dass alle Staatsgewalt vom Volke ausgeht (Demokratie), bezieht sich die Abgrenzung dabei nicht auf die Frage der Staatsträgerschaft, sondern auf die **Person des Staatsoberhaupts**. In einer Monarchie gelangt das Staatsoberhaupt aufgrund familien- und erbrechtlicher Umstände oder durch Wahl **auf Lebenszeit** in sein Amt. Die Bundesrepublik Deutschland ist eine Republik, weil der **Bundespräsident** von der Bundesversammlung **auf Zeit** (fünf Jahre) gewählt wird (Art. 54 GG).

Die republikanische Staatsform ist durch **Art. 79 Abs. 3 GG** abgesichert, d.h. auch durch Verfassungsänderung könnte das Staatsoberhaupt nicht auf dynastischer Grundlage oder auf Lebenszeit berufen werden.

4. Abschnitt: Rechtsstaatsprinzip

A. Ableitung des Rechtsstaatsprinzips

111 Obwohl das Rechtsstaatsprinzip – anders als Demokratie, Republik, Sozialstaat und Bundesstaat – in Art. 20 GG **nicht ausdrücklich** erwähnt wird, wird es allgemein den in Art. 20 Abs. 1 GG genannten Staatsformmerkmalen hinzugerechnet und ihm sogar ein besonders hoher Stellenwert eingeräumt.

- Mittelbar ergibt sich die Geltung des Rechtsstaatsprinzips aus Art. 28 Abs. 1 S. 1 GG, wenn dort für die Länder das Prinzip des „sozialen **Rechtsstaats** im Sinne dieses

Grundgesetzes" vorgeschrieben wird. Gleiches folgt aus Art. 23 Abs. 1 S. 1 GG, der den Rechtsstaat als Strukturprinzip der Europäischen Union beschreibt.

- Die wichtigsten Ausprägungen des Rechtsstaatsprinzips sind in Art. 1 Abs. 3 GG **(Bindung an die Grundrechte)**, Art. 20 Abs. 2 S. 2 Fall 3 GG **(Gewaltenteilung)** und Art. 20 Abs. 3 GG **(Bindung an Recht und Gesetz)** geregelt. Hinzu kommen zahlreiche andere, für das Rechtsstaatsprinzip grundlegende Vorschriften, wie z.B. die Gewährleistung eines umfassenden Rechtsschutzes (Art. 19 Abs. 4 GG) durch unabhängige Richter (Art. 92, 97 Abs. 1 GG) in einem fairen Verfahren (insbes. Art. 101, 103 GG).

  Nach der Rspr. des BVerfG ergibt sich das Rechtsstaatsprinzip aus einer Gesamtschau der Bestimmungen des Art. 20 Abs. 3 GG über die Bindung der Einzelgewalten und der Art. 1 Abs. 3, 19 Abs. 4, 28 Abs. 1 S. 1 GG sowie aus der Gesamtkonzeption des Grundgesetzes.[142]

B. Elemente des Rechtsstaatsprinzips (Überblick)

Rechtsstaat ist ein Staat, dessen Ziel die **Gewährleistung von Freiheit und Gerechtigkeit** im staatlichen und staatlich beeinflussbaren Bereich ist und dessen Machtausübung durch Recht und Gesetz geregelt und begrenzt wird. 112

Gegenbegriff ist der Willkürstaat, etwa in der Ausprägung von faschistischen oder kommunistischen Diktaturen.

Im Einzelnen gibt es zahlreiche Definitionen des Rechtsstaats(-prinzips) sowie die Unterscheidung eines formellen und materiellen Rechtsstaatsbegriffs.[143]

- Die wichtigste Vorsorge gegen eine zum Missbrauch neigende Machtkonzentration trifft das Prinzip der **Gewaltenteilung** (Art. 20 Abs. 2 S. 2 Fall 3 GG). Danach werden die wichtigsten Staatsfunktionen auf die drei Organgruppen – Gesetzgebung, vollziehende Gewalt und Rspr. – verteilt (dazu unten Rn. 118 ff.). 113

- Die Gewaltenteilung ist nur sinnvoll, wenn die Legislative die beiden anderen Gewalten durch Gesetze binden kann (vgl. Art. 20 Abs. 3 GG). Auch Rechtssicherheit lässt sich nur durch Gesetze (Rechtsnormen) herbeiführen. Daher bestimmt das **Vorhandensein von Rechtsnormen** und die Bindung der drei Gewalten an diese das Wesen des Rechtsstaates (vgl. dazu unten). 114

- Die Gesetzesbindung muss vom Bürger durchgesetzt werden können. Deshalb gehört die **Gewährleistung eines effektiven Rechtsschutzes** gegenüber Hoheitsakten zum Rechtsstaatsprinzip (Art. 19 Abs. 4 GG) wie auch die Existenz von Justizgrundrechten.[144] Auch im Verhältnis der Bürger untereinander muss ein ausreichender Rechtsschutz durch staatliche Gerichte gewährleistet sein.[145]

- Zur **Rechtssicherheit** gehört ein Mindestmaß an **Vertrauensschutz**. Es beschränkt beispielsweise die **Rückwirkung von Gesetzen** (unten Rn. 135 ff.), die Rücknahme von Verwaltungsakten (vgl. §§ 48, 49 VwVfG) und die Änderung bzw. Aufhebung von 115

---

142 Schon BVerfGE 2, 380, 403; Dreier GG, Art. 20 Rn. 40 m.w.N.

143 Vgl. dazu i.E. die Ausführungen bzw. Nachweise bei Ipsen Staatsrecht I, Rn. 750.; Maurer Staatsrecht I, § 8 Rn. 5 ff.; Gröpl Staatsrecht I, Rn. 426 ff.; Morlok/Michael Staatsorganisationsrecht, Rn. 649 f.

144 Gröpl Staatsrecht I, Rn. 464, 466; Maurer Staatsrecht I, § 8 Rn. 46 ff.

145 BVerfG NJW 1991, 417, 418; Maurer Staatsrecht I, § 8 Rn. 23 ff.; Ipsen Staatsrecht I, Rn. 809 ff.

Planfeststellungsbeschlüssen, insbesondere Bebauungsplänen (vgl. z.B. § 39 BauGB und sonstige Plangewährleistungsansprüche).

Einen weiteren Aspekt der Rechtssicherheit stellt der **Bestimmtheitsgrundsatz** dar.

116 ■ Ein bedeutsames Element des Rechtsstaates ist das Bestehen von **Grundrechten** des Bürgers, die das staatliche Handeln begrenzen und dem Bürger eine gesicherte Freiheitssphäre einräumen.[146] Hierzu zählt auch die Aktivierung des Staates gegen Eingriffe Dritter in grundrechtlich geschützte Werte **(Schutzpflicht des Staates)**.

Vgl. insofern Art. 1 Abs. 1 GG („Die Menschenwürde ist unantastbar. Sie zu achten und zu schützen, ist Verpflichtung aller staatlichen Gewalt."), dessen Verpflichtung nicht nur für die Menschenwürde, sondern auch für alle anderen Grundrechte gilt.

■ Eine wichtige Begrenzung staatlicher Macht ergibt sich aus dem Grundsatz der **Verhältnismäßigkeit**. Sämtliche belastenden staatlichen Maßnahmen müssen geeignet, erforderlich und angemessen sein und dürfen nicht gegen das **Übermaßverbot** verstoßen.[147]

Im Grundrechtsbereich ergibt sich der Grundsatz der Verhältnismäßigkeit in erster Linie aus dem betroffenen Grundrecht selbst.[148]

■ Schließlich gehört zum Rechtsstaatsprinzip, dass für rechtswidrige staatliche Maßnahmen, zumindest wenn sie schuldhaft erfolgen, ein **Ausgleich** geleistet wird (Existenz eines **Staatshaftungsrechts**).[149]

117 **Anforderungen bzw. Konkretisierungen des Rechtsstaatsprinzips**

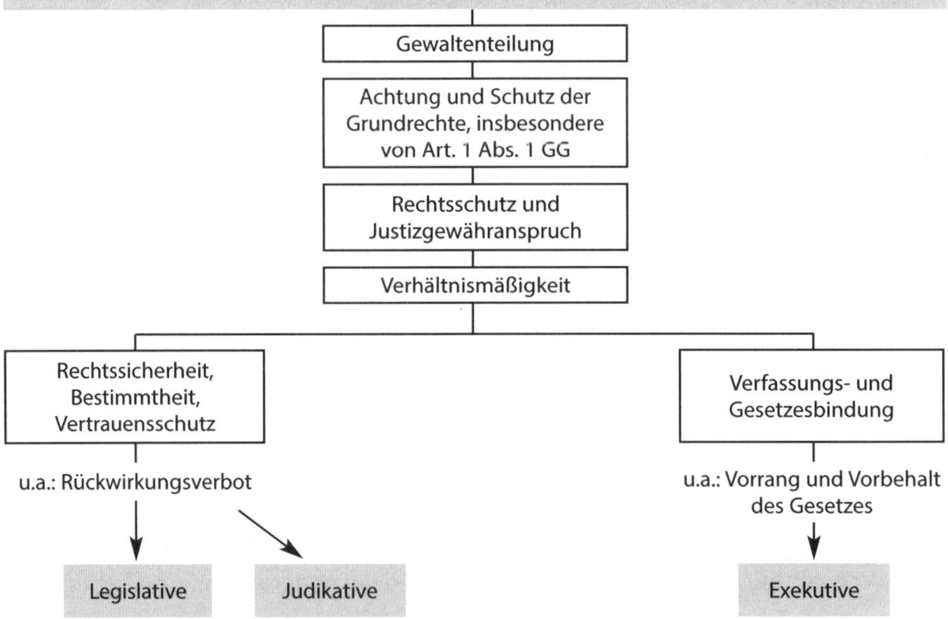

146 Degenhart Staatsorganisationsrecht, Rn. 258; Gröpl Staatsrecht I, Rn. 428, 467.
147 BVerfG NJW 2006, 3628.
148 BVerfGE 77, 308.
149 Sachs GG, Art. 20 Rn. 77, 111; Görisch JuS 1997, 988 ff.

C. Das Prinzip der Gewaltenteilung (Funktionentrennung)

I. Rechtsgrundlagen und Aufgabe der (horizontalen) Gewaltenteilung

Rechtsgrundlage des Gewaltenteilungsprinzips ist Art. 20 Abs. 2 S. 2 GG. Danach wird die Staatsgewalt vom Volk durch besondere Organe der Gesetzgebung, der vollziehenden Gewalt und der Rspr. ausgeübt. Daran anknüpfend sind in speziellen Vorschriften die besonderen Organe und ihre Zuständigkeiten geregelt: die Gesetzgebung in Art. 70 ff. GG; Regierung und Verwaltung in Art. 62 ff., 83 ff. GG; die Rspr. in Art. 92 ff. GG. 118

Die Gewaltenteilung ist das tragende Organisationsprinzip des Rechtsstaates und hat die **Aufgabe**, die **Staatsgewalt zu begrenzen** und zu kontrollieren und dadurch die Freiheit des Einzelnen zu schützen. Weiterhin wird durch die Gewaltenteilung des Staates eine sinnvolle **Arbeitsteilung** herbeigeführt. Die verschiedenen Staatsfunktionen sollen von solchen Organen wahrgenommen werden, die ihrer Struktur nach auf diese Aufgaben zugeschnitten sind (Prinzip der funktionsgerechten Organstruktur).

Der Gedanke der Gewaltenteilung als Instrument der Kontrolle der Staatsgewalt wurde zuerst von dem englischen Rechtsphilosophen John Locke (1632–1704) entwickelt und später von Montesquieu (1689–1755) aufgegriffen.

Das hier angesprochene Prinzip der Gewaltenteilung betrifft lediglich die funktionelle **horizontale Gliederung**. Zu unterscheiden ist diese von der

- **organisatorischen** Gewaltenteilung, z.B. zwischen Bundestag und Bundesrat,
- der **vertikalen** Gewaltenteilung
  - zwischen Bund und Ländern (vgl. unten Rn. 193 ff.: Bundesstaat) sowie
  - Bund/Ländern einerseits und Gemeinden andererseits
- und der **persönlichen** Gewaltenteilung (Inkompatibilität), z.B. gemäß Art. 137 GG.[150]

II. Einzelheiten der horizontalen Gewaltenteilung

Grundlegend für die Gewaltenteilungslehre ist die Unterscheidung zwischen verschiedenen materiellen **Staatsfunktionen**. 119

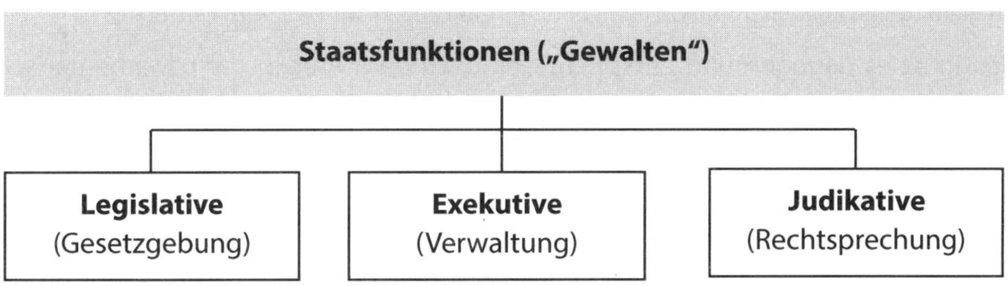

150 Vgl. ergänzend Maurer Staatsrecht I, § 12; Degenhart Staatsorganisationsrecht, Rn. 265 ff.; Ipsen Staatsrecht I, Rn. 753 ff.; Morlok/Michael Staatsorganisationsrecht, Rn. 654 ff.; Gröpl Staatsrecht I, Rn. 895 ff.

Das Wesen der Gewaltenteilung besteht zunächst in der Trennung der verschiedenen Organe und ihrer Aufgabenerfüllung. Vor allem aber ist Sinn der Gewaltenteilung gerade auch die **wechselseitige Begrenzung und Kontrolle der Machtausübung** der verschiedenen Organe. Deshalb wird das Trennungsprinzip ergänzt durch gegenseitige Einflussnahmemöglichkeiten und Abhängigkeiten (sog. System der **„checks and balances"**). Dadurch wird verhindert, dass eine der drei Funktionen eine übergeordnete Stellung erlangt. Die wichtigsten Ausprägungen der Gewaltenkontrolle und Gewaltenhemmung sind:

120 ■ Die **Regierung** als die Spitze der Verwaltung ist **vom Parlament abhängig** (Art. 63, 67 GG; parlamentarisches Regierungssystem).

121 ■ Verwaltung und Rspr. sind an die vom Parlament erlassenen **Gesetze gebunden** (Art. 20 Abs. 3 GG).

122 ■ Die Regierung hat mannigfache **Einflussmöglichkeiten** auf das Parlament, insbesondere durch das Recht der Gesetzesinitiative (Art. 76 GG) und durch den Zustimmungsvorbehalt der Bundesregierung gegenüber ausgabewirksamen Gesetzen (Art. 113 GG; vgl. ferner Art. 112 GG).

123 ■ Die **Gerichte kontrollieren** die Verfassungsmäßigkeit der vom Parlament erlassenen Gesetze vor allem aber die Rechtmäßigkeit einzelner Exekutivakte (Art. 93, 19 Abs. 4 GG i.V.m. den jeweiligen Prozessgesetzen, z.B. VwGO).

III. Personelle Gewaltenteilung (Inkompatibilität)

124 Ausfluss der Gewaltenteilung ist auch die sog. **Inkompatibilität** (Verbot der Ämterhäufung, personelle Gewaltenteilung). Die Gewaltenteilung würde nicht funktionieren, wenn dieselben Personen, die als Abgeordnete im Parlament ein Gesetz beschließen, dieses Gesetz als Verwaltungsbeamte später anwenden und schließlich als Richter darüber entscheiden würden, ob sie die Gesetze richtig erlassen und zutreffend angewandt haben.

Beispiele: Art. 55 Abs. 1 GG (Bundespräsident);[151] Art. 66 GG (Regierungsmitglieder); Art. 94 Abs. 1 S. 3 GG (Bundesverfassungsrichter); Art. 137 GG (Beamte), z.B. i.V.m. § 5 AbgG; § 4 BMinG.

Zudem dürfen die Mitglieder des **Bundestags nicht gleichzeitig Mitglieder des Bundesrates** sein, da sich beide Gremien hemmen und kontrollieren sollen.[152] Damit ergibt sich auch eine Inkompatibilität zwischen der Stellung als Landesminister und Bundestagsabgeordnetem. Denn alle Mitglieder der Landesregierung sind kraft ihrer Amtsstellung berufen, das Land im Bundesrat zu vertreten.

125 Zulässig ist es dagegen und entspricht geradezu dem Prinzip der parlamentarischen Demokratie, wenn die Mitglieder der **Regierung** (Minister) gleichzeitig Abgeordnete sind.[153]

126 Hierin liegt zugleich eine erhebliche Durchbrechung der Gewaltenteilung. Denn die aus Abgeordneten bestehende Regierung wird vom Parlament kontrolliert, das wiederum von den regierungstragenden Mehrheitsfraktionen beherrscht wird. Echte Kontrolle

---

151 BVerfG JuS 2012, 191.

152 Jarass/Pieroth GG, Art. 51 Rn. 3.

153 Jarass/Pieroth GG, Art. 38 Rn. 24.

übt daher nur die Opposition aus (sog. **neue Gewaltentrennung**). Diesen Umstand hat das GG aber bewusst hingenommen.[154]

Problematisch ist hierbei vor allem auch der erhebliche Einfluss der Parteien auf Regierung und Parlament. Hinzu kommt, dass die Parteien maßgeblich die Besetzung der Ämter in allen drei Gewalten beeinflussen. Das GG hat sich jedoch bewusst für eine **Parteiendemokratie** entschieden (vgl. insbesondere Art. 21 GG), sodass diese Auswirkungen noch als grundgesetzlich gewolltes Spannungsverhältnis hinzunehmen sind.[155]

Gewaltenteilung 127

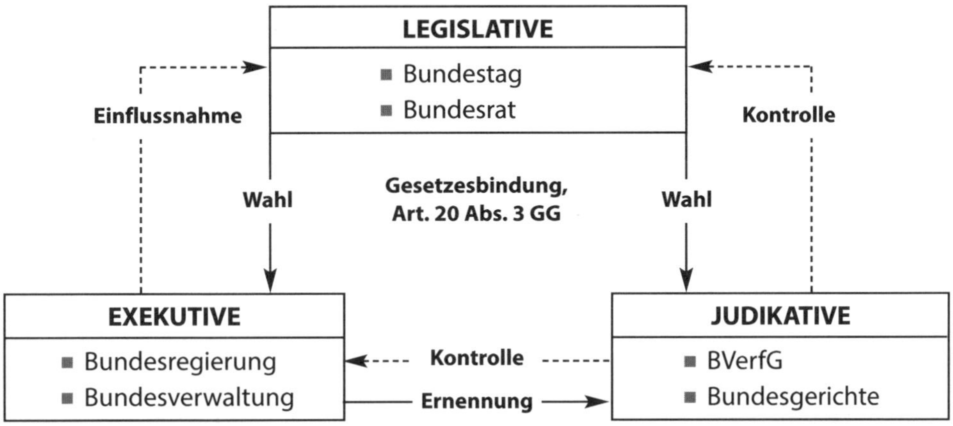

IV. Abweichungen vom Gewaltenteilungsprinzip

Der Grundsatz der Gewaltenteilung wird auf vielfältige Weise **durchbrochen** (vgl. z.B. Art. 80 GG, wonach die Exekutive Rechtsverordnungen erlässt und damit Aufgaben der Legislative wahrnimmt). Durchbrechungen sind jedoch nur **eingeschränkt zulässig**. 128

Ein Verstoß gegen das Gewaltenteilungsprinzip liegt dann vor, wenn ein Eingriff in den **Kernbereich** einer anderen Gewalt vorliegt oder eine Gewalt ein deutliches Übergewicht erhält. Entscheidend sind dabei 129

- **Intention** (es darf nicht beabsichtigt sein, eine Gewalt zu entmachten),
- **Intensität** (der Eingriff darf nicht besonders schwerwiegend sein) und
- **Quantität** des Eingriffs (es darf nicht in einer Vielzahl von Fällen in einen Funktionsbereich eingegriffen werden).[156]

Beispiele: Ein Gesetz, das detaillierte Regelungen eines Einzelfalls enthält, kann (ausnahmsweise) in den Kernbereich der der Exekutive vorbehaltenen Befugnisse eingreifen.[157] Einengende oder erwei-

154 Vogel NJW 1996, 1505, 1507.

155 Wrege Jura 1996, 436, 438.

156 BVerfGE 68, 87; 76, 100; Degenhart Staatsorganisationsrecht, Rn. 265; Ipsen Staatsrecht I, Rn. 765 ff.; Gröpl Staatsrecht I, Rn. 900 ff.; Morlok/Michael Staatsorganisationsrecht, Rn. 656.

157 BVerfGE 25, 371, 398; zu diesem „Verwaltungsvorbehalt durch Gewaltenteilung" vgl. Ronellenfitsch DÖV 1991, 771, 779; Kunig Jura 1993, 308, 310.

ternde Auslegung einer Norm ist grundsätzlich zulässige Rechtsfortbildung und damit kein Übergriff in den Bereich der Legislative.[158]

Gegenbeispiel: Auflösung des BayObLG. Dazu BayVerfGH:[159] „In die Eigenständigkeit und Unabhängigkeit der rechtsprechenden Gewalt, vor allem in deren Kernbereich, nämlich die konkrete Ausübung der Rspr. durch den einzelnen unabhängigen Richter, wird durch das Gerichtsauflösungsgesetz nicht eingegriffen."

Hinweis: Die Zuweisung der Rechtsprechungsaufgaben an die Gerichte genießt durch Art. 92 GG einen besonderen Schutz, der sich nicht nur auf den Kernbereich beschränkt.[160]

D. Die Anforderungen des Rechtsstaatsprinzips an die Gesetzgebung (Legislative)

130 **Gesetzgebung** i.S.v. Art. 20 Abs. 3 Fall 1 GG ist Normsetzung in Form der parlamentarischen Gesetzgebung durch Bundestag oder Landtage, nicht der Erlass allgemein verbindlicher Anordnungen durch die Verwaltung als Rechtsverordnung oder Satzung.[161]

Allerdings gelten bestimmte Anforderungen des Rechtsstaatsprinzips an die Gesetzgebung über Art. 20 Abs. 3 Fall 2 GG auch für die vollziehende Gewalt, weil zum Gesetz i.S.d. Norm auch das Rechtsstaatsprinzip als Teil der verfassungsmäßigen Ordnung zählt, also etwa der Bestimmtheitsgrundsatz oder das Verbot der unzulässigen Rückwirkung.

I. Bindung an die verfassungsmäßige Ordnung

131 Die verfassungsmäßige Ordnung i.S.d. Art. 20 Abs. 3 GG beinhaltet alle Normen des Grundgesetzes[162] in dem durch das BVerfG ausgelegten und ggf. für verbindlich (§ 31 BVerfGG) erklärten Verständnis.[163]

Beachte den davon abweichenden Begriff der „verfassungsmäßigen Ordnung" in Art. 2 Abs. 1 bzw. 9 Abs. 2 GG.

§ 31 Abs. 1 BVerfGG begründet jedoch kein striktes Normwiederholungsverbot für die Legislative (so früher h.M.), sondern nur die **Pflicht zur Verfassungsorgantreue**, d.h. eine vom BVerfG für verfassungswidrig erklärte Norm darf vom Gesetzgeber nur dann mit dem gleichen Inhalt erneut erlassen werden, wenn sich die Anwendungsumstände der betreffenden Norm ganz erheblich geändert haben.[164]

Unklar ist, ob über Art. 24 und 25 GG auch sämtliche Bestimmungen des Völkerrechts (z.B. EMRK) sowie über Art. 23 GG sämtliche Bestimmungen des EU-Rechts zur verfassungsmäßigen Ordnung i.S.v. Art. 20 Abs. 3 GG gehören.[165]

---

158 BVerfG NJW 2012, 669 zur § 5 Abs. 2 HWiG.

159 NJW 2005, 3699.

160 Gröpl Staatsrecht I, Rn. 907 ff.

161 Sodan/Leisner Art. 20 GG Rn. 37.

162 Sodan a.a.O. Rn. 38.

163 Jarass/Pieroth GG, Art. 20 Rn. 45; zur verfassungskonformen Auslegung zuletzt BVerfG, RÜ 2011, 650, 655.

164 Vgl. Jarass/Pieroth GG, Art. 20 Rn. 45.

165 Zur völkerrechtsfreundlichen Auslegung des GG wegen EMRK und Entscheidungen des EGMR vgl. BVerfG RÜ 2011, 383, 385; Hofmann Jura 2013, 326.

II. Bestimmtheit

Jedes Gesetz muss hinreichend **bestimmt** gefasst (Grundsatz der **Normenklarheit**) und in sich widerspruchsfrei sein **(Widerspruchsfreiheit der Rechtsordnung)**.[166] Andernfalls kann es seine Funktion, das Verhalten der Bürger sowie der beiden anderen Gewalten (Verwaltung und Rspr.) zu steuern, nicht erfüllen.[167] Wegen Art. 103 Abs. 2 GG werden besonders strenge Anforderungen an Straf- und Bußgeldtatbestände gestellt (sog. absoluter Bestimmtheitsgrundsatz).[168] Im Übrigen hängen die Anforderungen an die Bestimmtheit davon ab, wie intensiv gesetzliche Regelungen die Normadressaten belasten (sog. relativer Bestimmtheitsgrundsatz).[169] Für bundesrechtliche Verordnungsermächtigungen (z.B. § 6 Abs. 1 StVG) gilt der spezielle Bestimmtheitsgrundsatz aus Art. 80 Abs. 1 S. 2 GG. 132

Andererseits darf das Bestimmtheitserfordernis nicht übersteigert werden. Daher darf der Gesetzgeber **unbestimmte Rechtsbegriffe** und **Generalklauseln** verwenden, soweit sie durch die Rspr. konkretisiert werden (können),[170] z.B. Begriffe wie „Gefahr für die öffentliche Sicherheit und Ordnung", „Ungeeignetheit" (vgl. § 3 StVG), „Unzuverlässigkeit" (z.B. § 35 GewO, §§ 4, 15 GastG). 133

Bei hinreichender Notwendigkeit darf der Gesetzgeber der Verwaltung auch einen **Beurteilungsspielraum** bzw. auf der Rechtsfolgenseite **Ermessen** einräumen. Effektivität und Flexibilität des Verwaltungshandelns erfordern es, dass die Behörde in gewissen Fällen einen Entscheidungsspielraum hat.

Sind mehrere rechtmäßige Entscheidungen denkbar, so verlangt das Rechtsstaatsprinzip nicht, dass die Auswahl unter ihnen letztverbindlich vom Gericht getroffen wird.[171]

Die Forderung nach Vorhersehbarkeit und Berechenbarkeit stößt dort auf Schwierigkeiten, wo eine **Gesetzeslücke** besteht. Hier kann der Bürger gerade nicht durch einen Blick ins Gesetz die aktuelle Rechtslage feststellen. Gleichwohl ist die **Analogie** ein verfassungsrechtlich zulässiges und u.U. sogar gebotenes Mittel der Rechtsfindung. Denn Gesetze unterliegen in einer sich ständig verändernden sozialen Umwelt einem Alterungsprozess. Die Gerichte sind daher befugt und verpflichtet zu prüfen, was unter den veränderten Umständen Recht i.S.d. Art. 20 Abs. 3 GG ist. 134

Grundlegend das BVerfG:[172] Die Grenzen richterlicher Rechtsanwendung werden überschritten, wenn „der erkennbare Wille des Gesetzgebers beiseite geschoben *(außerdem Verstoß gegen Gewaltenteilungsgrundsatz)* und durch eine autark getroffene richterliche Abwägung der Interessen ersetzt wird". Bei einer Analogie ist dies nicht der Fall, weil sich aus den Wertungen des Gesetzes (und nicht des Gerichts) ergibt, ob eine Lücke besteht und in welcher Weise sie geschlossen werden soll.[173]

---

166 BVerfG NJW 1998, 2341; 2326.

167 Vgl. BVerfGE 8, 274, 325; BFH DVBl. 2006, 1581; Degenhart Staatsorganisationsrecht, Rn. 346 ff.

168 BVerfG NJW 2007, 1669; NJW 1995, 3050, 3051; NVwZ 1993, 55; NJW 1993, 1911; DVBl. 1992, 1598, 1599.

169 Vgl. etwa die unterschiedlich bestimmte Formulierung von Tatbestand und Rechtsfolgen in der polizei- und ordnungsrechtlichen Generalklausel einerseits und den Standardermächtigungen andererseits.

170 Vgl. BVerfGE 8, 274, 325 f.; BVerfG RÜ 2011, 41, 45; Maurer Staatsrecht I, § 8 Rn. 47; Görisch JuS 1997, 988, 989 f.

171 BVerfG DVBl. 1992, 145, 147; NJW 1991, 2005, 2006; vMutius Jura 1987, 92, 98 m.w.N.; vgl. auch BVerwG DVBl. 1982, 29, 31.

172 BVerfG NJW 1990, 1593.

173 Kritisch Hillgruber JZ 1996, 118, 121; Rennert NJW 1991, 12, 17; einschränkend BVerfG NJW 1996, 3146: Analogieverbot bei hoheitlichen Eingriffen in Grundrechte.

Problematisch in diesem Zusammenhang sowie im Hinblick auf Bundesstaats- und Demokratieprinzip („Parlamentsvorbehalt“) sind sog. **dynamische Verweisungen**, d.h. ein Gesetz verweist auf einzelne Vorschriften eines anderen Gesetzes (in der jeweils geltenden Fassung), auf eine EU-Richtlinie oder auf einen Tarifvertrag.[174]

III. Vertrauensschutz – Keine unzulässige Rückwirkung von Gesetzen

135 Das Gesetz ist das wichtigste rechtsstaatliche Element, auf das der Bürger sein Verhalten ausrichten muss und darf. Es schafft einen **Vertrauenstatbestand** und gewährt **Rechtssicherheit**.[175] Das Vertrauen auf das Gesetz wird enttäuscht und die Rechtssicherheit beeinträchtigt, wenn der Gesetzgeber durch rückwirkende Änderung oder Erlass von Gesetzen die Rechtslage **nachträglich** anders gestaltet, als der Bürger bei seinem Verhalten zugrunde legen durfte.

BVerfG: „Vor dem Rechtsstaatsprinzip des GG bedarf es besonderer Rechtfertigung, wenn der Gesetzgeber die Rechtsfolge eines der Vergangenheit zugehörigen Verhaltens nachträglich belastend ändert. Die Verlässlichkeit ist eine Grundbedingung freiheitlicher Verfassungen. Es würde den Einzelnen in seiner Freiheit erheblich gefährden, dürfte die öffentliche Gewalt an sein Verhalten oder an ihn betreffende Umstände im Nachhinein belastendere Rechtsfolgen knüpfen, als sie zum Zeitpunkt seines rechtserheblichen Verhaltens galten.“[176]

136 Da durch das Verbot unzulässig rückwirkender Gesetze das Vertrauen des Bürgers geschützt werden soll, ist eine **Rückwirkung von begünstigenden Gesetzen** von vornherein zulässig.[177]

1. Verbot rückwirkender Strafgesetze

137 Eine spezielle Regelung findet sich in **Art. 103 Abs. 2 GG**, die für Strafgesetze das Rückwirkungsverbot des allgemeinen Rechtsstaatsprinzips konkretisiert. Danach sind **rückwirkende Strafgesetze** schlechthin unzulässig („bevor die Tat begangen wurde“), sog. **absolutes Rückwirkungsverbot**.

Die Vorschrift gilt auch für Ordnungswidrigkeiten, aber nicht für Maßregeln der Sicherung und Besserung,[178] ferner auch nicht für die Art und Weise der Strafverfolgung. Daher können z.B. Verjährungsfristen ohne Verstoß gegen Art. 103 Abs. 2 GG verlängert werden.[179]

2. Andere belastende rückwirkende Gesetze

138 Für andere belastende Gesetze wird ein Rückwirkungsverbot aus dem Rechtsstaatsprinzip des Art. 20 Abs. 3 GG abgeleitet.

---

174 Vgl. i.E. Gröpl Staatsrecht I, Rn. 482 ff.; Morlok/Michael Staatsorganisationsrecht, Rn. 401 f. Fn. 54 ff.; BVerwG RÜ 2013, 807.

175 BVerfG NVwZ 2013, 1004: Ausprägung ist auch das Gebot der Belastungsklarheit und -vorhersehbarkeit.

176 BVerfG DVBl. 1998, 465.

177 BVerfGE 50, 177, 193; NJW 2011, 986; Maurer Staatsrecht I, § 17 Rn. 113.

178 BVerfG NJW 2006, 3493; Sachs GG, Art. 103 Rn. 53, 71 f.

179 BVerfGE 25, 269, 286; BGH NJW 1994, 267, 268.

a) Arten der Rückwirkung

Es wird zwischen **echter und unechter Rückwirkung** unterschieden.[180]

- Eine **echte Rückwirkung** liegt vor, wenn ein Gesetz nachträglich ändernd in **abgeschlossene**, der Vergangenheit angehörende **Tatbestände** eingreift, wenn also die Rechtsfolgen für einen vor der Verkündung liegenden Zeitpunkt eintreten sollen.[181] Da in solchen Fällen die **Rechtsfolgen der Norm** bereits zu einem Zeitpunkt **vor der Verkündung** des Gesetzes eintreten, wird die echte Rückwirkung auch als **Rückbewirkung von Rechtsfolgen** bezeichnet.[182] 139

  Während früher die Unterscheidung insbesondere hinsichtlich des Prüfungsstandortes wichtig war, handelt es sich heute lediglich um unterschiedliche Begriffe. Echte Rückwirkung und Rückbewirkung von Rechtsfolgen unterscheiden sich nicht.[183] Gängiger ist weiterhin die Verwendung des Begriffs echte Rückwirkung, sodass Sie diesen Begriff auch in Klausuren verwenden sollten.

- Eine **unechte Rückwirkung** entfaltet eine Rechtsnorm, wenn sie zwar nicht auf vergangene, sondern **auf gegenwärtige, noch nicht abgeschlossene Sachverhalte** oder Rechtsbeziehungen für die Zukunft einwirkt, damit aber zugleich eine Rechtsposition nachträglich entwertet.[184] Da in diesen Fällen im Tatbestand der Norm auf Vergangenes zurückgegriffen wird, die Rechtsfolgen der Norm aber in der Zukunft eintreten, wird die unechte Rückwirkung auch als **tatbestandliche Rückanknüpfung** bezeichnet.[185] 140

  Auch bei der Unterscheidung unechte Rückwirkung/tatbestandliche Rückanknüpfung handelt es sich heute lediglich um unterschiedliche Begriffe.[186] Unechte Rückwirkung und tatbestandliche Rückanknüpfung unterscheiden sich nicht. Gängiger ist weiterhin die Verwendung des Begriffs unechte Rückwirkung, sodass Sie diesen Begriff auch in Klausuren verwenden sollten.

- Entscheidendes Kriterium für die **Abgrenzung** zwischen retroaktiver (echter) und retrospektiver (unechter) Rückwirkung ist danach die rechtliche Abgeschlossenheit des zugrundeliegenden Sachverhalts.

b) Prüfungsstandort

Während früher sowohl die echte als auch die unechte Rückwirkung von Gesetzen als Problem des Rechtsstaatsprinzips angesehen wurde und daher jede Art von Rückwirkung als mögliche Verletzung des Art. 20 Abs. 3 GG geprüft wurde, wird heute als Rückwirkung (und damit als Problem des **Art. 20 Abs. 3 GG**) nur noch die **echte Rückwirkung** verstanden, während die **unechte Rückwirkung** nach Maßstäben der Rechtssi- 141

---

180 Vgl. etwa BVerfG RÜ 2010, 742.

181 BVerfG NJW 2000, 413, 415; BVerfGE 30, 367, 386; Sachs GG, Art. 20 Rn. 131 ff.; Jarass/Pieroth GG, Art. 20 Rn. 96.

182 BVerfGE 105, 17, 37; BVerfGE 127, 1, 18.

183 Dreier GG, Art. 20 Rn. 156; Morlok/Michael Staatsorganisationsrecht, Rn. 375; Schwarz JA 2013, 683, 685 Fn. 29; Maurer Staatsrecht I, § 17 Rn. 106; Arndt/Schumacher NJW 1998, 1538; Pieroth JZ 1990, 279, 281 („Umetikettierung"); Brüning NJW 1998, 1525, 1526: „… handelt es sich primär um ein terminologisches Problem ohne Auswirkungen auf die Falllösung".

184 BVerfGE 51, 356, 362; 103, 392, 403; BVerwG NVwZ 1991, 166; Sachs GG, Art. 20 Rn. 136 ff.; Jarass/Pieroth GG, Art. 20 Rn. 98 m.w.N.

185 BVerfG Beschl. v. 03.12.1997 – 2 BvR 882/97; Jarass/Pieroth GG, Art. 20 Rn. 68 ff.

186 Schwarz JA 2013, 683, 685 Fn. 29; Maurer Staatsrecht I, § 17 Rn. 106; Arndt/Schumacher NJW 1998, 1538; Pieroth JZ 1990, 279, 281 („Umetikettierung"); Brüning NJW 1998, 1525, 1526: „… handelt es sich primär um ein terminologisches Problem ohne Auswirkungen auf die Falllösung".

cherheit und des Vertrauensschutzes im Rahmen der **Verhältnismäßigkeit eines Grundrechtseingriffs** behandelt wird.[187] Gleiches gilt für das Begriffspaar Rückbewirkung von Rechtsfolgen (Art. 20 Abs. 3 GG) und tatbestandliche Rückanknüpfung (Verhältnismäßigkeit eines Grundrechtseingriffs).

c) Verfassungsmäßigkeit der Rückwirkung

Hinsichtlich der Zulässigkeit einer rückwirkenden Norm ist zwischen echter und unechter Rückwirkung zu unterscheiden.

aa) Echte Rückwirkung

142 Für **belastende** Gesetze wird ein **grundsätzliches Verbot** der echten Rückwirkung angenommen. Das ergibt sich letztlich aus dem Rechtsstaatsprinzip, konkretisiert durch die Prinzipien von Rechtssicherheit und Vertrauensschutz. Da Rechtssicherheit und Vertrauensschutz aber weder die einzigen vom Gesetzgeber zu berücksichtigenden Werte sind, noch in ihrem Rang über anderen Werten stehen, sind von dem grundsätzlichen Rückwirkungsverbot **Ausnahmen** möglich. Dabei sind insbesondere folgende Fälle anerkannt:

- Das Vertrauen ist nicht schutzwürdig, wenn der Bürger schon im Zeitpunkt, auf den die Rückwirkung bezogen wird, mit der (Neu-)Regelung **rechnen musste.**[188]

143
- Der Staatsbürger kann auf das geltende Recht dann nicht vertrauen, wenn es **unklar** und **verworren** ist.[189]

144
- Bei einer unwirksamen Norm kann sich der Bürger in der Regel nicht auf einen dadurch erzeugten Rechtsschein verlassen. Der Gesetzgeber kann daher eine **nichtige Vorschrift** rückwirkend durch eine rechtlich nicht zu beanstandende Norm ersetzen.[190]

145
- Schließlich können **zwingende Gründe des gemeinen Wohls**, die dem Gebot der Rechtssicherheit übergeordnet sind, eine echte Rückwirkung rechtfertigen.[191]

146
- Verfassungsrechtlich unbedenklich ist im Übrigen die echte Rückwirkung auch in **Bagatellfällen.**[192]

Das Rückwirkungsverbot bezieht sich nur auf **Gesetzesänderungen**, nicht aber auf die richterliche **Gesetzesauslegung.** Es ergeben sich daher keine Einschränkungen, wenn von den Gerichten z.B. eine bestimmte Rspr. aufgegeben wird, da eine Änderung der Rspr. stets damit begründet wird, die frühere Rspr. habe sich als rechtsirrig erwiesen und der Bürger könne nicht auf den Fortbestand einer als unrichtig erwiesenen Rspr. ver-

---

187 Vgl. Pieroth JZ 1990, 279; Jura 1983, 122, 130; Pieroth/Muckel JA 1994, 13 ff.

188 BVerfGE 13, 261, 272; NVwZ-RR 2011, 793; BVerwG RÜ 2011, 593.

189 BVerfGE 72, 200, 259; NVwZ 2012, 876; VGH Mannheim VBlBW 2005, 388 (§ 4 III BBodSchG).

190 BVerfGE 19, 187, 196.

191 BVerfGE 72, 200, 260; BVerfGE 133, 40; BVerfG RÜ 2013, 649, 652; vgl. auch BVerwG NVwZ 1992, 778, 779; Sachs GG, Art. 20 Rn. 135; Jarass/Pieroth GG, Art. 20 Rn. 101; Muckel JA 1994, 13; Brüning NJW 1998, 1526, 1528.

192 BVerfG DVBl. 1997, 420, 421; BVerfGE 88, 384, 404; 30, 367, 389.

trauen. **Ausnahmsweise** kann Rechtsprechungsänderungen aber auch der Grundsatz des Vertrauensschutzes entgegenstehen.[193]

Beispiel: Änderung der Rspr. zur absoluten Fahruntüchtigkeit von 1,3 auf 1,1 Promille: Das Vertrauen der Kraftfahrer auf die zum Tatzeitpunkt noch praktizierte 1,3 Promille-Grenze war nicht schutzwürdig, denn das strafrechtliche Unwerturteil – wonach Trunkenheit im Verkehr ein strafbares Vergehen ist – ist gleich geblieben. Geändert haben sich lediglich die Erkenntnisgrundlagen der Gerichte. Darauf aber ist das Rückwirkungsverbot des Art. 103 Abs. 2 GG nicht anwendbar.[194]

bb) Unechte Rückwirkung

Eine unechte Rückwirkung ist zwar **grundsätzlich zulässig**, da sich bei einem noch nicht abgeschlossenen Sachverhalt noch kein Vertrauen des Bürgers bilden kann. Jedoch kann der Gesichtspunkt des Vertrauensschutzes im Einzelfall der Regelungsbefugnis des Gesetzgebers Schranken setzen. Es hat also eine **Abwägung** zwischen dem **Vertrauensschutz des Einzelnen** und der Bedeutung des gesetzlichen Anliegens für das **Wohl der Allgemeinheit** zu erfolgen. Erst wenn diese Abwägung ein Überwiegen des Vertrauensinteresses ergibt, folgt daraus ein Verstoß gegen das Rechtsstaatsprinzip, der zur Verfassungswidrigkeit führt.[195] **147**

Auch wenn eine Abänderung unter Vertrauensschutzgesichtspunkten zulässig ist, kann der Verhältnismäßigkeitsgrundsatz **Übergangsregeln** erforderlich machen, um die Nachteile für die Betroffenen in Grenzen zu halten.[196] Ob und in welchem Umfang Übergangsregelungen notwendig sind, ist aufgrund einer Abwägung des gesetzlichen Zwecks mit der Beeinträchtigung des Betroffenen festzustellen. Je gewichtiger die Beeinträchtigung ist, desto eher ist eine Übergangsregelung erforderlich. Allerdings steht dem Gesetzgeber hierbei ein erheblicher Spielraum zur Verfügung.[197] **148**

---

193 BVerfGE 74, 129, 155 f.; BGH NJW 1996, 1469; 1993, 3147, 3149; Jarass/Pieroth GG, Art. 20 Rn. 111 m.w.N.

194 BVerfG NJW 1990, 3140; BayObLG NJW 1990, 2833; Krahl NJW 1991, 808.

195 BVerfG RÜ 2011, 383, 387 f.; BFH NJW 1992, 2654, 2655; BSG NJW 1987, 463; OVG NRW DVBl. 2005, 518 ; Jarass/Pieroth GG, Art. 20 Rn. 104 ff.; Sachs GG, Art. 20 Rn. 137; Maurer Staatsrecht I, § 17 Rn. 122 ff.

196 Maurer Staatsrecht I, § 17 Rn. 124; BVerfG NJW 1988, 2529, 2534; BVerfGE 67, 1, 15; 43, 242, 288.

197 Jarass/Pieroth GG, Art. 20 Rn. 108.

149 **Rückwirkung von Gesetzen**

echte Rückwirkung

Gesetz greift nachträglich ändernd in abgeschlossene, der Vergangenheit angehörende Tatbestände ein

Prüfungsmaßstab: **Art. 20 Abs. 3 GG**

- grds. unzulässig
- Ausn. zulässig, wenn insbes.
  - damit zu rechnen war
  - unklare Rechtslage
  - nichtige Norm
  - zwingende Gründe des Gemeinwohls

Rechtsfolgen einer Norm gelten für einen vor ihrer Verkündung liegenden Zeitraum **(zeitlicher Anwendungsbereich)**

Rückbewirkung von Rechtsfolgen

unechte Rückwirkung

Gesetz wirkt auf gegenwärtige, noch nicht abgeschlossene Sachverhalte für die Zukunft ein und entwertet damit eine Rechtsposition

Prüfungsmaßstab: **Grundrechte**

- grds. zulässig, wenn verhältnismäßige Konkretisierung der Grundrechtsschranken
- Ausn. unzulässig bei überwiegendem Vertrauensschutz (Abwägung)
- ggf. Übergangsregelungen erforderlich

Rechtsfolgen treten nach Verkündung der Norm ein, knüpfen an Gegebenheiten aus der Vergangenheit an **(sachlicher Anwendungsbereich)**

tatbestandliche Rückanknüpfung

Fall 5: Enttäuschte Steuersparer

A hat im Jahre 2015 einen Lebensversicherungsvertrag abgeschlossen, für den er in den folgenden Jahren Beiträge gezahlt hat und noch zahlen wird. Nach dem Einkommensteuergesetz konnten diese Beiträge bisher zum Teil als Sonderausgaben geltend gemacht werden, was zu einer Verminderung der Einkommensteuer führte. Angesichts der angespannten Haushaltslage erlässt der Bund im Januar 2018 ein „Gesetz zum Abbau steuerlicher Subventionen", das in § 15 Einkommens-Höchstgrenzen für die steuerliche Absetzbarkeit einführt. Danach können Personen, deren Jahreseinkommen einen bestimmten Betrag überschreitet, Versicherungsbeiträge nicht mehr steuerlich geltend machen. Die Neuregelung wird damit begründet, dass die steuerliche Begünstigung von Besserverdienern angesichts der Finanzlage der öffentlichen Haushalte nicht mehr vertretbar sei. Außerdem verstoße die bisherige Regelung gegen Art. 3 Abs. 1 GG i.V.m. dem Sozialstaatsprinzip, weil wegen der Steuerprogression die Vergünstigung umso höher sei, je mehr der Steuerpflichtige verdiene. Damit wurde auch begründet, dass das Gesetz nach § 20 rückwirkend bereits zum 01.01.2017 in Kraft treten soll. Hierfür wird zusätzlich geltend gemacht, die dahingehenden Pläne des Bundesfinanzministeriums seien bereits im November 2016 bekannt geworden, auch erfolge die steuerliche Veranlagung für 2017 frühestens im Laufe des Jahres 2018.

Das Einkommen des A übersteigt die Höchstgrenzen des § 15. Er macht geltend, er habe die Steuervergünstigungen für 2017 und für die folgenden Jahre fest eingeplant und halte ihre Beseitigung für verfassungswidrig. Ist diese Auffassung zutreffend?

Verfassungsrechtliche Bedenken gegen das Gesetz ergeben sich unter dem Gesichtspunkt einer möglichen **unzulässigen Rückwirkung**.

A. Das rückwirkende Inkrafttreten der Gesetzesänderung zum **01.01.2017** könnte eine gegen **Art. 20 Abs. 3 GG** verstoßende und damit unzulässige **echte Rückwirkung** darstellen.

I. Eine echte Rückwirkung ist gegeben, wenn eine Norm auf einen bereits abgeschlossenen Sachverhalt nachträglich ändernd einwirkt. Im Steuerrecht liegt ein der Vergangenheit angehörender, **abgeschlossener Sachverhalt** vor, wenn der für die Entstehung der Steueransprüche maßgebliche Zeitraum abgelaufen ist.[198] Veranlagungszeitraum ist im Steuerrecht regelmäßig das Kalenderjahr (§ 2 Abs. 7 EStG). Wann die Steuererklärung abgegeben wird und die Veranlagung erfolgt bzw. der Steuerbescheid ergeht, ist unerheblich, weil es sich hierbei nur um das Verfahren handelt, in dem die bereits feststehenden steuerlichen Pflichten ermittelt werden. Somit war der einkommensteuerliche Sachverhalt für 2017 mit dem Ende des Jahres 2017 **abgeschlossen**. Die §§ 15, 20 bedeuten für diesen Zeitraum eine nachträgliche Änderung, mithin eine echte Rückwirkung. **150**

Eine Lösung über eine Rückbewirkung von Rechtsfolgen kommt zum gleichen Ergebnis. Die Rechtsfolgen des Gesetzes treten für die Einkünfte des A bereits am 31.12.2017 ein und damit zu einem Zeitpunkt, der vor der Verkündung des Gesetzes liegt (Januar 2018).

II. Eine echte Rückwirkung entwertet das Vertrauen des Bürgers, welches als Teil des Rechtsstaatsprinzips (Rechtssicherheit, Art. 20 Abs. 3 GG) geschützt wird. Insofern ist die echte Rückwirkung eines belastenden Gesetzes **grundsätzlich verboten**. Ausnahmsweise kann eine echte Rückwirkung aber dann zulässig sein, wenn das Vertrauen des Bürgers nicht schutzwürdig ist. **151**

1. So ist das Vertrauen des Bürgers dann nicht schutzwürdig, wenn er mit einer Änderung der Rechtslage **rechnen musste**. Die rückwirkende Änderung wird damit begründet, dass die Pläne des Bundesfinanzministeriums bereits im November 2016 bekannt geworden seien. Fraglich ist daher, ob A mit der Änderung der Rechtslage rechnen musste. **152**

   Mit einer Regelung zu **rechnen** braucht der Bürger grundsätzlich erst ab dem Zeitpunkt, in dem **der Bundestag ein Gesetz beschlossen** hat.[199] Ausreichend ist weder ein Regierungsentwurf noch eine Verweisung des Gesetzentwurfs durch den Bundestag an die Ausschüsse, erst recht nicht – wie vorliegend – eine bloße Ankündigung durch ein Ministerium. Damit musste A nicht mit der Gesetzesänderung rechnen.

2. Ausnahmsweise ist eine echte Rückwirkung auch dann unzulässig, wenn die alte Rechtslage **unklar und verworren** war. **Unklar ist das Recht**, wenn es möglicherweise verfassungswidrig ist. Derartige Bedenken bestanden bzgl. der bisherigen Regelung jedoch nicht, insbesondere verstieß die Möglichkeit **153**

198 Zu Zweifeln an der sog. Veranlagungszeitraum-Rspr. vgl. BFH JuS 2007, 271 mit Anm. Hey NJW 2007, 408; Selmer JuS 2011, 189 Fn. 9 ff.

199 BVerfGE 72, 200, 261; BVerfGE 132, 302; Jarass/Pieroth GG, Art. 20 Rn. 102; Maurer Staatsrecht I, § 17 Rn. 120.

steuerlicher Absetzung von Lebensversicherungsprämien nach dem EStG nicht gegen Art. 3 Abs. 1 GG oder das Sozialstaatsprinzip. Denn die stärkere Begünstigung Höherverdienender ist die Kehrseite davon, dass diese durch die Steuerprogression zunächst einmal stärker belastet werden. Praktisch wird also nur eine höhere Belastung (teilweise) wieder rückgängig gemacht. Also war das geltende Recht weder möglicherweise verfassungswidrig noch sonst unklar und verworren.

3. Auch andere Ausnahmen, nach denen die echte Rückwirkung ausnahmsweise zulässig sein könnte, bestehen nicht.

Somit bleibt es beim grundsätzlichen Rückwirkungsverbot. §§ 15, 20 des Gesetzes sind wegen Verstoßes gegen das Rechtsstaatsprinzip (Art. 20 Abs. 3 GG) verfassungswidrig, soweit sie sich auf das Jahr 2017 beziehen.

B. Für die Zeit **ab 01.01.2018** könnte eine **unechte Rückwirkung** vorliegen, soweit **bestehende Verträge** betroffen sind.

154 I. Eine unechte Rückwirkung ist gegeben, wenn das Gesetz für zukünftige Rechtsfolgen auf einen noch nicht abgeschlossenen Sachverhalt zugreift. Die künftige steuerliche Behandlung zuvor abgeschlossener Lebensversicherungsverträge knüpft an Gegebenheiten aus der Zeit vor der Verkündung der Gesetzesänderung an, nämlich die im Vertragsschluss liegende Vermögensdisposition. Einschränkungen ergeben sich hier, wenn durch die Rechtsänderung eine **Rechtsposition** nachträglich **entwertet** wird. Vorliegend hat sich der Entschluss, einen aus damaliger Sicht steuerbegünstigten Lebensversicherungsvertrag abzuschließen, nachträglich als falsch herausgestellt. Die Rechtsposition des Bürgers ist damit entwertet, da sich Steuervorteile nach der gesetzlichen Neuregelung nicht mehr erzielen lassen. Es handelt sich daher um eine unechte Rückwirkung.

II. Die unechte Rückwirkung stellt sich nicht mehr als Rückwirkungsproblem i.S.d. Art. 20 Abs. 3 GG dar. Anknüpfungspunkt für die (Un-)Zulässigkeit ist vielmehr die Vereinbarkeit mit **Grundrechten**.

155 1. Hier kommt ein Verstoß gegen die **Eigentumsgarantie** des Art. 14 Abs. 1 GG in Betracht. Bei steuerlichen Vergünstigungen handelt es sich jedoch um eine öffentlich-rechtliche Leistung, die nur eingeschränkt vom Eigentumsschutz erfasst wird. Denn öffentlich-rechtliche Positionen fallen nur dann unter Art. 14 Abs. 1 GG, wenn sie mit dem privatrechtlichen Eigentum vergleichbar, also **eigentumsähnlich** sind. Das ist der Fall, wenn sie auf nicht unerheblichen Eigenleistungen beruhen, also überwiegend Äquivalent eigener Leistungen sind. Keinen Eigentumsschutz genießen solche Positionen, die vorwiegend auf staatlicher Gewährung beruhen (insbesondere Subventionen).[200]

Die steuerliche Absetzbarkeit setzt zwar die Zahlung von Versicherungsbeiträgen voraus, ist aber nicht deren Gegenleistung. Vielmehr beruhen steuerliche

---

200 BVerfGE 18, 392, 397; 72, 175, 195; AS-Skript Grundrechte (2017), Rn. 534.

Vergünstigungen ausschließlich auf staatlicher Gewährung. Ihr Entzug stellt daher **keinen Eingriff in Art. 14 Abs. 1 GG** dar.

2. Denkbar ist daher allenfalls ein **Eingriff in Art. 2 Abs. 1 GG**. Dieses Grundrecht schützt grundsätzlich auch vor der Auferlegung von Steuern, sofern nicht ein unmittelbarer Bezug zu Schutzgütern von Art. 14 GG besteht (z.B. Erbschaftsteuer).[201] **156**

Der Entzug der steuerlichen Absetzbarkeit stellt eine mittelbare Steuerbelastung dar, sodass die allgemeine Handlungsfreiheit beeinträchtigt wird. Der Eingriff ist jedoch im Rahmen der verfassungsmäßigen Ordnung insbesondere rechtmäßig, wenn er **verhältnismäßig** ist. Hierbei sind die allgemeinen rechtsstaatlichen Grundsätze zu berücksichtigen und damit auch der Umstand, dass das Gesetz unecht zurückwirkt.

Eine solche unechte Rückwirkung ist zwar **grundsätzlich zulässig**. Jedoch **157**
kann der Gesichtspunkt des Vertrauensschutzes im Einzelfall der Regelungsbefugnis des Gesetzgebers Schranken setzen. Es hat also eine Abwägung zwischen dem Vertrauensschutz des Einzelnen und der Bedeutung des gesetzlichen Anliegens für das Wohl der Allgemeinheit zu erfolgen. Erst wenn diese **Abwägung** ein Überwiegen des Vertrauensinteresses ergibt, folgt daraus ein Verstoß gegen das Verhältnismäßigkeitsprinzip, der zu einem Verstoß gegen das Grundrecht und damit zur Verfassungswidrigkeit führt. Besondere Anforderungen gelten dabei wegen der Nähe zur echten Rückwirkung bei rückwirkenden Änderungen des **Steuerrechts** für eine noch laufenden Veranlagungs- oder Erhebungszeitraum.[202]

Enttäuscht ist das **Vertrauen** Höherverdienender darauf, dass sie durch Versicherungsbeiträge steuerliche Vorteile erlangen. Der Zweck des EStG ging ersichtlich aber nicht dahin, Steuervorteile um ihrer selbst willen zu gewähren, sondern die Schaffung einer Altersversorgung durch Lebensversicherungen zu erleichtern. Dieses Interesse ist bei Höherverdienenden von nicht so großem Gewicht, weil diese eher in der Lage sind, das nötige Kapital ohne staatliche Hilfen zu bilden.

Dem steht das Interesse des **Staates** gegenüber, weniger dringende **Subventionen abzubauen**.[203] Dieses Interesse ist **erheblich**, da zur Vermeidung einer weiteren Staatsverschuldung die zur Verfügung stehenden Finanzmittel begrenzt und Einsparungen unvermeidbar sind. Es lässt sich somit nicht feststellen, dass die Personengruppe, zu der A gehört, in einem überwiegenden Vertrauensinteresse betroffen ist. Vielmehr ist ihnen der **Wegfall der steuerlichen Vergünstigungen zuzumuten**.

---

201 BVerfGE 48, 102, 114; BVerfG DVBl. 1998, 465, 467; BVerfG RÜ 2007, 548; BVerfG, Beschl. v. 31.03.2006 – 1 BvR 1750/01; Jarass/Pieroth GG, Art. 2 Rn. 27, Art. 14 Rn. 28 f.

202 BVerfG NJW 2013, 145 Anm. Selmer JuS 2013, 145.

203 BFH NJW 2003, 382 f.

Aus diesem Grunde stellt der Entzug der steuerlichen Vergünstigung ab 2018 eine verhältnismäßige Einschränkung des Art. 2 Abs. 1 GG dar und ist deshalb verfassungsgemäß.

158 C. Keine Bedenken bestehen, soweit es um Lebensversicherungsverträge geht, die erst **nach dem 01.01.2018 abgeschlossen** werden. Gegenüber gesetzlichen Änderungen, die für künftige Tatbestände gelten, wird grundsätzlich kein Vertrauensschutz gewährt.[204]

Etwas anderes gilt nur dann, wenn der Gesetzgeber einen besonderen Vertrauenstatbestand begründet hat.[205] Nach dem BVerfG[206] kann der Vertrauensschutz für neue Verträge bereits ab Ankündigung einer beabsichtigten Gesetzesänderung entfallen (s.o.).

Ergebnis: § 20 des Gesetzes über den Abbau von steuerlichen Subventionen ist verfassungswidrig, soweit es den Veranlagungszeitraum 2017 betrifft. Im Übrigen ist das Gesetz verfassungsgemäß.

E. Anforderungen des Rechtsstaatsprinzips an die vollziehende Gewalt (Exekutive)

159 **Vollziehende Gewalt** i.S.v. Art. 20 Abs. 3 Fall 2 GG ist jede Tätigkeit des Staates oder eines sonstigen Trägers öffentlicher Gewalt außerhalb von Gesetzgebung und Rspr. (sog. Negativdefinition der Exekutive).[207] Dabei wird teilweise noch unterschieden zwischen Regierung („Gubernative") und Verwaltung i.e.S. („Administration").[208]

I. Bindung an Gesetz und Recht bezieht sich auf

160
- das **Grundgesetz**, insbesondere die Grundrechte wegen Art. 1 Abs. 3 GG,

  Einfach-rechtliche Normen (z.B. § 15 Abs. 3 VersG) müssen ggf. **verfassungskonform** (z.B. „im Lichte des Art. 8 Abs. 1 GG") **ausgelegt** werden.[209]

- alle sonstigen **einfachrechtlichen Normen** des Bundes- und Landesrechts, **Gewohnheitsrecht**[210] **und Richterrecht** (§ 31 BVerfGG),
- **Völkerrecht** (z.B. EMRK),[211]
- **Unionsrecht** (Anwendungsvorrang wegen Art. 23 Abs. 1 S. 2 GG bzw. Art. 4 Abs. 3 EUV-Lissabon, Art. 288 Abs. 2–4 AEUV).[212]

---

204 BVerfGE 38, 61, 83; 68, 193, 222.

205 Sachs GG, Art. 20 Rn. 139 m.w.N.

206 DVBl. 1998, 465.

207 Degenhart Staatsorganisationsrecht, Rn. 267.

208 Hesse Rn. 531 ff.; Gröpl Staatsrecht I, Rn. 1238 ff.

209 Vgl. auch BVerfG RÜ 2011, 650.

210 Zu Entstehung und Abänderbarkeit vgl. Kubs/Becker JuS 2013, 97.

211 Degenhart Staatsorganisationsrecht, Rn. 252 ff.; BVerfG RÜ 2011, 383, 385.

212 AS-Skript Europarecht (2018), Rn. 325 ff.; Jarass/Pieroth GG, Art. 23 Rn. 40; Degenhart Staatsorganisationsrecht, Rn. 244 ff.; Maurer Staatsrecht I, § 17 Rn. 19; Ipsen Staatsrecht I, Rn. 53.

II. Grundsatz der Gesetzmäßigkeit der Verwaltung

Der Grundsatz umfasst den Vorrang und den Vorbehalt des Gesetzes.[213] **161**

1. Vorrang des Gesetzes (kein Handeln gegen das Gesetz)

Dieser Grundsatz verpflichtet die Verwaltung, bei jeder Handlung die jeweils einschlä- **162**
gigen gesetzlichen Normen anzuwenden und nicht davon abzuweichen.[214]

Dies wird besonders deutlich bei dem Erlass von Verwaltungsakten, gestützt auf eine Rechtsverordnung oder Satzung („materielle Gesetze der Exekutive"). In diesen Fällen ist nämlich der

VA nur dann materiell **rechtmäßig**,

- wenn die **Verordnungs- bzw. Satzungsermächtigung rechtmäßig** ist und
- wenn die **Verordnung bzw. Satzung selber rechtmäßig** ist

  (sog. **dreistufiger Prüfungsaufbau** bei VA, gestützt auf ordnungsbehördliche Verordnungen oder Satzungen).[215]

---

213 Hölscheidt JA 2001, 409; vgl. auch AS-Skript Verwaltungsrecht AT 1 (2017), Rn. 74 ff.

214 Gröpl Staatsrecht I, Rn. 448.

215 Morlok/Michael Staatsorganisationsrecht, Rn. 441; Gröpl Staatsrecht I, Rn. 1215; Detterbeck Jura 2002, 235 f.; Gusy JA 2002, 610 f. Fn. 3; Maurer Staatsrecht I, § 8 Rn. 18; § 17 Rn. 17 ff.

2. Vorbehalt des Gesetzes (kein Handeln ohne Gesetz)

a) Überblick

163 **Vorbehalt des Gesetzes**

Anwendbarkeit

Grundrechtsrelevante Maßnahmen

- Belastungen durch
  - VA
  - Realakt, z.B.
    - ör Warnungen
    - Lauschangriff
- Begünstigungen grds. (–)

  Ausnahmen (wegen Drittbelastung)
  - Pressesubventionen
  - Förderung eines Vereins zur Warnung von Jugendsekten

sonstige wesentliche Maßnahmen, z.B.

- Art. 87 a Abs. 1 Fall 2 GG = Bundeswehreinsatz im Ausland
- Art. 87 Abs. 3 S. 1 GG; §§ 18–22 LOG NW (HR Nr. 70): Errichtung und Aufhebung von jur. Personen des ÖR; sog. **institutioneller Gesetzesvorbehalt** (Geltung str. bei Zusammenlegung von Ministerien)
- § 31 SGB I = Totalvorbehalt im Sozialleistungsrecht

Rechtsfolgen

grds. ausr. (hinreichend bestimmte) Befugnisnorm/Ermächtigungsgrundlage im Gesetz

(schlichter/einfacher) Gesetzesvorbehalt = jedes materielle Gesetz ausreichend

- Parlamentsgesetz!
  - § 26 Abs. 2 Nr. 9 ProdSG -> Art. 12 GG
- RVO
  - § 6 StVG -> Art. 2 Abs. 1 GG (StVO, StVZO)
- Satzung
  - § 1 Abs. 3 BauGB -> Art. 14 Abs. 1 GG (B-Plan)

Parlamentsvorbehalt = nur förmliches Gesetz ausreichend

- nur Parlamentsgesetz!
  - Art. 104 Abs. 1 GG -> Art. 2 Abs. 2 GG (§ 39 BPolG)
  - Art. 14 Abs. 3 S. 2 GG (§§ 85 ff. BauGB)

Ausnahmen

- Warnerklärungen (str.); (gewohnheitsrechtl.) Hausrecht des Behördenleiters, sofern nicht ausdrücklich geregelt
- Übergangszeit, drohendes Rechtsvakuum (Strafgefangene = BVerfGE 33, 1; Volkszählung = BVerfGE 65, 1)

b) Ableitung

Dieser Grundsatz wird abgeleitet aus dem Rechtsstaatsprinzip, aus dem Demokratieprinzip sowie aus dem möglicherweise betroffenen Grundrecht.[216] **164**

Bei jedem Grundrecht ist der Eingriff in den Schutzbereich bereits dann rechtswidrig, wenn ein (wirksames) Gesetz als Eingriffsermächtigung bzw. Konkretisierung der jeweiligen Grundrechtsschranke fehlt.[217]

c) Anwendbarkeit

Der Vorbehalt des Gesetzes gilt nach der sog. **Wesentlichkeitstheorie** für alle Angelegenheiten, die für die Verwirklichung der Grundrechte von Bedeutung sind (grundrechtsrelevante, insbes. belastende Maßnahmen) sowie für Angelegenheiten, die erhebliche Auswirkungen für die Allgemeinheit haben oder kontroverse Fragen betreffen.[218] **165**

- **Grundrechtsrelevante Maßnahmen** sind insbesondere **166**
  - alle Eingriffe in den Schutzbereich eines Grundrechts durch Realakte oder Rechtsakte (VA, Urteil),[219]
  - Besoldung und Versorgung von Beamten (wegen Art. 33 Abs. 5 GG),[220]
  - Regelung grundrechtlicher Gemengelagen, insbesondere im Schulrecht,[221]
  - Beeinträchtigung von grundrechtsbezogenen Einrichtungsgarantien bzw. von Bereichen, die grundsätzlich staatsfrei bleiben sollen.[222]
- **Sonstige wesentliche Maßnahmen** (die weder belastend noch grundrechtsrelevant sind): **167**
  - Übertragung von Hoheitsrechten, z.B. gemäß Art. 23 Abs. 1 S. 1 GG oder gemäß Art. 24 Abs. 1 GG,
  - Abschluss von Staatsverträgen i.S.v. Art. 59 Abs. 2 S. 1 Fall 1 GG,
  - bewaffneter Einsatz der Bundeswehr im Ausland gemäß Art. 87 a Abs. 1 i.V.m. 24 Abs. 2 GG (sog. wehrverfassungsrechtlicher Parlamentsvorbehalt)[223]
  - Einrichtung neuer Bundesbehörden bzw. neuer Anstalten und Körperschaften des öffentlichen Rechts auf der Ebene von Bund, Ländern und Gemeinden (z.B. gemäß Art. 87 Abs. 3 S. 1 GG; §§ 18, 21 LandesorganisationsG NRW; § 114 a GemeindeO NRW); sog. **institutioneller Gesetzesvorbehalt,**

---

216 Zu den teilweise str. Einzelheiten vgl. Morlok/Michael Staatsorganisationsrecht, Rn. 212; Voßkuhle JuS 2007, 118; Maurer Staatsrecht I, § 8 Rn. 20; Detterbeck Jura 2002, 235 f.; BVerfGE 49, 89, 126; 78, 179, 197.

217 Degenhart Staatsorganisationsrecht, Rn. 289.

218 BVerfGE 49, 89, 126 ; 77, 170, 230; 78, 179, 197; Maurer Staatsrecht I, § 8 Rn. 21, 22; Detterbeck Jura 2002, 235, 236 f.; krit. Gusy JA 2002, 610, 614 f.

219 Degenhart Staatsorganisationsrecht, Rn. 290 ff.; BVerfG NJW 2006, 2093 (Jugendstrafvollzug); NJW 2013, 2337 (Zwangsbehandlung).

220 BVerwG NWVBl. 2005, 21: Gesetzesvorbehalt aus Art. 33 Abs. 5 GG.

221 BVerfGE 47, 46; BVerfGE 89, 218; ähnlich OVG NRW NJW 1998, 1243 und Menzel NJW 1998, 1177 sowie Degenhart Staatsorganisationsrecht, Rn. 304 ff.; a.A. etwa OVG Niedersachsen NJW 1997, 3456 und OVG Sachsen SächsVBl. 1997, 298.

222 Vgl. OVG Berlin DVBl. 1975, 905; BVerwG DVBl. 1992, 1038.

223 Vgl. Degenhart Staatsorganisationsrecht, Rn. 32 ff.; BVerfGE 90, 286; Axer ZRP 2007, 82; Voß ZRP 2007, 78.

168 ▪ sonstige grundlegende organisatorische Entscheidungen der Exekutive, sofern die Rechtsstellung des Bürgers betroffen wird oder bei Änderung von Verwaltungseinrichtungen mit hoheitlichen Entscheidungsbefugnissen.

Beispiel: Nach umstr. Auffassung des VerfGH NRW ist die **Zusammenlegung des Innen- und des Justizministeriums** deshalb wesentlich, weil diese Frage kontrovers diskutiert worden ist und weil dadurch der Grundsatz der Gewaltenteilung, die Unabhängigkeit der Gerichte und die Rechtsschutzgarantie berührt seien.[224]

Diese Entscheidung wird von der Lit. überwiegend abgelehnt, weil sie Organisationsgewalt der Regierung bzw. den Verwaltungsvorbehalt zugunsten der Exekutive unzulässig einschränke und der Grundsatz der Gewaltenteilung, die Unabhängigkeit der Gerichte und die Rechtsschutzgarantie nicht angetastet seien.[225]

d) Rechtsfolgen bei Anwendbarkeit des Prinzips vom Vorbehalt des Gesetzes:

169 Die Maßnahme der Exekutive bedarf grundsätzlich einer **hinreichend bestimmten**[226] **Befugnisnorm oder Ermächtigungsgrundlage** in einem materiellen Gesetz (grundsätzlich nicht ausreichend sind Zuständigkeitsnormen bzw. Aufgabenzuweisungen).[227]

170 ■ **Verschärfte Anforderungen** ergeben sich bei ganz wesentlichen Eingriffen (sog. **Parlamentsvorbehalt**).[228]

Dies wird insbesondere bejaht bei Eingriffen in besonders hochwertige Grundrechte, wie z.B. Art. 2 Abs. 2 S. 2 GG; vgl. insofern den ausdrücklichen Parlamentsvorbehalt in Art. 104 Abs. 1 S. 1 GG („nur aufgrund eines **förmlichen** Gesetzes").

■ **Verminderte Anforderungen** gelten in den folgenden (überwiegend streitig diskutierten) Fällen:

171 ▪ Staatliche **Informationstätigkeit**, insbesondere **Äußerungen** und Warnerklärungen; hier sollen auch Zuständigkeitsnormen, wie z.B. Art. 65 S. 2 GG i.V.m. grundrechtlichen Schutzpflichten und der Gemeinwohlverpflichtung von Ministern entsprechend Art. 64 Abs. 2 i.V.m. Art. 56 GG, ausreichend sein, weil die jeweiligen Grundrechtsbeeinträchtigungen nicht final unmittelbar erfolgten, sondern faktisch mittelbar (zu Einzelheiten s.u. **Bundesregierung** Rn. 333 ff., 341 f.);[229]

172 ▪ **informales Verwaltungshandeln**;[230]

173 ▪ Ausübung des **Hausrechts** in **gesetzlich nicht geregelten** Fällen kraft Gewohnheitsrecht bzw. Organisationsgewalt des Behördenleiters;

---

224 Vgl. VerfGH NRW NJW 1999, 1243.

225 Vgl. Brinktrine Jura 2000 S. 128; Sachs JuS 1999, 1122; Erbguth NWVBl. 1999, 365; Isensee JZ 1999, 1113; Böckenförde NJW 1999, 1235.

226 Wehr JuS 1997, 419, 423; Detterbeck a.a.O. S. 238.

227 Zu den – zwischen Lit. und Rspr. – streitigen Einzelheiten vgl. Schoch DVBl. 1991, 667; Lege DVBl. 1999, 569; Gusy NJW 2000, 980 f.

228 Vgl. Morlok/Michael Staatsorganisationsrecht, Rn. 213, 422; Maurer Staatsrecht I, § 8 Rn. 21; Detterbeck a.a.O. S. 237; Gusy a.a.O. S. 615 f.

229 BVerfGE 105, 252, 273 – Glykol –; 105, 279, 303 ff.; VG Düsseldorf RÜ 2012, 525; Detterbeck a.a.O. S. 240; Ruge ThürVBl. 2003, 49; Degenhart Staatsorganisationsrecht, Rn. 319 ff.

230 Vgl. dazu ausführlich Bethge Jura 2003, 327.

Ausdrücklich geregelt ist das Hausrecht z.B. des Bundestagspräsidenten in Art. 40 Abs. 2 S. 1 GG, des Gerichtes in § 176 GVG, des Bürgermeisters in Ratssitzungen in § 50 Abs. 1 GemeindeO NRW, des Anstaltsleiters von öffentlichen Einrichtungen der Gemeinde in § 8 Abs. 2 GemeindeO NRW.

- Ausschluss eines Anwaltes durch das Gericht wegen Verstoßes gegen das **kommunalrechtliche Vertretungsverbot** analog § 67 Abs. 3 S. 1 VwGO, z.B. i.V.m. §§ 43 Abs. 2, 31 Abs. 1 S. 2 GemeindeO NRW;[231] 174

- **Leistungsverwaltung**, insbesondere Gewährung von **Subventionen**; 175

  Hier reicht nach h.M. grundsätzlich aus, dass die Frage des „Ob" in einem Haushaltsgesetz (Gesetz im nur formellen Sinne) oder in der Haushaltssatzung geregelt ist, während die Frage des „Wie", also die Modalitäten der Gewährung der Subvention, auch in Verwaltungsvorschriften, z.B. Ermessensrichtlinien, geregelt werden könnten.[232] Etwas anderes soll gelten bei der Subventionierung der Jugendorganisationen der politischen Parteien.[233]

- für **Übergangszeit** bei drohendem Rechtsvakuum, d.h. zur Vermeidung einer sonst eintretenden Funktionsunfähigkeit staatlicher Einrichtungen, die der verfassungsmäßigen Ordnung noch ferner stünde als der bisherige Zustand (sog. **Chaosgedanke**). 176

  Allerdings dürfen während der Übergangszeit Maßnahmen nur insoweit getroffen werden, als dies für die Sicherung der Verwaltung unerlässlich ist. Im Hinblick auf den Grundsatz der Verhältnismäßigkeit ist stets zu prüfen, ob sich die Funktionsfähigkeit nicht durch schonendere Maßnahmen sicherstellen lässt.[234]

  Beispiele: Erhebung personenbezogener Daten durch die Polizei ohne bereichsspezifische Ermächtigungsgrundlage bis zum Erlass entsprechender landesrechtlicher Regelungen.[235]

  Postkontrolle bei Strafgefangenen (Art. 10 GG) bis zum Erlass des Strafvollzugsgesetzes.[236]

3. Abgrenzung zum Verwaltungsvorbehalt

Aus Gründen der Gewaltenteilung ist das Prinzip vom Vorbehalt des Gesetzes im Einzelfall abzugrenzen vom **Verwaltungsvorbehalt** bzw. von der **Organisationsgewalt** von Bundes- und Landesministern, also dem Bereich, den die Exekutive völlig eigenverantwortlich ohne Beteiligung des Parlaments bzw. der Legislative regeln kann.[237] 177

Wohl nicht mehr von der Organisationsgewalt der Bundesregierung gedeckt ist die Einrichtung des **Nationalen Ethikrates** ohne Beteiligung und Information des Bundestags.[238]

---

231 Vgl. BVerfG NJW 1988, 694; BayVerfGH NJW 1980, 1870; OVG NRW NJW 1975, 2086; Kopp/Schenke § 67 VwGO Rn. 18; a.A. Schoch JuS 1989, 531; Ehlers NVwZ 1990, 44, 49.

232 BVerwG DVBl. 1978, 212; Morlok/Michael Staatsorganisationsrecht, Rn. 214; Degenhart Staatsorganisationsrecht, Rn. 300; Detterbeck a.a.O. S. 238 f.; a.A. Maurer Staatsrecht I, § 8 Rn. 22; Oldiges NJW 1984, 1927, 1929.

233 OVG Berlin-Brandenburg RÜ 2012, 798.

234 Vgl. BVerfG NJW 2006, 2093, 2097 f.; NJW 1992, 1875; BVerwG DVBl. 1996, 570; OVG NRW DVBl. 1993, 1321, 1323; HessVGH NVwZ-RR 1996, 654.

235 BVerfGE 65, 1 f.

236 BVerfGE 33, 1, 13 – Strafgefangenenurteil; seit dieser Entscheidung gilt unstreitig der Vorbehalt des Gesetzes auch im besonderen Gewaltverhältnis, heute bezeichnet als Sonderstatus – oder verwaltungsrechtliches Sonderrechtsverhältnis.

237 Vgl. dazu i.E. BVerfGE 49, 89, 125; Maurer Staatsrecht I, § 18 Rn. 25 f.; § 14 Rn. 33.

238 M. Schröder NJW 2001, 2144 m.w.N.

F. Anforderungen des Rechtsstaatsprinzips an die Rechtsprechung (Judikative)

178 **Rechtsprechung** wird durch das BVerfG, durch die im GG vorgesehenen Bundesgerichte (Art. 95 f. GG) sowie die Gerichte der Länder ausgeübt und ist ausschließlich Richtern anvertraut.[239]

I. Gemäß Art. 20 Abs. 3 Fall 3 GG ist auch die Rspr. an **Gesetz und Recht** gebunden wie die Exekutive.[240]

II. Weitere Ausprägungen einer rechtsstaatlichen Rspr. ergeben sich aus Art. 19 Abs. 4 (Rechtsschutzgarantie gegen Maßnahmen der öffentlichen Gewalt), Art. 92 GG (Richtervorbehalt),[241] Art. 97 GG (sachliche und persönliche Unabhängigkeit der Richter),[242] Art. 101–104 GG (Justizgrundrechte).[243]

III. Aus Art. 20 Abs. 3 i.V.m. Art. 2 Abs. 1 GG ergibt sich das **Gebot des fairen Verfahrens**[244] und die **Rechtschutzgarantie im Privatrecht**.[245]

G. Anforderungen des Rechtsstaatsprinzips an alle drei Gewalten

179 Rechtssicherheit bedeutet, dass hoheitliche Maßnahmen aller **drei Gewalten** möglichst messbar voraussehbar sind und dass ein schutzwürdiges Vertrauen in ihre Beständigkeit nicht oder nicht ohne zwingenden Grund enttäuscht werden darf.

180 ■ Ausprägung ist zunächst der oben bereits ausführlich dargestellte **Bestimmtheitsgrundsatz**, der nicht nur für den parlamentarischen Gesetzgeber gilt, sondern auch für die Verwaltung als Ordnungs- oder Satzungsgeber bzw. als Behörde beim Erlass von Verwaltungsakten (vgl. § 37 Abs. 1 VwVfG). Zu beachten ist, dass Art. 80 Abs. 1 S. 2 sowie Art. 103 Abs. 2 GG insoweit als lex specialis das Rechtsstaatsprinzip verdrängen.[246]

181 ■ Auch das **Verbot der unzulässigen Rückwirkung** gilt nicht nur für den parlamentarischen Gesetzgeber, sondern auch für die Verwaltung beim Erlass von Rechtsverordnungen, Satzungen oder für die Gerichte, z.B. durch Verhängung der **nachträglichen Sicherungsverwahrung**[247] oder durch Anordnung der **Unterbringung nach dem ThUG**.[248]

Auch hier ist auf Art. 103 Abs. 2 GG als lex specialis zu Art. 20 Abs. 3 GG hinzuweisen.

---

239 Vgl. Art. 92 GG und Degenhart Staatsorganisationsrecht, Rn. 268 ff.; Gröpl Staatsrecht I, Rn. 1426 ff.
240 Jarass/Pieroth GG, Art. 20 Rn. 51; Dreier II/Schulze-Fielitz Art. 20 GG (Rechtsstaat) Rn. 83 f., 166, 197 f.
241 Morlok/Michael Staatsorganisationsrecht, Rn. 517 ff. Fn. 2 ff.
242 BVerfG JuS 2007, 378; Gröpl Staatsrecht I, Rn. 1433 ff.
243 Maurer Staatsrecht I, § 8 Rn. 23 ff., 37 ff.; AS-Skript Grundrechte (2017).
244 Degenhart Staatsorganisationsrecht, Rn. 447 ff.; Gröpl Staatsrecht I, Rn. 1442.
245 Vgl. dazu ausführlich AS-Skript Grundrechte (2017).
246 Jarass/Pieroth GG, Art. 20 Rn. 82 ff.
247 BVerfG NJW 2011, 1931, 1941 ff., RÜ 2011, 383, 387 f.; BVerfGE 133, 40.
248 BVerfG RÜ 2013, 649.

- Aus dem Gebot der Rechtssicherheit folgt weiterhin, dass rechtskräftige gerichtliche Entscheidungen sowie bestandskräftige Verwaltungsakte grundsätzlich **Rechtsbeständigkeit** haben müssen.[249] **182**

  Bei Urteilen von Gerichten können jedoch das Prinzip der Rechtssicherheit und das **Prinzip der materiellen Gerechtigkeit** widerstreiten, d.h. dass gerichtliche Urteile auch der wahren materiellen Rechtslage entsprechen müssen. Grundsätzlich hat auch in diesen Fällen die Rechtssicherheit den Vorrang wie sich beispielhaft aus § 79 Abs. 2 BVerfGG oder auch aus der Existenz von Widerspruchs- oder Klagefristvorschriften ergibt; ein Vorrang der materiellen Gerechtigkeit ergibt sich nur ausnahmsweise und nur in den Fällen, wo ausdrückliche gesetzliche Vorschriften existieren, wie z.B. § 7 Abs. 1 BVerfGG oder §§ 579, 580 ZPO.[250] **183**

- Auch der **Vertrauensschutz** ist zu beachten, z.B. bei der Aufhebung von begünstigenden Verwaltungsakten (vgl. insofern §§ 48 und 49 VwVfG) oder beim Widerruf von Gnadenentscheidungen.[251] **184**

  Gerichte können ohne Verstoß gegen Art. 20 Abs. 3 GG von ihrer früheren Rspr. abweichen, selbst wenn eine wesentliche Änderung der Verhältnisse oder der allgemeinen Anschauungen nicht eingetreten ist.[252]

  Beispiel: Heranziehung von Art. 20 a Fall 1 GG beim kommunalrechtlich geregelten Anschluss- und Benutzungszwang für Fernwärme.[253]

  Grundsätzlich zulässig ist auch eine erweiternde oder einengende Auslegung von Normen zulasten der Normadressaten.[254]

- Schließlich ist von allen drei Gewalten der **Verhältnismäßigkeitsgrundsatz** zu beachten.[255]

5. Abschnitt: Sozialstaatsprinzip

A. (Allgemeine) Herleitung; Spezialregelungen

Das Sozialstaatsprinzip wird im Wesentlichen abgeleitet aus Art. 20 Abs. 1 GG („**sozialer** Bundesstaat"), aus Art. 23 Abs. 1 S. 1 GG („soziale Grundsätze")[256] sowie aus Art. 28 Abs. 1 S. 1 GG („sozialer Rechtsstaat"). **185**

Spezielle Ausprägungen für bestimmte Sachbereiche enthalten insbesondere Art. 3 Abs. 3 S. 2, 6 Abs. 4, 9 Abs. 3 S. 1 GG (Tarifautonomie, Streikrecht) sowie Art. 14 Abs. 2 GG (Sozialbindung des Eigentums);[257] einfach-rechtliche Konkretisierungen finden sich insbesondere in §§ 1 und 2 SGB I.

---

249 BVerfGE 22, 322, 329; 117, 302, 315; Jarass/Pieroth GG, Art. 20 Rn. 109.

250 Zu vergleichbaren Konstellationen im Verwaltungsrecht vgl. §§ 50 und 51 VwVfG.

251 BVerfG NJW 2013, 2414.

252 BVerfG NVwZ 2005, 81.

253 Vgl. dazu BVerwG NVwZ 2004, 1131 und VGH Mannheim VBlBW 2004, 337.

254 Zu den Grenzen vgl. BVerfG NJW 2012, 669.

255 Vgl. dazu ausführlich AS-Skript Grundrechte (2017); Maurer Staatsrecht I, § 8 Rn. 55 f.; Kluth JA 1999, 606; Krebs Jura 2001, 228; Michael JuS 2001, 654 f. (Grundfälle; mehrere Teile); Voßkuhle JuS 2007, 429.

256 Keine Verletzung des Sozialstaatsprinzips nach Art. 23 Abs. 1 S. 3 i.V.m. Art. 79 Abs. 3 GG durch übermäßige Beschränkung der sozialpolitischen Gestaltungsmöglichkeiten des BT im Verfahren gemäß Art. 48 Abs. 2 AEUV; vgl. BVerfG, Urt. v. 30.06.2009 – 2 BvE 2/08 u.a., Ziff. 392 f.; Anm. Schübel-Pfister/Kaiser JuS 2009, 767, 772.

257 Gröpl Staatsrecht I, Rn. 685 ff.

B. Inhalt und Gegenbegriff

186 **Gegensatz** des Sozialstaats ist der liberale Rechtsstaat, der grundsätzlich von jeder staatlichen Beeinflussung des Zusammenlebens der Staatsbürger absieht und lediglich für **rechtliche** Chancengleichheit sorgt.

Der Sozialstaat hingegen ist zur Herstellung und Erhaltung von **tatsächlicher** Chancengleichheit und sozialer Gerechtigkeit verpflichtet sowie zur Herstellung und Erhaltung sozialer Sicherheit (vgl. insofern auch § 1 Abs. 1 SGB I).[258]

187 **I. Soziale Gerechtigkeit** bedeutet zum einen Herstellung von tatsächlicher Chancengleichheit sowie Schutz der Schwachen gegen die Starken.[259]

- **Beispiele** für die Fallgruppe: Herstellung **tatsächlicher Chancengleichheit** sind etwa
  - BAföG,
  - Prozesskostenhilfe,[260]
  - Art. 3 Abs. 2 S. 2 GG
- **Beispiele** für die Fallgruppe: **Schutz der Schwachen gegen die Starken** sind z.B.
  - das Arbeitsrecht,
  - soziales Mietrecht,[261]
  - Verbraucherschutz im Zivilrecht,
  - Resozialisierung,[262]
  - Art. 6 Abs. 4, 5; 9 Abs. 3 S. 1 GG

188 **II. Soziale Sicherheit** bedeutet Schaffung oder Erhaltung von Einrichtungen, die für den Fall des Fehlens eigener Daseinsreserven in Krisen die notwendige Daseinshilfe gewähren.[263]

- **Beispiele:**
  - Sozialversicherungssystem nach dem Sozialgesetzbuch (SGB I–XI)[264]
  - Sozialhilfe nach dem SGB XII
  - Berufsständische Versorgungseinrichtungen, wie z.B. das Rechtsanwaltsversorgungswerk NRW

C. Adressaten

189 Vorrangiger Adressat ist der **Gesetzgeber**, der allerdings auch wegen der Vielfalt von widerstreitenden Interessen (Finanzen des Staates, Arbeitgeber) einen weiten Spielraum bei der Umsetzung und Beachtung des Sozialstaatsprinzips hat.[265]

Für **Verwaltung** und **Gerichte** erlangt das Sozialstaatsprinzip im Einzelfall Bedeutung bei der Auslegung unbestimmter Rechtsbegriffe, bei der Verwaltung außerdem auch im Rahmen der Ermessensausübung.[266]

---

258 Degenhart Staatsorganisationsrecht, Rn. 566 f.; Maurer Staatsrecht I, Rn. 59.
259 Maurer Staatsrecht I, § 8 Rn. 76.
260 BVerfGE 78, 104, 117 f.
261 BVerfGE 93, 1.
262 BVerfGE 97, 100, 115.
263 Jarass/Pieroth GG, Art. 20 Rn. 156 ff.
264 Zur Gewährung des sog. sozio-kulturellen Existenzminimums im Rahmen des SGB II vgl. BSG AuR 2006, 448; Ipsen Staatsrecht I, Rn. 999.
265 BVerfGE 97, 169, 185; Maurer Staatsrecht I, § 8 Rn. 69; Hebeler Jura 2005, 17, 20 f. m.w.N.
266 BVerfGE 1, 97, 105; Maurer Staatsrecht I, § 8 Rn. 70.

D. Anwendungsbereich bzw. Konkretisierungen

I. Das Sozialstaatsprinzip kann in eng umgrenzten Einzelfällen zusammen mit Grundrechten **Anspruchsgrundlage** sein. 190

- **Beispiele:**
  - Anspruch auf das Existenzminimum (i.V.m. Art. 1 Abs. 1 und Art. 2 Abs. 2 S. 1 GG)[267]
  - Anspruch auf bestimmte Kassenleistungen, z.B. von Heilpraktikern (i.V.m. Art. 2 Abs. 2 S. 1 GG)[268]
  - Anspruch auf chancengleiche Grundrechtsbetätigung (z.B. Art. 12 Abs. 1 i.V.m. Art. 3 Abs. 1 GG („**Grundrechte als Teilhaberechte**")[269]

II. Des Weiteren kann das Sozialstaatsprinzip in bestimmten Fällen **Eingriffslegitimation** sein, also Eingriffe in Freiheits- oder Gleichheitsrechte des Bürgers rechtfertigen.[270] 191

- **Beispiele:**
  - betriebliche Mitbestimmung (Art. 12, 14 Abs. 1 GG)[271]
  - Zwangsmitgliedschaft in Sozialversicherungen oder in berufsständischen Versorgungseinrichtungen (Art. 2 Abs. 1, 12 Abs. 1 GG)
  - Maßnahmen zur Bekämpfung der Arbeitslosigkeit durch Einschränkungen der Tarifautonomie (Art. 9 Abs. 3 S. 1 GG)[272]
  - Maßnahmen zur Kostendämpfung im Gesundheitswesen zum Schutz der Funktionsfähigkeit der Sozialversicherung[273]
  - Ungleichbehandlung durch Staffelung von Gebühren und Beiträgen nach Einkommen (Art. 3 Abs. 1 GG)[274]

III. Schließlich kann das Sozialstaatsprinzip in Einzelfällen auch in einem Kernbereich sozialer Sicherung als Bestandsgarantie (vergleichbar der Wesensgehaltsgarantie aus Art. 19 Abs. 3 GG) gesetzgeberischen Eingriffen entgegenstehen (sog. **Schranken-Schranke**).[275] 192

6. Abschnitt: Das Bundesstaatsprinzip

A. Herleitung – Funktion – Absicherung

I. Die Geltung des Bundesstaatsprinzips ergibt sich aus der in Art. 20 Abs. 1 GG getroffenen Feststellung, dass die **Bundes**republik Deutschland ein **Bundesstaat** ist, aus Art. 28 Abs. 1 S. 1 GG („... in den Ländern") und aus der (amtlichen) Überschrift des II. Abschnitts des GG („Der Bund und die Länder"); ferner aus den zahlreichen Vorschriften, die vom Vorhandensein der Länder ausgehen, insbesondere indem Zuständigkeiten auf Bund und Länder verteilt werden (z.B. Art. 30, 70 ff., 83 ff., 92 ff., 104 a ff. GG).[276] 193

---

267 BVerfG RÜ 2010, 250; Morlok/Michael Staatsorganisationsrecht, Rn. 673 Fn. 9; Gröpl Staatsrecht I, Rn. 681.

268 BVerfG NJW 2013, 1664.

269 BVerfGE 33, 303 .

270 Morlok/Michael Staatsorganisationsrecht, Rn. 674, 676; Degenhart Staatsorganisationsrecht, Rn. 577 f.; a.A.: Schmidt S. 49.

271 BVerfGE 50, 290.

272 BVerfG NJW 1999, 3033.

273 Z.B. Altersgrenzen für Kassenärzte; grundsätzliches Verbot der gewerblichen Arbeitnehmerüberlassung im Baugewerbe.

274 BVerfGE 97, 332, 347.

275 Maurer Staatsrecht I, § 8 Rn. 71; Degenhart Staatsorganisationsrecht, Rn. 572, 576, 580.

276 Maurer Staatsrecht I, § 10 Rn. 12.

In Deutschland hat sich das Bundesstaatsprinzip geschichtlich entwickelt: Das 1871 gegründete Deutsche Reich war als Bundesstaat konstituiert und nur in dieser Form möglich. Auch die Weimarer Republik war Bundesstaat. Nur in der NS-Zeit, von 1933 bis 1945, wurde Deutschland in einen zentralisierten Einheitsstaat umgewandelt. Das GG knüpfte 1949, auch auf Druck der Westalliierten (Frankfurter Dokumente), an die staatsrechtliche Tradition aus der Zeit vor 1933 an.

In der ehemaligen DDR wurde das föderalistische Prinzip von Anfang an zugunsten des Einheitsstaates zurückgedrängt, bis schließlich 1952 die Länder durch Gesetz aufgelöst und durch 14 Bezirke ersetzt wurden. Durch das Ländereinführungsgesetz vom 22.07.1990 (GBl. I 955) wurden die Länder Brandenburg, Mecklenburg-Vorpommern, Sachsen-Anhalt, Sachsen und Thüringen mit Wirkung zum 03.10.1990 wieder gebildet.

II. Funktion des Bundesstaatsprinzips ist insbesondere

- die sog. **vertikale Gewaltenteilung**[277] (z.B. Kontrolle bzw. Hemmung der Bundesstaatsgewalt durch BRat; Verteilung der Zuständigkeiten auf Organe von Bund und Ländern) sowie
- **Dezentralisierung der Staatsgewalt** mit der dadurch eröffneten Möglichkeit stärkerer Beachtung regionaler bzw. landesspezifischer Besonderheiten.[278]

194 **III.** Die **Absicherung** des Bundesstaatsprinzips erfolgt durch Art. 79 Abs. 3 GG in mehrfacher Weise: Zunächst generell und allumfassend in Art. 79 Abs. 3 Fall 3 GG („... die in Art. 20 niedergelegten Grundsätze"), auf wichtige Teilbereiche bezogen in Art. 79 Abs. 3 Fall 1 GG („Gliederung des Bundes in Länder") und Art. 79 Abs. 3 Fall 2 GG („grundsätzliche Mitwirkung der Länder bei der Gesetzgebung").[279]

Art. 79 Abs. 3 Fall 1 GG garantiert nicht den jetzigen Bestand von sechzehn Bundesländern, sondern verlangt nur, dass mindestens zwei Länder oder mehr neben dem Bund bestehen bleiben.

B. Der Begriff des Bundesstaates – Bund und Länder

Fall 6: Regionalverband Unterelbe

Die Länder Hamburg, Schleswig-Holstein und Niedersachsen wollen verschiedene Missstände im Bereich der Region Unterelbe beseitigen. Diese ergeben sich im ökologischen Bereich daraus, dass Natur und Landschaft in den betroffenen Ländern ganz unterschiedlich geschützt werden. Außerdem kommt es im Rahmen der öffentlichen Wirtschaftsförderung zu einem Ansiedlungswettbewerb zwischen den betroffenen Ländern, der zulasten der öffentlichen Kassen geht und wirtschaftlich unsinnige Strukturen schafft.

Die Landesregierungen planen daher den „Regionalverband Unterelbe". Der Verband soll als Körperschaft des öffentlichen Rechts durch paritätisch besetzte Entscheidungsgremien in der Region Unterelbe länderübergreifend die Belange des Umweltschutzes (Wasser, Boden, Luft) und der Wirtschaftsförderung regeln.

Verstößt die geplante Körperschaft „Regionalverband Unterelbe" gegen das GG?

---

277 Palm a.a.O., S. 753; Degenhart Staatsorganisationsrecht, Rn. 467.

278 Morlok/Michael Staatsorganisationsrecht, Rn. 690.

279 Degenhart Staatsorganisationsrecht, Rn. 465 f.

Die geplante Körperschaft des Regionalverbandes könnte gegen das **Bundesstaatsprinzip** aus Art. 20 Abs. 1 GG verstoßen. Die Körperschaft soll gleichzeitig von drei Ländern getragen werden, es handelt sich also um eine **Gemeinschaftseinrichtung** dieser Länder. Da der Verband seine Rechtsstellung von der der Länder ableitet, könnten sich Einschränkungen aus dem **Bundesstaatsprinzip** ergeben. 195

I. Begriff des Bundesstaates

1. **Bundesstaat** ist ein Gesamtstaat, bei dem die Ausübung der Staatsgewalt auf einen **Zentralstaat** und mehrere **Gliedstaaten** aufgeteilt ist.[280]

2. Der Bundesstaat ist abzugrenzen von den vergleichbaren Staatsformen Einheitsstaat und Staatenbund.[281]

   a) Beim **Einheitsstaat** hat nur der Zentralstaat Staatsqualität, nicht dagegen die einzelnen Untergliederungen, selbst wenn sie – wie beim stark dezentralisierten Einheitsstaat – über weitgehende Zuständigkeiten verfügen. Dagegen haben beim **Bundesstaat** die einzelnen Gliedstaaten Staatsqualität, verfügen also über Staatsgebiet, Staatsvolk und originäre Staatsgewalt. 196

   Die **Staatsqualität der Länder** in der Bundesrepublik Deutschland ergibt sich in erster Linie aus Art. 30 GG, ergänzend aus dem Wesen des nach Art. 20 GG geltenden Bundesstaatsprinzips.[282]

   b) Beim **Staatenbund** handelt es sich um einen völkerrechtlichen Zusammenschluss von Staaten, bei dem zwar gemeinsame Organe gebildet werden, die aber Staatsgewalt **lediglich nach außen** hin ausüben. Nach innen bedürfen ihre Anordnungen der Umsetzung durch die Organe der im Staatenbund zusammengeschlossenen Staaten.[283] 197

   Beispiel: Der Deutsche Bund (1815–1866), dessen gemeinsames Bundesorgan „Bundestag" von den Gesandten der Mitgliedstaaten gebildet wurde.

   Beim **Bundesstaat** mit gemeinsamer Verfassung üben dessen Organe dagegen **auch nach innen** unmittelbar Staatsfunktionen (Gesetzgebung, Verwaltung, Rspr.) aus.

   Begrifflich in noch weiterer Entfernung vom Bundesstaat steht das **Staatenbündnis**, das auf einem völkerrechtlichen Vertrag beruht und selbst bei intensiven Beziehungen in der Regel nicht zu gemeinsamen Organen führt. Ist dies ausnahmsweise der Fall, so beschränken sie sich in der Regel auf ganz spezielle Aufgaben (z.B. die NATO auf die gemeinsame Verteidigung). 198

   Problematisch ist die Einordnung der **Europäischen Union**. Zwar stehen der EU eigene Hoheitsbefugnisse, insbesondere im Bereich der Rechtsetzung, gegenüber den Mitgliedsstaaten und ihren Staatsangehörigen zu. Jedoch ist diese Kompetenz – anders als bei einem Staat – nicht umfassend, sondern beruht auf einer beschränkten Übertragung durch die Mitgliedsstaaten (vgl. Art. 23 GG). Diese sind nach wie vor „Herren der Verträge". Die EU ist zwar eine sog. **supranationale Organisation**, aber mangels umfassender Hoheitsbefugnisse noch kein Bundesstaat, sondern nur ein **Staatenverbund**.[284]

---

280 Dreier GG, Art. 20 (Bundesstaat) Rn. 19; Sachs GG, Art. 20 Rn. 55.

281 Vgl. auch Maurer Staatsrecht I, § 10 Rn. 6 ff.; Gröpl Staatsrecht I, Rn. 536 ff.

282 Morlok/Michael Staatsorganisationsrecht, Rn. 681 ff.; Haratsch DVBl. 1993, 1338, 1339; Heintzen DVBl. 1997, 689, 692; vgl. auch BVerfGE 1, 14, 34; 36, 342, 360; 60, 175, 207.

283 Zu Einzelheiten vgl. Morlok/Michael Staatsorganisationsrecht, Rn. 679.

284 BVerfG NJW 1993, 3047, 3052; BVerfG RÜ 2009, 519; ausführlich dazu AS-Skript Europarecht (2018), Rn 31.

Nach Auffassung des BVerfG erfasst der Begriff des Verbundes eine enge, auf Dauer angelegte Verbindung souverän bleibender Staaten, die auf vertraglicher Grundlage öffentliche Gewalt ausübt, deren Grundordnung jedoch allein der Verfügung der Mitgliedsstaaten unterliegt und in der die Völker – d.h. die staatsangehörigen Bürger – der Mitgliedsstaaten die Subjekte demokratischer Legitimation bleiben.

199 c) Da der Bundesstaat eine staatsrechtliche Staatenverbindung ist, ergibt sich die **Rechtsstellung von Bund und Ländern** aus der Verfassung. Insbesondere ergeben sich die Befugnisse der Länder in erster Linie aus dem GG und nur, soweit das GG keine Regelung trifft, aus dem Wesen des Bundesstaates. Das GG gestattet den Schluss, dass die Länder **nicht** (völlig) **souverän** sind, sondern in wesentlichen Bereichen durch die Befugnisse des Bundes beschränkt werden:

- In erster Linie gilt dies für die Gestaltung ihrer Verfassung. Nach dem in Art. 28 Abs. 1 S. 1 GG niedergelegten **Homogenitätsprinzip** müssen die Länderverfassungen den Grundsätzen des republikanischen, demokratischen und sozialen Rechtsstaates im Sinne dieses Grundgesetzes entsprechen. Gefordert wird jedoch nur ein Mindestmaß an Homogenität, keine Gleichförmigkeit.[285]
- Im Bundesstaat haben – anders als beim Staatenbund – die einzelnen Länder kein **Recht zum Austritt** (Separation, Sezession) wegen der teilweisen Identität von Staatsgebiet und Staatsvolk.[286]

  Ein Ausscheiden ist lediglich durch Änderung der Verfassung des Gesamtstaates möglich.
- Die Länder haben grundsätzlich **keine Befugnisse nach außen**, insbesondere kein Recht zum völkerrechtlichen Verkehr und zum Abschluss von völkerrechtlichen Verträgen (vgl. Art. 24 Abs. 1 a u. Art. 32 Abs. 3 GG, wonach entsprechende Verträge nur mit Zustimmung der Bundesregierung zulässig sind).
- Der **Bund** kann seine Zuständigkeiten – unter Beachtung des Art. 79 Abs. 3 GG – erweitern (hat also die sog. **Kompetenz-Kompetenz**) und dadurch die grundsätzlichen Zuständigkeiten der Länder (z.B. aus Art. 70 GG) verringern.
- Durch Bundesgesetz können die **Länder neu gegliedert** werden (Art. 29 GG). Dabei kann ein einzelnes Land auch ganz beseitigt werden. Gewährleistet ist nur die Gliederung des Bundes in Länder (Art. 79 Abs. 3 GG), nicht aber die Existenz eines einzelnen Landes.[287]
- Dem Bund stehen verschiedene **Aufsichtsbefugnisse** und Einwirkungsrechte gegenüber den Ländern zu (z.B. Art. 84 Abs. 3, 85 Abs. 3 GG), insbesondere hat er das Recht zum Bundeszwang gemäß Art. 37 GG.[288]

---

285 BVerfGE 36, 342, 360 ff.; Gröpl Staatsrecht I, Rn. 559 ff.; Ipsen Staatsrecht I, Rn. 710 ff.

286 Degenhart Staatsorganisationsrecht, Rn. 461; Morlok/Michael Staatsorganisationsrecht, Rn. 686.

287 Maurer Staatsrecht I, § 10 Rn. 18 f.; Karpen/Becker JZ 2001, 966.

288 Maurer Staatsrecht I, § 10 Rn. 45, 48 f.; Ipsen Staatsrecht I, Rn. 728 ff.; Gröpl Staatsrecht I, Rn. 597 ff.; Morlok/Michael Staatsorganisationsrecht, Rn. 485 Fn. 73 ff.

II. Das GG enthält keine Vorschriften speziell über **gemeinsame Einrichtungen der Länder**. Die in Art. 91 a und 91 b GG geregelten Gemeinschaftsaufgaben betreffen lediglich das Zusammenwirken von Bund und Ländern. Die konstruktive Aufgliederung des Bundesstaates verlangt jedoch, dass die Ausübung von **Staatsgewalt** jeweils konkret dem Bund oder den Ländern zugeordnet wird. **200**

1. Dabei werden die im GG den Ländern zugewiesenen Befugnisse nicht den Ländern gemeinsam, sondern **jedem Land einzeln** zur Wahrnehmung für den Bereich des Landes zugewiesen. Durch die Schaffung von Gemeinschaftseinrichtungen der Länder könnte daher eine nach dem Bundesstaatsprinzip unzulässige **dritte Ebene der Staatlichkeit** entstehen („die Gesamtheit der Länder").

   a) Nach heute wohl einhelliger Auffassung ist die Bundesrepublik Deutschland ein **zweigliedriger Bundesstaat** (Art. 20 Abs. 1 GG). Es gibt lediglich zwei staatliche Ebenen, den Bund und die Länder (wobei die Gemeinden und andere kommunale Verwaltungsträger zu den Ländern gehören und nicht etwa eine dritte Ebene der Staatlichkeit bilden).[289]

   b) Daran ändert sich durch den geplanten Regionalverband nichts. Denn die Gemeinschaftseinrichtung soll keine eigene (originäre) Staatsgewalt ausüben, sondern nur von den beteiligten Ländern **abgeleitete** Befugnisse. Die vom Regionalverband auszuübende Hoheitsgewalt ist damit der Länderebene zuzuordnen und keine selbstständige dritte Ebene.

2. Eine Verletzung des Bundesstaatsprinzips aus Art. 20 Abs. 1 GG könnte jedoch dann vorliegen, wenn der geplante Verband dazu führt, dass die **Staatsgewalt der beteiligten Länder infrage gestellt** wird.

   a) Grundsätzlich ist anerkannt, dass die Länder **gemeinsame Einrichtungen** schaffen dürfen und dabei auch auf Hoheitsrechte verzichten können. Dies wird teils unter Hinweis auf Art. 24 Abs. 1 GG (der allerdings nur für den Bund gilt), teils mit einer entsprechenden Anwendung des Art. 32 Abs. 3 GG (der unmittelbar nur auf völkerrechtliche Verträge der Länder mit auswärtigen Staaten anwendbar ist) und teils mit einer Gesamtanalogie zu beiden Verfassungsvorschriften begründet.[290] **201**

   Solche Gemeinschaftseinrichtungen sind z.B. das **ZDF** und die **Stiftung für Hochschulzulassung (SfH)**.[291]

   b) Bejaht man die grundsätzliche Zulässigkeit gemeinsamer Ländereinrichtungen, stellt sich allerdings die Frage, wo die Grenze der zulässigen **Übertragung von Hoheitsrechten** verläuft. **202**

      aa) In jedem Fall **unzulässig** sind **echte Gemeinschaftsbehörden**, wie z.B. eine gemeinsame Polizeibehörde aller Länder für die Bekämpfung der Schwerstkriminalität. Denn bei der Polizei handelt es sich um einen ganz

289 BVerfGE 13, 54, 77; Maurer Staatsrecht I, § 10 Rn. 1 f.; Morlok/Michael Staatsorganisationsrecht, Rn. 680; Voßkuhle/Kaufhold, JuS 2010, 873, 874.

290 BVerwGE 22, 299, 307, 309; Kisker, Kooperation im Bundesstaat, S. 180.

291 OVG NRW RÜ 2011, 315; Ipsen Staatsrecht I, Rn. 743.

wesentlichen Bestandteil der Länderverwaltung. Die Übertragung auf eine Gemeinschaftseinrichtung würde zu einer Preisgabe der Länderstaatlichkeit führen.[292]

bb) Problematisch ist die Behandlung der (sonstigen) Gemeinschaftseinrichtungen, die dem Bürger gegenüber **hoheitliche Verwaltungstätigkeit** ausüben. Die Selbstständigkeit der Länder wird hier nicht berührt, wenn die dem Land verbleibenden Hoheitsrechte von erheblichem Gewicht sind und die Übertragung nicht endgültig, d.h. **widerruflich** ist.[293]

cc) Der Regionalverband soll gewichtige Planungs- und Entscheidungskompetenzen sowohl für ökologische als auch ökonomische Aufgaben erhalten. Die relativ weitreichende Kompetenzübertragung würde vor allem die Bereiche Naturschutz, Abfall- und Abwasserbeseitigung, Gewässerschutz, Luftreinhaltung und Wirtschaftsförderung erfassen. Auf der anderen Seite verbleiben den Ländern sämtliche anderen Aufgaben (Polizei, Justiz, Kultur, Bildung, Wissenschaft, Arbeit und Soziales, Städtebau, Verkehr). Diese Bereiche sind gegenüber den übertragenen Kompetenzen von ungleich größerem Gewicht. Die Souveränität der Länder ist durch die Gemeinschaftseinrichtung noch nicht tangiert, soweit die Vertragsstaaten die Rückholbarkeit der Kompetenzen durch ein **Kündigungsrecht** oder eine **zeitliche Begrenzung** im Staatsvertrag sicherstellen.

203 3. Ein Verstoß gegen das Bundesstaatsprinzip bzw. gegen das Rechtsstaats- und Demokratieprinzip könnte sich jedoch daraus ergeben, dass die **Zuordnung der Gemeinschaftseinrichtung** unklar bleibt, insbesondere bei der Frage des anwendbaren Rechts, der Aufsicht und der parlamentarischen Verantwortung[294] (ununterbrochene Legitimationskette). Nach dem Bundesstaatsprinzip gibt es nur Bundesrecht sowie das Recht eines Landes, wobei das **Landesrecht unterschiedlich** ausgestaltet sein kann. Für Gemeinschaftseinrichtungen kann es daher an einem einheitlichen Recht fehlen. Welche Gestaltungen hier bei Gemeinschaftseinrichtungen möglich sind, sollen die folgenden Beispiele zeigen.

204 a) Was die **SfH** betrifft, so hat bezüglich des anwendbaren Rechts und der Aufsicht der Staatsvertrag[295] in Art. 1 Abs. 1 S. 2 insoweit Klarheit geschaffen, als auf das Recht des Sitzlandes verwiesen wird. Da der Sitz in Dortmund ist, gilt also das Recht des Landes Nordrhein-Westfalen. Die Willensbildung, die Organe und der Einfluss der Länder sind in Art. 3 ff. des Staatsvertrages im Einzelnen geregelt.

Nimmt man hinzu, dass eine bundeseinheitliche Vergabe der Studienplätze unbedingt geboten ist, dass der Bund hierfür aber nicht zuständig ist und eine GG-Änderung vermeidbar erscheint, ergibt sich, dass von einer Preisgabe der Länderstaatlichkeit nicht die Rede sein kann und die Einrichtung der SfH somit nicht gegen das Bundesstaatsprinzip verstößt.

---

292 BVerfGE 42, 103 ff.; BVerwGE 22, 299 ff.; Degenhart Staatsorganisationsrecht, Rn. 183.

293 Kisker, Kooperation im Bundesstaat, S. 194 ff.; Damkowski NVwZ 1988, 297, 300; vgl. auch BVerwGE 22, 299, 308; 23, 194, 198.

294 BVerfG RÜ 2008, 112.

295 Vom 05.06.2008.

b) Nicht so eindeutig ist dies beim **ZDF**. Der ZDF-Staatsvertrag enthält keine klare Verweisung auf das Recht des Sitzlandes, sondern regelt in § 30 Abs. 3 nur die Haushaltsführung und bestimmt in § 31, dass die Rechtsaufsicht durch die Landesregierungen im Wechsel ausgeübt wird. Die h.M. bejaht gleichwohl die Verfassungsmäßigkeit. 205

Vgl. grundlegend BVerwG[296]: Es handele sich um eine Aufgabe, die im ganzen Bundesgebiet erfüllt werden müsse. Da der Bund hierfür nicht zuständig ist,[297] nötigt dies zu einer Auslegung und Handhabung des GG, die den Ländern sowohl übereinstimmende einheitliche Regelungen wie die Einrichtung sozialer Stellen für die Erfüllung einer solchen Aufgabe ermöglicht. Denn es kann nicht als Absicht des Verfassungsgebers angesehen werden, dass die Erfüllung einer dringenden staatlichen Aufgabe nur wegen der Aufgabenverteilung zwischen Bund und Ländern unterbleiben soll.

Heute ist die Verfassungsmäßigkeit des ZDF unbestritten und wird als selbstverständlich vorausgesetzt.[298]

c) Danach empfiehlt es sich, hier genau festzulegen, welches Landesrecht für den geplanten Regionalverband einschlägig ist, wer die Aufsicht führt und wie die parlamentarische Kontrolle sichergestellt wird. 206

4. Ein Verstoß gegen das Bundesstaatsprinzip könnte schließlich noch darin liegen, dass ein oder mehrere Länder unzulässig Staatsgewalt auf dem Gebiet eines anderen Landes ausüben. Dies könnte vorliegend der Fall sein, weil die Vertreter der drei Länder in den Entscheidungsgremien jeweils Hoheitsgewalt auf den Gebieten der beiden anderen Staaten ausüben würden. Das Bundesstaatsprinzip fordert jedoch nicht, dass die Staatsgewalt eines Landes nur in seinem Staatsgebiet ausgeübt werden könnte und bei einer Ausdehnung auf das gesamte Bundesgebiet nur der Bund zuständig wäre.[299]

Ergebnis: Ein Verstoß gegen das Bundesstaatsprinzip lässt sich dadurch vermeiden, dass die Kompetenzen dem Regionalverband nur widerruflich übertragen werden und die Zuordnung der Einrichtung, was anzuwendendes Recht, Aufsicht und parlamentarische Verantwortung betrifft, nicht unklar bleibt.

C. Aufgabenverteilung zwischen Bund und Ländern

Die Verteilung der staatlichen Aufgaben im Bundesstaat soll an dieser Stelle nur in den Grundzügen dargestellt werden, da die Zuständigkeitsverteilung im Einzelnen bei der Behandlung der Organe des Bundes (z.B. Bundestag und Bundesrat) und den Staatsfunktionen (Gesetzgebung, Verwaltung, Rspr.) zu erörtern ist. Auszugehen ist von der organisatorischen Trennung von Bund und Ländern. Da Bund und Länder Staaten i.S.d. Völkerrechts sind, verfügen sie jeweils über eigene Gesetzgebungs-, Regierungs- und Verwaltungsorgane sowie Gerichte **(Trennungsprinzip)**. 207

296 BVerfGE 22, 299, 308.
297 Vgl. BVerfGE 12, 205, 225.
298 Vgl. z.B. BayVerfGH NJW 1990, 311.
299 BVerwGE 22, 299, 307.

Die Zuweisung staatlicher Aufgaben erfolgt entweder:

- hinsichtlich **konkret bezeichneter Aufgaben**, z.B. Bundeszuständigkeit für auswärtige Angelegenheiten (Art. 32 GG), Länderzuständigkeit für die Errichtung der Behörden und das Verwaltungsverfahren (Art. 84 Abs. 1 S. 1 GG) oder
- durch **Generalklauseln** für bestimmte Aufgabenbereiche: Art. 70 GG für die Gesetzgebung; Art. 83 GG für die Ausführung von Bundesgesetzen; Art. 92 GG für die Rspr.

Auffangtatbestand ist **Art. 30 GG:** Danach ist die Ausübung der staatlichen Befugnisse und die Erfüllung der staatlichen Aufgaben **Sache der Länder**, soweit das Grundgesetz keine andere Regelung trifft oder zulässt.[300]

D. Bundesrecht und Landesrecht

208 Aufgrund der bundesstaatlichen Ordnung gibt es in der Bundesrepublik **Bundesrecht** und **Landesrecht**. Formal sind beide Rechtsordnungen streng getrennt: Jede Rechtsnorm des innerstaatlichen Rechts ist entweder Bestandteil des Bundesrechts (einschließlich der allgemeinen Regeln des Völkerrechts, Art. 25 GG) oder des Landesrechts. Die Zuordnung erfolgt danach, ob die Rechtsnorm von einem Bundesorgan oder einem Landesorgan erlassen worden ist.[301]

Danach sind z.B. Rechtsverordnungen der Landesregierung gemäß Art. 80 GG auch dann Landesrecht, wenn sie auf einer bundesgesetzlichen Ermächtigung beruhen.

209 Allerdings bestimmt Art. 31 GG: **„Bundesrecht bricht Landesrecht."** Dabei wird innerhalb des Bundesrechts nicht differenziert. Auch **einfaches Bundesrecht** bricht Landesrecht, selbst Landesverfassungsrecht muss zurücktreten.[302]

Beispiel: Eine RVO des Bundes ist höherrangig gegenüber der Landesverfassung.

Art. 31 GG ist aber nur **Kollisionsnorm** und keine Zuständigkeitsnorm. Da die Rechtsetzungszuständigkeiten im Grundgesetz im Wesentlichen lückenlos auf Bund und Länder aufgeteilt sind, ist die praktische Bedeutung der Bestimmung gering.

Beispiel: Wird im Bereich der konkurrierenden Gesetzgebung (Art. 72 GG) eine bundesrechtliche Regelung erlassen, so wird eine frühere landesrechtliche Regelung gemäß Art. 31 GG „gebrochen".[303]

Trifft der Landesgesetzgeber dagegen eine Regelung, obwohl der Bund bereits zuvor von seinem Gesetzgebungsrecht Gebrauch gemacht hat, fehlt es schon an der Zuständigkeit des Landes; auf Art. 31 GG kommt es in diesem Fall daher gar nicht mehr an.[304] Eine **Ausnahme** davon stellt die **Abweichungsgesetzgebungskompetenz** gem. Art. 72 Abs. 3 GG dar, da in diesen Fällen ein späteres Landesrecht dem Bundesrecht vorginge (s.u. Rn. 391).

210 Nach heute h.M. bleibt **inhaltsgleiches Landesrecht** in Kraft, da Art. 31 GG nur bei einem **Widerspruch** eingreift. Zur Begründung wird auf den Charakter des Art. 31 GG als

300 Maurer Staatsrecht I, § 10 Rn. 20 ff.; Degenhart Staatsorganisationsrecht, Rn. 463; Schubert a.a.O. S. 609; Heintzen DVBl. 1997, 689.

301 BVerfGE 18, 407, 414.

302 Vgl. BVerfG NJW 1998, 1296, 1298.

303 BVerwG NVwZ 1993, 1197; a.A. Degenhart Staatsorganisationsrecht, Rn. 184; unklar Ipsen Staatsrecht I, Rn. 726.

304 Degenhart Staatsorganisationsrecht, Rn. 184; Sacksofsky NVwZ 1993, 235, 239 Fn. 46; Jachmann JuS 1994, L 81, 82.

Kollisionsnorm verwiesen. Art. 142 GG gilt dann als Bestätigung dieses Grundsatzes und hat nur klarstellende Bedeutung.[305]

E. Das Gebot zu bundesfreundlichem Verhalten (Bundestreue)

Das Gebot bundesfreundlichen Verhaltens ist eine Konsequenz aus dem Bundesstaatsprinzip. Es verpflichtet Bund und Länder zum Zusammenwirken, um die bundesstaatliche Ordnung zu erhalten und zu fördern.[306] Es kann sowohl die Länder gegenüber dem Bund wie den Bund gegenüber den Ländern verpflichten, als auch die Länder untereinander. **211**

Dem bundesstaatlichen Prinzip entspricht die verfassungsrechtliche Pflicht, dass die Glieder des Bundes sowohl einander als auch dem größeren Ganzen und der Bund den Gliedern die Treue halten und sich verständigen. Der im Bundesstaat geltende verfassungsrechtliche Grundsatz des Föderalismus enthält deshalb die Rechtspflicht des Bundes und aller seiner Glieder zu bundesfreundlichem Verhalten; d.h. alle an dem verfassungsrechtlichen Bündnis Beteiligten sind gehalten, dem Wesen dieses Bündnisses entsprechend zusammenzuwirken und zu seiner Festigung und zur Wahrung seiner und der wohlverstandenen Belange seiner Glieder beizutragen.[307]

Bundesfreundliches Verhalten bedeutet dabei vor allem **gegenseitige Rücksichtnahme** bei der Ausübung der eigenen Kompetenzen: Selbst wenn eine Maßnahme an sich von einer Kompetenznorm gedeckt ist, darf sie nicht ohne Rücksicht auf die Interessen des Gesamtstaates getroffen werden **(Kompetenzausübungsschranken)**.[308] Die Bundestreue begründet aber **keine selbstständigen Rechte** und Pflichten zwischen Bund und Ländern bzw. im Verhältnis der Länder zueinander, sondern setzt ein bestehendes Rechtsverhältnis voraus. Sie wirkt nur innerhalb anderweitig **durch das GG** begründeter Rechte oder Pflichten, indem sie diese modifiziert oder ergänzt.[309] **212**

Das Gebot zu bundesfreundlichem Verhalten kann in drei Richtungen Geltung erlangen:

I. Bei Handlungen des Bundes zulasten der Länder **(Gebot des länderfreundlichen Verhaltens)** **213**

Beispiele:

- Erlass eines Bundesgesetzes unter Verstoß gegen Art. 70 Abs. 1 GG oder gegen Art. 72 Abs. 2 GG
- Gründung der Fernseh-GmbH durch Bund[310]
- Vor Erlass einer **Weisung** gemäß Art. 85 Abs. 3 S. 1 GG muss der Bund das jeweilige Bundesland anhören; außerdem muss die Weisung verhältnismäßig sein und nicht missbräuchlich erfolgen und muss eine schriftliche Begründung mit Abwägung der Landesinteressen enthalten.[311]
- Unterstützung finanzschwacher Länder durch Ausgleichsmaßnahmen des Bundes nur bei **bundesstaatlichem Notstand**[312]

---

305 BVerfG NJW 1998, 1296; Maurer Staatsrecht I, § 10 Rn. 32 ff.; Degenhart Staatsorganisationsrecht, Rn. 185; Morlok/Michael Staatsorganisationsrecht, Rn. 698, 700; Gröpl Staatsrecht I, Rn. 581 ff.

306 Maunz/Dürig GG, Art. 20 Rn. 119 ff.

307 BVerfGE 1, 299, 315; vgl. auch Morlok/Michael Staatsorganisationsrecht, Rn. 693 ff.; Maurer Staatsrecht I, § 10 Rn. 50 ff.; Ipsen Staatsrecht I, Rn. 716 ff.; Degenhart Staatsorganisationsrecht, Rn. 481 ff.

308 Gröpl Staatsrecht I, Rn. 590; Degenhart Staatsorganisationsrecht, Rn. 483; Morlok/Michael Staatsorganisationsrecht, Rn. 693; BVerfG NVwZ 2013, 713: keine missbräuchliche Inanspruchnahme von Kompetenzen.

309 BVerfG DVBl. 2007, 39 ; BVerfG NVwZ 2001, 667; BVerfG NVwZ 2002, 591; Degenhart Staatsorganisationsrecht, Rn. 488.

310 BVerfGE 12, 205, 255 ff.

311 Gröpl Staatsrecht I, Rn. 593; BVerfGE 81, 310, 337; 84, 25, 33; DVBl. 2002, 549, 551.

312 BVerfG DVBl. 2007, 39 – Berlin; DVBl. 1992, 965; Arndt JuS 1993, 360; Henneke Jura 1993, 129.

- Der Erlass eines sog. Freigabegesetzes gemäß Art. 125 a Abs. 2 S. 2 GG steht grundsätzlich im freien Ermessen des Bundes. Eine Ermessensreduzierung auf Null zugunsten der Länder wird vom BVerfG jedoch dann angenommen, wenn der Bund aus sachlichen oder politischen Gründen die Neukonzeption einer Gesetzgebungsmaterie in diesem Bereich für erforderlich hält.[313]

214 **II.** Bei Handlungen der Länder zulasten des Bundes **(Gebot des bundesfreundlichen Verhaltens i.e.S.)**

- Erlass von Landesgesetzen unter Verstoß gegen Art. 71 oder 72 Abs. 1 GG
- Überschreiten die Gemeinden oder Länder ihre Verbandskompetenz durch Eingriffe in Bundeszuständigkeiten (z.B. durch Volksabstimmungen), sind die Länder zu kommunalaufsichtlichem Einschreiten verpflichtet[314] bzw. zur Unterlassung der Volksabstimmung.[315]
- Ist der Bund aus einem völkerrechtlichen Vertrag verpflichtet und kann er diese Pflicht nicht allein, sondern nur mithilfe der Länder erfüllen (so insbesondere bei ausschließlichen Zuständigkeiten der Länder), so kann die Länder im Verhältnis zum Bund eine Pflicht zum Handeln treffen.[316] Gleiches gilt auch im Bereich von EU-Richtlinien; vgl. in diesem Zusammenhang auch Art. 23 Abs. 6 S. 2 GG.

215 **III.** Bei Handlungen eines Landes zulasten eines anderen Landes **(interföderales Rücksichtnahmegebot)**

- Errichtung eines Kohle- oder Atomkraftwerkes nahe der Grenze zu einem anderen Bundesland
- Raumplanung ohne Berücksichtigung der Interessen von benachbarten Ländern[317]

F. Der kooperative Föderalismus

216 Der föderalistische Aufbau der Bundesrepublik, die Unterteilung in Bund und Länder, hindert häufig die rasche und effiziente Wahrnehmung wichtiger Aufgaben. Um diese Schwierigkeiten zu verringern, hat sich das Prinzip des **kooperativen Föderalismus** entwickelt. Mit diesem Begriff werden die Formen des durch Vereinbarung aufeinander **abgestimmten Verhaltens** von Bund und Ländern zusammengefasst.[318]

Im GG sind Vereinbarungen ausdrücklich vorgesehen u.a. bei der wissenschaftlichen Forschung (Art. 91 b GG), bei informationstechnischen Systemen (Art. 91 c GG) und Verwaltungsvereinbarungen über Finanzhilfen (Art. 104 b Abs. 2 S. 1 GG).

Im Übrigen sind Vereinbarungen, vor allem Staatsverträge, zwischen den Ländern zulässig, soweit sie nicht gegen die bundesstaatliche Ordnung oder die Landesverfassung verstoßen. Insbesondere dürfen keine gemeinsamen Einrichtungen geschaffen werden, deren Zuordnung unklar ist oder bei denen eine **Preisgabe der Länderstaatlichkeit** erfolgt.

Zulässig ist vor allem die Abstimmung des Staatshandelns, z.B. gemeinsame Konferenzen (z.B. Kultusministerkonferenz), Koordination der Gesetzgebung und Verwaltung (z.B. Musterentwürfe für Gesetze), Einrichtungen, die für mehrere Bundesländer tätig werden, gemeinsame Einrichtungen aller Länder wie SfH und ZDF.

---

313 BVerfG NJW 2004, 2363; Maunz/Dürig GG, Art. 125 a Rn. 44 f.

314 BVerfGE 8, 122, 138.

315 Z.B. bei Stuttgart 21; vgl. Ewer NJW 2011, 1328.

316 Gröpl Staatsrecht I, Rn. 592; BVerfGE 6, 309, 328, 361; 32, 199, 219.

317 Palm JuS 2007, 751, 755 f.

318 Maurer Staatsrecht I, § 10 Rn. 55 ff.; Degenhart Staatsorganisationsrecht, Rn. 472 ff.; Gröpl Staatsrecht I, Rn. 594; Morlok/Michael Staatsorganisationsrecht, Rn. 691 ff.

217

BUNDESSTAATSPRINZIP

I. Begriff: ein Gesamtstaat, bei dem die Ausübung der Staatsgewalt auf einen **Zentralstaat** (Bund) und mehrere **Gliedstaaten** (Länder) aufgeteilt ist

- → **Selbstständigkeit** der Länder
  - eigene Staatsqualität (arg. e. Art. 30, 70, 83 GG)
  - Ewigkeitsgarantie, Art. 79 Abs. 3 GG
- → aber gewisse **Unterordnung** unter den Gesamtstaat
  - vgl. Art. 28 Abs. 1 und 3, 31, 37, 84, 85 GG u.a.
  - Kompetenz-Kompetenz des Bundes, Art. 79 GG
  - kein Austrittsrecht der Länder

II. Konstruktive Aufgliederung nach h.M. **zweigliedrig:**
nur Bund und Länder als staatliche Ebenen auf identischem Staatsgebiet

- keine selbstständige Bedeutung des Gesamtstaates Bundesrepublik
- „Gesamtheit der Länder" kein eigenständiges Rechtssubjekt

III. Regelung der Aufgabenverteilung

Trennungsprinzip Art. 30 GG:
- grds. Länder zuständig, wenn nicht Zuständigkeit des Bundes bestimmt

Zuständigkeitszuweisungen
- durch Spezialregeln, z.B. Art. 32 Abs. 1, 104 a GG
- nach Funktionen
  - Art. 70 ff.: Gesetzgebung
  - Art. 83 ff.: Verwaltung
  - Art. 92 ff.: Rechtsprechung

→ Unterscheidung Bundesrecht – Landesrecht
Art. 31 GG: Bundesrecht bricht Landesrecht
(i.d.R. ohne Bedeutung, da im Kollisionsfall meist schon Zuständigkeit fehlt)

IV. Rechtsbeziehungen zwischen Bund und Ländern

1. **Einwirkungsmöglichkeiten**
   - des Bundes auf die Länder
     (z.B. Art. 28 Abs. 3, 37, 83 ff., 104 a Abs. 4, 107, 109 GG)
   - der Länder auf den Bund, insbes. Art. 50 GG
2. Gebot zum **bundesfreundlichen Verhalten** (Bundestreue)
   - verfassungsrechtliches Gewohnheitsrecht
   - Inhalt: Zusammenwirkungspflicht, um bundesstaatliche Ordnung zu erhalten
   - **Rechtsfolgen:**
     - keine selbstständigen Rechte und Pflichten
     - nur Hilfs-, Mitwirkungs-, Rücksichtnahmepflichten
3. **Kooperativer Föderalismus**
   - Zusammenwirken von Bund und Ländern
     - Art. 91 a–e GG
     - sonstige Vereinbarungen und (beratende) Gremien
   - Vereinbarungen zwischen den Ländern, insbes. Staatsverträge
     - keine Preisgabe der Staatlichkeit
     - Gemeinschaftseinrichtungen nur, wenn keine dritte Ebene der Staatlichkeit

7. Abschnitt: Die freiheitliche demokratische Grundordnung und verwandte Begriffe

218 **A.** In zahlreichen Vorschriften verwendet das Grundgesetz den Begriff der **freiheitlich demokratischen Grundordnung**.

Art. 18 S. 1, 21 Abs. 2 S. 1 und 91 Abs. 1 GG, ferner in Art. 10 Abs. 2 S. 2, 11 Abs. 2, 73 Nr. 10 b, 87 a Abs. 4 S. 1 GG. Auch der in Art. 9 Abs. 2 GG und Art. 98 Abs. 2 S. 1 GG verwandte Begriff der verfassungsmäßigen Ordnung hat die gleiche Bedeutung; anders aber in Art. 2 Abs. 1 GG, wo die verfassungsmäßige Ordnung nach der Rspr. des BVerfG die gesamte Rechtsordnung umfasst.

I. Dem Begriff der freiheitlichen demokratischen Grundordnung wird allerhöchster Rang eingeräumt. Sein **Inhalt** wurde vom BVerfG aus den wesentlichen Merkmalen der Demokratie sowie des Rechtsstaates entwickelt: Die freiheitliche demokratische Grundordnung ist eine Ordnung, die unter **Ausschluss jeglicher Gewalt- und Willkürherrschaft eine rechtsstaatliche Herrschaftsordnung** auf der Grundlage der **Selbstbestimmung des Volkes** nach dem Willen der jeweiligen Mehrheit und der **Freiheit und Gleichheit** darstellt.[319]

219 **II.** Zu den **grundlegenden Prinzipien** dieser Ordnung sind insbesondere zu rechnen:

- die Achtung vor den im GG konkretisierten Menschenrechten, vor allem des Rechts der Persönlichkeit auf Leben und freie Entfaltung,
- die Volkssouveränität,
- die Gewaltenteilung,
- die Verantwortlichkeit der Regierung,
- die Gesetzmäßigkeit der Verwaltung,
- die Unabhängigkeit der Gerichte,
- das Mehrparteienprinzip,
- die Chancengleichheit für alle politischen Parteien, mit dem Recht auf verfassungsmäßige Bildung und Ausübung einer Opposition,
- das sozialstaatliche Bemühen, schädliche Auswirkungen schrankenloser Freiheit zu verhindern und soziale Gerechtigkeit zu verwirklichen.

Es liegt nahe, die freiheitliche demokratische Grundordnung den in Art. 79 Abs. 3 GG gewährleisteten Prinzipien gegenüber zu stellen. Teilweise wird angenommen, dass beide Bereiche sich decken. Nach h.M. ist der Begriff der freiheitlichen demokratischen Grundordnung aber insofern enger, als er die Republik und das Bundesstaatsprinzip nicht umfasst,[320] sich also nur auf den Kernbestand des Demokratie- und Rechtsstaatsprinzips bezieht. – Vgl. auch die Aufzählung in § 4 Abs. 2 BVerfSchG und § 92 Abs. 2 Nr. 1–5 StGB.

319 BVerfGE 2, 1, 12 – SRP-Urteil; BVerfGE 5, 85, 140 – KPD-Urteil; BVerwG DVBl. 1995, 37, 38; HessVGH NVwZ 1999, 904; NJW 2000, 232; Maurer Staatsrecht I, § 23 Rn. 5; Z/W S. 503 ff.; Degenhart Staatsorganisationsrecht, Rn. 85; Morlok/Michael Staatsorganisationsrecht, Rn. 146; Gröpl Staatsrecht I, Rn. 238 ff.

320 Degenhart Staatsorganisationsrecht, Rn. 222; Gröpl Staatsrecht I, Rn. 240; Ipsen Staatsrecht I, Rn. 187.

III. Ein Verstoß gegen die freiheitlich demokratische Grundordnung liegt noch nicht bei Ablehnung einzelner Aspekte vor (wegen Art. 5 Abs. 1 S. 1 GG), sondern erst bei **aggressiver Grundhaltung und Bekämpfung.**[321] **220**

B. Verwandte Begriffe, die wie die freiheitlich demokratische Grundordnung Verfassungsrang haben, sind:

- **Verfassungsmäßige Ordnung** (Art. 9 Abs. 2, 21 Abs. 2 GG); **221**
- **Verfassungstreue** (Art. 5 Abs. 3 S. 2 GG);[322]
- **Gebot der Rechtstreue** (ungeschriebene Voraussetzung von Art. 140 GG, 137 Abs. 5 S. 2 WRV);[323]
- **Gemeinwohl** (§ 80 BGB, z.B. i.V.m. § 4 Abs. 1 a StiftungsG NRW);
- **Bestand des Bundes** bzw. der BRD (§ 92 Abs. 1 StGB; Art. 10 Abs. 2 S. 2, 11 Abs. 2, 21 Abs. 2 GG);
- **demokratische Grundsätze** (Art. 21 Abs. 1 S. 2 GG).[324]

---

321 BVerfGE 5, 85; BVerwG RÜ 2010, 795.

322 Zur Bedeutung im Rahmen des Ermessens gemäß § 8 Abs. 1 StAG vgl. VGH BW NVwZ 2001, 1434.

323 BVerfG NJW 2001, 429.

324 Zum Ganzen vgl. auch Maurer Staatsrecht I, § 23.

3. Teil: Wahlen – Bundestag – Parteien

1. Abschnitt: Die Wahl des Bundestages

A. Wahlsystem

222 **I.** Beim **Wahlsystem** gibt es grundsätzlich zwei Möglichkeiten für die Verknüpfung der abgegebenen Stimmen mit den zu besetzenden Abgeordnetensitzen:

Bei der **Mehrheitswahl** wird das Wahlgebiet in so viele **Wahlkreise** eingeteilt, wie Sitze im Parlament zu vergeben sind. In jedem Wahlkreis wird ein Kandidat gewählt.

Bei der **absoluten** Mehrheitswahl siegt, wer mehr als 50% der abgegebenen Stimmen in seinem Wahlkreis auf sich vereinigt. Gelingt dies keinem Kandidaten, muss eine Stichwahl erfolgen (so z.B. in Frankreich). Bei der relativen Mehrheitswahl (so in Großbritannien) ist gewählt, wer mehr Stimmen als jeder andere Mitbewerber in seinem Wahlkreis erhält.

223 **II.** Beim **Verhältniswahlrecht** werden von den Parteien aufgestellte Listen gewählt. Jede Partei erhält so viele Sitze, wie es ihrem Prozentanteil an Stimmen entspricht. Hierbei sind weitere Unterscheidungen möglich: Systeme mit starrer[325] oder mit freier Liste (d.h. Auswahlmöglichkeit der Wähler), mit unbeweglicher (so beim Bundestag) oder beweglicher Mitgliederzahl der zu wählenden Körperschaft.

Die Mehrheitswahl führt zwar regelmäßig zu stabilen Regierungsverhältnissen, benachteiligt aber Minderheiten. Beim Verhältniswahlrecht ist der Erfolgswert der abgegebenen Stimmen dagegen weitgehend gleich. Aber es droht eine Zersplitterung des Parlaments in zahlreiche kleine politische Gruppen, die nur schwer eine regierungsfähige Mehrheit bilden können. Der Gesetzgeber kann zwischen beiden Systemen grundsätzlich frei wählen.[326]

224 **III.** Das Wahlsystem für die **Bundestagswahlen** ist nicht im GG niedergelegt, sondern hat nur die **Wahlrechtsgrundsätze** des Art. 38 Abs. 1 S. 1 GG einzuhalten. Nach Art. 38 Abs. 3 GG bestimmt das Nähere ein Bundesgesetz. Das Wahlsystem selbst ist daher im Bundeswahlgesetz (BWG) geregelt und besteht aus einer **Verbindung der beiden o.g. Systeme (personalisierte Verhältniswahl):**

325 Zur Verfassungsmäßigkeit vgl. BVerfG RÜ 2012, 35 (§ 2 Abs. 7 EuWG).

326 BVerfG NJW 1998, 2892, 2893; NJW 1997, 1553; BVerfG RÜ 2012, 587.

225

Das **WAHLSYSTEM** der Bundesrepublik

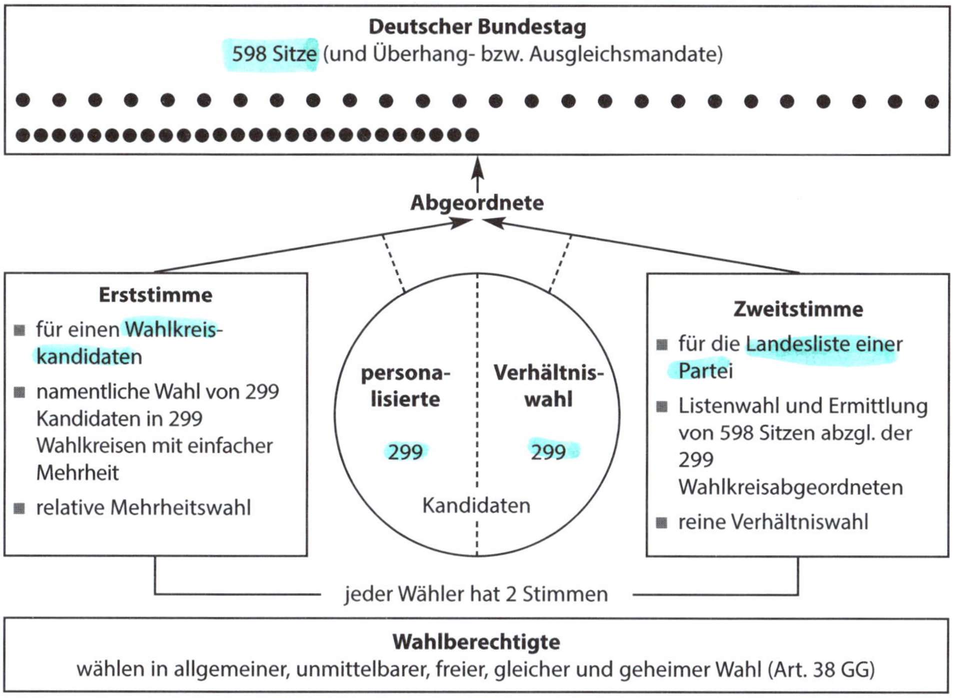

1. Der Bundestag hat grundsätzlich 598 Abgeordnete (§ 1 Abs. 1 BWG), wovon eine Hälfte (299) durch Mehrheitswahl (Direktmandate) und die andere (Listenmandate) nach den Grundsätzen der Verhältniswahl gewählt wird (§ 1 Abs. 2 BWG).

2. Jeder Wähler hat **zwei Stimmen:** eine Erststimme für die Wahl eines Wahlkreisabgeordneten, eine Zweitstimme für die Wahl einer Landesliste (§ 4 BWG).[327]

3. Die **Verteilung der Sitze** richtet sich nach § 6 BWG:

a) 1. Stufe/1. Verteilung: Verteilung auf die Landeslisten der Parteien – Sitzkontingente nach Bevölkerungszahl

- Zusammenzählung der für jede Landesliste abgegebenen Zweitstimmen; § 6 Abs. 1 S. 1 BWG.
- Die Gesamtzahl der Sitze gemäß § 1 Abs. 1 S. 1 BWG (598) wird den Ländern nach deren Bevölkerungsanteil (§ 3 Abs. 1 BWG) zugeordnet; § 6 Abs. 2 S. 1 Hs. 1 BWG.
- Die so ermittelte Sitzzahl wird auf der Grundlage der zu berücksichtigenden Zweitstimmen den Landeslisten zugeordnet; § 6 Abs. 2 S. 1 Hs. 2 BWG.

Gemäß § 6 Abs. 3 S. 1 Hs. 1 BWG bleiben Parteien, die weniger als 5% der gültigen Zweitstimmen auf sich vereinigen konnten, bei der Sitzverteilung grundsätzlich unberücksichtigt (sog. **Sperrklausel**), so-

327 Zur Verfassungsmäßigkeit des dadurch möglichen Stimmensplittings BVerfG NJW 1989, 1347; 1997, 1553, 1558.

fern nicht mindestens drei Direktmandate errungen worden sind (sog. **Grundmandatsklausel** gemäß § 6 Abs. 3 S. 1 Hs. 2 BWG) oder eine **Partei nationaler Minderheiten** vorliegt; § 6 Abs. 3 S. 2 BWG.[328]

- Von der für jede Landesliste ermittelten Sitzzahl wird die Zahl der von der Partei in den Wahlkreisen des Landes erhobenen Direktmandate abgerechnet; § 6 Abs. 4 S. 1 BWG. Die restlichen Sitze werden streng nach Reihenfolge der jeweiligen Landesliste besetzt.

- Erringt eine Partei mehr Direktmandate als ihr nach der Sitzzahl gemäß § 6 Abs. 2 BWG zustehen, so verbleiben ihr auch diese Sitze als sog. **Überhangmandate**; § 6 Abs. 4 S. 2 BWG.

b) 2. Stufe/2. Verteilung: Ausgleichverfahren bei Überhangmandaten

Gemäß § 6 Abs. 5, Abs. 6 BWG erfolgt ein vollständiger Ausgleich für die anderen Parteien, die kein Überhangmandat errungen haben (sog. **Ausgleichsmandate**). Damit entspricht die endgültige Sitzverteilung im Bundestag exakt dem Zweitstimmenanteil aller Parteien bei der jeweiligen Bundestagswahl.

Die Summe aus der Mindestsitzzahl des BT (598) sowie aus den Überhangmandaten (bei der Wahl 2017: 46) und den Ausgleichsmandaten[329] (bei der Wahl 2017: 65) ergibt die **Zahl der Mitglieder des Bundestages = 709 zu Beginn der 19. Wahlperiode** (z.B. i.S.v. Art. 42 Abs. 1, 79 Abs. 2, 93 Abs. 1 Nr. 2 GG).

B. Wahlrechtsgrundsätze (Art. 38 Abs. 1 S. 1 GG)[330]

226 Die für die Bundestagswahl maßgebenden Rechtsvorschriften finden sich

- in den **Wahlrechtsgrundsätzen** des Art. 38 Abs. 1 S. 1 GG und der Vorschrift über die Wahlberechtigung (Art. 38 Abs. 2 GG) und

- im **Bundeswahlgesetz** (BWG) als Konkretisierung des Gesetzesvorbehaltes in Art. 38 Abs. 3 GG.

Art. 38 Abs. 1 S. 1 GG normiert die fünf grundlegenden **Wahlrechtsgrundsätze:**

Die Abgeordneten des Deutschen Bundestages werden in

- **allgemeiner**,
- **unmittelbarer**,
- **freier**,
- **gleicher** und
- **geheimer** Wahl gewählt.

Als „**Eselsbrücke**" kann man sich merken: Wir wählen **auf GG**.

Als ungeschriebener Grundsatz kommt hinzu die **Öffentlichkeit** der Wahl.

---

328 Zur Verfassungsmäßigkeit vgl. BVerfG NVwZ 2005, 568; VerfG S-H NVwZ 2013, 1546.

329 Krit. zu den Ausgleichsmandaten Hettlage in: Publicus 10/2013, 22.

330 Guter Kurzüberblick bei Vosskuhle/Kaufhold JuS 2013, 1078.

I. Allgemeinheit der Wahl

1. Die **Allgemeinheit** der Wahl betrifft die Teilnahme an der Wahl in den beiden Beteiligungsformen „wählen" und „gewählt werden" **(aktives und passives Wahlrecht)**. Der Grundsatz der Allgemeinheit der Wahl ist ein **Spezialfall des allgemeinen Gleichheitssatzes**. Allgemeinheit der Wahl bedeutet, dass das **aktive und passive Wahlrecht** grundsätzlich **allen Bevölkerungsgruppen in gleicher Weise offen stehen muss**. Erfasst wird auch das Recht des Bürgers oder Parteimitgliedes, Wahlvorschläge zu machen sowie das Recht des Bürgers, auch ohne Glaubhaftmachung von Antragsgründen die Briefwahl durchführen zu können.[331] Unzulässig ist es daher, bestimmte Bevölkerungsgruppen aus politischen, wirtschaftlichen oder sozialen Gründen von der Ausübung des Wahlrechts auszuschließen. Zulässig sind **Einschränkungen** der Allgemeinheit der Wahl nur, wenn sie ihrerseits allgemein gehalten sind und für sie ein **zwingender Grund** besteht,[332] also ein Wert mit Verfassungsrang, der nach einer Einzelfallabwägung höher wiegt als die Allgemeinheit der Wahl. 227

Zwingender Grund für die Ungleichbehandlung von Wahlbewerbern können z.B. Inkompatibilitätsvorschriften i.S.v. Art. 137 Abs. 1 GG z.B. i.V.m. § 5 AbgG sein (wegen Art. 20 Abs. 3 GG, Rechtsstaatsprinzip, Grundsatz der persönlichen Gewaltenteilung), soweit sie nicht faktisch zur Unwählbarkeit **(Ineligibilität)** führen.[333]

2. Wahlberechtigt sind insbesondere nur **Deutsche** und nicht Ausländer (§§ 1, 12 BWG). Dies entspricht dem Wesen der Wahlen zu den Staatsorganen, die durch das **Staatsvolk** erfolgen (Art. 20 Abs. 2 GG). Der Ausschluss von Ausländern verletzt nicht den Grundsatz der allgemeinen Wahl. 228

Die Allgemeinheit der Wahl kann nicht dadurch verletzt werden, dass Ausländern (unzulässigerweise) die Teilnahme an der Wahl gestattet wird. Art. 38 GG gewährt kein subjektives Recht i.S. einer wahlrechtlichen Konkurrentenklage.[334]

3. Nicht erforderlich ist, dass der Deutsche **sesshaft** im **Wahlgebiet** ist. Unter den Voraussetzungen des § 12 Abs. 2 S. 1 BWG sind auch im Ausland lebende Deutsche wahlberechtigt. 229

4. Zulässige Einschränkungen der Allgemeinheit der Wahl ergeben sich z.B. im Hinblick auf das **Wahlalter** (§ 12 Abs. 1 Nr. 1 BWG) sowie geistig-körperliche und staatsbürgerliche Mängel (vgl. §§ 13, 15 BWG). 230

Diskutiert wird die **Senkung des Wahlalters** für das aktive Wahlrecht. Während die Reichsverfassung von 1871 noch an die Vollendung des 25. Lebensjahres anknüpfte, differenzierte das GG ursprünglich zwischen dem aktiven (21. Lebensjahr) und dem passiven Wahlrecht (25. Lebensjahr). 1970 erfolgte die Senkung auf das 18. Lebensjahr für das aktive Wahlrecht und 1975 mit der Neuregelung der Volljährigkeit auch für das passive Wahlrecht. Die Forderung, das Wahlalter weiter zu senken (vorgeschlagen wird insbesondere das 16. Lebensjahr), wird vor allem damit begründet, die Beteiligung Jugendlicher am politischen Geschehen zu fördern. Umstritten ist allerdings, ob hier bereits allgemein die erforderliche **politische Einsichtsfähigkeit** bejaht werden kann.[335]

---

331 BVerfG NVwZ 2013, 1272.

332 BVerfGE 36, 139, 141; 58, 202, 205; Jarass/Pieroth GG, Art. 38 Rn. 23.

333 Vgl. BVerwG NVwZ 2003, 90, Anm. Schliesky JA 2003, 379.

334 BVerfG NVwZ 1998, 52 zum Kommunalwahlrecht für EU-Bürger nach Art. 28 Abs. 1 S. 3 GG.

335 Grundsätzlich bejahend Oebbecke JZ 2004, 987; ablehnend Schreiber DVBl. 2004, 1341; vMünch NJW 1995, 3165 f.; wohl auch BVerfG NVwZ 2002, 69 f.; vgl. auch den (erfolglosen) Gesetzesentwurf von Bündnis 90/Die Grünen in BT-Drs. 17/13257, 17/13999.

231 In den Ländern ist das aktive **Kommunalwahlrecht** teilweise auf das 16. Lebensjahr gesenkt worden (so z.B. in Niedersachsen und NRW). Auf Bundesebene wäre wegen Art. 38 Abs. 2 GG in jedem Fall eine **Verfassungsänderung** erforderlich.

Weitergehend wird teilweise sogar ein **Wahlrecht ab Geburt**[336] propagiert, das zunächst von den Eltern ausgeübt werden soll.[337] Das alternativ vorgeschlagene **Familienwahlrecht**, wonach die Eltern zusätzliche Stimmen erhalten sollen, würde u.a. gegen den Grundsatz der Gleichheit der Wahl verstoßen.[338]

II. Gleichheit der Wahl

232 Grundsätzlich sollen alle Wähler mit ihren Stimmen den gleichen Einfluss auf das Wahlergebnis haben (**aktive Wahlrechtsgleichheit**, grundsätzlich **gleicher Erfolgswert** jeder Wählerstimme) und alle Wahlkandidaten sollen bei Wahlen die gleichen Chancen haben **(passive Wahlrechtsgleichheit).**

Erfasst wird der **gesamte Wahlvorgang** von der Aufstellung der Bewerber über die Stimmabgabe und Auswertung der abgegebenen Stimmen bis zur Zuteilung der Abgeordnetensitze im Bundestag.

1. Aktive Wahlrechtsgleichheit

233 **a)** Die aktive Wahlrechtsgleichheit (zugunsten des Wählers) gewährleistet zunächst, dass jede abgegebene Stimme bei der Bundestagswahl gleich zählt **(gleicher Zählwert)**. Eine unterschiedliche Gewichtung der Wählerstimmen, wie z.B. bis 1918 im Preußischen Klassenwahlrecht, ist damit **absolut unzulässig**.[339]

234 **b)** In der Praxis erheblich wichtiger ist der Grundsatz des **gleichen Erfolgswertes**, d.h. dass jede Wählerstimme grundsätzlich auch den gleichen Einfluss auf das Wahlergebnis, insbesondere auf die Verteilung der Sitze im Bundestag, haben muss.[340]

Problematisch und teilweise hoch streitig sind in diesem Zusammenhang folgende Fallgruppen:

- **Überhangmandate ohne/mit beschränkter Ausgleichspflicht** (s.u.),
- **5% Sperrklausel** in § 6 Abs. 3 S. 1 Hs. 1 BWG (s.u.),
- **Grundmandatsklausel** in § 6 Abs. 3 S. 1 Hs. 2 BWG (s.u.),
- **Negatives Stimmgewicht** wegen §§ 6 Abs. 5; 7 Abs. 3 S. 2 BWG a.F. (s.u.),

a) Überhangmandate ohne/mit Ausgleichspflicht

235 In der Gewährung von **Überhangmandaten ohne Ausgleichspflicht** in § 6 Abs. 5 BWG **a.F.** konnte eine dem Grundsatz der Gleichheit der Wahl widersprechende Bevorzu-

336 Zum Kinderwahlrecht vgl. Melleck/Sabellek NdsVBl. 2010, 26.

337 Peschel-Gutzeit NJW 1997, 2861 ff.; dagegen Roellecke NJW 1996, 2773; vMünch NJW 1995, 3165, der zutreffend auf einen Verstoß gegen die Höchstpersönlichkeit der Wahlrechtsausübung hinweist.

338 Otto JuS 2009, 925; Burkiczak JuS 2009, 805, 809 Fn. 83 ff.

339 BVerfG NJW 1997, 1553 f.

340 BVerfGE 85, 148, 157; BVerfG RÜ 2012, 35 (§ 2 Abs. 7 EuWG).

gung der großen Parteien liegen, die anders als kleinere Parteien typischerweise Direktmandate erzielen. Denn durch Überhangmandate wird der Erfolgswert der Stimmen beeinträchtigt, da eine Partei mit Überhangmandaten relativ gesehen weniger Zweitstimmen pro Mandat benötigt als eine Partei ohne Überhangmandate.

Die sich aus den Überhangmandaten ergebenden verfassungsrechtlichen Probleme, insbesondere die Probleme des **negativen Stimmgewichts**,[341] haben sich aber durch die Schaffung von **Ausgleichsmandaten** (Neufassung von § 6 Abs. 5 u. 6 BWG) erledigt, da durch die Ausgleichsmandate ein gleicher **Erfolgswert** der Stimmen gewährleistet wird.

b) 5% Sperrklausel; Grundmandatsklausel

Gemäß § 6 Abs. 3 S. 1 BWG werden bei der Verteilung der Sitze auf die Landeslisten nur **236**
Parteien berücksichtigt, die

- mindestens **fünf von Hundert** der im Wahlgebiet abgegebenen gültigen Zweitstimmen erhalten haben **(Sperrklausel)** oder
- in mindestens drei Wahlkreisen einen Sitz (Direktmandat) errungen haben **(Grundmandatsklausel).**[342]

(1) Sperrklausel

Der **Erfolgswert** der Zweitstimmen, die auf eine diese Bedingung nicht erfüllende Par- **237**
tei entfallen, ist stets Null, selbst wenn es sich hierbei um Parteien handelt, die mehr als 2 Mio. Stimmen auf sich vereinigen konnten, eine Stimmenzahl, mit der eine der größeren Parteien ca. 30 Abgeordnete erhält. Grundsätzlich fordert der Grundsatz der Gleichheit der Wahl auch die Gleichheit des Erfolgswertes. Differenzierungen sind nur ausnahmsweise zulässig, wenn der Zweck des Wahlverfahrens es **zwingend** erfordert.[343]

Dies wird für die Sperrklausel bejaht. Zur Begründung wird vor allem darauf verwiesen, dass eine strikt durchgeführte Wahlrechtsgleichheit es auch kleinen Gruppen mit zerstreuter Wählerschaft oder reinen Interessenorganisationen ermöglichen würde, in das Parlament zu gelangen. Dadurch würde die **Gefahr einer übermäßigen Parteienzersplitterung** heraufbeschworen und – wie die Erfahrungen in der Weimarer Republik gezeigt haben – eine **Regierungsbildung erschwert**, wenn nicht gar unmöglich gemacht. In diesen staatspolitischen Gefahren sieht das BVerfG besonders wichtige Gründe, die ausnahmsweise den Gesetzgeber berechtigen, in gewissen, eng umschriebenen Grenzen vom Grundsatz der formalen Wahlrechtsgleichheit abzuweichen. Eine Sperrklausel ist daher grundsätzlich verfassungsgemäß, nach h.M. allerdings nur, wenn sie 5% nicht übersteigt.[344]

---

341 BVerfG RÜ 2008, 521; Degenhart Staatsorganisationsrecht, Rn. 58 ff.; Ipsen Staatsrecht I, Rn. 119 a; Morlok/Michael Staatsorganisationsrecht, Rn. 119 Fn. 77.

342 Zu den Besonderheiten bei Parteien nationaler Minderheiten vgl. § 6 Abs. 6 S. 2 BWG und BVerfG NVwZ 2005, 568; OVG SH NVwZ-RR 2003, 161, Anm. Sachs JuS 2003, 606; Zimmermann JZ 2003, 522.

343 BVerfG RÜ 2012, 35 (§ 2 Abs. 7 EuWG).

344 BVerfG NJW 1997, 1568, 1569; ablehnend Dreier Jura 1997, 249, 254.

Sperrklauseln bei Wahlen zum **Europäischen Parlament**[345] sowie im **Kommunalwahlrecht**[346] sind nach Auffassung des BVerfG dagegen grundsätzlich verfassungswidrig und nichtig. Eine Beeinträchtigung der Funktionsfähigkeit der Vertretungsorgane durch den Einzug von kleinen Parteien („Splitterparteien") sei hier nicht zu erwarten.[347] Dies gilt für Kommunalwahlen selbst dann, wenn die Sperrklausel **unmittelbar in der Landesverfassung** geregelt wird (Verstoß u.a. gegen das **Homogenitätsprinzip** aus Art. 28 Abs. 1 GG).[348]

(2) Grundmandatsklausel

238 Ein gewisser Ausgleich für kleinere Parteien wird zudem durch die sog. **Grundmandatsklausel** (§ 6 Abs. 3 S. 1 Fall 2 BWG) erreicht, wonach auch Parteien, die keinen Stimmenanteil von 5% erreicht haben, bei der Sitzverteilung berücksichtigt werden, wenn sie in mindestens drei Wahlkreisen ein **Direktmandat** errungen haben. Erfüllt eine Partei diese Voraussetzung, so bleiben ihr nicht nur die Direktmandate erhalten, sondern sie nimmt in **vollem Umfang** an der Verteilung der Listensitze entsprechend ihrem Stimmenanteil teil.

239 **(a)** Die **h.Lit.** hält die Grundmandatsklausel für **verfassungswidrig**.[349] Es sei nicht nachvollziehbar, warum Schwerpunktparteien parlamentswürdiger seien als sonstige Splitterparteien. Die Differenzierung führe im Übrigen zu einer nicht zu rechtfertigenden systembedingten Ungleichbehandlung, wenn z.B. eine Partei mit 4,9% der Stimmen und nur zwei Direktmandaten auch nur mit diesen beiden im Parlament vertreten sei, eine Partei mit 4,0%, aber drei Direktmandaten, dagegen mit über 20 Abgeordneten. Die Besonderheiten der personalisierten Verhältniswahl rechtfertigten es allenfalls, dass die aufgrund der Erststimmen errungenen Direktmandate erhalten bleiben, auch wenn die Partei insgesamt weniger als 5% der Stimmen erhalte. Insoweit sei dann dem Gesichtspunkt der lokalen Präsenz ausreichend Rechnung getragen. Die Teilnahme am Verhältnisausgleich könnte dagegen dazu führen, dass, aufgrund der über das ganze Wahlgebiet zerstreuten Zweitstimmen, Abgeordnete in das Parlament einziehen, die nicht den geringsten Bezug zum lokalen Schwerpunkt der Partei aufweisen. Schließlich eröffne die Grundmandatsklausel die Möglichkeit der Manipulation, wenn z.B. eine größere Partei in drei Wahlkreisen auf eigene Direktkandidaten zugunsten einer kleineren Partei verzichte, damit deren Zweitstimmen im Interesse der gemeinsamen Sache nicht verloren gehen (sog. **Huckepackverfahren**).

240 **(b)** Das **BVerfG** verweist demgegenüber darauf, dass zwingende Gründe den Eingriff in die Erfolgswertgleichheit auch hier rechtfertigen. **Verfassungslegitim** sei insbesondere das Ziel, den Charakter der Wahl als Integrationsvorgang zu sichern. **Integration** bedeute in diesem Zusammenhang, dass alle bedeutsamen politischen Kräfte im Parlament repräsentiert sein sollen. Auf welche Weise die gegenläufigen Belange der Funktionsfähigkeit des Parlaments, der integrativen Repräsentanz und der Wahlrechts-

---

345 BVerfG RÜ 2012, 35 zur 5 %-Klausel in § 2 Abs. 7 EuWG a.F., ebenso BVerfG NVwZ 2014, 439 zur 3%-Klausel in § 2 Abs. 7 EuWG n.F.

346 BVerfG NVwZ 2008, 407 Anm. Sachs JuS 2008, 730; anders z.B. VerfGH Berlin, Urt. v. 13.05.2013 – VerfGH 155/11zur 3%-Klausel bei Wahlen zur Bezirksverordnetenversammlung.

347 BVerfG NVwZ 2014, 439 zur Europawahl „unter den gegenwärtigen tatsächlichen und rechtlichen Verhältnissen.

348 VerfGH NRW RÜ 2018, 178.

349 Jarass/Pieroth GG, Art. 38 Rn. 37; Isensee/Kirchhof II, § 38 Rn. 30; Grzeszick Jura 2014, 1110, 1117; Hobe JA 1998, 50, 51 m.w.N.; Palm Jura 2002, 700.

gleichheit zum Ausgleich gebracht werden, bleibe dem Gesetzgeber überlassen, solange er sich in dem engen verfassungsrechtlichen Spielraum bewegt. Der Gesetzgeber dürfe im Erwerb von drei Direktmandaten ein Indiz dafür sehen, dass die hinter den erfolgreichen Kandidaten stehende Partei besondere Anliegen aufgegriffen hat, die eine Repräsentanz im Parlament rechtfertigen.[350]

2. Passive Wahlrechtsgleichheit

Der Grundsatz der Gleichheit der Wahl gilt ferner für diejenigen, die sich um ein Mandat **241**
bewerben, sowie für die sie unterstützenden **Parteien (Chancengleichheit)**.[351] Eine Differenzierung bedarf daher auch hier stets eines **zwingenden** Grundes.

Umstritten ist, inwieweit **Frauenquoten bei der Aufstellung der Landeslisten** durch die Parteien die Wahlrechtsgleichheit zuungunsten der männlichen Kandidaten verletzen. Überwiegend wird eine solche Quotierung als zulässig erachtet, wenn die Quote den entsprechenden Bevölkerungsanteil nicht übersteigt.[352] Zwar unterliegen die Parteien mittelbar über Art. 21 Abs. 1 S. 3 GG auch den Grundsätzen des Art. 38 GG. Unter Berücksichtigung der Parteienfreiheit lässt sich jedoch eine gegen die passive Wahlrechtsgleichheit verstoßende Zugangsbeschränkung für Wahlbewerber nicht annehmen. Es erscheint geboten, dass die Parteien die Ziele, mit denen sie werben und für die sie eintreten (z.B. Gleichstellung der Frau), auch entsprechend in ihrer Partei verwirklichen, um auf diese Weise glaubwürdig sein zu können.[353] Nach der Gegenansicht stellt die Frauenquote eine unzulässige Beeinflussung der Wahl dar. Demokratischen Wahlen sei jede Ungleichbehandlung wesensfremd, auch wenn diese zur Kompensation angeblicher Nachteile erfolge.[354]

a) Für die Wahlbewerber kann allerdings kein gleicher Wahlerfolg gewährleistet wer- **242**
den, vielmehr wirkt sich die **Wahlgleichheit** für sie als **Chancengleichheit** aus.[355]

So kann die Zusammenlegung einer Kommunalwahl mit der Bundestagswahl die Chancengleichheit insbesondere der freien Wählervereinigungen und der unabhängigen Kandidaten beeinträchtigen.[356]

b) Der Grundsatz der Chancengleichheit verlangt nicht, dass die sich aus der verschie- **243**
denen Größe, Leistungsfähigkeit und politischen Zielsetzung der Parteien ergebenden Unterschiede durch hoheitlichen Eingriff ausgeglichen werden **(Prinzip der abgestuften Chancengleichheit)**. Erforderlich ist nur, dass die Rechtsordnung jeder Partei und jedem Wahlbewerber grundsätzlich die gleichen Möglichkeiten im Wahlkampf und Wahlverfahren und damit die gleiche Chance im Wettbewerb um die Wählerstimmen gewährleistet.

III. Unmittelbarkeit der Wahl; Höchstpersönlichkeit des Wahlrechts

1. Unmittelbarkeit der Wahl bedeutet, dass zwischen Stimmabgabe des Wählers und **244**
Ermittlung der gewählten Abgeordneten keine weitere Instanz mit Entscheidungsbefugnissen eingeschaltet werden darf.[357] **Unzulässig** wäre also z.B. ein Wahlmännergre-

---

350 BVerfG NJW 1997, 1568; NJW 1998, 3037, 3038.

351 Vgl. zuletzt BVerfG RÜ 2012, 35 (§ 2 Abs. 7 EuWG).

352 Lange NJW 1988, 1174, 1181; Oebbecke JZ 1988, 176, 179.

353 Vgl. auch HessStGH NVwZ 1994, 1197, 1200.

354 Nieding NVwZ 1994, 1171, 1775; Heyen DÖV 1989, 649.

355 BVerfGE 82, 322, 337; BVerfG NJW 1997, 1553, 1555; DVBl. 1996, 362; DVBl. 1995, 462, 463; VerfGH NRW DVBl. 1995, 153, 154; Sachs GG, Art. 38 Rn. 95.

356 VGH Mannheim NVwZ 1994, 1231, 1232; dazu auch BVerfG NVwZ 1994, 893.

357 BVerfG NJW 1998, 2892, 2894; BVerfGE 7, 63, 68; 47, 277, 279; Voßkuhle/Kaufhold JuS 2013, 1078, 1079.

mium (wie bei der Wahl des US-Präsidenten) oder das Auswechseln der Listenkandidaten nach der Wahl.

2. Überwiegend als Unterfall des Unmittelbarkeitsgrundsatzes wird die **Höchstpersönlichkeit des Wahlrechts** angesehen. Dies bedeutet insbesondere, dass das Wahlrecht weder veräußert noch übertragen werden kann.[358]

245 **3. Zulässig** ist es hingegen, dass gemäß § 6 BWG die Verteilung der Abgeordnetensitze im Bundestag grundsätzlich entsprechend den Anteilen der Landesliste der Parteien erfolgt, die mit der Zweitstimme gewählt wird und deren inhaltliche Ausgestaltung vom Wahlbewerber unmittelbar nicht beeinflusst werden kann, sondern ausschließlich von der jeweiligen Partei aufgrund des Listenprivilegs in **§ 27 Abs. 1 BWG**. Die Vereinbarkeit mit dem Grundsatz der Unmittelbarkeit der Wahl wird insbesondere damit begründet, dass gemäß Art. 21 GG, konkretisiert durch § 1 ParteienG, auch die Parteien von Verfassungs wegen berechtigt sind an der politischen Willensbildung des Volkes mitzuwirken, insbesondere durch Beteiligung an den Wahlen in Bund, Ländern und Gemeinden durch Aufstellung von Bewerbern. Außerdem wird darauf hingewiesen, dass die parteiinterne Auswahl der Bewerber und die Aufstellung der Landeslisten gemäß Art. 21 Abs. 2 GG nach demokratischen Grundsätzen zu erfolgen hat und dass nach Aufstellung der Liste durch eine Partei die Reihenfolge der Bewerber nicht mehr verändert werden darf.[359]

Aus ähnlichen Gründen ist auch die Regelung in **§ 48 Abs. 1 S. 2 BWG zulässig**, wonach bei der Listennachfolge diejenigen Listenbewerber unberücksichtigt bleiben, die seit dem Zeitpunkt der Aufstellung der Landesliste aus dieser Partei ausgeschieden (durch Austritt oder Ausschluss) oder Mitglied einer anderen Partei geworden sind.

IV. Freiheit der Wahl

246 **1. Freiheit der Wahl** verlangt, dass **kein** öffentlicher oder privater **Zwang** auf den Inhalt der Wahlentscheidung ausgeübt werden darf.[360] **Unzulässig** ist danach selbstverständlich eine Wahlbeeinflussung durch staatliche Stellen (Neutralitätspflicht des Staates). Aber auch Einwirkungen Privater sind unzulässig, wenn sie die Entscheidungsfreiheit der Wähler **ernstlich beeinträchtigen** können. Da auch die Entscheidung über Teilnahme oder Nichtteilnahme selbst eine politische Stellungnahme ist, hält die Lit. überwiegend auch die Einführung einer **Wahlpflicht** für **unzulässig**.[361]

247 **2.** Diskutiert wird in diesem Zusammenhang die Beschränkung der Veröffentlichung von **Wahlumfragen** in den letzten Wochen vor der Wahl, da hierdurch die Wahlentscheidung möglicherweise beeinflusst werden könnte. Ob hierin überwiegende Gründe des Gemeinwohls zu sehen sind, die eine Einschränkung der Berufsfreiheit der Meinungsforschungsinstitute (Art. 12 GG) rechtfertigen könnten, ist noch ungeklärt.[362]

---

358 Burkiczak JuS 2009, 805, 806 Fn. 8.

359 Ipsen Staatsrecht I, Rn. 82; Gröpl Staatsrecht I, Rn. 358.

360 BVerfG NVwZ 2013, 1272; BVerfG DVBl. 1995, 462; BVerwG DVBl. 2003, 943; Degenhart Staatsorganisationsrecht, Rn. 48 ff.; Morlok/Michael Staatsorganisationsrecht, Rn. 103 ff.

361 Morlok/Michael Staatsorganisationsrecht, Rn. 104 Fn. 28; Kunig Jura 1994, 554, 557; a.A. Dreier Jura 1997, 249, 254.

362 Vgl. Morlok/Michael Staatsorganisationsrecht, Rn. 105; Schreiber, BWIG § 32 Rn. 7 zur bisherigen Regelung in § 32 Abs. 2 BWG.

V. Geheimheit der Wahl

1. Der Grundsatz der **geheimen Wahl** dient der Absicherung der Wahlfreiheit, da bei Offenbarung der Wahl leicht Druck ausgeübt werden kann.[363] Er gibt dem Wähler das Recht, den Inhalt seiner Wahlentscheidung für sich zu behalten und gebietet Vorkehrungen organisatorischer Art beim Wahlvorgang (z.B. Wahlkabinen). Unzulässig ist auch die Ausforschung des Wählerwillens vor oder nach der Wahl. Zulässig ist dagegen eine freiwillige Offenbarung. **248**

2. Gefährdet ist das Wahlgeheimnis – und auch die Freiheit der Wahl – bei der **Briefwahl**, weil u.U. die Stimmabgabe von Dritten kontrolliert oder manipuliert werden kann. Gleichwohl wird die Briefwahl mit der Begründung für verfassungsgemäß qualifiziert, sie sei nur bei wichtigem Grund zulässig und **verwirkliche die Allgemeinheit der Wahl** für die Wähler, die sonst aus gesundheitlichen oder sonstigen Gründen an der Stimmabgabe gehindert wären. Der Briefwähler habe die Möglichkeit, geheim und frei zu wählen und müsse überdies eidesstattlich versichern, dass er den Stimmzettel persönlich gekennzeichnet hat.[364] **249**

Um ein weiteres Ansteigen der Briefwahl und die damit verbundenen Gefahren zu verhindern, werden in neuerer Zeit z.B. für Krankenhäuser, Altenheime u.Ä. verstärkt Sonderwahlbezirke (§§ 13, 61 BWO) und bewegliche Wahlvorstände (§§ 8, 62 ff. BWO) eingerichtet. Gleichwohl nimmt die Zahl der Briefwähler ständig zu.

3. Die Geheimheit der Wahl ist nicht nur bei der Stimmabgabe, sondern auch bei der **Wahlvorbereitung** zu beachten. Nach Auffassung des BVerfG darf das Wahlgeheimnis auch bei der Wahlvorbereitung nicht in weiterem Umfang preisgegeben werden, als zur ordnungsgemäßen Durchführung der Wahl notwendig ist.[365] Dies wurde bejaht bei §§ 20 Abs. 2 S. 2, Abs. 3, 27 Abs. 1 S. 2 BWG, wonach Parteien gemäß § 18 Abs. 2 BWG in bestimmten Fällen Unterschriftenlisten vorlegen müssen, aus denen sich die mutmaßliche Wahlentscheidung der Unterzeichner mehr oder weniger eindeutig ersehen lässt.[366] **250**

VI. Öffentlichkeit der Wahl

1. Herleitung

Der Grundsatz der Öffentlichkeit der Wahl ist **nicht ausdrücklich** geregelt.[367] Er wurde vom BVerfG zunächst nur aus dem Demokratieprinzip hergeleitet (Grundvoraussetzung für demokratische Willensbildung),[368] während später auch andere Verfassungsprinzipien i.V.m. Art. 38 Abs. 1 S. 1 GG herangezogen wurden. **251**

„Grundlagen ... bilden die verfassungsrechtlichen Grundentscheidungen für Demokratie, Republik und Rechtsstaat (Art. 38 Abs. 1 S. 1 i.V.m. Art. 20 Abs. 1, Abs. 2 GG)."[369]Unklar ist, ob die Öffentlichkeit der

---

363 Vgl. auch BVerfG NVwZ 2013, 1272 (Briefwahl); Degenhart Staatsorganisationsrecht, Rn. 48 f.; Morlok/Michael Staatsorganisationsrecht, Rn. 110 f.; Ipsen Staatsrecht I, Rn. 85 ff.

364 BVerfGE 21, 200, 204; 59, 119, 123; BVerfG NVwZ 2013, 1272 (Briefwahl); VerfGH NRW NVwZ-RR 1996, 679.

365 Morlok/Michael Staatsorganisationsrecht, Rn. 111 Fn. 65.

366 Morlok/Michael Staatsorganisationsrecht, a.a.O. Fn. 67; Ipsen Staatsrecht I, Rn. 85, 88 Fn. 25 f.

367 BeckOK GG, Art. 38 Rn. 79; Degenhart Staatsorganisationsrecht, Rn. 43, 48 a; Burkiczak JuS 2009, 805, 806 f.; OVG RhPf NVwZ 2011, 511.

368 BVerfG, Urt. v. 03.07.2008 – 2 BvC 1/07 u.a., Ziff. 82.

369 BVerfG, Urt. v. 03.03.2009 – 2 BvC 3/07 u.a., Ziff. 107 f.; NVwZ 2013, 1272; Sachs JuS 2009, 746, 747.

Wahl als zusätzlicher ungeschriebener Wahlrechtsgrundsatz zu beachten ist[370] oder ob dieser Grundsatz lediglich Konkretisierung bereits bestehender grundgesetzlicher Prinzipien ist.[371]

2. Inhalt und Anwendungsbereich

252 Die Öffentlichkeit der Wahl soll die Ordnungsgemäßheit und **Nachvollziehbarkeit** der Wahlvorgänge sichern und damit eine wesentliche Voraussetzung für das begründete Vertrauen der Bürger in den korrekten Ablauf der Wahl schaffen. Die Staatsform der parlamentarischen Demokratie verlangt, dass der Akt der Übertragung der staatlichen Verantwortung auf die Parlamentarier einer **besonderen öffentlichen Kontrolle** unterliegt, insbesondere in Bezug auf den Wahlvorgang, damit Manipulationen ausgeschlossen oder korrigiert und unberechtigter Verdacht widerlegt werden kann.[372]

Die danach gebotene Öffentlichkeit im Wahlverfahren umfasst das Wahlvorschlagsverfahren, die Wahlhandlung (in Bezug auf die Stimmabgabe durchbrochen durch das Wahlgeheimnis) und die Ermittlung des Wahlergebnisses.[373] Der Grundsatz der Öffentlichkeit der Wahl gilt **für alle demokratischen Wahlen**, also nicht nur für die Bundestagswahl nach Art. 38 Abs. 1 GG, sondern wegen Art. 28 Abs. 1 S. 2 GG auch bei Wahlen in den Ländern und in den Gemeinden.[374]

253 **Beispiel:** Besondere Bedeutung hat der Grundsatz der Öffentlichkeit der Wahl beim Einsatz von **Wahlcomputern** gemäß § 35 BWG i.V.m. BundeswahlgeräteVO (BWGV) erlangt. Da der Wähler selbst auch ohne nähere computertechnische Kenntnisse nachvollziehen können muss, ob seine abgegebene Stimme als Grundlage für die Auszählung oder – wenn die Stimmen zunächst technisch unterstützt ausgezählt werden – jedenfalls als Grundlage einer späteren Nachzählung unverfälscht erfasst wird, dürfen die Stimmen nach der Stimmabgabe nicht ausschließlich auf einem elektronischen Speicher abgelegt werden. Deshalb hat das BVerfG die Regelungen der BWGV für verfassungswidrig erklärt, da sie keine dem verfassungsrechtlichen Grundsatz der Öffentlichkeit der Wahl entsprechende Kontrolle sicherstellten.[375]

VII. Verfassungsprozessuale Bedeutung von Art. 38 Abs. 1 S. 1 GG

254 Insbesondere in seinen beiden Urteilen zur europäischen Integration (Maastricht, Vertrag von Lissabon) hat das BVerfG zur Zulässigkeit und Begründetheit der erhobenen Verfassungsbeschwerden ausgeführt, dass über Art. 38 Abs. 1 S. 1 GG als sog. grundrechtsgleiches Recht auch mögliche **Verstöße gegen das Demokratieprinzip** geltend gemacht werden können,[376] da das Wahlrecht auch einen Anspruch auf demokratische Selbstbestimmung, auf freie und gleiche Teilhabe an der in Deutschland ausgeübten Staatsgewalt sowie auf die Einhaltung des Demokratiegebots einschließlich der Achtung der verfassungsgebenden Gewalt des Volkes begründet. Die Prüfung einer Verletzung des Wahlrechts umfasst daher auch Eingriffe in die Grundsätze, die Art. 79 Abs. 3 als Identität der Verfassung festschreibt. Der Bürger kann deshalb unter Berufung auf

370 So wohl BVerfG a.a.O.; Degenhart Staatsorganisationsrecht, Rn. 43 f., 48 a; Burkiczak JuS 2009, 805, 806.
371 Patella Jura 2009, 776, 779.
372 BVerfG RÜ 2009, 243, 245.
373 BVerfG RÜ 2009, 243, 245.
374 Degenhart Staatsorganisationsrecht, Rn. 43.
375 BVerfG RÜ 2009, 243, 245.
376 Gärditz/Hillgruber JuS 2009, 872.

das Wahlrecht die Verletzung demokratischer Grundsätze mit der Verfassungsbeschwerde rügen (Art. 38 Abs. 1 S. 1, 20 Abs. 1 und Abs. 2 GG).[377]

VIII. Rechtsnatur und Prüfungsaufbau der Wahlrechtsgrundsätze

- Unmittelbarkeit, Freiheit und Geheimheit der Wahl sind besondere **Freiheitsgrundrechte**, sodass sich folgender Prüfungsaufbau empfiehlt: **255**
  - Eingriff in Schutzbereich des Grundrechts,
  - Eingriffsrechtfertigung durch (höherwertigen) zwingenden staatspolitischen Grund = Wert mit Verfassungsrang.
- Allgemeinheit und Gleichheit der Wahl sind besondere **Gleichheitsrechte**, sodass sich folgende Prüfung empfiehlt:[378] **256**
  - Ungleichbehandlung von zwei Vergleichsgruppen,
  - Rechtfertigung der Ungleichbehandlung durch einen (höherwertigen) zwingenden staatspolitischen Grund = Wert mit Verfassungsrang.

C. Ausländerwahlrecht

I. Nach Art. 20 Abs. 2 S. 2 GG wird die Staatsgewalt vom Volk insbesondere durch Wahlen **257** ausgeübt. Wahlberechtigt in diesem Sinne ist nach h.M. **nur** das **Staatsvolk**, d.h. die **Deutschen** i.S.d. Art. 116 Abs. 1 GG. Begründet wird dies damit, dass das Grundgesetz auch in anderen Vorschriften nur das deutsche Volk meint (vgl. Präambel und Art. 146 GG). Jede Ausübung der Staatsgewalt aufgrund der Verfassung müsse auf das deutsche Volk rückführbar sein. Dementsprechend ist überwiegend anerkannt, dass die Beteiligung von Ausländern an **Bundestagswahlen** nur durch **Verfassungsänderung** möglich wäre.[379]

Teilweise wird sogar angenommen, dass wegen Art. 79 Abs. 3 GG auch eine entsprechende Verfassungsänderung unzulässig wäre.[380]

Nach der Gegenansicht hat sich der verfassungsrechtliche Begriff „Volk" durch den **258** wachsenden Ausländeranteil an der Bevölkerung gewandelt. Zum Volk i.S.d. Art. 20 Abs. 2 S. 2 GG gehörten auch Ausländer, die ihren dauernden Lebensmittelpunkt im Bundesgebiet hätten und damit in gleicher Weise von der Staatsgewalt betroffen seien wie die Deutschen. Die Einführung eines Ausländerwahlrechts sei daher durch **einfaches Gesetz** möglich und aus Gründen der Integration sogar verfassungsrechtlich geboten.[381]

---

377 BVerfG, Urt. v. 30.06.2009 – 2 BvE 2/08 u.a., Rn. 208, 210; Anm. Cremer Jura 2010, 296; Murswiek JZ 2010, 702, 1164 mit Erwiderung Schönberger JZ 2010, 1160.

378 Vgl. auch Degenhart Staatsorganisationsrecht, Rn. 64 a.

379 BVerfG DVBl. 1990, 1397, 1398; Maurer Staatsrecht I, § 13 Rn. 5; Degenhart Rn. 38, 42; Ipsen/Epping JuS 1991, 1022, 1027; Schink DVBl. 1988, 420; Karpen NJW 1989, 1012, 1014.

380 vMutius Jura 1991, 410, 414; Stern I § 10 II 8 b, S. 324; Bleckmann DÖV 1988, 442: Verstoß gegen das Prinzip der Volkssouveränität.

381 Vgl. Zuleeg JZ 1980, 425; ZAR 1988, 14; Rittstieg KritV 1987, 317; Roth ZRP 1990, 82, 85; gegen einen Verfassungswandel ausdrücklich BVerfG DVBl. 1990, 1397, 1399, das zutreffend darauf hinweist, dass der Gesetzgeber der veränderten Bevölkerungszusammensetzung nicht durch Änderung des Wahlrechts, sondern allenfalls durch Erleichterung der Einbürgerung Rechnung tragen dürfe.

259 **II.** Nach h.M. ist auch bei **Landtagswahlen** ein Ausländerwahlrecht nur auf der Grundlage eines verfassungsändernden Gesetzes zulässig. Begründet wird dies entweder mit dem Homogenitätsgebot des Art. 28 Abs. 1 S. 1 GG oder damit, dass der Begriff „Volk" in Art. 28 Abs. 1 S. 2 GG, ebenso wie in Art. 20 Abs. 2 S. 2 GG, als „Deutsches Volk" auszulegen ist. Die Landesangehörigkeit sei Grundlage der nur Deutschen zukommenden Teilhabe an der Landesstaatsgewalt. Außerdem wirken die Landesangehörigen – mittelbar durch Landtage und Landesregierungen – über den Bundesrat bei der Gesetzgebung und Verwaltung des Bundes mit.[382]

260 **III.** Hinsichtlich der Zulässigkeit eines **Kommunalwahlrechts** für Ausländer kann auf Art. 28 Abs. 1 S. 3 GG zurückgegriffen werden, wonach **EU-Ausländer** das aktive und passive Wahlrecht in den Kreisen und Gemeinden nach Maßgabe des EU-Rechts haben.

Vgl. die entsprechenden Regelungen in den Kommunalwahlgesetzen der Länder.

Damit ist klargestellt, dass Nicht-EU-Bürgern ein solches Wahlrecht **nicht ohne Verfassungsänderung** zugesprochen werden kann.

Art. 28 Abs. 1 S. 3 GG bezieht sich nur auf die Teilnahme von Unionsbürgern an Kommunalwahlen als Entscheidung über Personen, nicht dagegen auf Abstimmungen über Sachfragen, wie z.B. Bürgerbegehren oder Bürgerentscheid.[383] Zulässig und mit Art. 28 Abs. 1, 20 Abs. 2 GG vereinbar sollen jedoch landesgesetzliche Regelungen sein, die Unionsbürgern ausdrücklich das Recht zur Teilnahme an kommunalen Bürgerbegehren und Bürgerentscheiden einräumen (so z.B. Art. 1, 15 Abs. 2, 18 a BayGO).[384]

2. Abschnitt: Der Bundestag

709 Personen Stand Juni 2019

A. Der Bundestag als oberstes Verfassungsorgan des Bundes

261 Nach dem Demokratieprinzip ist das **Volk Träger der Staatsgewalt** (Art. 20 Abs. 2 S. 1 GG) und damit letztlich Quelle aller staatlichen Willensbildung. Das Volk handelt auf Bundesebene im Wesentlichen nur durch die Wahlentscheidung bei der Bundestagswahl (Art. 20 Abs. 2 S. 2 GG). Der gewählte Bundestag repräsentiert in seinen Entscheidungen, insbesondere in den Gesetzesbeschlüssen, das Volk **(Prinzip der repräsentativen Demokratie).**[385]

Der Bundestag wählt den Bundeskanzler und damit praktisch die Bundesregierung. Die Bundesminister entscheiden über die Ernennung der leitenden Beamten, diese wiederum, unmittelbar oder mittelbar über die Ernennung der übrigen Beamten. Auf diese Weise wird, wie vom Demokratieprinzip gefordert, das gesamte staatliche Handeln letztlich auf eine Entscheidung des Volkes zurückgeführt. Es besteht eine **ununterbrochene Legitimationskette** vom Volk zu den mit staatlichen Aufgaben betrauten Organen und Amtswaltern (vgl. auch oben Rn. 60).

Der vom Volk gewählte Bundestag ist damit **das einzige unmittelbar demokratisch legitimierte Staatsorgan des Bundes** und lässt sich deshalb als **oberstes Verfassungsorgan** bezeichnen.

262 Weitere Verfassungsorgane sind:

- der **Bundesrat** (Art. 50 ff. GG),

---

382 BVerfG DVBl. 1990, 1397, 1398; Karpen NJW 1989, 1012, 1014 m.w.N.

383 BayVerfGH RÜ 2013, 587; Zöllner BayVBl. 2013, 129, 131.

384 BayVerfGH RÜ 2013, 587 m.w.N. zur Gegenauffassung.

385 Morlok/Hientzsch JuS 2011, 1 f.

- der Gemeinsamer Ausschuss als Notparlament (Art. 53 a, 115 e GG),
- der **Bundespräsident** (Art. 54 ff. GG),
- die Bundesversammlung (Art. 54 GG),
- **Bundesregierung und Bundeskanzler** (Art. 62 ff. GG) und
- das **Bundesverfassungsgericht** (Art. 93, 94 GG).

B. Zuständigkeiten und Aufgaben

Fall 7: Außenpolitischer Bundestagsbeschluss

Im Staat S ist die alte Regierung gestürzt und durch eine neue, sich als Revolutionsregierung bezeichnende Regierung R ersetzt worden. Die alte Regierung hat eng mit den USA zusammengearbeitet; deshalb lehnt die US-Regierung eine Anerkennung von R als neue Regierung des Staates S ab und verlangt ein entsprechendes Verhalten auch von ihren Verbündeten. Die Bundesregierung hält es zumindest während der nächsten Zeit für politisch geboten, sich diesem Wunsche nicht zu widersetzen und verweigert der neuen Regierung R gegenüber die formelle Anerkennung. Die Mehrheit der Abgeordneten des Bundestages sympathisiert dagegen stark mit der Regierung R. Deshalb beraten die außenpolitischen Arbeitskreise der Fraktionen über Schritte, die die Bundesregierung zu einer Änderung ihrer Haltung veranlassen könnten. Für folgende Möglichkeiten ist anzunehmen, dass sie eine Mehrheit im Bundestag finden:

1. Der Bundestag appelliert in einer Entschließung an die Bundesregierung, ihre Haltung gegenüber R zu überdenken und möglichst zu ändern.
2. Der Bundestag fasst einen Beschluss, wonach die Bundesregierung verpflichtet wird, innerhalb einer Frist von drei Monaten die Regierung R als rechtmäßige Regierung des Staates S anzuerkennen.

Die Bundesregierung vertritt die Auffassung, beide Beschlüsse würden die von ihr für richtig gehaltene Außenpolitik schwerwiegend stören. Zudem sei der Bundestag gar nicht zuständig. Ist der Bundestag für die beiden Maßnahmen zuständig?

I. Die Zuständigkeit des Bundestages ist an keiner Stelle im GG grundsätzlich geregelt. 263
Sie wird überwiegend dahin umschrieben, dass der Bundestag als das oberste, das Volk repräsentierende Verfassungsorgan über **umfassende Zuständigkeiten** verfügt, die aber **durch die Zuständigkeiten der anderen Staatsorgane eingeschränkt** werden.

Der Bundestag (BT) hat folgende **Hauptaufgaben:**[386]

- Wahl bestimmter Staatsorgane (z.B. Art. 63, 94 Abs. 1 S. 2 GG); sog. **Wahl- oder** 264
Kreationsfunktion;

386 Vgl. auch (mit teilweise anderen Bezeichnungen) Morlok/Michael Staatsorganisationsrecht, Rn. 606 ff.; Ipsen Staatsrecht I, Rn. 200 ff.; Maurer Staatsrecht I, § 13 Rn. 119 ff.; Morlok/Hientzsch JuS 2011, 1, 2.

265 ■ **Kontrollfunktion** gegenüber der Exekutive, z.B.

- Art. 41 Abs. 1 GG: **Zitierrecht; Frage- bzw. Interpellationsrecht** (i.V.m. §§ 100–106 GO BT i.V.m. Anlage 4, 7),[387]
- Einsatz der Bundeswehr im Ausland,
- Die Verweigerung von Auskünften, insbesondere wegen Geheimhaltungsbedürftigkeit ist von der Bundesregierung angemessen ausführlich zu begründen.[388]
- Art. 13 Abs. 6, 44, 45 b, 59 Abs. 2 S. 1, 144 GG,

266 ■ Mitwirkung an der **europäischen Integration**

- Art. 23 Abs. 2, 3 i.V.m. ZusammenarbeitsG und IntegrationsverantwortungsG

267 ■ **Legislativ- und Etatfunktion** (vgl. Art. 77, 110 GG);

Zur Bedeutung des Budgetrechts für den Bundestag führt das BVerfG in seinem Urteil zum Euro-Rettungsschirm aus: „Danach läge eine das Demokratieprinzip und das Wahlrecht zum Deutschen Bundestag verletzende Übertragung wesentlicher Bestandteile des Budgetrechts des Bundestags jedenfalls dann vor, wenn die Festlegung über Art und Höhe der den Bürger treffenden Abgaben im wesentlichem Umfang supranationalisiert und damit der Dispositionsbefugnis des Bundestags entzogen würde."[389]

Die haushaltspolitische Gesamtverantwortung des Bundestags darf bei wichtigen Entscheidungen auch nicht auf ein Sondergremium (z.B. **9er-Sondergremium** gemäß § 3 Abs. 3 StabilisierungsmechanismusG) übertragen werden.[390]

■ **Repräsentationsfunktion**; Art. 20 Abs. 2, 38 Abs. 1 S. 2 GG.

Art. 20 Abs. 2 GG: Demokratie als Herrschaft über das Volk durch gewählte Repräsentanten

Art. 38 Abs. 1 S. 2 GG: Repräsentation des Volkes durch die Gesamtheit seiner Abgeordneten[391]

268 II. Für den praktischen Fall empfiehlt sich folgende Prüfung:

1. Die Zuständigkeit des BT kann sich aus **Spezialvorschriften** ergeben.

   Beispiele: Wahl des Bundeskanzlers (Art. 63, 67, 68 GG); Gesetzesinitiative, Beratung und Beschlussfassung bei Bundesgesetzen (Art. 76 ff. GG); das Zitierrecht nach Art. 43 Abs. 1 GG, das Enqueterecht nach Art. 44 GG und das Recht zu Anfragen (Interpellationsrecht) nach §§ 100 ff. GO BT; das Recht zur Anklage des Bundespräsidenten (Art. 61 GG) sowie Feststellung des Verteidigungsfalles (Art. 115 a GG).

2. Falls eine Spezialvorschrift nicht eingreift, so ist grundsätzlich von einer **umfassenden Zuständigkeit** des Bundestages auszugehen, die jedoch in zweifacher Hinsicht **eingeschränkt** wird:

---

387 Ipsen Staatsrecht I, Rn. 204 ff.; Morlok/Michael Staatsorganisationsrecht, Rn. 218 Fn. 91; Schwarz BayVBl. 2012, 161; Daiber RuP 2012, 97 (EU-Angelegenheiten).
Zum Umfang der Beantwortungspflicht der Regierung bei parlamentarischen Anfragen vgl. BVerfG NVwZ 2004, 1105, Anm. Kotzur Jura 2007, 52; Gusy JA 2005, 395; BVerfG NVwZ 2009, 1092 (Überwachung von Abgeordneten durch Nachrichtendienste); Anm. Sachs JuS 2010, 840; NVwZ 2009, 1353; VerfGH NRW RÜ 2008, 651; BVerfG NVwZ 2009, 1092; VerfGH Bremen DVBl. 2009, 1129 ff.; 1132 f.; Gusy ZRP 2008, 36; HambVerfG NVwZ-RR 2011, 267 Anm. Schnabel NVwZ 2011, 604.

388 BVerfG NVwZ 2009, 1092.

389 BVerfG RÜ 2011, 650, 654; BVerfG RÜ 2012, 723.

390 BVerfG NVwZ 2012, 495.

391 BVerfG NVwZ 2012, 967 (§ 6 BVerfGG); NVwZ 2012, 495 (Sondergremium EFSF).

- durch das **Bundesstaatsprinzip** und
- durch das **Gewaltenteilungsprinzip**.

a) Der Bundestag kann nur zuständig sein, wenn die Sachfrage in die **Kompetenz des Bundes** fällt. Um eine Befassung des Bundestages mit einem bestimmten Thema zu rechtfertigen, ist es ausreichend, dass ein Sachzusammenhang mit einer Bundeszuständigkeit besteht. Beispielsweise darf der Bundestag über alle Fragen diskutieren, die im Bereich der Bundesgesetzgebung oder der Bundesverwaltung bedeutsam werden.

b) Es darf kein **anderes (Bundes-)Organ zuständig** sein. In erster Linie wird der Bundestag durch die Befugnisse der Exekutive (Regierung und Verwaltung) beschränkt. Hierbei ist aber zu beachten, dass der Bundestag bezüglich der Exekutive über eine Kontrollfunktion verfügt.

Kaum Schwierigkeiten bereitet die Abgrenzung der Befugnisse des Bundestages zur **Rspr.**: Selbstverständlich darf der Bundestag nicht in gerichtliche Verfahren eingreifen. Im Übrigen ist es aber wegen der jederzeit gegebenen Möglichkeit, Missstände durch Gesetz zu regeln, grundsätzlich zulässig, dass der Bundestag sich auch mit Fragen befasst, die Gegenstand der Rspr. sind.

III. Danach gilt **für den vorliegenden Fall:** 269

1. Eine **spezielle Zuständigkeit** des Bundestages greift nicht, insbesondere weist Art. 32 Abs. 1 GG die auswärtigen Angelegenheiten allgemein dem Bund und nicht dem Bundestag zu.

2. Im Übrigen verfügt der Bundestag grundsätzlich über eine **umfassende Zuständigkeit**, soweit der Bund zuständig ist und die Aufgabe nicht in den Kompetenzbereich eines anderen Organs fällt.

   a) Dass der Bund die **Verbandskompetenz** für die auswärtigen Angelegenheiten hat, ergibt sich aus Art. 32 Abs. 1, 73 Nr. 1 GG.

   b) Die Zuständigkeit des Bundestages könnte durch Zuständigkeiten eines (Bundes-)Organs der Exekutive beschränkt sein. Die Entscheidung, ob eine diplomatische Anerkennung erfolgt, obliegt zunächst der Bundesregierung. Bundesregierung und Bundeskanzler haben aber **kein außenpolitisches Monopol**. Es geht daher darum, die Kompetenzen von Bundestag und Bundesregierung sachgemäß abzugrenzen.

      aa) Ohne Weiteres zulässig ist, dass der Bundestag eine derartige Frage erörtert. Denn ohne **Willensbildung** könnte er sein Kontrollrecht gegenüber der Bundesregierung, soweit diese – wie hier – außenpolitisch tätig wird, nicht ausüben. Diese Erörterung darf auch durch einen Beschluss abgeschlossen werden, so wie er unter 1. formuliert ist. Es handelt sich hierbei um einen schlichten **Bundestagsbeschluss**. Er hat politische Bedeutung, ist aber für die Bundesregierung **nicht verbindlich**. Daher wäre der Beschluss verfassungsrechtlich zulässig.

bb) Im Fall 2 soll dagegen ein verbindlicher Beschluss gefasst werden. Derartige, sog. **echte Beschlüsse**, die nicht in Gesetzesform gefasst sind, sind nach h.M. nur zulässig und wirksam, wenn es hierfür eine **besondere Rechtsgrundlage** gibt.[392]

Z.B. ergibt sich aus Art. 43 Abs. 1 GG und den Vorschriften über Große und Kleine Anfragen in §§ 100 ff. GO BT die Befugnis des Bundestages, von der Bundesregierung in einer bestimmten Frage eine Berichterstattung zu verlangen.[393]

Im Übrigen gilt der Grundsatz, dass das Gesetz die Handlungsform des Parlaments für verbindlich gewollte Regelungen ist. Der Beschluss zu 2. ist kein Gesetzesbeschluss. Für ihn gibt es auch keine sonstige Rechtsgrundlage. Er ist daher verfassungsrechtlich nicht zulässig.

C. Rechtmäßigkeit eines (schlichten) Bundestagsbeschlusses

270

Rechtmäßigkeit eines (schlichten) Bundestagsbeschlusses

A. Formelle Verfassungsmäßigkeit

- **I. Zuständigkeit**
  - **1. Verbandskompetenz** des Bundes
    wenn Sachzusammenhang mit Bundeszuständigkeit (insbes. Gesetzgebung, Verwaltung)
  - **2. Organkompetenz** des Bundestages
    - **a)** aus Spezialvorschriften (Art. 43, 44, 63 GG u.a.)
    - **b)** grundsätzlich umfassende Zuständigkeit als oberstes Verfassungsorgan
    - **c)** aber Einschränkung: kein anderes (Bundes-)Organ zuständig
- **II. Verfahrensvorschriften**
  - **1.** spezielle Verfahrensgrundsätze (z.B. Art. 44 GG)
  - **2.** allgemeine Voraussetzungen
    z.B. Beschlussfähigkeit (§ 45 GO BT), Abstimmung, Feststellung der Mehrheit

B. Materielle Verfassungsmäßigkeit

- **I.** Anforderungen aus Spezialvorschriften
- **II.** Prinzipien der Art. 20, 28 GG
  insbes. Gewaltenteilung: kein Eingriff in Kernbereich einer anderen Staatsfunktion, aber Kontrolle der anderen Gewalten möglich
- **III.** kein Verstoß gegen Grundrechte

---

392 Hufen NJW 1991, 1321, 1323; Hölscheidt DÖV 1993, 593, 599.

393 Vgl. auch Hultzsch JuS 1992, 583, 585, der zwischen Verbindlichkeit im Verhältnis zu anderen Staatsorganen und Verbindlichkeit im Verhältnis zum Bürger unterscheidet.

D. Mehrheiten

- Der Bundestag fasst seine Beschlüsse grundsätzlich mit **einfacher Mehrheit** der abgegebenen Stimmen (Art. 42 Abs. 2 GG). Stimmenthaltungen und ungültige Stimmen zählen für die Mehrheitsfeststellung nicht mit. Sie sind keine „abgegebenen" Stimmen. Angenommen ist der Antrag, wenn die Zahl der Ja-Stimmen die der Nein-Stimmen um mindestens eine übersteigt; für die Feststellung der Mehrheit kommt es auf die Zahl der anwesenden Abgeordneten grundsätzlich nicht an. Bei Stimmengleichheit ist ein Antrag abgelehnt (vgl. § 48 Abs. 2 S. 2 GO BT).[394] **271**

- In bestimmten Fällen fordert das GG die Mehrheit der Mitglieder des Bundestages (sog. **absolute Mehrheit**, Kanzlermehrheit). Sie bezieht sich gemäß Art. 121 GG auf die gesetzliche Mitgliederzahl des Bundestages (unabhängig von den jeweils anwesenden Abgeordneten) unter Einbeziehung der Überhangmandate; vgl. § 1 Abs. 1 BWG. Diese beträgt im Normalfall 598, sodass die absolute Mehrheit 300 Stimmen beträgt (zurzeit 316 wegen 4 Überhangmandaten und 29 Ausgleichsmandaten). **272**

  Die absolute Mehrheit ist erforderlich z.B. bei der Kanzlerwahl (Art. 63 GG), beim konstruktiven Misstrauensvotum (Art. 67 GG), der Vertrauensfrage des Bundeskanzlers (Art. 68 GG), der Überstimmung eines Einspruchs des Bundesrates (Art. 77 Abs. 4 S. 1 GG).

- Eine **qualifizierte Mehrheit** von 2/3 der Mitglieder des Bundestages (zurzeit 415 Ja-Stimmen) verlangt z.B. Art. 79 Abs. 2 GG für verfassungsändernde Gesetze und für die Präsidentenanklage (Art. 61 Abs. 1 S. 3 GG). In anderen Fällen begnügt sich das GG mit einer **2/3-Mehrheit der Abstimmenden**. **273**

  Z.B. bei der Zurückweisung eines mit 2/3 Mehrheit gefassten Einspruchs des Bundesrates (Art. 77 Abs. 4 S. 2 GG), Feststellung des Verteidigungsfalles (Art. 115 a Abs. 1 S. 2 GG).

274

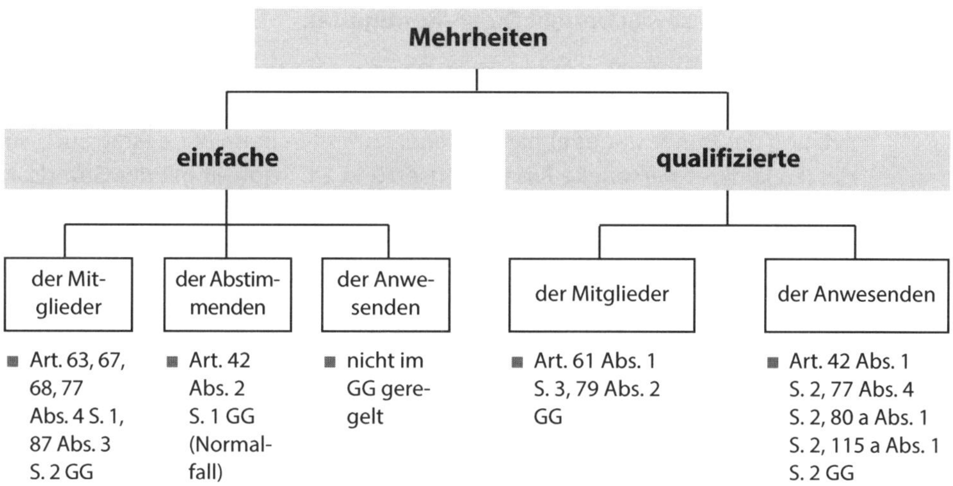

394 Vgl. allg. zu den verschiedenen Mehrheiten Maurer Staatsrecht I, § 7 Rn. 56 ff.

E. Der Bundestag als Staatsorgan – personelle und sachliche Diskontinuität – GO BT

Fall 8: Alternative Geschäftsordnung

Bei einer Neuwahl des Bundestages sind auch 33 Abgeordnete einer sog. Alternativen Liste (AL) gewählt worden. Bei der ersten Sitzung beantragt die AL, die in der bisherigen Geschäftsordnung enthaltenen Grundsätze über die Fraktionen, das Rederecht, die Zusammensetzung der Ausschüsse u.a. zu ändern und zu diesem Zweck eine neue Geschäftsordnung zu erlassen. Die anderen Fraktionen verweisen darauf, die AL könne einen Antrag auf Änderung der bisherigen Geschäftsordnung stellen; ein Neuerlass scheide angesichts der Fortgeltung der alten Geschäftsordnung aus. Nach den Vorstellungen der AL sollen in die neue Geschäftsordnung auch Vorschriften aufgenommen werden, durch die die Bundesregierung vor der öffentlichen Verkündung wichtiger politischer Grundsatzentscheidungen zur Unterrichtung des Bundestages verpflichtet wird. Damit soll verhindert werden, dass die Bundestagsabgeordneten von wichtigen Entscheidungen erst aus dem Fernsehen und der Presse erfahren und dass in diesen Fällen eine vorzeitige Festlegung in der Öffentlichkeit ohne Mitwirkung der Volksvertreter erfolgt. Wie sind die Vorschläge verfassungsrechtlich zu beurteilen?

I. Neuerlass einer Geschäftsordnung des Bundestags (GO BT)

275 1. Nach Art. 40 Abs. 1 S. 2 GG gibt der Bundestag sich eine GO. Fraglich ist, was „Bundestag" im Sinne dieser Vorschrift bedeutet.

- Der Bundestag als **Organ** (Institution) besteht ständig und ist unabhängig von den Wahlen. Insoweit besteht Organ-**Kontinuität**.
- Andererseits hat der Bundestag politische Grundsatzentscheidungen zu treffen, deren Inhalt von der personellen und damit parteipolitischen Zusammensetzung des Bundestages abhängt. Daher kommt es beim Bundestag auch auf dessen konkret-personelle Zusammensetzung an. Insoweit gilt der Grundsatz der **personellen Diskontinuität.**[395] Deshalb spricht man vom derzeitigen Bundestag z.B. als dem 18. Bundestag, während die Legislaturperiode des 17. Bundestages 2013 endete.
- Aus der personellen Diskontinuität ergibt sich auch eine **sachliche Diskontinuität** (vgl. § 125 GO BT).

  Das hat Bedeutung vor allem für **Gesetzesvorlagen**. Soweit das Gesetzgebungsverfahren nicht abgeschlossen werden kann, **verfallen** sie mit Ablauf der Wahlperiode. Sie müssen dann ggf. im neuen Bundestag erneut eingebracht werden, wobei alle Förmlichkeiten (z.B. Zuleitung an den Bundesrat nach Art. 76 Abs. 2 GG) zu beachten sind.

  Der neue Bundestag soll nicht mit Anträgen belastet werden, die noch vom alten Bundestag stammen, der möglicherweise parteipolitisch eine ganz andere Zusammensetzung hatte.

---

395 Zur Geltung für Fraktionen des BT vgl. § 54 Abs. 1 Nr. 3 AbgG und Binder/Hoffmann Jura 2006, 387, 388.

Vgl. auch StGH BW:[396] „Aufgrund der personellen und sachlichen Diskontinuität ist es unzulässig, Berichte eines Untersuchungsausschusses des alten Parlaments in der neuen Wahlperiode zu ergänzen."

2. Art. 40 Abs. 1 S. 2 GG ist Ausdruck der Autonomiebefugnisse des Bundestages. Danach kann der Bundestag seine eigenen Angelegenheiten selbst regeln (vgl. auch Art. 39 Abs. 3 und Art. 40 GG). Die Autonomiebefugnisse stehen dem Bundestag in seiner konkret-personellen Besetzung zu. Deshalb wird der Begriff Bundestag in Art. 40 Abs. 1 S. 2 GG so ausgelegt, dass sich der **jeweilige Bundestag** seine GO gibt. Also endet die Wirkung der GO mit dem Ende der Wahlperiode von vier Jahren (Art. 39 GG).[397] 276

Anders das BVerfG[398] für die GO der BReg, da diese nicht dem Grundsatz der Diskontinuität unterliege.

Der entscheidende Zeitpunkt für den Wechsel ist jeweils der **Zusammentritt des neuen BT** (Art. 39 Abs. 1 S. 2 GG). Zu diesem Zeitpunkt endet die Wahlperiode des alten und beginnt diejenige des neuen BT. Für die Bestimmung des Wahltages – durch den Bundespräsidenten (§ 16 BWG) – und den Zusammentritt des neuen BT nach der Neuwahl regelt Art. 39 GG Fristen, die einen gewissen Spielraum lassen, der durch das Gesetz zur Änderung des Art. 39 GG vom 16.07. 1998[399] erweitert wurde.

Der Standpunkt der AL ist daher verfassungsrechtlich zutreffend. Es ist aber möglich und üblich, dass die alte GO durch einfachen Mehrheitsbeschluss des neuen Bundestages übernommen wird.[400]

II. Inhalt der GO BT

Da der Bundestag sich eine GO gibt, darf diese nur die **eigenen Angelegenheiten** des Bundestages regeln. Die Wirkungen der GO beschränken sich deshalb auf das **Innenverhältnis** zwischen den Abgeordneten, den Organen (Präsidium) und Unterorganen (Ausschüssen) des Bundestages.[401] Bei der GO handelt es sich dem Rechtscharakter nach um eine **Satzung**, die sich aber inhaltlich auf **Innenrecht** beschränkt.[402] 277

Dabei ist eine unbestimmte und unbefristete Delegation der Geschäftsordnungsgewalt auf Ausschüsse unzulässig und verstößt gegen Art. 40 Abs. 1 S. 2 GG.[403]

Das Rechtsverhältnis zwischen dem Bundestag und den anderen **Verfassungsorganen** (Bundesregierung, Bundesrat etc.) ergibt sich ausschließlich aus dem GG und den formellen Gesetzen. Die GO kann die Bundesregierung nicht verpflichten. Die geplanten Bestimmungen sind daher verfassungsrechtlich **unzulässig**.[404]

Deshalb war z.B. für die Entscheidung über den Sitz der Bundesregierung im Rahmen der Hauptstadtdiskussion ein formelles Gesetz erforderlich.[405]

396 StGH BW VBlBW 1990, 92.
397 Dreier JZ 1990, 310, 315 m.w.N.
398 BVerfG DVBl. 1995, 96, 97.
399 BGBl. I 1998, 1822.
400 Vgl. allg. Maurer Staatsrecht I, § 13 Rn. 87 ff. und Beschl. des BT vom 11.11.2009 (BGBl. I S. 3819).
401 Morlok/Hientzsch JuS 2011, 1, 3.
402 BVerfGE 1, 144, 148; abweichend Dreier/Morlok Art. 40 Rn. 19 m.w.N.: eigener Regelungstypus.
403 Vgl. LVerfG M-V NordÖR 2001, 348; Brenner DVBl. 2009, 1129, 1132.
404 Queng JuS 1998, 610, 613 m.w.N.
405 Hufen NJW 1991, 1321, 1327.

3. Abschnitt: Untergliederungen des Parlaments

A. Fraktion, Gruppe

I. Bildung der Fraktion

278 Die Fraktionen **(im Plenum)** sind Vereinigungen von mindestens 5% der Mitglieder des Bundestages, die derselben Partei oder solchen Parteien angehören, die aufgrund gleichgerichteter politischer Ziele **in keinem Land miteinander im Wettbewerb** stehen (§ 10 Abs. 1 S. 1 GO BT).

Die Fraktionsmindeststärke von 5% ist aus Gründen der Funktionsfähigkeit des Parlaments (s.o. Rn. 236 f.) verfassungsrechtlich nicht zu beanstanden.[406] Eine Anhebung der 5%-Klausel wird im Hinblick auf § 6 Abs. 6 BWG für unzulässig erachtet.[407]

Fraktionen **im Ausschuss** können, insbesondere bei kleineren Parteien, aus nur einer Person bestehen; bestimmte Mindestzahlen fordert die GO BT insofern nicht!

II. Abgrenzung zur Gruppe

279 Mitglieder des Bundestages, die sich ohne Fraktionsstärke zusammenschließen wollen, können nach § 10 Abs. 4 GO als **Gruppe** anerkannt werden.[408] Gruppen haben aber nur solche Fraktionsrechte, die für die effektive Teilhabe an der parlamentarischen Arbeit unerlässlich sind (sog. **materielle Fraktionsrechte**, z.B. gemäß § 76 GO BT), nicht aber auch die formellen oder verfahrensbezogenen Fraktionsrechte (z.B. gemäß Art. 44, 53 a, 77 Abs. 2 GG).[409]

Beachte auch § 4 S. 4 PUAG: „Die Berücksichtigung von Gruppen richtet sich nach den allgemeinen Beschlüssen des Bundestags."

Das GG erwähnt die Fraktionen (eher beiläufig) in Art. 53 a Abs. 1 S. 2 GG. Nähere Regelungen finden sich in den §§ 45 ff. AbgG (sog. **FraktionsG**).

III. Aufgaben bzw. Funktion

280 Die Fraktionen wirken an der Erfüllung der Aufgaben des Deutschen Bundestages mit (§ 47 Abs. 1 AbgG). Hierbei nehmen sie im Wesentlichen zwei Funktionen wahr:

- Die Fraktion ist die **Partei im Parlament:** Die für die politische Arbeit im Parlament heute grundlegende Abgrenzung zwischen Mehrheit und Opposition deckt sich mit der Abgrenzung zwischen den die Fraktionen tragenden Parteien, sodass die Fraktionen dadurch zu den Trägern der wesentlichen politischen Richtungen werden.
- Die Fraktion ist **Mittler** zwischen Parlament und dem einzelnen Abgeordneten: Indem in den Fraktionen die politischen Positionen zusammengefasst werden, erlangt

406 BVerfG DVBl. 1998, 90.

407 Vgl. auch VGH Kassel NVwZ 1991, 1105: Eine Änderung der GO ist unzulässig, wenn dadurch einer Gruppierung der – zunächst eingeräumte – Fraktionsstatus entzogen wird.

408 Dazu BVerfG DVBl. 1991, 992, 994; NJW 1998, 3037.

409 Vgl. BVerfG a.a.O.; Maurer Staatsrecht I, § 13 Rn. 110; Sachs JuS 1999, 601; Hölscheidt, Das Recht der Parlamentsfraktionen, S. 426 ff.

der einzelne Abgeordnete einen nachhaltigeren Einfluss auf das parlamentarische Geschehen und kann so seine Rechte aus Art. 38 Abs. 1 S. 2 GG effektiv ausüben.[410]

IV. Rechtsnatur

Nach § 46 Abs. 1 AbgG sind die Fraktionen **rechtsfähige Vereinigungen**, d.h. insbesondere, sie können klagen und verklagt werden (§ 46 Abs. 2 AbgG). Sie sind jedoch nicht Teil der öffentlichen Verwaltung und können insbesondere keine öffentliche Gewalt ausüben (§ 46 Abs. 3 AbgG). **281**

Eine weitergehende Festlegung des Fraktionsstatus enthält die Neuregelung im AbgG nicht, insbesondere ist der Dauerstreit um die **Rechtsnatur** nicht entschieden worden.[411]

Teilweise wird die Fraktion als nichtrechtsfähiger Verein des **BGB** qualifiziert,[412] während andere einen öffentlich-rechtlichen Verein oder eine (Teil-)Körperschaft des öffentlichen Rechts annehmen[413] bzw. die Fraktion als Staatsorgan sui generis bezeichnen[414] oder ihr rechtliche Doppelnatur beilegen.[415]

V. Rechte der Fraktion (im Plenum)

1. Auch wenn die Fraktion die Partei repräsentiert, ergeben sich ihre Rechte nicht aus Art. 21 GG, sondern werden, da die Fraktion ein Zusammenschluss von Abgeordneten ist, wie der Status der Abgeordneten aus Art. 38 Abs. 1 S. 2 GG hergeleitet.[416] **282**

Die **Rechte der Fraktion** (Zusammensetzung des Ältestenrates, Ausschüsse, Antrags- und Vorschlagsrechte) hängen weitgehend von ihrer personellen Stärke ab (vgl. §§ 11, 12 GO BT). In der Regel stellt die stärkste Fraktion den **Parlamentspräsidenten** (arg. e. § 7 Abs. 6 GO BT).

Von den Rechten der Fraktion zu unterscheiden sind **Rechte**, die **einer Gruppe** von Abgeordneten (ggf. in Fraktionsstärke) zustehen können, z.B. Zitierrecht (Art. 43 Abs. 1 GG; § 42 GO BT), Fragerecht (§§ 105 ff. GO BT), Gesetzesinitiative[417] (Art. 76 Abs. 1 GG, § 76 GO BT). Träger dieser Rechte sind zunächst die einzelnen Abgeordneten, die Fraktion nur, wenn ihr als solcher ein entsprechendes Recht zugewiesen ist (vgl. z.B. §§ 42, 76 GO BT).

Rechte der Fraktion **im Ausschuss** ergeben sich z.B. aus §§ 60 Abs. 2, 61 Abs. 2, 64 Abs. 2 S. 3 GO BT.[418]

Klausurhinweis: *Die Frage, ob Fraktionen oder Gruppen eigene Rechte haben bzw. haben können, ist prozessual relevant für die Beteiligtenfähigkeit bzw. Antragsbefugnis im Organstreitverfahren.*[419]

2. Aus dem auch für Fraktionen aus Art. 38 Abs. 1 S. 1 GG abzuleitenden Grundsatz der **Chancengleichheit** (s.o. Rn. 79 ff.) und dem Gebot des Minderheitenschutzes folgt ein **283**

---

410 Ausführlich zu den Funktionen bzw. Aufgaben der Fraktionen Hölscheidt, Das Recht der Parlamentsfraktionen, S. 246 ff.; Maurer Staatsrecht I, § 13 Rn. 112 m.w.N.

411 von Münch/Mager Staatsrecht I, Rn. 203.

412 OLG Schleswig NVwZ-RR 1996, 103; OLG München VersR 1992, 312, 313.

413 Hölscheidt, Das Recht der Parlamentsfraktionen, S. 283 ff., 326: „juristische Person des Parlamentsrechts"; dort auch ausführlich Darstellung des Meinungsstreits.

414 Schmidt DÖV 1990, 102, 105.

415 Morlok/Michael Staatsorganisationsrecht, Rn. 695 Fn. 189; Gröpl Staatsrecht I, Rn. 991; Ipsen Staatsrecht I, Rn. 270: Teile des Organs Bundestag/juristische Personen des Zivilrechts; ähnlich Maurer Staatsrecht I, § 13 Rn. 108.

416 BVerfGE 70, 324, 362; Morlok DVBl. 1991, 998, 999; Jekewitz ZRP 1993, 344, 345 m.w.N.

417 Zu den Grenzen vgl. Bbg VerfG NVwZ-RR 2001, 490.

418 Zu den Minderheitsrechten im Untersuchungsausschuss vgl. StGH BW, Urt. v. 21.10.2002 – GR 11/02; BVerfG NJW 2002, 1936.

419 Vgl. auch Degenhart Staatsorganisationsrecht, Rn. 629.

für alle Fraktionen gleiches Recht auf Zugang zu Ausschüssen und Gremien. Deshalb muss grundsätzlich jeder Ausschuss ein **verkleinertes Abbild des Plenums** sein (sog. Grundsatz der Spiegelbildlichkeit von Plenum und Ausschuss). Nach Auffassung des BVerfG ist es jedoch ausnahmsweise zulässig, in sachlich begründeten Fällen (z.B. Geheimhaltung, Sicherung der Handlungsfähigkeit des Parlaments) für Ausschüsse oder ähnliche Gremien eine Mitgliederzahl vorzusehen, die bei der Sitzverteilung eine Berücksichtigung aller parlamentarischen Gruppen nicht ermöglicht.[420]

Beachte § 4 S. 3 PUAG, wonach bei Untersuchungsausschüssen des BT **jede** Fraktion vertreten sein muss.[421]

284 **3.** Soweit die Rechte der Fraktion infrage gestellt werden, kann sie als Unterorgan des Bundestages Beteiligte im **Organstreitverfahren** gemäß Art. 93 Abs. 1 Nr. 1 GG sein, da sie durch Art. 53 a Abs. 1 S. 2 GG und die GO BT mit eigenen Rechten ausgestattet ist. Hierbei kann sie nicht nur eigene Rechte geltend machen, sondern auch Rechte des gesamten Parlaments.[422]

Zu **Fraktionsdisziplin** und **Fraktionsausschluss** siehe noch unten Rn. 304 ff.

B. Ausschüsse und sonstige Gremien

285 **I. Ausschüsse** dienen der Vorbereitung der Plenarverhandlungen des Bundestages (§ 54 GO BT), insbesondere der Erstellung mehrheitsfähiger Beschlussvorlagen (§ 62 Abs. 1 S. 2 GO BT).[423] Weitere Funktion der Ausschüsse ist die Wahrnehmung von Kontrollaufgaben gegenüber der Regierung.

Ausschüsse i.S.d. §§ 54 ff. GO BT sind grundsätzlich nur mit BT-Abgeordneten besetzt und deshalb abzugrenzen von **gemischt besetzten Gremien**, wie Vermittlungsausschuss (Art. 77 GG, § 1 GO VermAussch), gemeinsamer Ausschuss (Art. 53 a, 115 a Abs. 2, 115 e Abs. 1 GG), Bundesrichter-Wahlausschuss (Art. 95 Abs. 2 GG); Wahlausschuss BVerfG (Art. 94 Abs. 1 S. 2 GG, § 6 BVerfGG).[424]

286 **II.** Nach Art. 45, 45 a und c GG bestehen folgende **Pflichtausschüsse:** Ausschuss für Angelegenheiten der Europäischen Union (vgl. auch § 93 a GO BT), Ausschuss für auswärtige Angelegenheiten, Ausschuss für Verteidigung und Petitionsausschuss. Pflichtausschuss kraft einfach gesetzlicher Regelung ist der Wahlprüfungsausschuss (§ 3 WahlprüfG).

Weitere (fakultative) Ausschüsse sind üblich und praktisch unentbehrlich, z.B. Innenausschuss, Rechtsausschuss, Haushaltsausschuss; in der Regel ist jedem Ministerium ein Ausschuss zugeordnet. Besondere Bedeutung haben die **Enquete-Kommissionen** erlangt. Sie werden nach § 56 GO BT zur „Vorbereitung von Entscheidungen über umfangreiche und bedeutsame Sachkomplexe" eingesetzt (z.B. Gentechnologie), denen auch Sachverständige angehören können, die keine Abgeordneten sind.[425]

---

420 BVerfGE 70, 324, 363; BVerfG NJW 1998, 3037, 3039; SächsVerfGH LKV 1996, 295; BayVerfGH NVwZ 2002, 1372; Schröder Jura 1987, 469; a.A. Sondervoten BVerfGE 70, 366, 371; Scherer AöR 1987, 189, 210: Grundsatz der gleichberechtigten Teilnahme stehe nicht zur Disposition der Parlamentsmehrheit; ähnlich Dreier JZ 1990, 310, 319: Geheimschutz durch, nicht gegen das Parlament.

421 Allgemein zur Fraktionsgleichheit Birk NJW 1988, 2521; Hölscheidt, Das Recht der Parlamentsfraktionen, S. 339 ff.; OVG NRW NWVBl. 2003, 309.

422 BVerfGE 67, 100, 125; 68, 1, 69; BVerfG NJW 1986, 907, 908; VerfGH RhPf NVwZ 2011, 115 Anm. Sachs JuS 2011, 379; abweichend BerlVerfGH NVwZ 1993, 1093; dagegen Kunig NVwZ 1993, 1096 f.

423 Zum sog. Grundsatz der Spiegelbildlichkeit von Plenum und Ausschuss vgl. BVerfGE 80, 188, 122 – Wüppesahl; 84, 304, 323; NVwZ 2012, 495 (Sondergremium zum EFSF); NVwZ 2012, 967 (§ 6 BVerfGG); Ipsen Staatsrecht I, Rn. 260 f.; Gröpl Staatsrecht I, Rn. 1003.

424 BVerfG NVwZ 2012, 967.

425 Vgl. Hampel DÖV 1991, 670 ff.; zum Rechtsschutz BVerfG NVwZ 1998, 949.

Von den Enquete-Kommissionen zu unterscheiden sind sog. **beratende Hilfsorgane** oder **Beratungsgremien** wie z.B. der **Nationale Ethikrat** oder der Sachverständigenrat zur Begutachtung der gesamtwirtschaftlichen Entwicklung – „Rat der Wirtschaftsweisen“[426] oder der Nationale Normenkontrollrat.[427]

Zur Überprüfung von Bundestagsabgeordneten auf frühere **Stasi-Tätigkeit** vgl. die Sonderregelung in § 44 c AbgG.[428]

Eine Sonderstellung nehmen ein das sog. **Parlamentarische Kontrollgremium** (Art. 45 d GG i.V.m. PKGrG, § 14 G 10),[429] die sog. **G 10 Kommission** (§ 15 G 10),[430] das sog. **Sondergremium zum EFSF** (§ 3 Abs. 3 SMG).[431]

C. Untersuchungsausschuss (UA)

I. Von Art. 44 GG vorausgesetzt wird das Recht des Parlaments, sich die für seine Entscheidungen für erforderlich gehaltenen Informationen zu beschaffen und Missstände zu untersuchen **(Enqueterecht)**. Der Ausübung dieses Rechts dienen die **Untersuchungsausschüsse**. Da die Mehrheitsfraktionen ihre Informationen über die von ihr getragene Bundesregierung erhalten und bei Missständen auf diese Einfluss nehmen können, handelt es sich bei dem Recht zur Einsetzung von Untersuchungsausschüssen vornehmlich um ein **Mittel der Opposition**.[432] Dem entspricht es, dass nach § 1 Abs. 1 PUAG bereits ein Viertel der Mitglieder des Bundestags (zurzeit 178 bei 709 Abgeordneten in der 19. Wahlperiode) die Einsetzung eines UA verlangen kann. Die Besetzung des Ausschusses richtet sich nach der Stärke der Fraktionen im Bundestag (§ 4 PUAG i.V.m. §§ 12, 57 GO BT). **287**

Dabei werden die Mitglieder des Ausschusses nicht vom Plenum des BT gewählt, sondern von den Fraktionen im Verhältnis ihrer Stärke benannt (§ 57 Abs. 2 GO BT). Da es sich bei dem UA nicht um ein selbstständiges Organ, sondern nur um ein Hilfsorgan des BT handelt, ist ein besonderer Wahlakt nicht erforderlich. Seine erforderliche demokratische Legitimation leitet der UA unmittelbar von der Legitimation der Abgeordneten ab, die Mitglieder des UA sind.[433]

Eine Sonderregelung enthielt § 126 a GO BT **für die Dauer der 18. Wahlperiode** (bis September 2017). Da die Opposition lediglich über insgesamt 127 Sitze verfügte (also weniger als ein Viertel) bestimmte § 126 a Abs. 1 Nr. 1 GO BT, dass bereits auf Antrag von 120 Mitgliedern der Bundestag einen Untersuchungsausschuss einsetzt. Allerdings führte diese Regelung in der GO BT **nicht** dazu, dass dadurch ein **Recht aus dem GG begründet** würde. So ist z.B. im Organstreitverfahren nur der antragsbefugt, der eigene Rechtsverletzungen aus dem GG geltend macht (§ 64 Abs. 1 BVerfGG). Ein Quorum unter einem Viertel war trotz der Regelung des § 126 a BO BT daher nicht antragsbefugt.[434] Da die Oppositionsfraktionen in der derzeitigen 19. Wahlperiode über 308 Sitze verfügen, wird § 126 a GO BT jedenfalls zunächst nicht verlängert werden.

Möglich ist aber auch, dass die Abgeordneten der Regierungsmehrheit die Einsetzung eines Untersuchungsausschusses beantragen und dabei auch parlamentsinterne Vorgänge zum Gegenstand eines Untersuchungsausschusses machen (z.B. ordnungsgemäße Verwendung von Fraktionsmitteln durch die Oppositionsfraktion).[435]

---

426 M. Schröder NJW 2001, 2144 m.w.N.

427 Kleemann/Gebert ZG 2009, 151.

428 Dazu BVerfG NJW 1996, 2720; NJW 1998, 3040 ff.; Morlok/Michael Staatsorganisationsrecht, Rn. 230 Fn. 113 f.

429 Vgl. auch Gusy ZRP 2008, 36.

430 Vgl. i.E. Gusy NWVBl. 2007, 413.

431 BVerfG NVwZ 2012, 495.

432 Seidel BayVBl. 2002, 97.

433 BVerfG DVBl. 1988, 200, 201 f.

434 BVerfG RÜ 2017, 108.

435 VerfGH RhPf NVwZ 2011, 115 Anm. Sachs JuS 2011, 379.

288 **II.** Anders als in den meisten Ländern gab es auf Bundesebene bis 2001 keine näheren Regelungen. Es lag lediglich ein Gesetzentwurf der Interparlamentarischen Arbeitsgemeinschaft (IPA) vom 14.05.1969[436] vor, der jedoch nie das Gesetzgebungsverfahren durchlaufen hat (sog. **IPA-Regeln**) und dessen Anwendbarkeit jeweils im Einzelfall ausdrücklich beschlossen werden musste. Seit dem 26.06.2001 gibt es auch auf Bundesebene ein Untersuchungsausschussgesetz – **PUAG.**[437]

III. Für das **Verfahren** und die **Befugnisse** des UA verweist Art. 44 Abs. 2 S. 1 GG auf die Vorschriften über den Strafprozess, d.h. es gelten grundsätzlich die StPO und das GVG.[438]

289 Über Art. 44 Abs. 2 S. 1 GG gelten auch die (geschriebenen und ungeschriebenen) **Beweiserhebungs- und Beweisverwertungsverbote** der StPO. Diese sollen z.B. der Verwendung von Stasi-Abhörprotokollen (gemäß § 22 Abs. 1 StUG) nicht entgegenstehen, sofern es um die Aufklärung von Katalogtaten i.S.v. § 23 Abs. 1 StUG geht.[439] Daneben unterliegt das Beweiserhebungsrecht **verfassungsrechtlichen Grenzen**. So können sich Gründe, einem Untersuchungsausschuss Informationen vorzuenthalten, aus dem Gewaltenteilungsgrundsatz (Art. 20 Abs. 2 S. 2 GG) ergeben, wenn der **Kernbereich exekutiver Eigenverantwortung** betroffen ist (NSA-Sektorenlisten).[440]

Art. 44 Abs. 2 S. 2 GG begründet ein **Eingriffsverbot in die Grundrechte aus Art. 10 GG**, z.B. durch Maßnahmen des UA gemäß §§ 99 ff., 100 a ff. StPO.[441]

IV. Gemäß Art. 44 Abs. 3 GG sind Gerichte und Verwaltungsbehörden zur **Rechts- und Amtshilfe** verpflichtet; vgl. auch § 18 Abs. 4 S. 1 PUAG. Soweit es um die **Herausgabe beweiserheblicher Akten** durch **Verwaltungsbehörden** geht, ist wie folgt zu differenzieren:

V. Für **Bundesbehörden** gilt § 18 Abs. 1–3 PUAG.[442]

VI. Für **Landesbehörden** gilt § 18 Abs. 4 PUAG, ergänzend §§ 4–8 VwVfG.[443]

Die Versagungstatbestände des § 5 Abs. 2 VwVfG werden jedoch verdrängt von § 18 Abs. 1 PUAG („Vorlagepflicht ... vorbehaltlich verfassungsrechtlicher Grenzen") und den Geheimnisschutzvorschriften der §§ 14–16 PUAG.[444]

VII. Einsetzung und Verfahren des Untersuchungsausschusses (UA) nach dem PUAG

Fall 9: Verhängnisvolle Protokolle

Zu der im Bundestag über die Mehrheit verfügenden politischen Gruppierung gehört die A-Partei. Ihr Mitglied V ist Bundesminister der Verteidigung. In der Presse waren Berichte aufgetaucht, wonach der K-Konzern Bundeswehraufträge durch Bestechung von leitenden Beamten des Verteidigungsministeriums erhalten haben soll.

---

436 BT-Drucks. V/4209.

437 Vgl. dazu Schneider NJW 2001, 2604; ausführlich Wiefelspütz, Das UntersuchungsausschussG – UAG – (2003); zu den prozessualen Aspekten vgl. Risch DVBl. 2003, 1418.

438 Zum anwaltlichen Beistandsrecht vgl. VerfGH Saarl DVBl. 2003, 644 und OVG Berlin NJW 2002, 313.
Zur str. Frage des Vereidigungsrechts von UA vgl. Schaefer NJW 2002, 490; Wiefelspütz ZRP 2002, 14; Hamm ZRP 2002, 11.

439 Vgl. Lesch NJW 2000, 3035; allg. zum StUG Aulehner DÖV 1994, 853.

440 BVerfG RÜ 2017, 108, 112.

441 BVerfG DVBl. 2009, 1107 Anm. Sachs JuS 2009, 1039, 1040 Fn. 7.

442 Zu Rechtsschutzproblemen in diesem Zusammenhang vgl. Nettesheim/Vetter JuS 2004, 219 f.

443 BVerfG NJW 1984, 2271; Jarass/Pieroth GG, Art. 44 Rn. 9.

444 So schon zur alten Rechtslage OLG Frankfurt NJW 2001, 2340 f. m.w.N.

V nahm zu den Vorgängen vor dem Verteidigungsausschuss und später auch im Plenum des Bundestages Stellung. Danach erklärten Sprecher der in der Opposition befindlichen B-Partei, sie hielten die Erklärungen des V für nicht ausreichend. Als V weitere Auskünfte ablehnte, forderten sie in einem von 170 Abgeordneten unterschriebenen Antrag die Einsetzung eines Untersuchungsausschusses. Der Bundestag fasste daraufhin folgenden Beschluss:

Es wird ein Untersuchungsausschuss mit 15 Mitgliedern eingesetzt. Ihm obliegt die Aufklärung der näheren Umstände bei der Vergabe von (näher bezeichneten) Aufträgen der Bundeswehr, insbesondere die Einflussnahme von Vertretern des K-Konzerns sowie die Mitwirkung bestimmter leitender Beamter des Bundesverteidigungsministeriums.

Nach Aufnahme seiner Arbeit beschließt der UA, zahlreiche Geschäftsunterlagen des K-Konzerns, insbesondere Protokolle von Vorstands- und Aufsichtsratssitzungen beizuziehen. Als der K-Konzern die Herausgabe verweigert, beantragt der Ausschuss beim Ermittlungsrichter des BGH die Beschlagnahme der Unterlagen. Zur Begründung wird ausgeführt, dass die Vorlage der näher bezeichneten Urkunden für die Erfüllung des Untersuchungsauftrags unerlässlich sei. Wie wird der Ermittlungsrichter des BGH entscheiden?

Der Ermittlungsrichter kann die Beschlagnahme gemäß § 29 Abs. 3 PUAG anordnen, wenn

- die Maßnahme auf Antrag des UA zulässig ist und
- es sich um Gegenstände handelt, die als Beweismittel für die Untersuchung von Bedeutung sein können (§ 29 Abs. 1 S. 1 PUAG).

A. Die vom UA beantragte **Beweiserhebungsmaßnahme** ist **zulässig**, wenn die Tätigkeit des UA auf einem ordnungsgemäßen Einsetzungsbeschluss[445] beruht, d.h. 290

- der Ausschuss ordnungsgemäß konstituiert wurde (dazu I.),
- der Gegenstand der Untersuchung zulässig ist (dazu II.) und
- sich der Antrag im Rahmen des Beweiserhebungsrechts des UA hält (dazu III.).[446]

Das Prüfungsrecht des BGH bzw. des Ermittlungsrichters ergibt sich (jetzt unstreitig) aus § 36 Abs. 2 PUAG. Nach dieser Vorschrift muss der BGH/Ermittlungsrichter die Entscheidung des BVerfG einholen (Art. 93 Abs. 3 GG, §§ 13 Nr. 11 a, 82 a BVerfGG), wenn er den Einsetzungsbeschluss des BT für verfassungswidrig hält und es für die Entscheidung auf dessen Gültigkeit ankommt.[447]

I. **Ordnungsgemäße Einsetzung** des UA

1. Gemäß § 1 Abs. 1 PUAG hat der Bundestag das Recht und auf Antrag von 1/4 seiner Mitglieder (zurzeit mind. 178) die Pflicht, einen UA einzusetzen. Im vor- 291

445 Zu den Voraussetzungen und Folgen rechtswidriger Einsetzungsbeschlüsse vgl. Caspar DVBl. 2004, 845.

446 Vgl. BVerfG DVBl. 1988, 200, 201; Wilke JuS 1990, 126, 127.

447 Vgl. Schulte Jura 2003, 505, 512.

liegenden Fall haben 170 Abgeordnete, also mehr als 1/4 der Bundestagsmitglieder die Einsetzung des UA beantragt, sodass das erforderliche Einsetzungsquorum erreicht ist. Es handelt sich mithin um eine sog. **Minderheitsenquete**.

Das Minderheitenrecht aus § 1 Abs. 1 PUAG umfasst auch das Recht zur Festlegung des Untersuchungsgegenstandes.[448] **Änderungen oder Erweiterungen** durch die Bundestagsmehrheit über den Antrag der Minderheit hinaus sind daher grundsätzlich unzulässig (§§ 2 Abs. 2, 3 PUAG). Nur ausnahmsweise sind Zusatzfragen möglich, „wenn sie nötig sind, um ein umfassenderes – und wirklichkeitsgetreues – Bild des angeblichen Missstandes zu vermitteln. Auch dann müssen sie jedoch denselben Untersuchungsgegenstand betreffen und diesen im Kern unverändert lassen."[449]

Umgekehrt sind **Beschränkungen** des Untersuchungsauftrages nur bei (teilweiser) Verfassungswidrigkeit des Antrages zulässig.[450] Eine vollständige Ablehnungspflicht wird überwiegend dann angenommen, wenn die Beschränkungen so wesentlich sind, dass durch sie Ziel und Gegenstand des konkreten UA verändert wurden.[451] In diesem Fall können die Antragstellenden das BVerfG gemäß Art. 93 Abs. 1 Nr. 1 GG (§ 2 Abs. 3 S. 2 PUAG) anrufen.

2. Allerdings findet Art. 44 GG **keine Anwendung** auf dem Gebiet der **Verteidigung** (Art. 45 a Abs. 3 GG). Hier hat der Verteidigungsausschuss automatisch auch die Rechte eines Untersuchungsausschusses (Art. 45 a Abs. 2 S. 1 GG i.V.m. § 34 Abs. 1 S. 1 PUAG).[452] Durch Art. 45 a Abs. 2 S. 2 GG i.V.m. § 34 Abs. 1 S. 2 PUAG ist die **Minderheitsenquete** garantiert. Daraus folgt, dass der Bundestag auf dem Gebiet der Verteidigung keinen anderen UA einsetzen darf.

Umstritten ist, ob der Bundestag dem Verteidigungsausschuss Untersuchungsaufträge erteilen darf[453] und ob durch Art. 45 a Abs. 3 GG die Öffentlichkeit bei Beweisaufnahmen zwingend ausgeschlossen ist.

Für das Verfahren des **Verteidigungsausschusses als UA** gelten die Vorschriften des PUAG; § 34 Abs. 4 PUAG.

Der Vorrang des Verteidigungsausschusses betrifft aber nur **verteidigungspolitische Angelegenheiten** im engeren Sinne. Die Nachprüfung von Unregelmäßigkeiten bei militärischen Beschaffungen (z.B. Bestechungen) sind allgemein-politische Fragen und können deshalb auch in UA nach Art. 44 GG untersucht werden.[454]

292 II. **Zulässigkeit des Untersuchungsgegenstandes**

1. Der Gegenstand der Untersuchung (das Untersuchungsthema) muss auf **Tatsachenfeststellung** durch Beweiserhebung sowie möglicherweise auf politische Bewertung dieser Tatsachen gerichtet sein.

---

448 Zu den Grenzen der Minderheitenrechte vgl. BGH DVBl. 2010, 1311; HessStGH, Urt. v. 16.11.2011 – P. St. 2323.

449 BVerfGE 49, 70, 86 ff.; BayVerfGH DVBl. 1994, 1126, 1131; Lüdemann JA 1996, 959, 960; Ortmann Jura 2003, 847, 854 m.w.N. in Fn. 97 ff.

450 Lüdemann JA 1996, 959, 960; VerfGH NRW NWVBl. 2001, 12 und § 2 Abs. 3 S. 1 PUAG.

451 Zu den str. Einzelheiten vgl. VerfGH NRW a.a.O.; Schulte Jura 2003, 505, 507 m.w.N. in Fn. 49 ff.; Ortmann a.a.O. S. 853 f. Fn. 87 ff.

452 Robbe WD Nr. 24/13 („Euro-Hawk").

453 Dagegen die h.M. Bonner Kommentar, GG, Art. 45 a Rn. 246 ff.; Sachs GG, Art. 45 a Rn. 8; a.A. Jarass/Pieroth GG, Art. 45 a Rn. 2.

454 Schmidt-Bleibtreu/Klein Art. 45 a Rn. 1; Troßmann, Parlamentsrecht, § 63 GeschO BT Rn. 10.6 m.w.N.

Dies ist hier bzgl. der vorgesehenen „Aufklärung der näheren Umstände" der Fall.

2. Das Beweisthema muss **hinreichend bestimmt** bezeichnet sein. Dieses rechtsstaatliche Erfordernis ergibt sich letztlich aus den Eingriffsbefugnissen des Ausschusses gegenüber Dritten.[455]

   Vorliegend wird das Thema durch die Bezugnahme auf bestimmte Vorgänge, eine bestimmte Firma sowie auf bestimmte leitende Ministerialbeamte konkretisiert.

3. Als Unterorgan des Bundestages muss sich der UA innerhalb des verfassungsmäßigen **Aufgabenkreises des Bundestages** halten. Er kann nicht mehr Rechte haben als das Parlament selbst (sog. Korollartheorie); vgl. § 1 Abs. 3 PUAG.[456]

   a) Wegen des **Bundesstaatsprinzips** darf kein Eingriff in die Zuständigkeit der Länder erfolgen, insbesondere darf der Bund keine **ausschließlichen Länderangelegenheiten** untersuchen, es sei denn, es geht um Kontroll- und Aufsichtsrechte nach Art. 84, 85 GG.[457]

      So hat der Bundestag z.B. keine Kompetenz, das Verhalten von Ministerpräsidenten der Länder und von Landesbehörden zu untersuchen.[458] Unzulässig ist auch eine Untersuchung des Bundes in Angelegenheiten der kommunalen Selbstverwaltung. Dagegen dürfen sich UAe der Landtage grundsätzlich auch mit Angelegenheiten der Gemeinden und Gemeindeverbände befassen.[459]

   b) Umgekehrt darf die Untersuchung eines Landesuntersuchungsausschusses grundsätzlich auch nicht auf die **Kontrolle von Bundesbehörden** gerichtet sein.[460]

      Von der **sachlichen Kompetenz** des UA zu unterscheiden ist die Frage nach dem **persönlichen Umfang** der Hoheitsgewalt eines UA, z.B. ob ein UA des Bundestages Landesbeamte oder Landespolitiker bzw. ein UA eines Landtages Angehörige eines anderen Bundeslandes als Zeugen vorladen kann. Vom BVerwG[461] wird wegen der Gleichstellung mit dem Strafprozess eine bundesweite Zeugenpflicht bejaht. Nach Art. 33 Abs. 1 GG habe jeder Deutsche in jedem Land die gleichen staatsbürgerlichen Pflichten.[462]

III. Beachtung der Grenzen des Beweiserhebungsrechts 293

Nach Auffassung des BVerfG[463] sind dies:

- Grundsatz der Gewaltenteilung,
- Wohl des Bundes oder eines Landes (Staatswohl),
- Überschreitung des Untersuchungsauftrags,

---

455 BayVerfGH DVBl. 1994, 1126, 1130; NVwZ 1986, 822, 824; Hilf NVwZ 1987, 537, 539.

456 BVerfG DVBl. 1988, 200, 202; Bonner Kommentar zum GG, Art. 44 Rn. 7; LG Frankfurt NJW 1987, 787, 788; LG Bonn NJW 1987, 790, 791; Hilf NVwZ 1987, 537, 539; Schenke JZ 1988, 805, 808 m.w.N.

457 Kunig Jura 1993, 220, 222; Klenke NVwZ 1995, 644, 645.

458 AG Bonn NJW 1989, 1101; kritisch Kästner NJW 1990, 2649, 2655; Meyer-Bohl DVBl. 1990, 511.

459 Vgl. OVG Saarlouis NVwZ 1987, 612 f.; Böckenförde AöR 103 (1978), 38, 39.

460 BVerwG NJW 2000, 160, 163.

461 BVerwG NJW 1988, 1924, 1925.

462 Ebenso BVerfG NVwZ 1994, 54, 55; a.A. OVG Lüneburg DÖV 1986, 210: Die Landesstaatsgewalt sei auf die Landesangehörigen und das Landesgebiet beschränkt; vgl. auch Dickert JA-Übbl. 1990, 218, 226.

463 BVerfG RÜ 2009, 586; Sachs JuS 2009, 1039, 1040.

- Grundrechte Privater
- Verbot des Rechtsmissbrauchs (z.B. bei offensichtlicher Verzögerung).

294 1. Unter dem Gesichtspunkt der **Gewaltenteilung** kann eine Untersuchung durch die Befugnisse der **Regierung (Exekutive)** begrenzt sein. Zwar ergibt sich gerade aus dem Gewaltenteilungsprinzip ein Kontrollrecht des Bundestages und damit auch seiner UAe, jedoch folgt andererseits aus der Gewaltenteilung auch, dass die parlamentarische Kontrolle sich nicht auf den **Kernbereich der Exekutive** erstrecken darf (Kernbereich exekutiver Eigenverantwortung).[464]

Dazu gehört z.B. die **Willensbildung** der Regierung sowohl hinsichtlich der Erörterungen im Kabinett als auch bei der Vorbereitung von Kabinetts- und Ressortentscheidungen. Die Kontrollkompetenz des Bundestages und damit seiner UAe erstreckt sich demnach grundsätzlich nur auf bereits **abgeschlossene Vorgänge**; eine verfahrensbegleitende oder vorbeugende Kontrolle ist unzulässig.[465]

Im **vorliegenden Fall** ist dieser Kernbereich nicht betroffen, sodass sich die Bundesregierung die Untersuchung gefallen lassen muss.

295 2. Als weitere (verfassungsunmittelbare) Grenze des Beweiserhebungsrechts kommt das Wohl des Bundes oder eines Landes **(Staatswohl)** in Betracht. Dies gilt insbesondere für den Fall, dass eine Aussagegenehmigung für Bundesbeamte oder die Herausgabe von Akten durch die Bundesregierung unter Hinweis auf Geheimhaltungsinteressen verweigert wird.

Hierzu hat das BVerfG in einer aktuellen Entscheidung ausgeführt, dass die Berufung auf das Staatswohl gegenüber dem deutschen Bundestag in aller Regel dann nicht in Betracht kommen kann, wenn beiderseits wirksame Vorkehrungen gegen das Bekanntwerden von Dienstgeheimnissen getroffen wurden, zumal das Staatswohl nicht allein der Bundesregierung, sondern auch dem Bundestag und der Bundesregierung gemeinsam anvertraut ist. Sofern trotzdem eine Aussagegenehmigung oder die Aktenherausgabe verweigert wird, reicht der pauschale Verweis auf das Staatswohl nicht aus; vielmehr ist eine detaillierte **substanziierte Begründung** erforderlich, die eine nachvollziehbare Abwägung der gegenläufigen Interessen erkennen lässt.[466]

Da hier bei einer Privatperson Beweis erhoben werden soll, scheidet das Staatswohl als Grenze des Beweiserhebungsrechts aus.

3. Der Antrag des UA an den Amtsrichter auf Beschlagnahme der Unterlagen (Beweiserhebungsantrag) müsste sich **im Rahmen des Untersuchungsauftrags** halten.

Inhaltlich erfasst der Antrag den vom BTag festgelegten Untersuchungsauftrag.[467]

---

464 BVerfG RÜ 2009, 586; BVerfG RÜ 2017, 108, 112; Hecker DVBl. 2009, 1239; Schwarz BayVBl. 2012, 161.

465 BVerfG RÜ 2009, 586, 589 f.

466 BVerfG RÜ 2009, 586, 590.

467 Klenke NVwZ 1995, 644, 646, wonach dem UA eine Einschätzungsprärogative zusteht, ob die Beweisaufnahme zur Klärung des Untersuchungsgegenstandes erforderlich und geeignet ist. Zu den Minderheitsrechten im Rahmen der Beweiserhebung (§ 17 Abs. 2 PUAG) und zu den Voraussetzungen der Ablehnung durch die Mehrheit vgl. BVerfG NJW 2002, 1936.

4. Des Weiteren könnte sich aus **Grundrechten** ein (ungeschriebenes) Verbot oder eine Beschränkung des Beschlagnahmerechts ergeben.[468] **296**

a) Hier greift die beantragte Beschlagnahme in Grundrechte des K-Konzerns ein, insbesondere in das Recht am eingerichteten und ausgeübten **Gewerbebetrieb** (Art. 14 GG), dem **Schutz der Betriebs- und Geschäftsgeheimnissen** als Teil der Berufsfreiheit (Art. 12 GG) und in das aus Art. 2 Abs. 1 i.V.m. Art. 1 Abs. 1 GG abgeleitete Recht auf **informationelle Selbstbestimmung**, d.h. das Recht, selbst zu entscheiden, wann und in welchem Umfang persönliche Lebenssachverhalte (Daten) offenbart werden.[469]

b) Das Grundrecht des Art. 14 GG wird durch die Sozialpflichtigkeit des Eigentums eingeschränkt (Art. 14 Abs. 2 GG). Auch die Berufsfreiheit kann durch oder auf Grund eines Gesetzes geregelt werden. Das Datenschutzrecht unterliegt gemäß Art. 2 Abs. 1 GG der Schranke der verfassungsmäßigen Ordnung. Der Eingriff in diese Grundrechte ist daher unter Beachtung des Grundsatzes der **Verhältnismäßigkeit** aus überwiegenden öffentlichen Interessen zulässig. Bei der danach gebotenen Abwägung sind insbesondere Art und Bedeutung des mit der beabsichtigten Beweiserhebung verfolgten Ziels im Rahmen des dem UA erteilten Auftrags und die Schutzwürdigkeit und -bedürftigkeit der betroffenen Daten angemessen zu berücksichtigen. Auf Informationen, deren Weitergabe wegen ihres streng persönlichen Charakters für den Betroffenen unzumutbar wäre, erstreckt sich das Beweiserhebungsrecht nicht.[470]

c) Vorliegend besteht ein überwiegendes **öffentliches Interesse**[471] an der Aufklärung der Umstände bei der Vergabe staatlicher Aufträge, insbesondere weil der Verdacht strafbaren Verhaltens (Bestechlichkeit) besteht. Das Kontrollrecht des Parlaments hat besondere Bedeutung sowohl für die parlamentarische Demokratie als auch für das Ansehen des Staates. Da es andererseits „nur" um die Weitergabe wirtschaftlicher Daten und nicht solche persönlichen Charakters geht, tritt dahinter das Interesse des K-Konzerns zurück. Diesem muss jedoch dadurch Rechnung getragen werden, dass **Vorkehrungen für den Geheimschutz** getroffen werden, damit der Grundrechtsschutz im Übrigen gewahrt bleibt. Denn zum Recht auf informationelle Selbstbestimmung gehört auch, dass der Empfänger persönlicher Daten diese vor dem Zugriff Dritter schützt.[472]

Das **PUAG** trägt auf verschiedene Weise berechtigten **Geheimschutzinteressen** Rechnung:

- Ausschluss der Öffentlichkeit bei der Beweiserhebung gemäß § 14 Abs. 1 Nr. 1, 3 i.V.m. § 31 Abs. 3 PUAG;

---

468 Vgl. BVerfGE 67, 100, 142; BVerfG DVBl. 1988, 200, 202 ff.; NVwZ 1994, 54, 55; Kirste JuS 2003, 61, 63 ff.

469 Vgl. BVerfGE 65, 1 ff. – Volkszählung.

470 BVerfG DVBl. 1988, 200, 204; BVerfGE 67, 100, 144; Klenke NVwZ 1995, 644, 647 m.w.N. und jetzt § 29 Abs. 1 S. 2 PUAG.

471 Vgl. zu dieser str. und ungeschriebenen Anforderung an den Untersuchungsgegenstand BVerfG NJW 1984, 2271 Anm. Weber JuS 1985, 309; Hebeler/Schulz JuS 2010, 969, 973 Fn. 54 ff.; Morlok/Michael Staatsorganisationsrecht, Rn. 718 Fn. 223 ff.; Gröpl Staatsrecht I, Rn. 1014.

472 Vgl. BVerfGE 67, 100, 144; 77, 1, 47; BVerfG DVBl. 1997, 481.

- Geheimnisschutz gemäß §§ 16, 15 PUAG i.V.m. Geheimschutzordnung des BT (Anlage 3 zur GO BT);
- Geheimnisschutz gemäß § 30 PUAG nach Vorprüfung durch UA (§ 30 Abs. 2 S. 1);
- Rechtliches Gehör von betroffenen Personen vor Veröffentlichung des Abschlussberichtes, § 32 PUAG.

B. Der Ermittlungsrichter wird daher die Beschlagnahme der Unterlagen gemäß § 29 Abs. 3 S. 1 PUAG anordnen, mit der Maßgabe, dass diese zunächst gemäß § 30 PUAG dem UA zur Prüfung der Beweiserheblichkeit vorgelegt werden. Außerdem wird der Richter die erforderlichen Geheimhaltungsmaßnahmen anordnen.

VIII. Sonstige Zwangsbefugnisse nach dem PUAG; Ansprüche gegen Behörden und Amtsträger; Ermittlungsbeauftragte

297 **1.** Sofern Zeugen unentschuldigt ausbleiben, kann der UA ein **Ordnungsgeld** bis 10.000 € festsetzen und die **zwangsweise Vorführung** anordnen; § 21 PUAG.

2. Bei grundloser (§ 22 PUAG) Zeugnisverweigerung kann der UA ein **Ordnungsgeld** bis 10.000 € festsetzen (§ 27 Abs. 1 PUAG) oder beim Ermittlungsrichter des BGH Erzwingungshaft beantragen (§ 27 Abs. 2 PUAG).

Auf Landesebene muss die Erzwingungshaft grundsätzlich beim Amtsgericht am Sitz des Landtags (Bürgerschaft) beantragt werden, vgl. z.B. §§ 16 Abs. 1 S. 1, 27 Abs. 1 UAG NRW.[473]

Ein **Auskunftsverweigerungsrecht** ergibt sich aus § 22 Abs. 2 PUAG, auf **Landesebene** aus der entsprechenden landesrechtlichen Vorschrift, z.B. § 17 Abs. 1 S. 1 UAG NRW.[474]

3. Gemäß § 18 Abs. 1 PUAG sind die dort genannten **Organe und juristischen Personen des öffentlichen Rechts** des Bundes grundsätzlich verpflichtet, Beweismittel, insbesondere Akten, dem UA vorzulegen.

a) Gemäß § 18 Abs. 2 PUAG kann das Ersuchen abgelehnt oder Beweismittel als Verschlusssache eingestuft werden, § 96 StPO gilt auf **Bundesebene** nicht mehr.[475]

Gemäß § 18 Abs. 2 S. 2 Hs. 2 PUAG ist der UA über die Gründe der Ablehnung schriftlich zu unterrichten. Dabei reicht der pauschale Verweis etwa auf den Kernbereich exekutivischer Eigenverantwortung oder das Staatswohl (verfassungsrechtliche Grenzen i.S.v. § 18 Abs. 1 PUAG) nicht aus; erforderlich ist vielmehr eine **substanziierte Begründung**, die eine nachvollziehbare Abwägung der gegenläufigen Interessen erkennen lässt.[476]

b) Einem **Landes-UA** kann die Herausgabe von Behördenakten nach § 96 StPO verweigert werden, wenn die oberste Dienstbehörde erklärt, dass das Bekanntwerden des Inhalts dem Wohl des Bundes oder eines Landes Nachteile bereiten würde.[477]

---

473 BVerfG NVwZ 2002, 1499.

474 Zu Umfang bzw. Grenzen vgl. OVG NRW NJW 1999, 80; Pabel NJW 2000, 788, 798 f.; Kölble/Morlok ZRP 2000, 217; Schröder NJW 2000, 1455, 1457 f.

475 Vgl. Schröder NJW 2000, 1455, 1457.

476 BVerfG RÜ 2009, 586, 589 f.

477 BVerwG NJW 2000, 160; BVerfG RÜ 2009, 586.

c) Ein **Herausgabeverweigerungsrecht** kann sich überdies aus Art. 1 Abs. 3 GG ergeben, wenn die Herausgabe von Akten gegen das **Grundrecht** auf informationelle Selbstbestimmung (Art. 2 Abs. 1 i.V.m. Art. 1 Abs. 1 GG) verstoßen würde („... **vorbehaltlich verfassungsrechtlicher Grenzen**"; § 18 Abs. 1 PUAG). Regelmäßig stellt die Übermittlung von Akten jedoch eine verhältnismäßige und damit zulässige Einschränkung der Grundrechte dar, wenn Vorkehrungen für den Geheimschutz getroffen werden (s.o.). Eine Ausnahme gilt lediglich für solche Informationen, deren Weitergabe wegen ihres streng persönlichen Charakters für den Betroffenen unzumutbar ist.[478]

d) Entsprechendes gilt, wenn die herausverlangten Akten u.a. vertrauliche Interna einer Partei enthalten und die (vollständige) Herausgabe damit die **Chancengleichheit** und **Staatsfreiheit der Parteien** verletzen würden.[479]

4. Die **Vernehmung von Amtsträgern** regeln §§ 23, 18 Abs. 1–3 PUAG; § 54 StPO; §§ 37 Abs. 4 BeamtStG.[480]

Gemäß § 23 Abs. 2 Hs. 1 PUAG ist die Bundesregierung grundsätzlich verpflichtet, die erforderlichen Aussagegenehmigungen zu erteilen. Sofern die Aussagegenehmigung verweigert wird, ist der UA über die Gründe der Ablehnung gemäß §§ 23 Abs. 2 Hs. 2 i.V.m. § 18 Abs. 2 S. 2 PUAG schriftlich zu unterrichten. Auch hier reicht, ähnlich wie bei der Verweigerung der Aktenherausgabe, ein pauschaler Verweis etwa auf den Kernbereich exekutiver Eigenverantwortung oder das Staatswohl nicht aus; vielmehr ist auch hier eine **substanziierte Begründung** erforderlich, die nachvollziehbar eine Abwägung der widerstreitenden Interessen erkennen lässt.[481]

5. Gemäß § 10 Abs. 1 PUAG hat der Untersuchungsausschuss jederzeit das Recht und, auf Antrag eines Viertels seiner Mitglieder die Pflicht, einen **Ermittlungsbeauftragten** einzusetzen. Dieser bereitet die Untersuchung durch den UA vor durch Beschaffung und Sichtung der erforderlichen **sachlichen Beweismittel** (§ 10 Abs. 2 S. 1, 2 PUAG) und hat in diesem Zusammenhang die Rechte aus §§ 18, 19, 30 PUAG entsprechend (§ 10 Abs. 3 S. 3, 4 PUAG); Personen können informatorisch (d.h. ohne Wahrheitspflicht) angehört werden (§ 10 Abs. 3 S. 6 PUAG). Ermittlungsbeauftragte sind unabhängig, also nicht den Weisungen des UA unterworfen (§ 10 Abs. 4 S. 1 PUAG). Sie können aber jederzeit mit einer Mehrheit von zwei Dritteln der anwesenden Mitglieder abberufen werden (§ 10 Abs. 4 S. 2 PUAG), also ggf. auch gegen den Willen der Einsetzungsminderheit.[482]

IX. Rechtsschutzfragen bei Untersuchungsausschüssen

1. Die Durchsetzung der in Art. 44 GG und im PUAG garantierten Minderheitenrechte **298**
erfolgt grundsätzlich im **Organstreitverfahren** (Art. 93 Abs. 1 Nr. 1 GG, § 13 Nr. 5 BVerfGG).[483]

Beispiel: Verstoß gegen die Einsetzungspflicht

478 BVerfGE 67, 100.

479 OLG Frankfurt NJW 2001, 2340, dort auch zum Geheimnisschutz durch das „modifizierte Vorsitzendenverfahren".

480 Vgl. BVerwG NJW 2000, 160.

481 BVerfG RÜ 2009, 586.

482 Vgl. i.E. Bachmaier NJW 2002, 348; Schneider NJW 2002, 1328.

483 Vgl. BVerfG RÜ 2017, 108; Lüdemann JA 1996, 959, 963; Peters ZParl 2012, 831.

Ausnahme: Anspruch der Minderheit auf Erhebung bestimmter Beweise oder die Anwendung beantragter Zwangsmittel. In diesem Fall: Entscheidung des Ermittlungsrichters beim BGH gemäß § 17 Abs. 4 PUAG; dagegen Beschwerde gemäß § 36 Abs. 3 PUAG.

299 **2.** Soweit Handlungen des UA Rechte **Dritter** berühren, gilt Folgendes:

a) Grundsätzlich sind gemäß § 40 Abs. 1 VwGO die **Verwaltungsgerichte** zuständig. Die Befugnisse des UA sind öffentlich-rechtlicher Natur. Die Streitigkeiten zwischen Bürger und Ausschuss sind auch **nichtverfassungsrechtlicher** Art. Zwar ist die Tätigkeit des UA dem Bereich des Verfassungsrechts zuzuordnen. Die dem Ausschuss über Art. 44 GG ggf. zustehenden Eingriffsbefugnisse haben jedoch keinen spezifisch verfassungsrechtlichen Inhalt, sondern sind mit den Befugnissen der Staatsanwaltschaft vergleichbar.[484]

§ 23 EGGVG greift als abdrängende Sonderzuweisung **nicht** ein, da der UA keine Maßnahmen auf dem Gebiet der Strafrechtspflege wahrnimmt. Er bedient sich der strafprozessualen Eingriffsbefugnisse nur zur Unterstützung der verfassungsrechtlichen Aufklärungsfunktion.[485]

Abdrängende Zuweisung ist jedoch auf **Bundesebene § 36 Abs. 1 PUAG**, wonach grundsätzlich der BGH zuständiges Gericht für Streitigkeiten nach diesem Gesetz ist.[486]

b) Problematisch ist die richtige **Klageart**. Eine Anfechtungsklage setzt einen VA voraus. Teilweise wird die VA-Qualität generell abgelehnt, da der UA aufgrund gerichtsähnlicher Kompetenzen tätig werde und daher keine Behörde i.S.d. §§ 35, 1 Abs. 4 VwVfG sei.[487]

Demgegenüber geht die h.M. davon aus, dass dem UA Behördeneigenschaft zukommt, da er aufgrund seiner Eingriffsbefugnisse nach Art. 44 Abs. 2 S. 1 GG berufen sei, im eigenen Namen Verwaltungsentscheidungen nach außen zu treffen.[488]

Danach sind VAe z.B. die Verhängung eines Zwangsgeldes oder der Vorführungsbefehl eines UA, sodass dagegen die **Anfechtungsklage** die richtige Klageart ist.[489]

Nicht als VA wird dagegen das Verlangen des UA nach Herausgabe von Beweismitteln gewertet, da es wegen der dem UA fehlenden Vollstreckungskompetenz an einer verbindlichen Regelungswirkung fehle.[490] Gleiches gilt für die Ladung eines Zeugen.[491]

Soweit die Maßnahme keinen VA darstellt, kommt – wenn es um ein Leistungsbegehren geht – die **Leistungsklage**[492] in Betracht, im Übrigen eine Klage auf **Feststellung**, dass eine bestimmte Pflicht (z.B. zur Herausgabe von Akten) nicht besteht.

c) Eine Ausnahme zu Art. 19 Abs. 4 GG und damit einen **gerichtsfreien Raum** schafft Art. 44 Abs. 4 S. 1 GG. **Verfahrensbeendende Beschlüsse** des UA sind der richterlichen

---

484 BVerfG NVwZ 1994, 54; BVerwG NJW 1988, 1924; Schenke JZ 1988, 805, 818.

485 OVG Lüneburg NVwZ 1986, 210.

486 Zur Abgrenzung der Zuständigkeiten des BVerfG in diesem Bereich vgl. BVerfG NJW 2005, 2537, Anm. Sachs JuS 2005, 1033.

487 OVG Lüneburg DVBl. 1986, 476; Kästner JuS 1993, 109, 112 m.w.N.

488 BVerfG NVwZ 1994, 54, 55; a.A. Kopp/Ramsauer VwVfG, § 35 Rn. 29 m.w.N.; offengelassen von BVerwG BayVBl. 1981, 214.

489 OVG Berlin DVBl. 1970, 293; VG Hannover NJW 1988, 1928; Klenke NVwZ 1995, 644, 648.

490 OVG NRW NVwZ 1990, 1083; DVBl. 1987, 100, 103.

491 OVG NRW NJW 1989, 1103; Klenke NVwZ 1995, 644, 648; a.A. Kopp/Ramsauer VwVfG, § 35 Rn. 45 m.w.N.

492 Gärditz ZParl 2005, 854, 873 f.

Erörterung entzogen. Auch wenn jemand geltend macht, durch den Abschlussbericht in seinen Rechten verletzt zu sein, kann er damit vor den Gerichten nicht gehört werden.

Beispiel: Im Abschlussbericht des UA wird festgestellt, dass A den Minister M bestochen hat. Eine Klage des A gegen diese Feststellung ist wegen Art. 44 Abs. 4 S. 1 GG generell unzulässig.[493]

d) Gegen **Entscheidungen des Ermittlungsrichters** beim BGH (z.B. gemäß §§ 18 Abs. 3 Hs. 2, 18 Abs. 4 S. 2, 27 Abs. 3, 29 Abs. 3 PUAG) ist die **Beschwerde** zum BGH statthaft; § 36 Abs. 3 PUAG.

Auf **Landesebene** ist gegen Entscheidungen grundsätzlich die Beschwerde gemäß § 304 StPO statthaft; vgl. z.B. § 27 Abs. 2 UAG NRW.

e) Sofern Organe und juristische Personen des öffentlichen Rechts i.S.v. § 18 Abs. 1 PUAG ein Ersuchen auf Vorlage von Beweismitteln abgelehnt haben, kann auf **Bundesebene** das BVerfG angerufen werden; § 18 Abs. 3 Hs. 1 PUAG i.V.m. Art. 93 Abs. 3 GG, §§ 13 Nr. 15, 66 a BVerfGG.

Entsprechendes gilt, wenn die Bundesregierung die Erteilung einer Aussagegenehmigung für Amtsträger verweigert; § 23 Abs. 2 Hs. 2 PUAG.[494]

Auf **Landesebene** ist der Verwaltungsrechtsweg gemäß § 40 Abs. 1 S. 1 VwGO (evtl. i.V.m. § 50 Abs. 1 Nr. 1) eröffnet.[495]

D. Leitungsorgane des Bundestags und Bundestagsverwaltung

I. Der Bundestag hat folgende **Leitungsorgane:**

- Präsident des Bundestags; Art. 40 Abs. 1 S. 1, Abs. 2 GG; §§ 2, 7 GO BT
- Präsidium des Bundestags; §§ 7 Abs. 4, 8 GO BT
- Ältestenrat; § 6 Abs. 2, Abs. 3 GO BT

II. Bundestagsverwaltung

Der Bundestag verfügt über eine eigene Verwaltung, die von dem Direktor des Bundestags geleitet wird. Diese untersteht unmittelbar dem Bundestagspräsidenten.[496]

4. Abschnitt: Die Rechtsstellung der Bundestagsabgeordneten

A. Das freie Mandat, Art. 38 Abs. 1 S. 2 GG

Grundlage für den verfassungsrechtlichen Status des Abgeordneten ist Art. 38 Abs. 1 **300**
S. 2 GG. Danach sind die Abgeordneten Vertreter des ganzen Volkes, an Aufträge und Weisungen nicht gebunden und nur ihrem Gewissen unterworfen (sog. **freies Mandat**, das im Gegensatz zum **imperativen** Mandat steht).

---

493 OVG Hamburg NVwZ 1987, 610, 611; LG Kiel NJW 1989, 1094, 1095 m.w.N.: abschließende Beschlüsse des UA haben für die Gerichte Tatbestandswirkung, d.h. sie müssen als feststehender Vorgang hingenommen werden; abweichend Kästner NJW 1990, 2649, 2653.

494 Robbers S. 105.

495 Vgl. BVerwG NJW 2000, 160.

496 Morlok/Michael Staatsorganisationsrecht, Rn. 737.

I. Rechte des Abgeordneten aus Art. 38 Abs. 1 S. 2 GG

301 Allgemein garantiert Art. 38 Abs. 1 S. 2 GG die ungestörte effektive und gleichberechtigte Tätigkeit des Bundestagsabgeordneten in allen parlamentarischen Gremien. Im Einzelnen sind insbesondere durch die Rspr. des BVerfG folgende Einzelrechte entwickelt worden:[497]

- **Teilnahmerecht**

  Einschränkung z.B. durch Sitzungsausschluss gemäß § 38 GO BT[498] bzw. § 44 a Abs. 5 S. 3 AbgG[499] oder durch gezielte Verkleinerung von Ausschüssen durch Mehrheitsbeschluss aus Gründen der Geheimhaltung[500] oder durch Delegation von wichtigen Entscheidungen des Bundestags auf ein Sondergremium.[501]

- **Rederecht** (§ 37 GO BT)
- Recht auf **Information**/Fragerecht[502]
- **Antragsrecht** (§ 76 GO BT)
- **Stimmrecht** (§ 57 Abs. 2 S. 2 GO BT)
- Recht zur **Bildung von Fraktionen**

  Dieses Recht erlangt dadurch große Bedeutung für den Abgeordneten, weil viele Rechte bzw. Betätigungsfelder ausschließlich nur den Fraktionen eröffnet sind und von einem fraktionslosen Abgeordneten nicht wahrgenommen werden können (vgl. z.B. §§ 12, 35 Abs. 1 S. 3, 57 Abs. 2 S. 2, 76 Abs. 1 GO BT; § 50 AbgG).

- Recht auf **Gleichbehandlung** mit anderen Abgeordneten (§ 57 Abs. 2 S. 2 GO BT)

  Das freie Mandat verlangt auch, die Abgeordneten in Statusfragen formal gleich zu behandeln, damit keine Abhängigkeiten oder Hierarchien entstehen, die über das für die Arbeitsfähigkeit des Parlaments unabdingbare Maß hinaus entstehen (sog. **Statusgleichheit der Abgeordneten**).[503] Aus diesem Grund ist insbesondere die Zahl der mit **Zulagen** bedachten Funktionsstellen auf wenige politisch besonders herausgehobene parlamentarische Funktionen zu beschränken.[504]

- **Sonstige Beeinträchtigungen** des Rechts auf freies Mandat sind z.B.
  - Sach-, Ordnungsruf gemäß § 36 Abs. 1 GO BT
  - Ordnungsgeld gemäß § 37 GO BT bzw. § 44 a Abs. 5 S. 1, 2 AbgG[505]
  - Überprüfung von Abgeordneten auf ihre Stasi-Vergangenheit,[506]

---

497 Mesnil/Müller JuS 2016, 504 ff., 603 ff.

498 Zu einem landesrechtlichen Fall vgl. VerfG MV, RÜ 2009, 449.

499 Borowy ZParl 2012, 635; Ingold/Lenski JZ 2012, 120.

500 Degenhart Staatsorganisationsrecht, Rn. 619; Frenz JA 2010, 126, 127 Fn. 15.

501 BVerfG NVwZ 2012, 495 (9er Sondergremium gemäß § 3 Abs. 3 ESMG).

502 BVerfG RÜ 2015, 523.

503 BVerwG DVBl. 2010, 114.

504 Vgl. BVerfG NJW 2000, 377; VerfG S-H, Urt. v. 30.09.2013 – LVerf 13/12; Thür VerfGH NVwZ-RR 2003, 793; BremStGH NVwZ 2005, 929; anders VerfG Hbg NJW 1998, 1054.

505 Ingold/Lenski JZ 2012, 120.

506 Brenner DVBl. 2009, 1126, vgl. dazu § 44 c AbgG.

- (sanktionsbewehrte) Pflicht zur Offenlegung von Nebeneinkünften durch sog. Transparenzregeln,[507]
- Mittelpunktregelung in § 44 a Abs. 1 AbgG,[508]
- Nachrichtendienstliche Beobachtung von Abgeordneten.[509]

II. Rechtsnatur und prozessualer Rechtsschutz

Die Rechte der Abgeordneten aus Art. 38 Abs. 1 S. 2 GG sind trotz Nennung dieser Vorschrift in Art. 93 Abs. 1 Nr. 4 a GG **keine grundrechtsgleichen Rechte**, weil Abgeordnete als Teil der Legislative keiner grundrechtsspezifischen Gefährdungslage ausgesetzt sind. 302

Verfassungsprozessual folgt daraus, dass Abgeordnete wegen möglicher Verletzung von Art. 38 Abs. 1 S. 2 GG grundsätzlich ausschließlich auf das Organstreitverfahren beim BVerfG angewiesen sind. Eine **Verfassungsbeschwerde** soll nach Auffassung des BVerfG allenfalls dann **ausnahmsweise** zulässig sein, wenn das Organstreitverfahren im konkreten Fall nicht möglich ist (z.B. bei Maßnahmen der Gerichte gemäß Art. 47 GG) und damit eine Rechtsschutzlücke entstehen würde.[510]

III. Grenzen bzw. Einschränkungsmöglichkeiten der Rechte aus Art. 38 Abs. 1 S. 2 GG

Ähnlich wie bei Grundrechten sind auch die Rechte aus dem freien Mandat gemäß Art. 38 Abs. 1 S. 2 GG nicht schrankenlos gewährleistet, sondern unterliegen aus verfassungsrechtlichen Gründen im Rahmen der Verhältnismäßigkeit verschiedenen Einschränkungen **(Spannungsverhältnis)**.[511] In Betracht kommen insoweit insbesondere 303

- das sog. **Parteiprinzip**, abgeleitet aus Art. 21 Abs. 1 S. 1 GG, konkretisiert durch § 1 Abs. 2 ParteiG (Sa. Nr. 58);

  Beispiele für Konkretisierungen dieses Prinzips sind etwa Ordnungsmaßnahmen oder der Ausschluss aus der Partei gemäß § 10 Abs. 3 und 4 ParteiG; vgl. dazu i.E. noch unten Fall 10.

- das **Effektivitätsprinzip**, abgeleitet aus Art. 20 Abs. 2 GG, Demokratieprinzip;

  Der Bundestag (die Volksvertretung) ist ein Kollegialorgan und die Abgeordnetenrechte sind im Wesentlichen organschaftliche Mitgliedschaftsrechte, die aus Gründen der Effektivität und Handlungsfähigkeit des Kollegialorgans eingeschränkt werden müssen.[512]

  Beispiele für eine Konkretisierung dieses Prinzips sind das Transparenzgebot (s.o. Rn. 103 und Rn. 319), die Mittelpunktregelung in § 44 a Abs. 1 AbgG sowie alle Vorschriften in der GO des Bun-

---

507 Zur Transparenzpflicht des Abgeordneten sowie zur sog. Mittelpunktregelung vgl. §§ 44 a, b AbgG Morlok/Michael Staatsorganisationsrecht, Rn. 179 Fn. 28; Ipsen Staatsrecht I, Rn. 322 ff.; Degenhart Staatsorganisationsrecht, Rn. 610 ff.; BVerfG NVwZ 2007, 916 mit Anm. Wolff JA 2008, 157; Möllers Jura 2008, 937; Sachs JuS 2007, 1044; Caliskau Jura 2009, 900; BVerwG RÜ 2010, 182.

508 Vgl. die Nachweise oben zum Transparenzgebot.

509 BVerfG RÜ 2013, 794; BVerwG RÜ 2010, 795.

510 BVerfG RÜ 2013, 794; Maurer Staatsrecht I, § 13 Rn. 82.

511 Morlok/Michael Staatsorganisationsrecht, Rn. 177.

512 BVerfG NVwZ 2007, 916, 919 .

destages, die bestimmte Rechte nur Fraktionen und nicht fraktionslosen Abgeordneten zuerkennt, wie z.B. §§ 12, 37 Abs. 1 S. 3, 76 Abs. 1 GO BT.

- das **Fraktionsprinzip**, abgeleitet aus Art. 21 Abs. 1 S. 1 GG, konkretisiert durch § 1 Abs. 2 ParteiG (Fraktion ist Partei im Parlament), teilweise deckungsgleich mit dem Effektivitätsprinzip (s.o.);

  Konkretisierungen des Fraktionsprinzips sind u.a. die Fraktionsdisziplin und der Fraktionsausschluss; vgl. dazu noch i.E. unten Fall 10.

- das Prinzip der **Spiegelbildlichkeit von Plenum und Ausschuss** in Bezug auf das politische Kräfteverhältnis im Plenum, abgeleitet aus Art. 20 Abs. 2 S. 2 GG, Demokratieprinzip.[513]

  Konkretisierungen dieses Prinzips sind insbesondere Maßnahmen gemäß § 57 Abs. 2 S. 2 i.V.m. § 62 GO BT, wonach fraktionslose Abgeordnete kein Stimmrecht im Ausschuss haben; vgl. dazu noch i.E. unten Rn. 313.

- Sonstige Beeinträchtigungen des freien Mandates können sich nur durch **höherwertige Rechtsgüter von Verfassungsrang** ergeben.[514]

Beispiel: Die Beobachtung von Abgeordneten durch den Bundesverfassungsschutz kann gerechtfertigt sein durch den Schutz der freiheitlich demokratischen Grundordnung, der gemäß Art. 73 Abs. 1 Nr. 10 Buchst. b) und Art. 87 Abs. 1 S. 2 GG als Rechtsgut von Verfassungsrang anzusehen ist.[515]

IV. Fraktionsdisziplin, Fraktionsausschluss, Parteiausschluss

Fall 10: Der Fraktions-Linksaußen

Die A-Partei bildet zusammen mit der B-Partei die Regierungskoalition, während die C-Partei in der Opposition ist. Der Bundestagsabgeordnete G ist Mitglied der A-Partei und der A-Fraktion. Er gilt als Außenseiter, weil er in der Verteidigungs-, Umwelt- und Sozialpolitik Positionen vertritt, die mit denen der Mehrheit in seiner Fraktion nicht übereinstimmen, allerdings noch weniger mit denen in der B- und der C-Fraktion. Bei den Haushaltsberatungen verlangte er eine wesentliche Erhöhung der Entwicklungshilfe; anderenfalls werde er dem Verteidigungsetat nicht zustimmen. Nach Diskussion in der Fraktion konnte er sich hiermit nicht durchsetzen. Die Fraktionsführung befürchtete, es könnten sich noch andere Abgeordnete dem G anschließen, sodass die Annahme des Haushalts nicht mehr gewährleistet war. Auf ihren Antrag beschloss die A-Fraktion mehrheitlich, jeder Abgeordnete sei verpflichtet, Fraktionsdisziplin zu üben und im Bundestag im Sinne der Mehrheitsmeinung abzustimmen. Auch dürfte im Plenum, um in den Medien nicht „ein Bild der Zerstrittenheit" zu bieten, nur im Sinne der Mehrheitsmeinung gesprochen werden. G fragt nach der Rechtslage. Er möchte auch wissen, ob er bei Zuwiderhandlung gegen den Fraktionsbeschluss mit einem – ihm bereits angedrohten – Ausschluss aus Partei oder Fraktion rechnen müsse.

---

513 BVerfG NVwZ 2012, 495; NVwZ 2012, 967.

514 Borowy ZParl 2012, 635; Ingold/Lenski JZ 2012, 120.

515 BVerwG NVwZ 2011, 161; Klatt NVwZ 2011, 146 ; Cornils ZJS 2010, 667.

A. **Verfassungsmäßigkeit der Maßnahmen**

I. Bei dem Beschluss der A-Fraktion, wonach jedes Mitglied zu einer positiven Abstimmung im Bundestag verpflichtet wurde, handelt es sich um den Versuch, eine **Rechtspflicht** zu einem bestimmten Verhalten im Parlament zu begründen. Darin könnte ein Verstoß gegen den Grundsatz des freien Mandats i.S.d. Art. 38 Abs. 1 S. 2 GG liegen, der es grundsätzlich verbietet, dass die Partei oder Fraktion rechtlich verbindliche Weisungen an den Abgeordneten erteilt. **304**

Die Freiheit des Mandats ist allerdings nicht schrankenlos gewährleistet. Sie kann durch andere Rechtsgüter von Verfassungsrang begrenzt werden,[516] insbesondere stehen die Rechte aus Art. 38 Abs. 1 S. 2 GG in einem **Spannungsverhältnis** zu **Art. 21 GG**. Da die Parteien nach Art. 21 Abs. 1 S. 1 GG bei der politischen Willensbildung mitwirken, ist der Abgeordnete gleichzeitig Repräsentant der Partei, für die er gewählt worden ist. Da es sich bei der **Fraktion** um die **Partei im Parlament** handelt, ergibt sich auch hier ein vergleichbares Spannungsfeld zwischen der Gewährleistung des Art. 38 Abs. 1 S. 2 GG einerseits und der Einbindung des Abgeordneten in seine Fraktion andererseits. Hieraus folgt, dass nicht jede Einflussnahme der Fraktion bzw. Partei auf den Abgeordneten von vornherein unzulässig ist. Vielmehr ist **nach der Regelungsintensität** der Maßnahme **zu differenzieren:**

1. **Zulässig** ist nach h.M. die sog. **Fraktionsdisziplin**, d.h. das Bestreben der Fraktion, ein einheitliches Auftreten in der parlamentarischen Arbeit zu erreichen. Dies umfasst auch die Einwirkung auf einzelne Abgeordnete, soweit die Loyalität und die gemeinsame politische Arbeit es erfordern. Ist der Abgeordnete nicht bereit, sich diesen Bindungen zu unterwerfen, so darf die Fraktion Sanktionen verhängen.[517] **305**

2. **Unzulässig** ist dagegen der sog. **Fraktionszwang**, also eine – ggf. sanktionsbewehrte – Verpflichtung des Abgeordneten, nach dem Votum seiner Fraktion abzustimmen. Da hier der Abgeordnete an eine Weisung gebunden wird und nicht mehr nach seinem Gewissen entscheiden kann, verstößt dies eindeutig gegen Art. 38 Abs. 1 S. 2 GG.[518] **306**

   Nach **a.A.** ist die Unterscheidung praktisch kaum durchführbar, da die Fraktionsdisziplin nur dann relevant werde, wenn der Wille der Fraktionsmehrheit und der des Abgeordneten divergieren. Dann dürfe der Abgeordnete dem Mehrheitsbeschluss der Fraktion aber nur entsprechen, wenn dieser mit seinem Gewissen übereinstimme. Ansonsten liege ohnehin ein Verstoß gegen Art. 38 Abs. 1 S. 2 GG vor.[519]

3. Da hier der Beschluss der A-Fraktion in massiver und sanktionsbewehrter Weise auf die Abstimmung des Abgeordneten einwirken soll (Androhung des Fraktions- und Parteiausschlusses), ist von einem mit Art. 38 Abs. 1 S. 2 GG unvereinbaren Fraktionszwang auszugehen. Der Fraktionsbeschluss ist damit **verfassungswidrig** und deshalb nichtig.

516 BVerfG NJW 1998, 3042, 3043 m.w.N.

517 Weber/Eschmann JuS 1990, 659, 661 m.w.N.

518 BVerfGE 10, 4, 15; ausführlich Hölscheidt, Das Recht der Parlamentsfraktionen, S. 438 ff.

519 Achterberg JA 1983, 303, 304; Sendler NJW 1985, 1425, 1427.

II. Möglichkeit des **Parteiausschlusses** des G

1. Nach § 10 Abs. 4 ParteiG ist ein **Parteiausschluss** zulässig, wenn das Mitglied

   - **vorsätzlich** gegen die Satzung oder erheblich gegen Grundsätze oder Ordnung der Partei verstößt und
   - ihr damit **schweren Schaden** zufügt.[520]

2. Art. 38 Abs. 1 S. 2 GG steht einem Parteiausschluss nicht generell entgegen. Denn auch durch eine politische Äußerung, die nach bestem Wissen und Gewissen gemacht worden ist, kann das Programm einer bestimmten Partei schwerwiegend verletzt und der Partei dadurch erheblicher Schaden zugefügt werden (z.B. wenn ein Mitglied der Regierungskoalition in einer grundlegenden Frage genau die Auffassung der Opposition vertritt). Das hier angesprochene Problem muss wieder in das Spannungsverhältnis zwischen Art. 21 GG und Art. 38 Abs. 1 S. 2 GG eingeordnet werden. Danach kann das freie Mandat einen Abgeordneten nicht von der politischen Verantwortung gegenüber seiner Fraktion und Partei entbinden und nicht jedes parteiwidrige Verhalten rechtfertigen. Daher ist es ohne Weiteres möglich, dass ein Abgeordneter wegen seines Verhaltens im Parlament bei der nächsten Wahl nicht mehr aufgestellt wird. Auch unterliegt jeder Abgeordnete einer gewissen **Fraktionsdisziplin**.

   Fraktionsdisziplin darf aber nur verlangt werden, wenn die Positionen innerhalb der Fraktion zunächst in demokratischer Weise diskutiert und beschlossen worden sind.

3. Ob das Gebrauchmachen von der Freiheit des Mandats einen schwerwiegenden Verstoß gegen die Partei- und Fraktionsdisziplin bedeutet, lässt sich letztlich nur nach Maßgabe des **Einzelfalles** entscheiden: Im Fall des G ist zunächst wesentlich, dass G nicht etwa die Auffassung des politischen Gegners vertritt. Es ist auch nicht ersichtlich, dass G in der Art und Weise seines Vorgehens eine unnötige Schärfe gezeigt hätte. Daraus ergibt sich, dass auch bei Würdigung der berechtigten Interessen der Partei an der Vertretung einer konsequenten politischen Richtung ein abweichendes Verhalten des G nicht als so parteischädigend angesehen werden kann, dass er dadurch einen Ausschlussgrund verwirklichen würde.

307 III. Für den **Ausschluss aus der Fraktion** gilt Ähnliches.[521]

1. Zwar ist der Fraktionsausschluss nicht gesetzlich geregelt, wird aber allgemein für zulässig gehalten, wenn die Gemeinsamkeit zwischen Abgeordnetem und Fraktion entfallen ist. Wegen der faktischen Wichtigkeit der Fraktionszugehörigkeit für die volle Ausnutzung der Abgeordnetenstellung (z.B. Rederecht, Mitgliedschaft und Stimmrecht in Ausschüssen) wird stets ein **wichtiger Grund** gefordert. Verhältnismäßig ist der Ausschluss nur bei Vorliegen beson-

520 Vgl. BGH NJW 1994, 2610, 2611; FDP-Bundesschiedsgericht NVwZ 1995, 519; CDU-Bundesparteigericht NVwZ 1982, 159; FDP-Landesschiedsgericht Berlin NVwZ 1983, 439, 440.

521 Brenner DVBl. 2009, 1129, 1134 f.; Lenz NVwZ 2005, 364 m.w.N.; Morlok/Michael Staatsorganisationsrecht, Rn. 700 Fn. 198 f.

ders gravierender Gründe, etwa wenn die Zugehörigkeit des betreffenden Mitglieds für die Fraktion unzumutbar oder schädigend ist oder bei Verlust der Parteimitgliedschaft, sofern der parteirechtliche Status des Abgeordneten rechtskräftig geklärt ist.[522]

2. Angesichts der hier gegebenen besonderen Situation ist das Verhalten des G, selbst wenn er im Bundestag das Wort ergreifen würde, nicht als unzumutbar oder schädigend anzusehen. Ein Fraktionsausschluss wäre daher ebenfalls nicht zulässig.

B. **Prozessuale Möglichkeiten des G**

I. Gegen die Entscheidung des Parteigerichts über den **Parteiausschluss** (§ 10 Abs. 5 ParteiG) könnte gemäß § 40 Abs. 1 VwGO eine Klage vor dem Verwaltungsgericht zulässig sein. Dann müsste es sich um eine öffentlich-rechtliche Streitigkeit handeln. Dafür könnte sprechen, dass die Rechtsverhältnisse der politischen Partei mit Rücksicht auf ihre verfassungsrechtlich anerkannte öffentliche Aufgabe (Art. 21 GG) teilweise im Öffentlichen Recht geregelt sind. Jedoch ist die Partei ein privatrechtlicher Verein, mit der Folge, dass die Rechtsbeziehungen privatrechtlich sind. Auch soweit sie vom Parteiengesetz modifiziert werden, bleibt es bei ihrem bürgerlich-rechtlichen Charakter. Somit ist gemäß § 13 GVG der Zivilrechtsweg eröffnet. Nach §§ 23, 71 GVG ist in der Regel das Landgericht zuständig.[523] **308**

II. Gegen den **Ausschluss aus Fraktionen des Bundestags oder Landtags** steht dem Abgeordneten (ausschließlich) das verfassungsrechtliche Organstreitverfahren zur Verfügung.[524]

B. Rechte des Abgeordneten aus Art. 46–48 GG

I. Indemnität

Nach Art. 46 Abs. 1 GG darf ein Abgeordneter zu keiner Zeit wegen einer **Abstimmung** oder wegen einer **Äußerung**, die er im **Bundestag** oder in einem seiner Ausschüsse getan hat, gerichtlich oder dienstlich verfolgt oder sonst außerhalb des Bundestages zur Verantwortung gezogen werden (Ausnahme für verleumderische Beleidigungen). Nicht geschützt sind dagegen Äußerungen auf Partei- oder Wahlveranstaltungen, in Interviews und sonstige Erklärungen in Medien oder im beruflichen Bereich. **309**

Dagegen werden Äußerungen in den Fraktionen nach heute h.M. geschützt, da diese als – parteipolitisch ausgerichtete – Untergliederungen des Bundestages anzusehen sind.[525]

522 VerfG M-V LKV 2003, 516, Anm. Sachs JuS 2004, 74; Maurer Staatsrecht I, § 13 Rn. 65 (§ 10 Abs. 4 ParteiG analog); Kotzur JuS 2001, 54; teilw. a.A. Achterberg JA 1983, 303, 304, wonach der Ausschluss eines dissentierenden Abgeordneten stets unzulässig ist.

523 Vgl. BVerfG NJW 1988, 3260; BGHZ 75, 158; 79, 265; OLG Köln NJW 1998, 3721; Maurer Staatsrecht I, JuS 1992, 296, 299 m.w.N.; LG Bonn NJW 1997, 2958.

524 Hölscheidt, Das Recht der Parlamentsfraktionen, S. 480 m.w.N. Fn. 651; VerfG Brandenburg DÖV 2004, 205; BlnVerfG NVwZ-RR 2005, 753; Binder/Hofmann Jura 2006, 387 f.; a.A. Ipsen, NVwZ 2005, 361: Rechtsschutz vor dem Zivilgericht.

525 Maunz/Dürig GG, Art. 46 Rn. 43; Bonner Kommentar zum GG, Art. 46 Rn. 41.

II. Immunität

310 Art. 46 Abs. 2 GG macht die **Strafverfolgung** eines Bundestagsabgeordneten von der Zustimmung des Bundestages abhängig. Eine Ausnahme besteht, wenn der Abgeordnete bei Begehung der Tat oder im Laufe des folgenden Tages festgenommen wird (Art. 46 Abs. 2 GG).

Umstritten ist, ob Art. 46 Abs. 2 GG auch **Ordnungswidrigkeiten** erfasst.[526] **Nicht** erfasst werden dagegen belastende **Verwaltungsakte**, wie die Entziehung der Fahrerlaubnis oder disziplinarische Maßnahmen.[527]

Das Zustimmungserfordernis gilt schon für das staatsanwaltschaftliche Ermittlungsverfahren.

In der Praxis ist es jedoch üblich, die Zustimmung zur Durchführung von Ermittlungsverfahren zu Beginn der Legislaturperiode generell zu erteilen (vgl. Anlage 6 zur GO BT).

Für die Erteilung oder Ablehnung der Zustimmung gibt es keine gesetzlichen Voraussetzungen. Vielmehr steht die Erteilung im pflichtgemäßen **Ermessen**, wobei zwischen dem Interesse des Parlaments und dem der Allgemeinheit und Dritter an der Durchführung des Verfahrens abzuwägen ist.[528]

Der Bundestag hat hierfür die **Grundsätze in Immunitätsangelegenheiten** beschlossen (Anlage 6 zur GO BT). Wird die Zustimmung nicht erteilt, ist das Verfahren einzustellen. Das Verfolgungshindernis erlischt – anders als die Indemnität –, sobald der Betroffene nicht mehr Abgeordneter ist.[529]

Ursprünglich bezweckte die Immunität den Schutz der Abgeordneten vor tendenziöser Verfolgung durch die Exekutive. Heute wird der Zweck der Vorschrift überwiegend darin gesehen, die **Arbeits- und Funktionsfähigkeit des Parlaments** zu schützen. Der einzelne Abgeordnete hat jedoch einen Anspruch auf eine von sachfremden, willkürlichen Motiven freie Entscheidung.[530]

Private haben keinen Anspruch auf Aufhebung der Immunität.[531]

III. Rede-, Antrags- und Informationsrecht bzw. Fragerecht

311 Zum Rechtsstatus des Abgeordneten zählt vor allen Dingen, dass ihm im Bundestag grundsätzlich ein **Rede- und Antragsrecht** zusteht. Es ist Aufgabe des Parlaments, Forum für Rede und Gegenrede zu sein.[532]

1. Das Antragsrecht schließt nicht aus, **Änderungsanträge** zur Abstimmung zuzulassen. Diese dürfen jedoch nicht dazu genutzt werden, einer Beschlussfassung über den Gegenstand des ursprünglichen Antrags auszuweichen. Unzulässig sind jedenfalls Än-

---

526 Bonner Kommentar zum GG, Art. 46 Rn. 63; Maunz/Dürig GG, Art. 46 Rn. 62; anders die überwiegende Praxis OLG Düsseldorf NJW 1989, 2207; Schmidt-Bleibtreu/Klein Art. 46 Rn. 8.

527 BVerwG NJW 1986, 2520.

528 VerfGH NRW NWVBl. 2006, 12.

529 BVerfG RÜ 2014, 724 (Edathy).

530 So auch Anlage 6 zur GO BT, Nr. 4 S. 1 in der Neufassung vom 15.07.2002 als Folge von BVerfG NJW 2002, 1111; VerfGH NRW NWVBl. 2006, 12.

531 OVG Berlin-Brandenburg RÜ 2012, 243.

532 BVerfG NJW 1998, 3037, 3039; Weber/Eschmann JuS 1990, 659, 662 m.w.N.; vgl. auch §§ 27 ff. GO BT.

derungsanträge, die den Gegenstand des (Entschließungs-)Antrags auswechseln, ihn in ein aliud umformen.[533]

2. Weiterhin hat der einzelne Abgeordnete aus Art. 38 Abs. 1 GG ein Recht darauf, dass er vor Bundestag und Bundesregierung die für die Beratung erforderlichen **Informationen** erhält. Dem entspricht ein Anspruch auf Vollständigkeit und korrekte Antwort bei Anfragen an die Regierung (vgl. §§ 100 ff. GO BT).[534]

3. Diese Rechte des Abgeordneten finden jedoch ihre **Grenze**, wo es die **Funktionsfähigkeit des Parlaments** erfordert. Da ausgeschlossen ist, dass bei jeder Debatte jeder BT-Abgeordnete unbegrenzt von seinem **Rederecht** Gebrauch macht, ist eine Ordnung und Begrenzung der Wortbeiträge geboten. Das darf jedoch nicht dazu führen, einen Abgeordneten praktisch von der Beteiligung an der Debatte auszuschließen.

Folgende **Einschränkungen** sind zulässig: Die Fraktionen haben das Vorschlagsrecht, wer für sie das Wort ergreift. Die Worterteilung erfolgt durch den Bundestagspräsidenten. Dieser bestimmt auch die Reihenfolge der Redner (§§ 27, 28 GO BT). Zulässig ist es, die Gesamtredezeit zu begrenzen und dabei die Redezeit auf die Fraktionen zu verteilen, ferner auch die Redezeit des Einzelnen zu beschränken (§ 35 GO BT). Kraft seiner Autonomie kann der BT beschließen, die Debatte zu beenden. Unzulässig ist es, die Redezeit der einzelnen Abgeordneten so kurz zu bemessen, dass eine dem Thema angemessene Äußerung nicht mehr möglich wäre.[535] Wegen gröblicher Verletzung der parlamentarischen Ordnung ist gemäß § 36 Abs. 2 GO BT auch eine **Wortentziehung** zulässig.[536]

Außerdem besteht die Pflicht des Parlaments, den jeweiligen **Kompetenzrahmen** (Bund, Land) zu **wahren**. Falls eingebrachte Sachanträge diesen Rahmen verletzen, kann das Parlament (Bundestag, Landtag) die Befassung verweigern; es fehlt ihm die **Befassungskompetenz**.[537]

Fall 11: Rüstungsexporte

Verschiedene Zeitschriften berichteten darüber, dass der Bundessicherheitsrat den Export verschiedener Rüstungsgüter an Saudi-Arabien genehmigt hätte. So wäre u.a. die Lieferung von 200 Kampfpanzern Leopard nach Saudi-Arabien genehmigt worden. Der Bundessicherheitsrat ist ein Ausschuss des Bundeskabinetts, dem die wichtigsten Bundesminister angehören und der als Kontroll- und Koordinierungsgremium für die deutsche Sicherheitspolitik dient.

S ist Abgeordneter des Deutschen Bundestages. Im Zusammenhang mit der Berichterstattung stellte er zwei schriftliche Anfragen an die Bundesregierung:

1. Hat der Bundessicherheitsrat die Lieferung von 200 Leopard-Kampfpanzern an Saudi-Arabien genehmigt?

2. Sind die Informationen richtig, dass Algerien Voranfragen an die Bundesregierung bezüglich des Verkaufs von Transportpanzern Fuchs und anderen Rüstungsgütern gestellt hat?

---

533 Vgl. VerfGH NRW DVBl. 1999, 1362, Anm. Sachs JuS 2000, 493 und Cancik ZParl 2001, 249 (dort auch genauer zur Abgrenzung und verfahrensmäßiger Behandlung von Vorlageantrag, Änderungsantrag, Entschließungsantrag – §§ 75 II c, 88 GO BT, 86 GO LT NRW).

534 BVerfG RÜ 2009, 586.

535 BVerfG NJW 1998, 3037, 3039; BayVerfGH VBl. 1998, 365.

536 VerfG MV NVwZ 2010, 958.

537 VerfG BB DVBl. 2001, 1146.

Zu beiden Fragen nahm die Bundesregierung keine Stellung. Zur Begründung verwies die Regierung darauf, dass die Entscheidungen des Bundessicherheitsrates geheim wären. Zudem wären Betriebs- und Geschäftsgeheimnisse der beteiligten Unternehmen gefährdet. Außerdem würde jährlich der Rüstungsexportbericht veröffentlicht, sodass der Bundestag ohnehin über die Rüstungsexporte des vorherigen Jahres informiert würde.

S fühlt sich dadurch, dass die Bundesregierung seine Fragen nicht beantwortet hat, in seinen Abgeordnetenrechten verletzt. Zu Recht?

I. Dann müsste dem Abgeordneten S zunächst ein **Frage- und Informationsrecht** zustehen und der Bundesregierung eine damit korrespondierende Antwortpflicht.

1. Ein solches Frage- und Informationsrecht des Abgeordneten könnte sich **aus dem freien Mandat des Abgeordneten (Art. 38 Abs. 1 S. 2 GG)** ergeben. Danach sind die Abgeordneten **Vertreter des ganzen Volkes**. Schon aus der Stellung des Abgeordneten als Volksvertreter ergibt sich, dass ein Abgeordneter über bestimmte Informationen verfügen muss, um seine Aufgaben wahrnehmen zu können.[538] Daneben verlangt der Grundsatz der Gewaltenteilung, dass sich die drei Staatsgewalten gegenseitig kontrollieren. In einem parlamentarischen Regierungssystem bedeutet dies, dass das vom Volk gewählte Parlament eine Kontrollfunktion gegenüber der Regierung ausübt. Dafür ist eine Beteiligung am Wissen der Regierung Voraussetzung.

2. Zudem ist das **demokratische System** in der Bundesrepublik Deutschland **repräsentativ** ausgestaltet. Das Volk übt die Staatsgewalt durch Wahlen und Abstimmungen und durch besondere Organe der Gesetzgebung, der vollziehenden Gewalt und der Rspr. aus, Art. 20 Abs. 2 S. 2 GG. Aus dem **Demokratieprinzip** ergibt sich, dass im Fall der nicht durch unmittelbare Volkswahl legitimierten Organe (Bundesregierung) ihr Handeln eine ausreichende sachlich-inhaltliche Legitimation erfährt (s.o. Rn. 60 ff.). Die sachlich-inhaltliche Legitimation der Regierung wird durch die Verantwortlichkeit der Regierung gegenüber der Volksvertretung vermittelt,[539] was wiederum eine Information des Parlaments erfordert.

   Auch aus dem Demokratieprinzip ergibt sich daher die Verantwortlichkeit der Regierung gegenüber dem Parlament. Damit folgt ein **Frage- und Informationsrecht** des Deutschen Bundestages gegenüber der Bundesregierung, an dem die einzelnen Abgeordneten teilhaben und dem grundsätzlich eine Antwortpflicht der Bundesregierung korrespondiert **aus Art. 38 Abs. 1 S. 2 GG i.V.m. Art. 20 Abs. 2 S. 2 GG**.

II. Dieses Recht des Abgeordneten kann jedoch **nicht unbeschränkt** gelten.

1. Der Informationsanspruch des Parlaments und des Abgeordneten wird durch das **Gewaltenteilungsprinzip** aus Art. 20 Abs. 3 GG beschränkt. Allen Staatsgewalten

538 BVerfG RÜ 2015, 523.
539 BVerfG RÜ 2014, 793.

stehen bestimmte Aufgaben nach der Kompetenzverteilung des GG zu. Das Gewaltenteilungsprinzip, das nicht strikt ausgestaltet ist, verlangt eine gegenseitige Kontrolle der drei Staatsgewalten. Das Gewaltenteilungsprinzip ist damit zugleich Grund und Grenze des Informationsanspruchs des Parlaments gegenüber der Regierung. Je weiter ein parlamentarisches Informationsbegehren in den inneren Bereich der Willensbildung der Regierung eindringt, desto gewichtiger muss es sein, um sich gegen ein von der Regierung geltend gemachtes Interesse an Vertraulichkeit durchsetzen zu können.[540]

Der Regierung steht daher ein **Kernbereich exekutiver Eigenverantwortung** zu.[541] Dazu könnten auch die Entscheidungen im Bundessicherheitsrat gehören. Nach **Art. 26 Abs. 2 GG** dürfen zur Kriegsführung bestimmte Waffen nur mit Genehmigung der Bundesregierung hergestellt, befördert und in den Verkehr gebracht werden. Daher könnte dieser Bereich einer parlamentarischen Kontrolle von vornherein entzogen sein.

Zu diesem auch durch das Parlament **nicht ausforschbaren Kernbereich** exekutiver Eigenverantwortung gehört **insbesondere die Willensbildung innerhalb der Regierung.**[542] Sollte das Parlament Informationen auch hinsichtlich dieses Kernbereiches erhalten, könnte es „mitregieren". Insoweit ist zwischen einer unzulässigen parlamentarischen Mitwirkung an der Regierung und einer zulässigen parlamentarischen Kontrolle der Regierung zu unterscheiden.

Insbesondere eine Verpflichtung der Regierung, den Bundestag über Entscheidungen des Bundessicherheitsrates **zu Voranfragen** in Bezug auf beabsichtigte Kriegswaffenexporte zu informieren, würde in einen noch nicht abgeschlossenen ressortübergreifenden Willensbildungsprozess aus dem Verantwortungsbereich der Bundesregierung eingreifen.[543] Der Bundessicherheitsrat würde der Einflussnahme des Parlaments auf seine von verschiedenen außenpolitischen Belangen, Erwägungen und Entwicklungen abhängige Beratung und Entscheidung über den nachfolgenden Genehmigungsantrag ausgesetzt. **Damit würde dem Parlament das faktische Mitregieren** bei einer Entscheidung ermöglicht, die in der alleinigen Kompetenz der Regierung liegt. **Daher unterfallen die Beratung und Beschlussfassung im Bundessicherheitsrat dem Kernbereich, aber nicht die bereits abgeschlossenen Vorgänge.** Eine Antwortpflicht der Bundesregierung besteht demzufolge nur hinsichtlich der bereits getroffenen, positiven Genehmigungsentscheidungen. Insoweit entfaltet eine bereits getroffene Entscheidung im Bundessicherheitsrat eine **Zäsurwirkung.**

Aus diesem Grunde hat sich die Bundesregierung **zu Recht geweigert**, auf die **zweite Frage** des S zu antworten. Dagegen bezieht sich die **erste Frage** des S auf einen abgeschlossenen Vorgang, sodass diesbezüglich **dem Grunde nach ein Informationsanspruch** des S besteht.

---

540 BVerfG RÜ 2014, 793.

541 BVerfG RÜ 2017, 656, 658; BVerfG RÜ 2018, 110, 112.

542 Maunz/Dürig GG, Art. 26 Rn. 75.

543 Maunz/Dürig GG, Art. 26 Rn. 75.

2. Daneben können auch **Grundrechte** betroffener Dritter die Antwortpflicht der Bundesregierung beschränken. Die Bundesregierung ist gemäß Art. 1 Abs. 3 GG an die Grundrechte gebunden. Durch die Offenlegung von Rüstungsexporten könnten Betriebs- und Geschäftsgeheimnisse der beteiligten Unternehmen gefährdet werden. Der **Schutz von Betriebs- und Geschäftsgeheimnissen** fällt in den Schutzbereich der Berufsfreiheit des Art. 12 Abs. 1 GG, auf die sich über Art. 19 Abs. 3 GG auch Unternehmen berufen können. Dies gilt im Bereich der Rüstungsexporte unabhängig davon, ob die Tätigkeit i.S.d. Art. 12 GG erlaubt sein muss oder nicht.

   a) Dieser Schutzbereich ist jedenfalls insoweit nicht durch Art. 26 Abs. 2 Satz 1 GG eingeschränkt. Selbst wenn man der Regelung eine grundsätzliche Missbilligung der Herstellung, der Beförderung und des Inverkehrbringens von Kriegswaffen entnehmen wollte, sind diese Verhaltensweisen bei Vorliegen einer Genehmigung erlaubt und von der Berufsfreiheit geschützt. Das Grundgesetz missbilligt nicht die **Vorbereitung und Anbahnung** eines Kriegswaffenexportgeschäfts, sondern allenfalls dessen **nicht genehmigte** Durchführung.

   b) Durch eine Offenlegung entsprechender Geheimnisse eines Unternehmens greift die Bundesregierung auch in den so geschützten Bereich der Berufsfreiheit ein. Durch die Offenlegung von Betriebs- und Geschäftsgeheimnissen kann die Ausschließlichkeit der Nutzung des betroffenen Wissens für den eigenen Erwerb beeinträchtigt werden. Wird exklusives wettbewerbserhebliches Wissen den Konkurrenten zugänglich, mindert dies die Möglichkeit, die Berufsausübung unter Rückgriff auf dieses Wissen erfolgreich zu gestalten. So können unternehmerische Strategien durchkreuzt werden.[544]

   c) Dieser Eingriff in die Berufsfreiheit der Unternehmen durch Weitergabe der Informationen an den Bundestag und einzelne Abgeordnete könnte jedoch verfassungsrechtlich gerechtfertigt sein. Dabei ist zu berücksichtigen, dass einerseits die Rechte des Bundestages und der Abgeordneten auf Information aus Art. 38 Abs. 1 S. 2 GG i.V.m. Art. 20 Abs. 2 S. 2 GG, andererseits das Recht auf Geheimhaltung der Betriebs- und Geschäftsgeheimnisse des Unternehmens aus Art. 12 GG in einen interessengerechten Ausgleich zu bringen sind (**praktische Konkordanz**). Das Interesse des Unternehmens an Geheimhaltung ist dabei insbesondere in der Phase der Geschäftsanbahnung besonders hoch einzuschätzen. In dieser Phase ist die Information, dass ein bestimmtes Empfängerland ein bestimmtes Rüstungsgut erwerben möchte, besonders wettbewerbsrelevant. Konkurrenzunternehmen könnten versuchen, auf den Genehmigungsprozess Einfluss zu nehmen. Daneben könnten sie ein eigenes Angebot abgeben und das Geschäft auf diese Weise an sich ziehen. Besonders problematisch wäre es, wenn die Bundesregierung über die bloße Tatsache des beabsichtigten Geschäfts hinaus auch Angaben zu Preisen machte. Entsprechende Möglichkeiten eines Konkurrenten **entfallen allerdings nach erfolgter Genehmigungsentscheidung** durch den Bundessicherheitsrat, sodass ab

544 BVerfG RÜ 2014, 793, 797.

diesem Zeitpunkt das Interesse der Abgeordneten an eine Offenlegung der Informationen höher zu bewerten ist.

Somit ergibt sich auch aus den Grundrechten Dritter eine Zäsurwirkung der Entscheidung des Bundessicherheitsrates. Die Bundesregierung ist grundsätzlich nur verpflichtet, Antworten auf Fragen über bereits erfolgte Genehmigungen zu erteilen.

Eine **weitergehende Beschränkung** des Informationsanspruchs kann sich aus **Gründen des Staatswohls** ergeben.[545] Das Bekanntwerden geheimhaltungsbedürftiger Informationen könnte das außenpolitische Verhältnis der Bundesrepublik Deutschland zu dem jeweiligen Erwerberland, aber auch zu Drittstaaten gefährden. So kann das Bekanntwerden einer Negativentscheidung das Erwerberland öffentlich brüskieren, und zwar insbesondere dann, wenn auch die Gründe der Entscheidung (z.B. Menschenrechtsverletzungen) öffentlich bekannt gemacht würden.

Daneben gilt ein **Vorbehalt der Zumutbarkeit**. Das bedeutet, dass alle Informationen mitzuteilen sind, über die die Regierung verfügt oder die die Regierung **mit zumutbarem Aufwand** in Erfahrung bringen kann. Dabei treffen die Bundesregierung sogar **Rekonstruktionspflichten**, wenn sich die Vorgänge auf Gegenstände aus dem Verantwortungsbereich früherer Bundesregierungen beziehen.[546]

Die **erste Frage** der S bezieht sich darauf, ob der Bundessicherheitsrat die Lieferung von 200 Leopard-Kampfpanzern an Saudi-Arabien bereits genehmigt hat und damit auf eine bereits erfolgte Genehmigungsentscheidung. Daher hätte die Bundesregierung nach den zuvor dargestellten Grundsätzen diese Frage beantworten müssen.

Ergebnis: S ist damit insoweit in ihren eigenen Rechten verletzt, dass sich die Bundesregierung geweigert hat, ihre erste Frage zu beantworten.

IV. Rechte aus Art. 47, 48 GG

- **Zeugnisverweigerungsrecht** gemäß Art. 47 GG (vergleichbar § 53 StPO) und **Beschlagnahmeverbot** entsprechender Schriftstücke 312

  Sofern sich die Schriftstücke bei einem Mitarbeiter des Abgeordneten befinden, gilt Art. 47 S. 2 GG nur in den Räumlichkeiten des Bundestags, nicht außerhalb. Gegen die Entscheidung der Gerichte, betreffend Durchsuchung und Beschlagnahme,[547] ist nach Auffassung des BVerfG die Verfassungsbeschwerde wegen Verletzung von Art. 38 Abs. 1 S. 2 i.V.m. 47 S. 2 GG möglich.[548]

- **Urlaub zur Wahlvorbereitung**, Art. 48 Abs. 1 GG[549]

---

545 BVerfG RÜ 2017, 656, 659; BVerfG RÜ 2018, 110, 112.

546 BVerfG, RÜ 2018, 110, 112 f.

547 Zum Genehmigungsvorbehalt des BT-Präsidenten gemäß Art. 40 Abs. 2 S. 2 GG vgl. i.E. Schroeder Jura 2008, 95.

548 BVerfG NJW 2003, 3401, Anm. Sachs JuS 2004, 71; Maurer Staatsrecht I, § 13 Rn. 82; Degenhart Staatsorganisationsrecht, Rn. 623 f.; Morlok/Michael Staatsorganisationsrecht, Rn. 195; Sachs/Schroeder NWVBl. 2006, 389.

549 Vgl. dazu § 3 AbgG und Maurer Staatsrecht I, § 13 Rn. 83; Morlok/Michael Staatsorganisationsrecht, Rn. 197 Fn. 52.

- **Behinderungsverbot**, Art. 48 Abs. 2 GG[550]

  Keine Behinderung sind insbesondere die Transparenzpflicht sowie die Mittelpunktregelung (s.o. Rn. 103, 301 sowie Rn. 319).[551]

- **Angemessene Entschädigung zur Sicherung ihrer Unabhängigkeit**, Art. 48 Abs. 3 GG.[552]

C. Fraktionslose Abgeordnete

313 Besondere Probleme ergeben sich bei der Rechtsstellung **fraktionsloser Abgeordneter**. Es wurde bereits mehrfach darauf hingewiesen, dass eine Reihe von Abgeordnetenrechten effektiv nur in der Fraktion ausgeübt werden können. Dies wird besonders deutlich an der Regelung des § 12 GO BT, der bei der Zusammensetzung der Ausschüsse an die Fraktionsstärke anknüpft. Aber auch der fraktionslose Abgeordnete ist gemäß Art. 38 Abs. 1 S. 2 GG Repräsentant des ganzen Volkes. Deshalb muss auch er die Möglichkeit haben, dort mitzuwirken, wo faktisch ein wesentlicher Teil der Parlamentsarbeit geleistet wird, nämlich in den Ausschüssen. Daher hat jeder Abgeordnete – also auch der fraktionslose – einen Anspruch auf Mitarbeit in einem BT-Ausschuss (§ 57 Abs. 1 S. 2 GO BT).[553]

Dieser Anspruch umfasst aber nur das Antrags- und Rederecht in einem Ausschuss, nicht aber das **Stimmrecht**. Da die Ausschüsse ein verkleinertes Abbild des Parlaments darstellen, würde die Zuerkennung eines Stimmrechts dem fraktionslosen Abgeordneten ein überproportionales Gewicht beimessen und damit gegen das **Prinzip der Spiegelbildlichkeit von Plenum und Ausschuss**, abgeleitet aus dem Demokratieprinzip, verstoßen; vgl. auch § 57 Abs. 2 S. 2 GO BT.[554]

Ein Anspruch auf den sog. **Oppositionszuschlag** besteht, anders als bei Fraktionen oder Gruppen, nicht.[555]

D. Mandatsverlust und Mandatsprüfung

314 **I. Mandatsverlustgründe** regelt § 46 Abs. 1 S. 1 Nr. 1–5 BWG. Der Verlust gemäß § 46 Abs. 1 S. 1 Nr. 5 BWG (Parteiverbot gemäß Art. 21 Abs. 2 S. 2 GG oder gemäß § 33 Abs. 2 ParteiG) tritt nur unter den Voraussetzungen von § 46 Abs. 4 BWG ein.

Gemäß § 46 Abs. 1 S. 2 BWG bleiben **weitere Verlustgründe** nach anderen gesetzlichen Vorschriften unberührt.[556]

Beispiel: Übernahme inkompatibler Ämter i.S.v. Art. 137 Abs. 1 GG[557]

---

550 Vgl. dazu BGHZ 43, 384; BVerwGE 86, 211; StGH Bremen NJW 1975, 635, aufgehoben von BVerfGE 42, 312; Maurer Staatsrecht I, § 13 Rn. 84.

551 Morlok/Michael Staatsorganisationsrecht, Rn. 179, 197; BVerfG NVwZ 2007, 916.

552 Vgl. auch §§ 11 ff. AbgG und BVerfGE 40, 296 („1. Diäten-Urteil"); Maurer Staatsrecht I, § 13 Rn. 76 ff.; Ipsen Staatsrecht I, Rn. 315 ff.; Morlok/Michael Staatsorganisationsrecht, Rn. 198 f.

553 BVerfG DVBl. 1991, 992, 993; NJW 1990, 373; OVG Bremen NVwZ 1990, 1195; VGH Kassel NVwZ 1991, 1105; Ziekow JuS 1991, 28; Trute Jura 1990, 184; Brandner JA 1990, 151; Schulze-Fielitz DÖV 1989, 829.

554 BVerfG NJW 1990, 373; Ipsen Staatsrecht I, Rn. 313; Maurer Staatsrecht I, § 13 Rn. 111; a.A. Degenhart Staatsorganisationsrecht, Rn. 632; Morlok/Michael Staatsorganisationsrecht, Rn. 183; anders auch Art. 70 Bbg LVerf; dazu Sacksofsky NVwZ 1993, 235, 236.

555 BremStGH NVwZ 2005, 929, Anm. Brocker/Messer S. 895.

556 Zum (zeitweiligen) Mandatsverlust durch das sog. ruhende Mandat und der damit verbundenen auflösend bedingten Mandatsinhaberschaft des Listennachrückens bzw. „Ersatzabgeordneten" Hess StGH NJW 1977, 2065.

557 Zur Frage, inwieweit frühere Stasitätigkeit zum Mandatsverlust führen kann, vgl. ThürVerfGH LKV 2000, 441; Grobe LKV 2000, 435; Löwer/ThürVBl. 2000, 206; Sachs JuS 2001, 77.

II. Das **Verfahren** und die verschiedenen **Zuständigkeiten** richten sich nach § 47 BWG i.V.m. Art. 41 Abs. 1 S. 2 GG, §§ 15 ff. WahlPrG.

III. Gegen Entscheidungen des Bundestages in diesem Zusammenhang ist die **Mandatsprüfungsbeschwerde** gemäß Art. 41 Abs. 2 GG, §§ 13 Nr. 3, 48 BVerfGG statthaft.

IV. Verfassungswidrig wäre eine Vorschrift (als Ergänzung zu § 46 Abs. 1 BWG), die den automatischen **Mandatsverlust beim Ausschluss oder Austritt aus Partei bzw. Fraktion** vorsieht. Der Rang des freien Mandats aus Art. 38 Abs. 1 S. 2 überwiegt eindeutig die verfassungsrechtliche Bedeutung der Parteien aus Art. 21 GG (sog. **Mandatstheorie** oder **Exponentenlehre**). Dies gilt unabhängig davon, ob es sich um ein Listen- oder Direktmandat handelt.[558]

Zusammenfassung: Rechte des Abgeordneten aus Art. 38 Abs. 1 S. 2 GG 315

Konkretisierungen

- Teilnahmerecht
- Rederecht
- Stimmrecht
- Antragsrecht
- Recht auf Information
- Fraktionsbildungsrecht
- Recht auf Gleichbehandlung mit anderen Abgeordneten

Einschränkungsmöglichkeiten (Spannungsverhältnis)

- Parteiprinzip
- Effektivitätsprinzip
- Fraktionsprinzip
- Prinzip der Spiegelbildlichkeit von Plenum und Ausschuss in Bezug auf das politische Kräfteverhältnis im Plenum

5. Abschnitt: Die politischen Parteien

A. Begriff und Aufgaben der politischen Parteien

Nach Art. 21 Abs. 1 S. 1 GG wirken die Parteien bei der **politischen Willensbildung des Volkes** mit. Sie haben die Aufgabe, die zunächst ungeordnet vorhandene politische Meinungsvielfalt zu formen, (Partei-)Programme entsprechend den vorherrschenden Strömungen aufzustellen und auf deren Grundlage Kandidaten zu den Wahlen zu präsentieren.[559] Die den Parteien obliegenden Aufgaben führen zu einer gewissen **Doppelstellung:** Einerseits sind die Parteien gesellschaftliche, nichtstaatliche Einrichtun- 316

558 Vgl. i.E. Maurer Staatsrecht I, § 13 Rn. 64 f.; VerfGH Saarl DÖV 2013, 607.

559 Ungeklärt ist, ob Art. 21 Abs. 1 S. 1 GG Parteien auch ein Recht auf eine ausreichend lange Wahlvorbereitungszeit gewährt. Ein etwaig bestehendes Recht wird jedenfalls nicht verletzt durch die Entscheidung des Bundespräsidenten, den Bundestag gemäß Art. 68 GG aufzulösen und kurzfristig Neuwahlen anzuberaumen; vgl. BVerfG NJW 2005, 2682.

gen, andererseits wirken sie bei der Willensbildung im politisch-staatlichen Bereich mit, nähern sich also der Stellung von Staatsorganen.[560] Gemäß Art. 21 Abs. 3 GG finden sich die näheren Regelungen im Parteiengesetz (als Konkretisierung des Regelungsvorbehalts in Art. 21 Abs. 3 GG).[561]

Nach § 2 Abs. 1 ParteiG sind Parteien **Vereinigungen von Bürgern**,[562]

- die auf die **politische Willensbildung Einfluss** nehmen und zu diesem Zweck Volksvertreter in den Bundestag oder einen Landtag entsenden wollen.

  Keine Parteien sind danach **Wählervereinigungen**, die lediglich im **kommunalen Bereich** wirken wollen. Das folgt daraus, dass die Kommunen zur Verwaltung gehören und die Gemeindevertretung keine parlamentarische, politische Tätigkeit ausübt. Die Begrenzung ist daher nach h.M. mit Art. 21 GG vereinbar.[563] Die Rathausparteien werden nach h.M. aber über Art. 9 und 28 Abs. 2 GG geschützt; außerdem muss zumindest im steuerlichen Bereich (mittelbare Parteienfinanzierung) eine **Gleichbehandlung mit Parteien** erfolgen.[564]

  Zu den **Rechten von Parteien** gehört auch die **Werbung** mit Plakaten und mittels Informationsständen[565] sowie die Verteilung und Zusendung von Flugblättern und anderem Werbematerial.[566]

  Des Weiteren haben sie auch das Recht, sich in beschränktem Umfang an privaten Rundfunkveranstaltungen zu beteiligen; ein entsprechendes absolutes Verbot verstößt gegen Art. 5 Abs. 1 S. 2 i.V.m. Art. 21 Abs. 1 GG.[567]

- Aufgrund einer **ausreichenden Organisation** muss die Gewähr für die Ernsthaftigkeit dieser Zielsetzung bestehen (insbesondere nach Umfang und Festigkeit der Organisation, Zahl der Mitglieder, Hervortreten in der Öffentlichkeit).

Diese einfachgesetzliche Definition stimmt mit der vom BVerfG zu Art. 21 GG entwickelten Definition überein.[568]

B. Gründung und Organisation

317 Für die **Gründung** und die **Organisation** der Parteien gilt in erster Linie das Zivilrecht (BGB), modifiziert durch Art. 21 GG und das ParteienG. Die Organisationsform der Partei ist in der Regel die eines rechtsfähigen oder nichtrechtsfähigen privaten Vereins. In jedem Fall kann sie unter ihrem Namen klagen und verklagt werden (§ 3 ParteiG); außerdem ist sie im Rahmen von Art. 19 Abs. 3 GG grundrechtsfähig.[569] Nach Art. 21 Abs. 1

560 BVerfG NVwZ 2008, 658.

561 Maurer Staatsrecht I, § 11.

562 Aus diesem Begriffsmerkmal folgt zum einen der Ausschluss unmittelbarer Einflussnahme von Interessenverbänden, zum anderen der Grundsatz der Staatsfreiheit von Parteien; vgl. Gröpl Staatsrecht I, Rn. 376 f.

563 BVerfGE 47, 253, 272; Berg/Dragunski JuS 1995, 238, 239; a.A. Ipsen Staatsrecht I, Rn. 144 Fn. 6; Jarass/Pieroth GG, Art. 21 Rn. 7 m.w.N. unter Hinweis darauf, dass auch in den Kommunen staatliche Willensbildung stattfindet und auch in Gemeinden gemäß Art. 28 Abs. 1 S. 2 GG Wahlen i.S.d. Art. 20 Abs. 2 GG durchgeführt werden.

564 Vgl. BVerfG RÜ 2008, 526.

565 Degenhart Staatsorganisationsrecht, Rn. 82 Fn. 77; Hagmann DÖV 2006, 323.

566 BVerfG NJW 2002, 2938; KG Berlin NJW 2002, 379; Broeker NJW 2002, 2072.

567 BVerfG NVwZ 2008, 658 zu § 6 Abs. 2 Nr. 4 HPRG mit 3 abw. Voten; Degenhart Staatsorganisationsrecht, Rn. 78 a.

568 BVerfG DVBl. 1995, 462; BVerwG NVwZ 1997, 66.

569 Nds StGH Nord ÖR 2005, 409: Ausschluss politischer Parteien von der Veranstaltung privaten Rundfunks verstößt gegen Art. 5 Abs. 1 S. 2, 19 Abs. 3 GG.

S. 2 GG ist die Gründung einer Partei frei, darf also nicht von einer staatlichen Genehmigung oder Überwachung abhängig gemacht werden.[570]

Außer diesem grundsätzlich garantierten Recht der Parteien auf **Gründungsfreiheit** wird das **Mehrparteiensystem** verfassungsrechtlich zusätzlich abgesichert durch das Demokratieprinzip gemäß Art. 20 Abs. 1 und 2 GG.

C. Demokratische Binnenstruktur

Nach Art. 21 Abs. 1 S. 3 GG **muss die innere Ordnung der Parteien demokratischen Grundsätzen entsprechen**. Das bedeutet, dass der Aufbau „von unten nach oben" zu erfolgen hat (s.o. Rn. 76 ff. und Rn. 261) und die entscheidende Willensbildung bei den Mitgliedern liegt.[571] Oberstes Willensbildungsorgan muss eine Mitgliederversammlung (Parteitag) sein.[572] **318**

Daher müssen z.B. innerparteiliche Wahlen die Wahlrechtsgrundsätze des Art. 38 Abs. 1 S. 1 GG beachten.[573] Das Demokratiegebot betrifft aber nur die Innenbeziehungen der Partei, nicht dagegen die **Außenbeziehungen** zu Dritten, sodass sich daraus **kein Anspruch auf Aufnahme in die Partei** herleiten lässt.[574] Nach § 10 Abs. 1 S. 1 ParteiG entscheiden die zuständigen Organe der Partei vielmehr frei über die Aufnahme.[575]

Ein **Parteiausschluss** ist nur unter den strengen Voraussetzungen von § 10 Abs. 4 ParteiG zulässig.[576]

D. Parteienfinanzierung

Besondere Bedeutung hat die **Finanzierung** der Parteien erlangt.[577] Nach Art. 21 Abs. 1 S. 4 GG müssen die Parteien nicht nur über die Herkunft ihrer Mittel, sondern auch über die Mittelverwendung sowie über das Parteivermögen öffentlich Rechenschaft abgeben (sog. **Transparenzgebot**,[578] abgeleitet aus dem Demokratieprinzip und konkretisiert durch §§ 23 ff. ParteiG).[579] Wesentliche Finanzierungsquellen sind Mitgliedsbeiträge und Spenden i.S.v. § 27 Abs. 1 ParteiG (in den Grenzen von § 25)[580] sowie die **staatliche Teilfinanzierung**, § 18 ParteiG.[581] **319**

---

570 Vgl. BGHZ 79, 265, 267; Kunig Jura 1991, 247, 251 m.w.N.; vgl. auch BVerfG DVBl. 1991, 991, 992: Zwar garantiert Art. 21 GG den Parteien, frei von staatlicher Kontrolle über ihr Vermögen zu verfügen. Das PDS-Vermögen steht jedoch außerhalb der Gewährleistung des Art. 21 GG, da es nicht nach materiell-rechtsstaatlichen Grundsätzen erworben worden sei.

571 Zu den Grenzen der Meinungsfreiheit innerhalb politischer Parteien vgl. Sander Jura 2011, 355.

572 BGH NJW 1989, 1212, 1214; Ipsen Staatsrecht I, Rn. 150 f.; Degenhart Staatsorganisationsrecht, Rn. 93 ff.; Morlok/Michael Staatsorganisationsrecht, Rn. 137 ff.; beachte insofern auch §§ 6–16 ParteiG; Kunig Jura 1991, 247, 253.

573 Zur Zulässigkeit von Mitgliederentscheid und Mitgliederbefragung vgl. Morlok/Streit ZRP 1996, 447 ff.

574 Morlok/Michael Staatsorganisationsrecht, Rn. 140; BGH DVBl. 1987, 1068, 1069; Maurer Staatsrecht I, JuS 1991, 881, 885; a.A. Magiera DÖV 1973, 761.

575 Bei Ablehnung der Aufnahme soll nach teilweise vertretener Auffassung die Verfassungsbeschwerde wegen möglicher Verletzung von Art. 9 Abs. 1 i.V.m. Art. 21 GG zulässig sein; vgl.BGH NJW 1987, 2503.

576 Morlok/Michael Staatsorganisationsrecht, Rn. 141.

577 Vgl. auch Gröpl Staatsrecht I, Rn. 398 ff.; Ipsen Staatsrecht I, Rn. 172 ff.; Degenhart Staatsorganisationsrecht, Rn. 89 ff.; Morlok/Michael Staatsorganisationsrecht, Rn. 149 ff.

578 Ipsen JZ 2000, 685; BVerfG NJW 2005, 126, Anm. Sachs JuS 2005, 171.

579 Zur Sicherung des Transparenzgebotes bei Abgeordneten, die regelmäßig einer bestimmten Partei angehören, vgl. ausführlich von Arnim NVwZ 2006, 249 und Kersten NWVBl. 2006, 46.

580 Zu den rechtlichen Problemen des Parteiensponsering Betzinger DVBl. 2010, 1204.

581 Dazu Maurer Staatsrecht I, § 11 Rn. 48 ff.; Heinig/Streit Jura 2000, 393.

Bei der staatlichen Teilfinanzierung der Parteien sind zunächst **Obergrenzen** zu beachten; die **relative** Obergrenze in § 18 Abs. 5 ParteiG, die **absolute** Obergrenze gemäß § 18 Abs. 2 ParteiG.[582]

Zulässig ist nur eine **offene Parteienfinanzierung**; unmittelbar z.B. gemäß § 18 Abs. 3 und 4 ParteiG, **mittelbar** z.B. durch steuerliche Begünstigungen für Spenden und Beiträge an Parteien.[583] Stets **unzulässig** ist eine **verdeckte** Parteienfinanzierung (str. bei den Globalzuschüssen an die parteinahen Stiftungen und Jugendverbände)[584] sowie eine **vollständige** Parteienfinanzierung durch den Staat; Grund: Art. 21 Abs. 1 GG, § 2 Abs. 1 ParteiG, Grundsatz der **Staatsfreiheit von Parteien**[585] sowie Art. 20 Abs. 1, Abs. 2 GG, Demokratieprinzip, Willensbildung von unten nach oben (vgl. dazu bereits oben Rn. 76 ff. und Rn. 261).

Bei Verstößen gegen das Transparenzgebot sind **Sanktionen** gemäß §§ 31 a f. ParteiG möglich.[586]

E. Das Parteienverbot; Parteienprivileg

320 **I.** Nach Art. 21 Abs. 2 GG kann eine Partei wegen **Verfassungswidrigkeit** durch das BVerfG verboten werden.[587] Materiell-rechtliche **Voraussetzung** ist, dass die Partei nach ihren Zielen oder dem Verhalten ihrer Anhänger darauf ausgeht, die freiheitliche demokratische Grundordnung zu beeinträchtigen oder zu beseitigen oder den Bestand der Bundesrepublik Deutschland zu gefährden (Art. 21 Abs. 2 S. 1 GG).

Aufgrund dieser Vorschrift sind bisher zwei Parteien für verfassungswidrig erklärt und verboten worden: Die SRP (Sozialistische Reichspartei)[588] und die KPD.[589]

Nicht verboten wurde hingegen die **NPD**. Zwar ist das politische Konzept der NPD auf die Beseitigung der freiheitlich demokratischen Grundordnung gerichtet. Es fehlt aber an konkreten Anhaltspunkten von Gewicht, die eine Durchsetzung der von ihr verfolgten verfassungsfeindlichen Ziele möglich erscheinen lassen.[590]

Nicht zulässig ist ein Antrag einer Partei beim BVerfG auf Feststellung, dass sie nicht verfassungswidrig i.S.d. Art. 21 Abs. 2 GG ist.[591]

Das **Verbot politischer Vereinigungen**, die nicht Parteien sind, ist dagegen Sache der Exekutive (Art. 9 Abs. 2 GG, §§ 3 ff. VereinsG); zur Abgrenzung das BVerfG:[592] „Nicht als Parteien anzusehen sind Vereinigungen, die nach ihrem Organisationsgrad und ihren Aktivitäten offensichtlich nicht imstande sind, auf die politische Willensbildung des Volkes Einfluss zu nehmen und bei denen infolgedessen die Verfolgung dieser Zielsetzung erkennbar unrealistisch und aussichtslos ist und damit nicht (mehr) als ernsthaft eingestuft werden kann."[593]

---

582 Wegen dieser absoluten Obergrenze ist der VA gemäß § 19 ParteiG ein VA mit Doppelwirkung i.S.v. § 80 a VwGO.

583 Ipsen Staatsrecht I, Rn. 182 f.; Gröpl Staatsrecht I, Rn. 405 ff.

584 Morlok/Michael Staatsorganisationsrecht, Rn. 159 Fn. 87.

585 BVerfGE 85, 264; Morlok/Michael Staatsorganisationsrecht, Rn. 150, 155.

586 Vgl. etwa BVerfG NVwZ-RR 2013, 625; BVerwG NVwZ 2007, 210; VG Berlin NVwZ 2005, 1101.

587 Volp NJW 2016, 459; Stiehr JuS 2015, 994; Morlok Jura 2013, 317;Degenhart Staatsorganisationsrecht, Rn. 57 ff.

588 BVerfGE 2, 1 ff.

589 BVerfGE 5, 85 ff.

590 BVerfG, Urt. v. 17.01.2017 – 2 BvB 1/13 (Rn. 896 ff.).

591 BVerfG RÜ 2013, 383.

592 BVerfG NVwZ 1996, 54; BVerwG NVwZ 1997, 66.

593 Ergänzend und vertiefend zum Parteiverbotsverfahren H/G § 9; Schlaich/Korioth, Das Bundesverfassungsgericht, Rn. 340 ff.; Hölscheidt JA 2001, 734. Zur Einstellung des NPD-Verbotsverfahrens vgl. BVerfG NJW 2003, 1577, Anm. Ipsen Staatsrecht I, JZ 2003, 485; Volkmann DVBl. 2003, 605.

II. Art. 21 Abs. 2 GG enthält nicht nur eine Verbots- und Zuständigkeitsregelung, sondern auch eine Privilegierung der politischen Parteien gegenüber den übrigen Vereinigungen und Verbänden. Hiernach kommt den politischen Parteien wegen ihrer Sonderstellung im Verfassungsleben eine erhöhte Schutz- und Bestandsgarantie zu: Solange eine Partei nicht vom BVerfG verboten ist, darf keine staatliche Stelle geltend machen, es handele sich um eine verfassungswidrige Partei (sog. **Parteienprivileg**).[594] 321

Das Parteienprivileg hindert aber nicht die Bezeichnung einer Partei als verfassungsfeindlich im Verfassungsschutzbericht, da es sich hierbei nur um eine wertende Beurteilung handelt, an die keinerlei rechtliche Nachteile geknüpft sind.[595] Ebenso zulässig ist die **Beobachtung** einer Partei (z.B. Republikaner, PDS) **durch den Verfassungsschutz**, um hierdurch die Grundlage für derartige wertende Beurteilungen zu erlangen.[596]

Dies gilt auch bei **Versammlungsverboten** gegenüber der NPD,[597] bei Internetaufruf gegen NPD-Versammlung[598] sowie bei Kündigung eines NPD-Kontos durch Sparkassen.[599]

Die Gründung einer **parteinahen Stiftung** fällt nicht in den Schutzbereich des Parteienprivilegs nach Art. 21 Abs. 2 GG. Wegen der (jedenfalls formellen) Unabhängigkeit der Stiftung von der ihr nahe stehenden Partei, handelt es sich hierbei nicht um die Mitwirkung an der politischen Willensbildung des Volkes i.S.d. Art. 21 Abs. 1 GG. Aus diesem Grund sind nach Auffassung des BVerfG auch Zuwendungen des Staates keine verdeckte (und danach unzulässige) Parteifinanzierung.[600] 322

III. Allerdings können, wie oben unter Rn. 90 dargestellt, nach Art. 21 Abs. 3 S. 1 GG Parteien **von der Parteienfinanzierung ausgeschlossen werden.**

F. Anspruch auf Nutzung öffentlicher Einrichtungen; (abgestufte) Chancengleichheit der Parteien

Fall 12: Wahlwerbung

Anlässlich einer bevorstehenden Bundestagswahl stellen die Rundfunkanstalten in der Bundesrepublik wie üblich den Parteien kostenlos Sendezeiten für ihre Wahlwerbung zur Verfügung. Die in allen Bundesländern kandidierende X-Partei, die bei der letzten Wahl 3% der Stimmen erreicht hatte, versucht durch einen besonders aggressiven Wahlkampf auf ihre Ziele aufmerksam zu machen. Sie hat deshalb beim ZDF vier Wahlwerbespots von je zwei Minuten Dauer eingereicht.

Das ZDF hat die Ausstrahlung mit der Begründung abgelehnt, die X-Partei sei verfassungsfeindlich und es sei unerträglich, wenn sie ihr menschenverachtendes Gedankengut auch noch zum Nulltarif verbreiten könne. Die X weist demgegenüber darauf hin, dass ihr als kleiner Partei mindestens die Hälfte der den großen Parteien zugewiesenen Sendezeit von 8 x 2 Minuten zustehe, da sie nach den Meinungsumfragen mit ca. 5% in den Bundestag einziehen werde.

594 BVerfGE NVwZ 2004, 1473, 1476 f.; Ipsen Staatsrecht I, Rn. 192; Degenhart Staatsorganisationsrecht, Rn. 87 f.

595 BVerfGE 40, 287, 292; 57, 1, 6.

596 BVerwG NJW 2000, 824, Anm. Michaelis NVwZ 2000, 399; VGH Mannheim DÖV 1994, 917; OVG NRW NVwZ 1994, 588; NWVBl. 2001, 178.

597 BVerfG NJW 2001, 2076; a.A. OVG NRW NJW 2001, 2114.

598 OVG BB RÜ 2013, 114.

599 BGH NJW 2003, 1658: Verstoß gegen Art. 1 Abs. 3, 21 GG.

600 BVerfGE 73, 1; Sachsofsky/Arndt DÖV 2003, 561.

Das ZDF plant darüber hinaus eine Woche vor der Wahl die Ausstrahlung eines TV-Duells, an dem die Spitzenkandidaten der etablierten Parteien teilnehmen sollen. V, Vorsitzender der X-Partei, ist hierzu trotz Nachfrage nicht eingeladen worden. Die X möchte im Wege einstweiligen Rechtsschutzes vor dem Verwaltungsgericht die Ausstrahlung ihrer Wahlwerbespots und die Teilnahme am Hearing durchsetzen. Mit Erfolg?

Bearbeiterhinweis:

§ 11 ZDF-Staatsvertrag lautet:

Abs. 1 S. 1: „Parteien ist während ihrer Beteiligung an den Wahlen zum Deutschen Bundestag angemessene Sendezeit im Fernsehvollprogramm „Zweites Deutsches Fernsehen (ZDF)" einzuräumen, wenn mindestens eine Landesliste für sie zugelassen wurde."

Abs. 2: „Der Intendant lehnt die Ausstrahlung ab, wenn es sich inhaltlich nicht um Wahlwerbung handelt oder der Inhalt offenkundig und schwerwiegend gegen die allgemeinen Gesetze verstößt."

Der Antrag hat Erfolg, wenn und soweit er zulässig und begründet ist.

A. **Zulässigkeit eines Eilantrags**

323 I. Für den Antrag ist der **Verwaltungsrechtsweg** nach § 40 Abs. 1 VwGO eröffnet. Die X-Partei macht einen öffentlich-rechtlichen Anspruch (§ 5 ParteiG, Art. 3 GG) gegen das ZDF als Anstalt des öffentlichen Rechts (§ 1 ZDF-Staatsvertrag) geltend. Damit liegt eine öffentlich-rechtliche Streitigkeit nichtverfassungsrechtlicher Art vor.

Für Ansprüche gegen einen **privaten** Fernsehsender ist dagegen der Zivilrechtsweg eröffnet.[601]

II. Statthaft ist ein Antrag auf Erlass einer **einstweiligen Anordnung** (eA), da die X-Partei die Zulassung zu einer öffentlich-rechtlichen Einrichtung durch Verwaltungsakt begehrt, der in der Hauptsache mit einer Verpflichtungsklage (§ 42 Abs. 1 VwGO) und im einstweiligen Rechtsschutz mit Regelungsanordnung nach § 123 Abs. 1 S. 2 VwGO zu verfolgen ist.

III. Die X-Partei kann geltend machen, in ihrem subjektiven Recht aus § 5 ParteiG, Art. 3 GG verletzt zu sein und ist damit auch **antragsbefugt** analog § 42 Abs. 2 VwGO.

IV. Für den Antrag der X-Partei besteht ein **Rechtsschutzbedürfnis**. Insbesondere hat das ZDF die Ausstrahlung der Wahlwerbespots abgelehnt und V ist trotz Nachfrage nicht eingeladen worden.

B. **Begründet** ist der Antrag auf Erlass einer eA, wenn Anordnungsanspruch und Anordnungsgrund glaubhaft gemacht sind.

324 I. Ein **Anordnungsanspruch** besteht, wenn auch in der Hauptsache der geltend gemachte Anspruch besteht. Bezüglich der **Werbespots** könnte die X einen An-

601 OLG Köln NJW 1992, 3306; OLG Celle NJW 1994, 2237; zweifelnd OLG Köln NJW 1994, 56.

spruch auf Ausstrahlung nach § 11 Abs. 1 S. 1 ZDF-Staatsvertrag haben. Danach haben Parteien während ihrer Beteiligung an Bundestagswahlen Anspruch auf angemessene Sendezeit, wenn mindestens eine Landesliste für sie zugelassen wurde.

Nach **a.A.** scheiden die rundfunkrechtlichen Vorschriften (z.B. auch § 8 Abs. 2 WDRG) als Anspruchsgrundlage aus, da sie nur objektive Verpflichtungen, nicht aber subjektive Rechte enthalten, sodass unmittelbar auf § 5 ParteiG i.V.m. Art. 3 GG abzustellen ist.[602]

Für **private** Rundfunkanbieter gelten die folgenden Grundsätze entsprechend, vgl. z.B. § 36 Abs. 2 LMG NRW;[603] § 42 Abs. 2 Rundfunkstaatsvertrag.

1. Die X ist als Partei **anspruchsberechtigt**. Daran ändert auch die Behauptung nichts, dass es sich bei der X möglicherweise um eine verfassungsfeindliche Partei handelt. Soweit eine Partei vom BVerfG noch nicht verboten ist, ist dieser Einwand gemäß Art. 21 Abs. 2 GG unzulässig. Das **Entscheidungsmonopol** des BVerfG schließt es schlechthin aus, dass die Verwaltung bereits vorher die (vermeintliche) **Verfassungswidrigkeit** geltend macht, auch wenn die Partei sich gegenüber der freiheitlich demokratischen Grundordnung noch so feindlich verhält.[604]

   Deshalb verbietet sich grundsätzlich auch eine inhaltliche Kontrolle (z.B. bei ausländerfeindlichen Werbespots). Nur bei evidentem Verstoß gegen Strafgesetze (z.B. §§ 130, 131 StGB) sind die Rundfunkanstalten ausnahmsweise berechtigt, die Ausstrahlung zu verweigern.[605] Gleiches gilt auch bei Inhalten, die im krassen Widerspruch zum Menschenbild des Grundgesetzes stehen.[606]

2. Dem Umfang nach gewährt § 11 Abs. 1 S. 1 ZDF-Staatsvertrag einen Anspruch auf eine **angemessene** Sendezeit. Da die öffentlich-rechtlichen Rundfunkanstalten öffentliche Gewalt ausüben, wenn sie ihre Einrichtungen für Wahlwerbesendungen zur Verfügung stellen, haben sie dabei das Recht der Parteien auf **Chancengleichheit** zu beachten.[607]

   Die Angemessenheit der eingeräumten Sendezeit bestimmt sich dabei nicht nur nach der Zahl der Sendetermine, entscheidend ist auch die Tageszeit, zu der die Wahlwerbung ausgestrahlt wird.[608]

   a) In Konkretisierung der Art. 21, 3 Abs. 1 GG sind nach § 5 ParteiG i.V.m. Art. 3 GG alle Parteien **gleich zu behandeln**, wenn ein Träger öffentlicher Gewalt den Parteien Einrichtungen zur Verfügung stellt oder andere öffentliche Leistungen gewährt. Dabei regelt § 5 ParteiG die Anwendung des Gleichheitssatzes in der Weise, dass zwar grundsätzlich alle Parteien gleich behandelt werden sollen (§ 5 Abs. 1 S. 1 ParteiG), der Umfang der Gewährung aber nach der Bedeutung der Parteien bis zu dem für die Erreichung **325**

602 Aulehner JA 1995, 368, 370; differenzierend Hoefer NVwZ 2002, 695 f.

603 Zu den entsprechenden Vorschriften der anderen Bundesländer vgl. Ipsen Staatsrecht I, Rn. 166 Fn. 37.

604 BVerfGE 47, 198, 228; OVG Lüneburg NVwZ 1994, 586; OVG Hamburg NJW 1994, 69, 70; Bay VGH JuS 2012, 383 Anm. Waldhoff („Art. 21 Abs. 2 GG als Differenzierungsverbot").

605 BVerfGE 47, 198, 230; 69, 257, 268; OLG Celle NJW 1994, 2237; Benda NVwZ 1994, 521, 524; Eberle NJW 1994, 905, 906; Weihrauch VerwArch 85 (1994), 399, 408; vgl. z.B. § 11 Abs. 2 ZDF-Staatsvertrag.

606 OVG Rheinland-Pfalz NJW 2005, 3593.

607 BVerfGE 47, 198, 225; Gröpl Staatsrecht I, Rn. 390 ff.; Ipsen Staatsrecht I, Rn. 160 ff.

608 OVG Hamburg NJW 1994, 68; dazu BVerfG NJW 1994, 40.

ihres Zweckes erforderlichen Mindestmaß abgestuft werden kann (**Prinzip der abgestuften Chancengleichheit**, § 5 Abs. 1 S. 2 ParteiG).

Diese Regelung ist sowohl mit Art. 3 GG als auch mit Art. 21 GG vereinbar, da die Berücksichtigung der Bedeutung der Partei ein sachlicher Grund ist und sich auf ihre Teilnahme an der politischen Willensbildung (Art. 21 Abs. 1 S. 1 GG) bezieht. Es würde gerade gegen Art. 3 und Art. 21 GG verstoßen, wenn auch eine gänzlich unbedeutende Splitterpartei in demselben Umfang zu Worte käme wie beispielsweise die größte Oppositionspartei im Bundestag.[609]

b) Danach ist es grundsätzlich zulässig, der X-Partei weniger Sendezeit einzuräumen als den großen Parteien. Nach § 5 Abs. 1 S. 2 ParteiG darf aber das für die Erreichung des Wahlkampfzweckes erforderliche Mindestmaß nicht unterschritten werden. Dabei muss der Umfang der Gewährung für eine Partei, die in Fraktionsstärke im Bundestag vertreten ist, mindestens halb so groß wie für jede andere Partei sein (§ 5 Abs. 1 S. 4 ParteiG). Bei den sonstigen kleinen und neuen Parteien wird die zur Verfügung zu stellende Mindestwerbezeit in der Rspr. in der Regel auf ein Viertel der Zeit festgelegt, die der größten Partei zugebilligt wird.[610]

c) Im Übrigen bemisst sich die Bedeutung einer Partei **insbesondere** nach den Ergebnissen vorausgegangener Wahlen zu Volksvertretungen (§ 5 Abs. 1 S. 3 ParteiG). Allerdings verbietet der Grundsatz der Chancengleichheit der Parteien, allein auf den Erfolg bei früheren Wahlen abzustellen.

OVG Hamburg:[611] „Als weitere Kriterien kommen in Betracht die Dauer des Bestehens einer Partei, ihre Mitgliederzahl, Umfang und Ausbau ihres Organisationsnetzes und bei kleineren Parteien ihre politischen Aktivitäten etwa in Bürgerinitiativen, Sprechstunden und dergleichen. Repräsentative Umfragen (Wahlprognosen) können ebenfalls Rückschlüsse auf die Bedeutung einer politischen Partei erlauben.“[612]

Daher hat die X nur einen Anspruch auf zwei Wahlwerbesendungen (= 1/4 der den großen Parteien zuerkannten acht Spots).

Diskutiert wird in neuerer Zeit eine Abschaffung der kostenlosen Wahlwerbung. Fehlt es an einer einfach-gesetzlichen Regelung (z.B. § 19 Abs. 5 LRG NRW) und wird auch anderen Parteien keine Sendezeit zur Verfügung gestellt, so greift § 5 ParteiG nicht ein. Auch aus Art. 21 GG lässt sich weder i.V.m. Art. 3 GG noch i.V.m. Art. 5 GG ein unmittelbarer Leistungsanspruch herleiten.[613] Die Gewährung von Sendezeiten steht dann jedoch im Ermessen der Rundfunkanstalt.

Beispiel: Haben die großen Parteien in einem Wahlkampfabkommen auf Wahlwerbesendungen verzichtet, so ist es ermessensfehlerhaft, wenn die Rundfunkanstalt unter Berufung auf das Neutralitätsgebot auch kleineren Parteien keine Sendezeiten einräumt. Denn sonst hinge die Zuteilung allein von dem Verhalten der großen Parteien ab.[614]

---

609 Vgl. BVerfGE 24, 300, 354; BVerwG NVwZ 1987, 270, 272 m.w.N.; a.A.: Ipsen Staatsrecht I, Rn. 167; Morlok/Michael Staatsorganisationsrecht, Rn. 143.

610 Vgl. BVerwGE 47, 280.

611 OVG Hamburg NJW 1994, 71, 72.

612 Ähnlich OVG RhPf NVwZ 2006, 109.

613 BVerwG NJW 1991, 938; ebenso BVerfG NJW 1994, 40: „Einen originären, nicht durch den Gleichheitssatz vermittelten verfassungsrechtlichen Anspruch auf Einräumung von Sendezeiten gibt es nicht“.

614 BVerwG NJW 1991, 938, 939; zur Ermessensbetätigung VG Bremen NJW 1996, 140, 141; dazu Dörr JuS 1996, 549, 550.

II. Fraglich ist, ob der Anspruch auf Chancengleichheit auch ein Teilnahmerecht an einer politischen **Diskussionssendung** während des Wahlkampfs (TV-Duell) begründet. Denn bei **redaktionellen Sendungen** kann sich die Rundfunkanstalt auf die von Art. 5 Abs. 1 S. 2 GG mitumfasste **Programmfreiheit** berufen. Dazu gehört auch das Recht, die Teilnehmer an einer Diskussion zu bestimmen.[615] Die Rundfunkfreiheit findet jedoch ihre Schranke in den allgemeinen Gesetzen (Art. 5 Abs. 2 GG) und den anderen Vorschriften der Verfassung. Zu diesen **Schranken** gehört auch die durch Art. 3 Abs. 1 i.V.m. Art. 21 Abs. 1 GG geschützte Chancengleichheit der Parteien. Stehen sich damit das Recht auf Chancengleichheit einerseits und die Rundfunkfreiheit andererseits gegenüber, muss zwischen beiden ein Ausgleich im Wege der **praktischen Konkordanz** gefunden werden. Je stärker die Sendung daher auf die Wahl bezogen ist, desto mehr wird die Freiheit der Programmgestaltung durch den Grundsatz der Chancengleichheit der Parteien eingeschränkt. Da Sendungen wie ein TV-Duell erhebliche wahlwerbende Wirkung haben, kann nur durch die Teilnahme aller (wesentlichen) Parteien die Neutralität des öffentlich-rechtlichen Rundfunks gewahrt werden.[616] 326

Allerdings kann der Sender durch die Bestimmung des Themas den Teilnehmerkreis sachlich einschränken.[617]

Ob die X-Partei an dem TV-Duell zu beteiligen ist, richtet sich somit nach ihrer Bedeutung (§ 5 Abs. 1 S. 2–4 ParteiG). Neben den bei vorangegangenen Wahlen erzielten Ergebnissen (§ 5 Abs. 1 S. 3 ParteiG) ist hierfür auch maßgebend, welche realistischen Aussichten die X bei der bevorstehenden Wahl auf einen Einzug in den Bundestag hat. Da nach der Wahlprognose (5%) nicht ausgeschlossen ist, dass sie künftig im Bundestag vertreten sein wird, hat sie daher auch insoweit einen Anspruch auf Gleichbehandlung im Verhältnis zu den übrigen Parteien.

III. Ein **Anordnungsgrund** besteht, wenn eine vorläufige Regelung zur Abwendung wesentlicher Nachteile oder zur Verhinderung drohender Gewalt oder aus anderen Gründen nötig erscheint. Dies ergibt sich hier daraus, dass der nach der Wahl gewährte Rechtsschutz im Hauptsacheverfahren für X keine Bedeutung mehr hat.

IV. Da die einstweilige Anordnung ein Mittel bloß vorläufigen Rechtsschutzes ist, ist eine **Vorwegnahme der Hauptsache** grundsätzlich **unzulässig**. Wegen des Gebots effektiver Rechtsschutzgewährung (Art. 19 Abs. 4 GG) gilt dies jedoch dann nicht, wenn, wie hier, das Recht des Antragstellers ansonsten vereitelt würde. In diesen Fällen ist ausnahmsweise auch eine endgültige Befriedigung des geltend gemachten Anspruchs möglich.[618]

Ergebnis: Der Antrag auf Erlass einer einstweiligen Anordnung ist daher bzgl. zwei Wahlwerbespots und der Teilnahme am TV-Duell begründet.

---

615 BVerfGE 82, 54, 58.

616 Vgl. BVerfG NVwZ 1991, 560, 561; BVerfGE 82, 54, 58.

617 Vgl. OVG Hamburg NJW 1994, 70, 71; OVG NRW NVwZ 1992, 68, 69.

618 BVerfG DVBl. 1989, 36, 37; OVG Koblenz NVwZ 1990, 1087, 1088; Kopp/Schenke VwGO § 123 Rn. 14; vgl. dazu ausführlich AS-Skript VwGO (2017), 7. Teil, 4. Abschnitt.

327 Ein weiterer wichtiger Anwendungsfall des § 5 ParteiG ist das Zur-Verfügung-Stellen von **Versammlungsgelegenheiten**, wie gemeindlichen Sälen und Veranstaltungsplätzen. § 5 ParteiG führt hierbei vor allem zu einer Erweiterung und Konkretisierung des in den Gemeindeordnungen geregelten Benutzungsanspruchs, der in der Regel auf örtliche Vereinigungen beschränkt ist. Wegen § 5 ParteiG können daher auch ortsfremde Parteiverbände an jedem beliebigen Ort den Benutzungsanspruch geltend machen.[619]

Im Übrigen gelten die o.g. Grundsätze, insbesondere darf auch hier die Nutzung nicht wegen vermeintlicher Verfassungsfeindlichkeit abgelehnt werden.[620]

328

Zusammenfassung: Parteien; Art. 21 GG

Rechtsnatur

- Teilrechtsfähige Vereinigung des Privatrechts; vgl. §§ 2, 3 ParteiG

Rechte

- Recht auf freie und dauernde Mitwirkung an der politischen Willensbildung des Volkes; Art. 21 Abs. 1 S. 1 GG, konkretisiert durch § 1 Abs. 2 ParteiG
- Recht auf Gründungsfreiheit; Art. 21 Abs. 1 S. 2 GG
- Parteienprivileg; Art. 21 Abs. 2 S. 2 GG
- Recht auf (abgestufte) Chancengleichheit
- Recht auf Ausschluss von Mitgliedern unter den Voraussetzungen von § 10 Abs. 4 ParteiG
- Recht auf staatliche Teilfinanzierung gemäß §§ 18–22 ParteiG

Pflichten

- Die innere Ordnung der Partei muss demokratischen Grundsätzen entsprechen; Art. 21 Abs. 1 S. 3 GG
- Rechenschaftspflicht und Transparenzgebot; Art. 21 Abs. 1 S. 4 GG, konkretisiert durch §§ 23–31 ParteiG

  Bei Verletzung dieser Pflicht Sanktionen gemäß §§ 31 a–d ParteiG

Recht und Pflicht

- Grundsatz der Staatsfreiheit; Art. 21 Abs. 1 GG, § 2 Abs. 1 ParteiG

---

619 Morlok/Michael Staatsorganisationsrecht, Rn. 144 Fn. 52.

620 BVerwG NJW 1990, 134, 135.

4. Teil: Der Bundesrat

1. Abschnitt: Stellung des Bundesrats im Verfassungsgefüge

Durch den Bundesrat wirken die Länder bei der Gesetzgebung und Verwaltung des Bundes sowie in Angelegenheiten der Europäischen Union mit (Art. 50 GG). Die Mitwirkung begründet nur ein **Beteiligungsrecht**, der Bundesrat ist daher **keine selbstständige zweite Gesetzgebungskammer**.[621] **329**

Anders in einem echten Zweikammersystem, bei dem für die parlamentarische Willensbildung ein übereinstimmender Mehrheitsbeschluss zweier selbstständiger, voneinander unabhängiger Gremien erforderlich ist. Dem Bundesrat kommt eine solche Stellung nur bei Zustimmungsgesetzen zu, bei denen er das Zustandekommen eines Gesetzes verhindern kann (vgl. unten Rn. 411 ff.).

2. Abschnitt: Zusammensetzung des Bundesrats

Der Bundesrat besteht aus Mitgliedern der Landesregierungen, die sie bestellen und abberufen (Art. 51 Abs. 1 GG). **330**

Auch wenn sich der Bundesrat aus Vertretern der Länder zusammensetzt, handelt es sich gleichwohl um ein **Bundesorgan**. Er wird ausschließlich im Zuständigkeitsbereich des Bundes tätig und nicht in dem der Länder.[622]

Der Bundesrat ist nicht unmittelbar demokratisch legitimiert (anders z.B. der Senat in den USA, der unmittelbar vom Volk gewählt wird). Die **Legitimation** des Bundesrates folgt daraus, dass die Länderparlamente gewählt werden, diese die Zusammensetzung der Landesregierungen zumindest über die Wahl des Ministerpräsidenten bestimmen und die Landesregierungen die Bundesratsmitglieder entsenden. Anders als der Bundestag ist der Bundesrat ein **permanentes (ewiges) Organ**. Es besteht daher weder eine personelle noch eine sachliche Diskontinuität.

Der Bundesrat kann sich deshalb auch nach dem Ende einer Legislaturperiode des Bundestages noch mit den vom alten Bundestag beschlossenen Gesetzen befassen.[623]

Der Bundesrat setzt sich aus **69 stimmberechtigten Mitgliedern** zusammen, wobei die Länder je nach Größe drei bis sechs Stimmen haben (Art. 51 Abs. 2 GG).[624] Jedes Land kann so viele Mitglieder entsenden, wie es Stimmen hat, ist aber bereits ausreichend vertreten, wenn ein Mitglied der Landesregierung anwesend ist, das die anderen vertritt.

Zwischen den Mitgliedschaften im Bundestag und im Bundesrat besteht eine **Inkompatibilität**. Der Bundesrat hat gegenüber dem Bundestag **Hemmungs- und Kontrollbefugnisse**. Da niemand sich in diesem Sinne selbst kontrollieren kann, können diese Befugnisse nur dann wirksam ausgeübt werden, wenn die Mitglieder der beiden Gremien personenverschieden sind. Die Inkompatibilität ist daher Ausfluss einer **organisatorischen Gewaltenteilung** zwischen zwei sich gegenseitig kontrollierenden Organen,[625] auch bezeichnet als vertikale Gewaltenteilung des Bundes durch die Länder (des Zentralstaates durch die Gliedstaaten).

621 BVerfGE 37, 363, 380; Wrege Jura 1996, 436, 437 m.w.N.
622 Zu den tatsächlichen Auswirkungen vgl. Gusy DVBl. 1998, 917, 927.
623 Kloepfer Jura 1991, 169, 175 m.w.N.
624 Zur Verteilung vgl. auch Ipsen Staatsrecht I, Rn. 339 Fn. 2.
625 Fastenrath JuS 1986, 194, 197.

Das folgt auch aus Art. 77 Abs. 2 GG, da andernfalls die Gefahr bestünde, dass im Vermittlungsausschuss jemand als Mitglied des Bundestages mit sich selbst als Mitglied des Bundesrates zu verhandeln hätte. Vgl. auch ausdrücklich § 2 GO BRat.

Die Zusammensetzung des Bundesrats

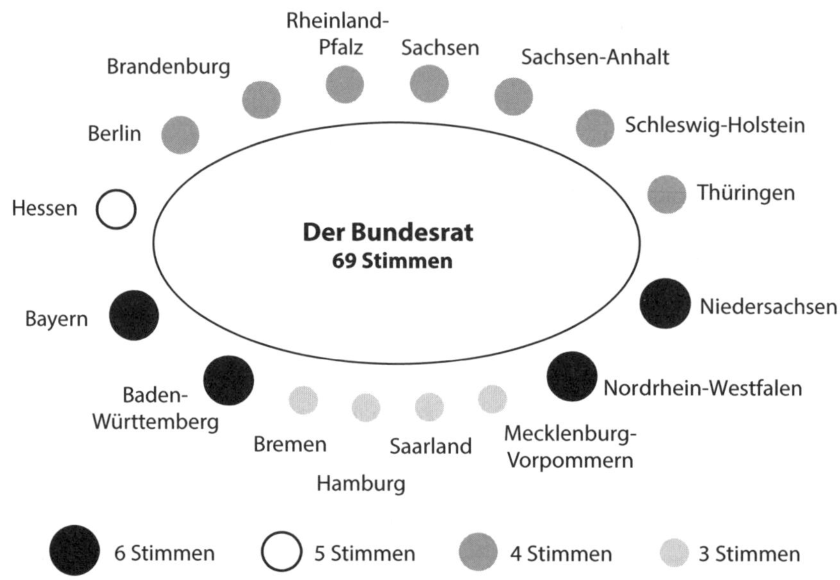

3. Abschnitt: Beschlussfassung im Bundesrat

331 Alle Entscheidungen des Bundesrats müssen mit der Mehrheit seiner Stimmen (also mindestens 35) gefasst werden (Art. 52 Abs. 3 GG). Die Stimmen eines Landes müssen **einheitlich** abgegeben werden (Art. 51 Abs. 3 S. 2 GG). Ein Verstoß gegen das Gebot der einheitlichen Votierung macht alle Stimmen des Landes ungültig.[626]

Um die einheitliche Stimmabgabe zu gewährleisten, ist anerkannt, dass die Vertreter des Landes grundsätzlich **weisungsabhängig** sind (Ausn. im Fall des Art. 77 Abs. 2 S. 3 GG). Die Stimmabgabe ist aber auch dann gültig, wenn sie von einer Weisung abweicht oder ihr zuwiderläuft.[627]

Bei Unklarheiten im Abstimmungsverlauf ist der Bundesratspräsident grundsätzlich berechtigt, mit geeigneten Maßnahmen eine Klärung herbeizuführen und auf eine wirksame Abstimmung des Landes hinzuwirken. Das insoweit bestehende **Recht zur Nachfrage** entfällt allerdings, wenn ein erkennbarer Landeswille nicht besteht und nach den gesamten Umständen nicht zu erwarten ist, dass ein solcher noch während der Abstimmung zustande kommen werde.[628]

Weisungsbefugt ist nur die Landesregierung, nicht aber das Parlament.[629]

626 Jarass/Pieroth GG, Art. 51 Rn. 6; a.A. BVerfG NJW 2003, 339; Kramer JuS 2003, 645; Burkiczak JA 2003, 463; Pünder Jura 2003, 339.

627 Ipsen Staatsrecht I, Rn. 343.

628 BVerfG a.a.O. Leitsatz 5.

629 Palm JuS 2007, 751, 753.

4. Abschnitt: Die Zuständigkeiten des Bundesrats

Art. 50 GG selbst ist keine Zuständigkeitsvorschrift. Für eine Zuständigkeit des Bundesrates bedarf es vielmehr einer **besonderen Regelung im GG**, insbesondere 332

- Mitwirkung im förmlichen Gesetzgebungsverfahren, Art. 76 u. 77 Abs. 2–4 GG (dazu noch unten Rn. 411 ff.);
- Beteiligung in Angelegenheiten der Europäischen Union, Art. 23 Abs. 2, 4–6 und Art. 52 Abs. 3 a GG i.V.m. IntegrationsverantwortungsG und Gesetz über Zusammenarbeit von Bund und Ländern in Angelegenheiten der EU;
- Zustimmung zu RVOen nach Maßgabe des Art. 80 Abs. 2 GG;
- Zustimmung zu Verwaltungsvorschriften gemäß Art. 84 Abs. 2, 85 Abs. 2 S. 1 GG;
- Zustimmung bei Aufsichtsmaßnahmen des Bundes (Art. 84 Abs. 3 u. 4 GG) sowie beim Bundeszwang (Art. 37 GG);
- Zustimmung bei der Organisation neuer Bundesmittel- und -unterbehörden (Art. 87 Abs. 3 S. 2 GG).

Die sich hierbei ergebenden rechtlichen Probleme werden im jeweiligen Sachzusammenhang dargestellt, insbesondere unten Rn. 411 ff. zur Mitwirkung im Gesetzgebungsverfahren.

5. Teil: Die Bundesregierung und der Bundeskanzler

1. Abschnitt: Zusammensetzung der Bundesregierung und verfassungsrechtliche Stellung

333 Die Bundesregierung besteht aus dem Bundeskanzler und aus den Bundesministern (Art. 62 GG). Die verfassungsrechtliche Stellung der Bundesregierung ergibt sich aus dem Gewaltenteilungsprinzip als Teil der zweiten, der vollziehenden Gewalt (Art. 20 Abs. 2 S. 2 und Abs. 3 GG). Ihr obliegen alle Aufgaben, die nicht in den Zuständigkeitsbereich der gesetzgebenden Organe und der Rspr. fallen. Da die Regierung die Spitze der Exekutive bildet, ist sie von der (übrigen) Verwaltung abzugrenzen. Üblicherweise wird die Aufgabe der Regierung mit **Leitung und Führung des Staatsganzen (Gubernative)** umschrieben, während der (übrigen) Verwaltung im Wesentlichen die Aufgabe des Gesetzesvollzuges zugewiesen wird (Exekutive i.e.S.).[630]

Die Problematik der Abgrenzung zwischen Regierung und sonstiger Verwaltung wird deutlich beim einzelnen Bundesminister. Dieser ist einerseits Mitglied der Bundesregierung, andererseits Leiter eines Ministeriums, das zur (übrigen) Verwaltung gehört.

2. Abschnitt: Bildung der Bundesregierung; Koalitionsvereinbarungen

A. Wahl des Bundeskanzlers

334 Die **Wahl des Bundeskanzlers** durch den Bundestag regelt Art. 63 GG in verschiedenen Phasen:

- **1. Wahlphase:** Der Bundespräsident schlägt dem Bundestag einen Kanzlerkandidaten vor (Art. 63 Abs. 1 GG). Erhält dieser die Stimmen der Mehrheit der Mitglieder des Bundestages, so muss der Bundespräsident ihn ernennen (Art. 63 Abs. 2 GG).
- **2. Wahlphase:** Erreicht der Vorgeschlagene nicht die erforderliche Mehrheit, so kann der Bundestag binnen 14 Tagen mit absoluter Mehrheit einen Bundeskanzler wählen, ohne dass ein Vorschlag des Bundespräsidenten vorliegt (Art. 63 Abs. 3 GG).
- **3. Wahlphase:** Kommt innerhalb dieser Frist eine Wahl nicht zustande, so findet unverzüglich ein neuer Wahlgang statt, in dem gewählt ist, wer die (einfache) Mehrheit der Stimmen erhält. Erreicht der Gewählte die absolute Mehrheit, so muss ihn der Bundespräsident ernennen. Bei einfacher Mehrheit hat der Bundespräsident ein Wahlrecht: Er kann binnen sieben Tagen entweder den Gewählten ernennen oder den Bundestag auflösen (Art. 63 Abs. 4 GG).

B. Personalentscheidungen und Organisationsgewalt

335 Die **Ernennung der Bundesminister** und damit die Bildung der Bundesregierung ist in Art. 64 GG geregelt. Die formelle Ernennung obliegt dem **Bundespräsidenten** (Aushändigung einer Ernennungsurkunde gemäß § 2 BMinG). Sie darf nur auf Vorschlag des Bundeskanzlers erfolgen (sog. **Kabinettsbildungsrecht** gemäß Art. 64 Abs. 1 GG). In diesem Vorschlagsrecht liegt der für die Ernennung der Minister und die Bildung der Bundesregierung entscheidende Akt.

630 Vgl. BVerfGE 11, 77, 85; 26, 338, 395; Gröpl Staatsrecht I, Rn. 1238 ff.

Ob der Bundespräsident verpflichtet ist, den Vorgeschlagenen zu ernennen, ist eine Frage der Befugnisse des Staatsoberhauptes (dazu unten Rn. 360 ff.).

Welche Ministerien es gibt und welche Aufgaben von ihnen wahrgenommen werden, ist im GG nicht festgelegt, sondern der – u.a. bereits in Koalitionsvereinbarungen festgelegten – **Organisationsgewalt des Bundeskanzlers** überlassen.[631] Allerdings sind einige Ministerien zwingend vorgeschrieben (Finanzen in Art. 112, 114 GG; Verteidigung in Art. 65 a GG; Justiz in Art. 96 GG).

Den vorgenannten rechtlich einfachen Vorgängen liegen komplizierte politische Verhandlungen und Absprachen zugrunde, bei denen wiederum rechtliche Probleme auftauchen können.

Fall 13: Koalitionsvereinbarungen

Bei der Bundestagswahl haben die X-Partei 45 %, die Y-Partei 40% und die Z-Partei 15% der Bundestagssitze erlangt. Parteien und Fraktionen von X und Z bestimmen Delegationen, die über eine künftige gemeinsam getragene Koalitionsregierung verhandeln sollen. Nach mehrtägigen Verhandlungen kommt es zum Abschluss einer schriftlichen Koalitionsvereinbarung, die u.a. folgenden Inhalt hat:

1. Die Z-Fraktion wird den von der X-Fraktion vorgeschlagenen Kandidaten K zum Bundeskanzler wählen.
2. In die neu zu bildende Regierung werden 4 Mitglieder der Z-Fraktion aufgenommen. Sie erhalten folgende Ministerien: ...
3. Die Politik der neuen Regierung wird folgenden Grundsätzen entsprechen: ... Ausgabensenkungen haben absoluten Vorrang vor Steuererhöhungen.
4. Auf jederzeit mögliches Verlangen der Z-Fraktion hat der Bundeskanzler jedes der Z-Partei angehörende Mitglied der Bundesregierung dem Bundespräsidenten zur Entlassung vorzuschlagen.

Wie ist die Vereinbarung verfassungsrechtlich zu beurteilen?

I. Inhaltlich handelt es sich um den typischen Fall einer **Koalitionsvereinbarung** in 336
Form einer Einigung zwischen zwei oder mehreren im Parlament vertretenen Parteien über die Bildung einer gemeinsam getragenen Regierung (personelle Komponente) und deren politisches Aktionsprogramm (sachliche Komponente).

II. Die grundsätzliche **Zulässigkeit** von Koalitionsvereinbarungen ist heute unstreitig. Sie ergibt sich aus Art. 21 GG, da die Mitwirkung einer Partei an der politischen Willensbildung auf der Ebene der Regierung nur sinnvoll ist, wenn zuvor Klarheit über die politische Richtung der Regierung besteht. Ferner lässt Art. 63 Abs. 1 GG einen gewissen Schluss zu: Wenn der Bundeskanzler ohne Aussprache gewählt wird, so muss die politische Entscheidung über den zu wählenden Bundeskanzler und die von ihm zu bildende Regierung im Vorfeld der Wahl fallen, d.h. innerhalb von Koalitionsverhandlungen festgelegt werden.[632]

---

631 Vgl. i.E. Morlok/Michael Staatsorganisationsrecht, Rn. 345 ff.

632 Grundsätzlich zu Koalitionsvereinbarungen Maurer Staatsrecht I, § 14 Rn. 23 ff.; Schulze-Fielitz JA 1992, 332 ff.

Unzulässig sind Koalitionsvereinbarungen allerdings, wenn dadurch der verfassungsrechtlich gewährleistete Spielraum der **Staatsorgane** eingeengt würde. Dies kann jedoch schon deswegen nicht geschehen, weil Vertragsschließende allein die Parteien bzw. Fraktionen sind, nicht die Staatsorgane (Bundeskanzler, Bundesminister). Auch wenn durch die Koalitionsvereinbarung die Richtlinienkompetenz (Art. 65 GG) und die Personalhoheit des Bundeskanzlers (Art. 64 GG) faktisch ausgestaltet werden, werden diese Kompetenzen nicht beschränkt. Der Bundeskanzler bleibt **rechtlich** in seiner Entscheidung frei, mag er sich auch politisch gebunden fühlen.[633]

III. Rechtsnatur und Verbindlichkeit

337 1. Unstreitig entfalten Koalitionsvereinbarungen eine **Bindungswirkung** zwischen den Vertragspartnern. Umstritten ist nur, ob diese verbindliche Kraft rechtlicher oder nur politischer Natur ist.

a) Überwiegend wird angenommen, es handele sich nicht um rechtsverbindliche Verträge, sondern um **Absprachen mit bloß politischer Bedeutung**. Aber auch diese Bindungswirkung ist beschränkt auf die Zeit der politischen Harmonie. Sie ist die unerlässliche Geschäftsgrundlage für den Bestand der Vereinbarung; entfällt sie, so kann auch die Vereinbarung gekündigt werden.[634]

b) Nach anderer Ansicht handelt es sich dagegen um rechtlich bindende **verfassungsrechtliche Verträge**.[635]

Dagegen spricht jedoch, dass es regelmäßig am Rechtsbindungswillen der Parteien fehlen wird. Für den Fall von „Vertragsverletzungen" werden gerade keine rechtlichen Sanktionen vereinbart, sondern es besteht nur die Möglichkeit, politischen Druck auf den Koalitionspartner auszuüben.

2. Damit steht im Ergebnis auch fest, dass Koalitionsvereinbarungen nicht einklagbar sind. Unproblematisch ergibt sich dies für diejenigen (oben 1 a)), die den Vertragscharakter ablehnen. Davon unabhängig folgt die **Nichteinklagbarkeit** aber auch daraus, dass hierfür kein Rechtsweg zur Verfügung steht:

a) Das **BVerfG** ist nicht zuständig, weil keine der in Art. 93 GG, § 13 BVerfGG – abschließend – geregelten Zuständigkeiten eingreift (Enumerationsprinzip).

b) Die Verwaltungsgerichte sind nicht zuständig, weil es sich um verfassungsrechtliche Streitigkeiten handelt (§ 40 Abs. 1 VwGO). Zwar sind die Parteien keine Verfassungsorgane, wegen Art. 21 GG aber unmittelbar am Verfassungsleben teilnehmende Rechtssubjekte. Damit stehen Koalitionsvereinbarungen im engen Zusammenhang mit dem Verfassungsrecht.

c) Die subsidiäre Zuständigkeit der **Zivilgerichte** nach Art. 19 Abs. 4 GG greift nicht ein, weil im Zusammenhang mit den Koalitionsvereinbarungen niemand, der außerhalb des Staates steht, in seinen Rechten verletzt sein kann. Die politischen Parteien stehen insoweit, da sie ähnlich Verfassungsorganen tätig wer-

633 Jarass/Pieroth GG, Art. 65 Rn. 3; Schulze-Fielitz JA 1992, 332, 333.

634 Hömig Art. 63 GG Rn. 2; Degenhart Staatsorganisationsrecht, Rn. 678; Schenke Jura 1982, 57, 58; Schulze-Fielitz JA 1992, 332, 334; Maurer Staatsrecht I, § 14 Rn. 29.

635 Schulze-Fielitz JA 1992, 332, 334 Fn. 25; der BGH (BGHZ 29, 187 ff.) hat einen verwaltungsrechtlichen Vertrag angenommen.

den, aufseiten des Staates und sind insoweit nicht Träger subjektiver Rechte i.S.d. Art. 19 Abs. 4 GG.[636]

Das Fehlen der für verbindliche Verträge im Rechtsstaat selbstverständlichen Einklagbarkeit dürfte das entscheidende Argument gegen die Annahme einer rechtlichen Bindungswirkung sein.

IV. Unabhängig von der rechtlichen Durchsetzbarkeit besteht auch kein faktisch politischer Zwang zur Einhaltung der Absprachen, wenn etwas vereinbart wird, was verfassungsrechtlich von den Parteien nicht verwirklicht werden darf. Es stellt sich also die Frage nach der **inhaltlichen Zulässigkeit** derartiger Vereinbarungen.

1. Vorliegend sind die Abreden (1)–(3) typischer und zulässiger Inhalt von Koalitionsvereinbarungen. Der Z-Partei ist nicht zuzumuten, dass ihre Abgeordneten K wählen (1), wenn nicht ein hinreichender Einfluss in der Bundesregierung gesichert ist (2) und die politische Richtung der Bundesregierung nicht feststeht (3). Ein Eingriff in die Befugnisse des Kanzlers nach Art. 64, 65 GG liegt nicht vor, weil der Kanzler als Staatsorgan nicht gebunden wird. Allerdings wird man eine Verfassungswidrigkeit dann annehmen müssen, wenn die Absprache im Fall ihrer faktischen Durchführung gegen Verfassungsnormen verstoßen würde.

   Einschränkend Schulze-Fielitz:[637] Außer bei einem offenkundigen Verstoß gegen die Verfassung wird nicht schon die Absprache selbst, sondern erst das ihr folgende Handeln verfassungswidrig sein.

   Das könnte man bei Punkt (3) in Betracht ziehen, falls nach Lage der wirtschaftlich-politischen Situation Steuererhöhungen statt Ausgabensenkungen geboten erscheinen. Jedoch schließt die Abrede (3) nicht aus, sich der jeweiligen Situation anzupassen.

2. Anders ist es bei Punkt (4). Hier soll dem Bundeskanzler die Möglichkeit einer eigenen Entscheidung genommen werden, ob die politische Lage und das Wohl der Allgemeinheit ein Verbleiben des Ministers im Amt erfordern. Dadurch wird gegen die dem Kanzler durch Art. 64 Abs. 1, 65 S. 1 GG übertragene politische Verantwortlichkeit verstoßen. Zum bloßen Vollzugsorgan darf der Kanzler nicht degradiert werden. Somit ist die Abrede (4) verfassungswidrig.

   Die Abrede (4) kann nur so praktiziert werden, dass im Einzelfall die Z-Fraktion auf den Bundeskanzler einwirkt, um ihn durch politische Argumente zur Entlassung eines Ministers zu bewegen. Diesen Argumenten kann der Kanzler – auch aus Koalitionsrücksicht – nachgeben. Tut er dies nicht, so wird sich die Z-Fraktion überlegen, ob sie deshalb die Koalition aufkündigt.

C. Sonstige Minister und Staatssekretäre

Regelmäßig werden dem Bundeskanzler zugeordnet der sog. **Kanzleramtsminister** **338**
und ggf. ein **Staatsminister**, den Ministerien ein oder mehrere **Staatssekretäre**.[638]

---

636 Schulze-Fielitz JA 1992, 332, 336.

637 Schulze-Fielitz JA 1992, 332, 334.

638 Vgl. dazu Maurer Staatsrecht I, § 14 Rn. 9 ff.; Morlok/Michael Staatsorganisationsrecht, Rn. 352 ff.; Gröpl Staatsrecht I, Rn. 1249 und das ParlStG; dort auch § 1 Abs. 1 S. 2 („lex Naumann").

3. Abschnitt: Zuständigkeiten und Aufgabenverteilung

A. Zuständigkeiten der Bundesregierung

339 Die **Zuständigkeiten** der Bundesregierung sind nicht im Einzelnen im GG aufgezählt, sondern ergeben sich aus dem Wesen einer Regierung.[639] Ausdrücklich zugewiesen sind der Bundesregierung u.a. folgende Kompetenzen:

- Mitwirkung beim Gesetzgebungsverfahren (Art. 76 Abs. 1, 82 Abs. 1 GG);
- Mitwirkung in Angelegenheiten der EU, insbesondere bei Rechtssetzungsakten unter angemessener Beteiligung des Bundestages, des Bundesrates und der Länder (Art. 23 Abs. 2–6 GG);
- Erlass von Rechtsverordnungen (Art. 80 GG) und von Verwaltungsvorschriften (Art. 84 Abs. 2, 85 Abs. 2, 86 S. 1 GG);
- vorläufige Haushaltswirtschaft (Art. 111 GG); Erteilung der Zustimmung bei Haushaltsüberschreitungen und Ausgabenerhöhungen (Art. 112, 113 GG);
- Oberbefehl über die Streitkräfte (Art. 65 a GG); Aufgaben im Verteidigungsfall (Art. 115 a ff. GG); Notstandsmaßnahmen (Art. 35 Abs. 3, 37, 87 a Abs. 4 GG);
- Genehmigung von Herstellung, Beförderung und Inverkehrbringen von Kriegswaffen gemäß Art. 26 Abs. 2 GG i.V.m. KriegswaffenkontrollG i.V.m. DVO.

  Die Genehmigung erteilt das Bundeswirtschaftsministerium; der **Bundessicherheitsrat** als Ausschuss der Bundesregierung gibt lediglich eine Empfehlung ab.[640]

Im Übrigen lassen sich die Aufgaben der Bundesregierung nicht umfassend beschreiben. Folgende Befugnisse stehen ihr traditionell zu und sind besonders wichtig:

- das Setzen bestimmter politischer Ziele (z.B. in der Außen- und Verteidigungspolitik);
- die Ausübung der Organisationsgewalt im Bundesbereich, soweit keine ausdrücklichen gesetzlichen Vorschriften eingreifen (z.B. Entscheidung, wie viele Ministerien gebildet werden und welche Aufgaben von den einzelnen Ministern wahrgenommen werden);
- die Überwachung des Gesetzesvollzugs durch Länderbehörden (vgl. insbesondere die in Art. 84 Abs. 3–5 und Art. 85 Abs. 3 u. 4 GG eingeräumten Befugnisse).

Gemäß Art. 15 Abs. 2 EUV ist der Bundeskanzler/die Bundeskanzlerin als Regierungschef(in) der BRD Mitglied im **Europäischen Rat**. Gemäß Art. 16 Abs. 2 EUV sind die Bundesminister/Bundesministerinnen Mitglieder im **Rat**, soweit ihr Ressort betroffen ist.

Der Bundesregierung obliegen in diesem Zusammenhang („Angelegenheiten der EU") verschiedene Pflichten gemäß Art. 23 GG und der diesbezüglichen Begleitgesetze (vgl. dazu noch unten).

---

639 Vgl. i.E. Morlok/Michael Staatsorganisationsrecht, Rn. 356 f.; Degenhart Staatsorganisationsrecht, Rn. 698 f.; Gröpl Staatsrecht I, Rn. 1289 ff.

640 Vgl. i.E. Zähle, Der Staat 2005, 462.

B. Kanzler-, Ressort- und Kollegialprinzip

Richtlinienkompetenz des BKanzlers (Kanzlerprinzip) 340

- generelle Anweisung
- konkrete Einzelfallentscheidung

Vorrang

Ressortprinzip	**Kollegialprinzip**
innerhalb der Richtlinien für Geschäftsbereich	bei Meinungsverschiedenheiten zwischen Ministerien

- Nach Art. 65 S. 1 GG bestimmt der Bundeskanzler die **Richtlinien der Politik** und trägt dafür die Verantwortung. Was Richtlinien der Politik sind, ist naturgemäß schwer zu bestimmen. Erfasst werden die **grundlegenden** und richtungsbestimmenden politischen Entscheidungen im Bereich der Regierung, aber auch **bedeutsame Einzelfragen**.[641]

- Soweit keine Richtlinien bestehen oder vorhandene Richtlinien zu konkretisieren sind, leitet jeder Bundesminister seinen Geschäftsbereich selbstständig und unter eigener Verantwortung (Art. 65 S. 2 GG: **Ressortprinzip**).[642] Da sich das Ressortprinzip nur auf den jeweiligen Geschäftsbereich des betreffenden Ministers bezieht, lässt sich eine Entscheidung nach Art. 65 S. 2 GG nicht treffen, sofern der Bereich mehrerer Ministerien betroffen ist.

  Das Ressortprinzip enthält u.a. auch die Befugnis zur Öffentlichkeitsarbeit des jeweiligen Ministeriums. Ob dies auch als ausreichende Legitimation für **ministerielle Warnerklärungen** angesehen werden kann, ist streitig.[643]

  Die **Richtlinienkompetenz** des Bundeskanzlers ist bei Einzelmaßnahmen stets im Zusammenhang mit der **Ressortkompetenz** des einzelnen Ministers zu sehen. Sie darf daher nicht zu einem „Gängeln" in Routineangelegenheiten missbraucht werden. Die Grenze zur selbstständigen Ressortleitung ist nach h.M. dann überschritten, wenn die Richtlinienbestimmung so detailliert erfolgt, dass dem Minister kein Gestaltungsspielraum von substanziellem politischem Gewicht verbleibt.[644]

- Kommt es in ressortübergreifenden Fragen nicht zu einer Einigung zwischen den beteiligten Ministern, so entscheidet die Bundesregierung (Art. 65 S. 3 GG: Kollegial- oder **Kabinettsprinzip**).[645]

Das GG enthält selbst keine Bestimmung darüber, wie Entscheidungen der BReg zu fällen sind. Einzelheiten finden sich vielmehr gemäß Art. 65 S. 4 GG in der GO BReg. Häufig werden hierbei die Entscheidungen schriftlich im sog. **Umlaufverfahren** getroffen. So war es z.B. langjährige Praxis, dass eine RVO der BReg als beschlossen galt, wenn innerhalb einer bestimmten Frist kein Regierungsmitglied Widerspruch erhob. Diese Praxis ist nicht mit Art. 80 Abs. 1 S. 1 GG vereinbar, da nicht sichergestellt ist, dass

641 Ipsen Staatsrecht I, Rn. 426 ff.; Morlok/Michael Staatsorganisationsrecht, Rn. 341 Fn. 24 f.; Degenhart Staatsorganisationsrecht, Rn. 688 ff.; Böckenförde Die Organisationsgewalt im Bereich der Regierung, S. 207; Windirsch JuS 1995, 527, 528 f.

642 Vgl. auch Ipsen Staatsrecht I, Rn. 456 ff.; Degenhart Staatsorganisationsrecht, Rn. 691; Gröpl Staatsrecht I, Rn. 1296 ff.

643 Vgl. dazu Morlok/Michael Staatsorganisationsrecht, Rn. 347 Fn. 29 f.; Degenhart Staatsorganisationsrecht, Rn. 294 ff.; AS-Skript Grundrechte (2017).

644 Windirsch JuS 1995, 527, 529 m.N. auf diverse Gegenauffassungen.

645 Vgl. auch Ipsen Staatsrecht I, Rn. 468 ff.; Degenhart Staatsorganisationsrecht, Rn. 687, 692 f.

eine hinreichende Zahl von Ministern an der Beschlussfassung teilnimmt und die RVO damit der BReg als Kollegium zugerechnet werden kann.[646]

C. Äußerungen/Informationen durch die Bundesregierung

341 Sowohl Äußerungen der Regierung, insbesondere in Bezug auf den politischen Gegner, als auch Informationen der Öffentlichkeit sind **nicht ausdrücklich im GG geregelt.** Beide Handlungsformen der Regierung können hinsichtlich des **Demokratieprinzips** („Willensbildung von unten nach oben", Rn. 76 f.) sowie der **Chancengleichheit der Parteien** problematisch sein, da sich die Regierung und ihr Handeln (natürlich) sehr positiv darstellen wird und damit durch ihre Öffentlichkeitsarbeit die Wahlchancen der anderen Parteien negativ beeinflussen kann.

Da die Mitglieder der Bundesregierung, anders als der Bundespräsident, mit den politischen Parteien im Wettbewerb stehen und der Regierung viele Ressourcen zur Verfügung stehen, auf die sie hinsichtlich ihrer Informationspolitik zugreifen kann, gelten für die Zulässigkeit von Äußerungen eines Regierungsmitglieds **engere Maßstäbe als für den Bundespräsidenten** (dazu noch unten Rn. 371 ff. und Fall 15).[647]

342 **Beispiel:** S, die Bundesministerin für Familie, Senioren, Frauen und Jugend und stellvertretende Vorsitzende der S-Partei, äußerste sich im Rahmen eines Interviews auf die Frage nach einem möglichen Einzug der N-Partei in den Landtag:

„Das Gefährliche an der N-Partei ist, dass sie versucht, ihr Molotow-Cocktail-Image abzulegen. Sie kommt nicht mehr mit Springerstiefeln und Glatzen daher, sondern im feinen Nadelstreifenanzug. Sie tut so, also ob sie sich sozial engagiert. Aber dahinter versteckt sich die Ideologie von Hitler – und jedes Parlament muss sich beraten, wie es damit umgeht. Meine Erfahrung aus dem Landtag ist: der Antrag wird abgelehnt und ein Demokrat spricht für alle demokratischen Fraktionen, um dabei deutlich zu machen, dass der Antrag nur vermeintlich soziales Engagement ist und dahinter etwas anderes steckt. Das hat sich in Schwerin bewährt – und kann ein Beispiel sein. Aber ich werde im Thüringer Wahlkampf mithelfen, alles dafür zu tun, dass es erst gar nicht so weit kommt bei der Wahl im September. Ziel Nummer 1 muss sein, dass die N-Partei nicht in den Landtag kommt."

Verletzt die Äußerung der S die N-Partei in ihrem Recht auf Chancengleichheit aus Art. 21 GG?

I. Den politischen Parteien wird **durch Art. 21 Abs. 1 GG** das Recht gewährleistet, gleichberechtigt am politischen Wettbewerb teilzunehmen. Sie wirken an der Willensbildung des Volkes mit. Wahlen können den Staatsgewalten eine demokratische Legitimation aber nur verleihen, wenn sie frei sind. Dies erfordert insbesondere, dass sich die **Willensbildung „vom Volk zum Staat"** vollzieht, und nicht umgekehrt „vom Staat zum Volk".[648] Daher ist es unerlässlich, dass die Parteien, soweit irgend möglich, gleichberechtigt am politischen Wettbewerb teilnehmen. Das Recht der politischen Parteien auf Chancengleichheit im Wettbewerb gilt nicht nur für den Wahlvorgang selbst, sondern auch für die Wahlvorbereitung.[649] Dieses Recht der Parteien auf Chancengleichheit kann insbesondere dadurch verletzt werden, dass Staatsorgane zugunsten oder zulasten politischer Parteien in den Wahlkampf eingreifen **(unzulässige Wahlbeeinflussung).**

II. Anders als dem Bundespräsidenten, der vorrangig Repräsentationsaufgaben wahrnimmt, **obliegt der Bundesregierung als oberstes Organ der vollziehenden Gewalt die Staatsleitung.**[650] Aus der Kompetenz zur Staatsleitung folgt automatisch das Recht und die Pflicht der Bundesregierung, Infor-

646 BVerfG DVBl. 1995, 96; Degenhart Staatsorganisationsrecht, Rn. 696 f.; a.A. BVerwG DVBl. 1992, 1161; Gassner JuS 1994, 684, 689.

647 BVerfG RÜ 2015, 111, 113 f.

648 Jarass/Pieroth GG, Art. 21 Rn. 1, 4.

649 BVerfG RÜ 2015, 111, 113.

650 Jarass/Pieroth GG, Art. 65 Rn. 7.

mations- und Öffentlichkeitsarbeit zu leisten (Darlegung und Erläuterung der Politik der Regierung, die sachgerechte, objektiv gehaltene Information über den Bürger unmittelbar betreffende Fragen und wichtige Vorgänge auch außerhalb oder weit im Vorfeld der eigenen gestaltenden politischen Tätigkeit).[651]

Diesem Recht auf Öffentlichkeitsarbeit sind aber **Grenzen** gesetzt. Die Regierung ist gemäß Art. 1 Abs. 3, 20 Abs. 3 GG an die Grundrechte und an Recht und Gesetz gebunden. Daher verbieten sich z.B. Äußerungen der Regierung, die als Schmähkritik i.S.v. § 185 StGB zu qualifizieren sind.[652] Daneben setzt das Recht der politischen Parteien auf Chancengleichheit aus Art. 21 GG dem Recht der Öffentlichkeitsarbeit Grenzen. Daher ist die Regierung zur Beachtung des **Neutralitätsgebotes** verpflichtet. Sie hat jede über das bloße Regierungshandeln hinausgehende Maßnahme, die auf die Willensbildung des Volkes einwirkt und in parteiergreifender Weise auf den Wettbewerb zwischen den politischen Parteien Einfluss nimmt, zu unterlassen.[653]

III. Unabhängig davon kann ein Minister aber **außerhalb seiner amtlichen Funktion** am politischen Meinungskampf teilnehmen. In einer parlamentarischen Demokratie ist es natürlich, dass Regierungsmitglieder einer Partei angehören und sich dementsprechend auch **parteipolitisch äußern**. Eine Beeinträchtigung der Chancengleichheit im politischen Wettbewerb findet nur statt, wenn der Inhaber eines Regierungsamtes Möglichkeiten nutzt, die ihm aufgrund seines Regierungsamtes zur Verfügung stehen, während sie den politischen Wettbewerbern verschlossen sind. Dies ist **insbesondere** gegeben, wenn die Äußerung unter Rückgriff auf die einem Regierungsmitglied zur Verfügung stehenden Ressourcen erfolgt oder eine erkennbare Bezugnahme auf das Regierungsamt vorliegt und damit die Äußerung mit einer aus der Autorität des Amtes fließenden besonderen Gewichtung versehen wird.[654]

Daher hat die N-Partei aus Art. 21 Abs. 1 GG **nur dann** ein Recht darauf, dass sich die Bundesministerin nicht negativ über die Partei äußert, soweit die Äußerungen der S im Rahmen der Wahrnehmung ihrer Regierungstätigkeit erfolgte, also in Wahrnehmung ihrer amtlichen Funktionen.

IV. Die Äußerungen der S im Rahmen des Interviews enthalten einen **unmittelbar gegen die N-Partei gerichteten Wahlaufruf**. Fraglich ist, ob diese Aussage der S ihrer amtlichen Funktion als Regierungsmitglied oder nur ihrer Funktion als Parteipolitikerin zugeordnet werden kann.

Die **äußeren Umstände** des Interviews lassen eine eindeutige Zuordnung nicht zu. So hat S z.B. nicht unter Inanspruchnahme von Personal- oder Haushaltsmitteln ihres Ministeriums das Interview gegeben. Auch das **Interview selbst** spricht nicht für einen engen Zusammenhang zu ihrer Regierungstätigkeit. Insbesondere bezieht sich S in keiner Passage auf ihr Amt als Mitglied der Bundesregierung, sondern verweist auf ihre Erkenntnisse aus dem Landtag, und damit gerade nicht auf Kenntnisse als Teil der Bundesregierung.

Ergebnis: Die Aussagen der S im Interview stellen daher einen **Beitrag zur parteipolitischen Auseinandersetzung** dar. Die N-Partei muss sich gegen solche parteipolitischen Äußerungen ebenfalls mit parteipolitischen Mitteln des öffentlichen Meinungskampfes zur Wehr setzen. Damit hat S die N-Partei nicht in ihrem Recht auf Chancengleichheit aus Art. 21 GG verletzt.

Gegenbeispiel: Die A-Partei veranstaltete eine angemeldete Versammlung unter dem Motto „Rote Karte für die Kanzlerin - Asyl braucht Grenzen!" Als Reaktion darauf veröffentlichte die Bundesministerin für Bildung und Forschung (W) auf der Homepage des Ministeriums unter Verwendung des Dienstwappens eine Pressemitteilung mit folgendem Wortlaut: „Die Rote Karte sollte der A-Partei und nicht der Bundeskanzlerin gezeigt werden. Björn H. und andere Sprecher der Partei leisten der Radikalisierung in der Gesellschaft Vorschub. Rechtsextreme, die offen Volksverhetzung betreiben wie der Pegida-Chef B., erhalten damit unerträgliche Unterstützung." **343**

Wird die A-Partei durch die Pressemitteilung in ihrem Recht auf Chancengleichheit der Parteien aus Art. 21 Abs. 1 S. 1 GG verletzt?

651 BVerfG RÜ 2015, 111, 114; Degenhart Staatsorganisationsrecht, Rn. 767.

652 Milker JA 2017, 647, 648.

653 Morlok/Michael Staatsorganisationsrecht, Rn. 266.

654 BVerfG RÜ 2015, 111, 115; Degenhart Staatsorganisationsrecht, Rn. 767a; Milker JA 2017, 647, 651.

I. Wie oben bereits festgestellt, wird den politischen Parteien **durch Art. 21 Abs. 1 GG** das Recht gewährleistet, gleichberechtigt am politischen Wettbewerb teilzunehmen. Dieses Recht der Parteien auf Chancengleichheit kann insbesondere dadurch verletzt werden, dass Staatsorgane zugunsten oder zulasten politischer Parteien in den Wahlkampf eingreifen (**unzulässige Wahlbeeinflussung**).

II. Zwar hat die Bundesregierung das Recht und die Pflicht, eine Informations- und Öffentlichkeitsarbeit zu leisten, ist dabei aber zur Beachtung des **Neutralitätsgebotes** verpflichtet (s.o.). Dieses Gebot der Neutralität gilt **auch außerhalb von Wahlkampfzeiten**.[655]

III. Ein Mitglied der Bundesregierung kann **außerhalb seiner amtlichen Funktion** am politischen Meinungskampf teilnehmen. Eine Äußerung verletzt dagegen die Neutralitätspflicht und ist damit unzulässig, wenn die Äußerung **im Rahmen der Regierungstätigkeit** und unter Inanspruchnahme von Möglichkeiten und Mitteln erfolgt, über die die politischen Mitbewerber nicht verfügen. Die Befugnis der Bundesregierung zur Erläuterung von ihr getroffener Maßnahmen und künftiger Vorhaben schließt daher das Recht ein, sich mit darauf bezogenen kritischen Einwänden sachlich auseinanderzusetzen. Ein „**Recht auf Gegenschlag**" dergestalt, dass staatliche Organe auf unsachliche oder diffamierende Angriffe in gleicher Weise reagieren dürfen, besteht aber nicht.[656]

IV. W hat bei der Abgabe der Pressemitteilung **in Wahrnehmung ihres Regierungsamtes** gehandelt, indem sie die Erklärung unter Verwendung des Dienstwappens auf der Homepage des von ihr geführten Ministeriums veröffentlicht und damit ihr aufgrund des Ministeramts zustehende Ressourcen in Anspruch genommen hat. Durch die Verbreitung der Pressemitteilung auf der Homepage des von ihr geführten Ministeriums hat sie den Grundsatz der Neutralität staatlicher Organe im politischen Wettbewerb missachtet. Denn die Pressemitteilung beinhaltet sowohl einseitig negative Bewertungen der A-Partei als auch den Versuch, das Verhalten potentieller Teilnehmer an der geplanten Demonstration zu beeinflussen.

Die A-Partei wird durch die Pressemitteilung in ihrem Recht auf Chancengleichheit der Parteien aus Art. 21 Abs. 1 S. 1 GG verletzt.

4. Abschnitt: Regierungskrise

A. Das konstruktive Misstrauensvotum gemäß Art. 67 GG

344 **I.** Nach dem Prinzip der parlamentarischen Demokratie bedarf die Regierung grundsätzlich des Vertrauens der Parlamentsmehrheit. Diesem Prinzip trägt das Grundgesetz in Art. 67 Rechnung. Danach kann der Bundestag dem Bundeskanzler das Misstrauen nur dadurch aussprechen, dass er mit der Mehrheit seiner Mitglieder einen Nachfolger wählt und den Bundespräsidenten ersucht, den Bundeskanzler zu entlassen (sog. **konstruktives Misstrauensvotum**).[657]

Die einfachste Lösung eines Konflikts zwischen Parlament und Regierung wäre die Abwahl des Regierungschefs. Eine solche Regelung enthielt Art. 54 WRV: „Der Reichskanzler und die Reichsminister bedürfen zu ihrer Amtsführung das Vertrauen des Reichstags. Jeder von ihnen muss zurücktreten, wenn ihm der Reichstag durch ausdrücklichen Beschluss sein Vertrauen entzieht." – Um die darin liegende Gefährdung stabiler Regierungsverhältnisse zu vermeiden, hat das GG das konstruktive Misstrauensvotum eingeführt.

345 **II.** Die **Abberufung eines Bundesministers** durch den Bundestag sieht das GG nicht vor. Außer der Möglichkeit, auf den Bundeskanzler politischen Druck auszuüben, bleibt

---

655 BVerfG, Urt. v. 27.02.2018 - 2 BvE 1/16 (Rn. 46).

656 BVerfG, Urt. v. 27.02.2018 - 2 BvE 1/16 (Rn. 60).

657 Vgl. auch Ipsen Staatsrecht I, Rn. 451 ff.; Morlok/Michael Staatsorganisationsrecht, Rn. 360 f.; Terhechte Jura 2005, 512, 514 f.; Degenhart Staatsorganisationsrecht, Rn. 681 f.; Gröpl Staatsrecht I, Rn. 1268 ff.

nur der Weg über Art. 67 GG. Mit der Abwahl des Bundeskanzlers endet dann auch das Amt des missliebigen Bundesministers (Art. 69 Abs. 2 GG).

III. Problematisch ist die Zulässigkeit **schlichter Missbilligungsbeschlüsse** des Bundestags. **346**

1. Aus dem Gedanken, dass das konstruktive Misstrauensvotum die ultima ratio parlamentarischer Kontrolle darstellt, wird die Zulässigkeit solcher Beschlüsse von der h.M. bejaht, soweit es um die Missbilligung eines **konkreten Verhaltens** geht.[658]

2. Umstritten ist, ob beim **Bundeskanzler** ein sich **auf die gesamte Amtsführung** erstreckendes (allgemeines) Missbilligungsvotum zulässig ist. Gegen die Zulässigkeit solcher Beschlüsse sprechen Sinn und Zweck des Art. 67 GG, weil sie die Autorität des Kanzlers ernsthaft infrage stellen, ohne dass ein neuer Kanzler präsentiert wird. Eine allgemeine Missbilligung der Amtsführung des Bundeskanzlers fällt somit in den Regelungsbereich des Art. 67 GG und ist deshalb nur durch (konstruktive) Neuwahl möglich.[659]

3. Dagegen soll es der Regelung des Art. 67 GG nicht widersprechen, den Kanzler (oder einen Minister) aufzufordern, zurückzutreten[660] oder die Vertrauensfrage nach Art. 68 GG zu stellen. Nur die Verfassung selbst könne die parlamentarische Beschlussfassung einschränken. Art. 67 GG schließe daher Beschlüsse ohne rechtlich zwingende Abgangsfolge nicht aus.[661]

B. Die Vertrauensfrage, Art. 68 GG

Art. 67 GG kann nicht verhindern, dass eine Parlamentsmehrheit vorhanden ist, die die Regierungspolitik nicht billigt, zur Wahl eines neuen Kanzlers aber nicht in der Lage ist. Eine solche (negative) Mehrheit könnte die von der Bundesregierung für notwendig gehaltenen Gesetze, insbesondere das Haushaltsgesetz, ablehnen, was zur politischen Machtlosigkeit der Regierung führen würde. In diesem Fall der Regierungskrise ohne Kanzlerneuwahl hat der Bundeskanzler nach Art. 68 GG die Möglichkeit, die **Vertrauensfrage** zu stellen, und zwar isoliert oder in Verbindung mit einer Gesetzesvorlage (Art. 81 Abs. 1 S. 2 GG;[662] zum **Gesetzgebungsnotstand** vgl. ausführlich unten Rn. 354, 370, 404). Wird die Vertrauensfrage verneint, gibt Art. 68 GG dem Kanzler die Möglichkeit, dem Bundespräsidenten die **Auflösung** des Bundestages vorzuschlagen.[663] **347**

Selbstverständlich können der Bundeskanzler und die gesamte Bundesregierung zurücktreten oder aber als Minderheitsregierung im Amt bleiben.

Nach Auffassung des BVerfG ergeben sich aus Art. 68 GG sowohl die Möglichkeit der echten Vertrauensfrage als auch die der unechten Vertrauensfrage.

658 Maunz/Dürig GG, Art. 67 Rn. 46; Jarass/Pieroth GG, Art. 67 Rn. 3; Ipsen Staatsrecht I, Rn. 466.

659 Maunz/Dürig GG, Art. 67 Rn. 42; Sattler DÖV 1967, 767.

660 Zu den rechtlichen Voraussetzungen und Problemen des Rücktritts von Bundeskanzler oder Bundesministern vgl. Hebeler DVBl. 2011, 317, 319.

661 Jarass/Pieroth GG, Art. 67 Rn. 3.

662 Vgl. dazu Schönberger JZ 2002, 211.

663 Der Bundestag hat (anders als die meisten Landtage) ohne ausdrückliche Änderung des Grundgesetzes kein Recht zur Selbstauflösung; vgl. BVerfGE 62, 1, 41; w. Nachw. bei Hahn DVBl. 2008, 151; von Lewinski JA 2006, 439, 442 f.

348 **I.** Durch die **echte** bzw. **nicht auflösungsgerichtete Vertrauensfrage** kann eine in Zweifel stehende Handlungsfähigkeit hinsichtlich der tatsächlichen Kräfteverhältnisse im Parlament auf die Probe gestellt werden.[664]

349 **II.** Die **unechte** oder **auflösungsgerichtete Vertrauensfrage** hat das Ziel, eine handlungsfähige Regierung mit hinreichender parlamentarischer Mehrheit zu sichern oder wiederzugewinnen.[665]

Beispiel: Kanzler K stellt die Vertrauensfrage, die absprachegemäß scheitert, um Neuwahlen zu einem Zeitpunkt zu ermöglichen, der den Regierungsparteien die Chance zum Gewinn einer breiten Parlamentsmehrheit bietet.[666]

350 Die materiellen Voraussetzungen für eine ordnungsgemäße Vertrauensfrage und die anschließende Auflösung des Bundestages durch den Bundespräsidenten werden vom BVerfG aus der Entstehungsgeschichte und aus dem Normzweck von Art. 68 GG abgeleitet.[667] Danach sind die auflösungsgerichtete Vertrauensfrage des Bundeskanzlers und die darauf aufbauende Auflösung des Bundestages durch den Bundespräsidenten nur dann zulässig, wenn die **Handlungsfähigkeit** der Regierung **nicht mehr gesichert** ist. Als nicht ausreichend wird angesehen, dass eine instabile Lage nur vorgeschoben wird, um in zweckwidriger Weise zu einer Neuwahl zu gelangen.[668]

Handlungsfähigkeit bedeutet nach Auffassung des BVerfG, dass der Bundeskanzler mit politischem Gestaltungswillen die Richtung der Politik bestimmt und hierfür auch eine Mehrheit der Abgeordneten hinter sich weiß. Ob die Regierung politisch noch handlungsfähig ist, hänge maßgeblich davon ab, welche Ziele sie verfolge und mit welchen Widerständen sie aus dem parlamentarischen Raum zu rechnen hat. Die Einschätzung der Handlungsfähigkeit hat Prognosecharakter und ist an höchstpersönliche Wahrnehmungen und abwägende Lagebeurteilungen gebunden. Insbesondere sei es gemessen an Art. 68 GG nicht zweckwidrig, wenn ein Kanzler, dem Niederlagen im Parlament erst bei künftigen Abstimmungen drohen, bereits eine auflösungsgerichtete Vertrauensfrage stellt. Schließlich werde die Verlässlichkeit der Annahme, die Bundesregierung habe ihre parlamentarische Handlungsfähigkeit verloren, auch dadurch gesichert, dass es drei Verfassungsorgane jeweils in der Hand haben, die Auflösung des Bundestages nach ihrer freien politischen Einschätzung zu verhindern, nämlich der Bundeskanzler, der Deutsche Bundestag (der die Vertrauensfrage ablehnen muss) und der Bundespräsident.[669] Wie bereits angedeutet, hat insbesondere der Bundeskanzler einen Einschätzungsspielraum hinsichtlich der Frage, ob die Bundesregierung ihre parlamentarische Handlungsfähigkeit verloren hat.[670]

---

664 BVerfG a.a.O.

665 BVerfG a.a.O.

666 So auch die Ausgangslage bei den Entscheidungen BVerfGE 62, 1 und NJW 2005, 2669, Anm. Mager Jura 2006, 290; Sachs JuS 2006, 75.

667 BVerfG NJW 2005, 2669, 2671 f.

668 BVerfG a.a.O. S. 2672.

669 BVerfG a.a.O. S. 2673.

670 Vgl. i.E. BVerfG a.a.O. S. 2673 f.

6. Teil: Der Bundespräsident

1. Abschnitt: Aufgaben und Funktion

A. Entsprechend der dem Bundespräsidenten (BPräs) zugewiesenen Aufgaben nimmt er drei Funktionen wahr:[671] **351**

- **Repräsentationsfunktion**

  Als Staatsoberhaupt vertritt der BPräs den Staat nach innen und nach außen (z.B. völkerrechtlich, Art. 59 Abs. 1 GG).

- **Integrationsfunktion**

  Am Ende eines Entscheidungsprozesses hat der BPräs den staatlichen Willen nach außen hin zu bekunden und damit deutlich zu machen, dass aus der Vielfalt politischer Meinungen ein einheitlicher staatlicher Wille geworden ist. Hauptbeispiel ist die **Ausfertigung von Gesetzen** gemäß Art. 82 GG. Im Vorfeld gehört dazu auch das Bemühen um Beilegung von Differenzen durch Aussprachen.

- **Reservefunktion**

  Wenn andere Verfassungsorgane sich als nicht mehr funktionsfähig erweisen, hat der BPräs selbst Entscheidungen zu treffen. Hauptbeispiel ist die Auflösung des Bundestages nach Art. 68 GG.

B. Von den Ausnahmefällen der Reservefunktion abgesehen ist dem BPräs eine aktive und gestaltende Mitwirkung an der Staatsgewalt versagt. Das ergibt sich zunächst aus den geringen ihm zugewiesenen Zuständigkeiten, ferner aus der Notwendigkeit einer Gegenzeichnung (Art. 58 GG; dazu unter Rn. 355). **352**

Insoweit besteht ein wesentlicher **Unterschied zum Reichspräsidenten** der Weimarer Verfassung. Der Reichspräsident hatte die Befugnis zur Auflösung des Reichstags (Art. 25) und zur Herbeiführung eines Volksentscheids über Gesetze (Art. 73, 74); er verfügte über das Notverordnungsrecht nach Art. 48 und hatte den Oberbefehl über die Wehrmacht (Art. 47). Diesen weitgehenden Befugnissen entsprach, dass der Reichspräsident unmittelbar vom Volke gewählt wurde (plebiszitärer Präsident), und zwar für eine Amtsperiode von sieben Jahren. Von diesem Modell rückten die Verfasser des GG ausdrücklich ab, legten die politische Macht deutlich in die Hände von Parlament und Regierung, was naturgemäß die Stellung des BPräs beträchtlich schwächte.

2. Abschnitt: Wahl und Amtsdauer

Die **Wahl** des BPräs erfolgt durch die **Bundesversammlung** (Art. 54 Abs. 1 S. 1 GG). Die Bundesversammlung besteht aus den Mitgliedern des Bundestages und einer gleichen Anzahl von Mitgliedern, die von den Volksvertretungen der Länder nach den Grundsätzen der Verhältniswahl gewählt werden (Art. 54 Abs. 3 GG). Art. 54 Abs. 6 GG sieht zwei Wahlgänge vor, in denen die absolute Mehrheit erforderlich ist. Wird sie nicht erreicht, so genügt im 3. Wahlgang die relative Mehrheit.[672] **353**

---

671 Kloepfer Rn. 257 ff.; Schmidt S. 246 ff.; Gröpl Staatsrecht I, Rn. 1311 ff.; Degenhart § 10; Ipsen Staatsrecht I, Rn. 483 ff.; Morlok/Michael Staatsorganisationsrecht, Rn. 280 ff.

672 Burkiczak JuS 2004, 278; Morlok/Michael Staatsorganisationsrecht, Rn. 462 ff.

Bei der Wahl zum BPräs haben die Mitglieder der Bundesversammlung **weder ein Rede- noch ein Antragsrecht**. Da der BPräs nach Art. 54 Abs. 1 GG **ohne Aussprache** gewählt wird, ist eine Personaldebatte ausgeschlossen.[673] Daher darf der Bundestagspräsident, der die Wahl leitet, Anträge ablehnen, wenn sie sich nicht auf die Durchführung der Wahl als solches beziehen.

Näheres regelt gemäß Art. 54 Abs. 7 GG das Gesetz über die Wahl des Bundespräsidenten.

Die Amtszeit des BPräs beträgt **fünf Jahre**. Anschließende Wiederwahl ist nur einmal zulässig (Art. 54 Abs. 2 GG). Bei Verhinderung des BPräs oder bei vorzeitiger Erledigung seines Amtes[674] obliegt die **Vertretung** dem Präsidenten des Bundesrates (Art. 57 GG).[675]

3. Abschnitt: Die Zuständigkeiten des Bundespräsidenten

354 Die Befugnisse des BPräs sind weder in einer Generalklausel noch in einem Zuständigkeitskatalog aufgeführt, sondern finden sich in verschiedenen Vorschriften des GG, insbesondere:

- Zuständigkeiten bei der **Regierungsbildung**: Vorschlag eines Kanzlerkandidaten und Ernennung des Kanzlers (Art. 63 GG), Ernennung (und Entlassung) der Bundesminister (Art. 64 Abs. 1 GG),
- Zuständigkeiten bei **Regierungskrisen**:
  - Auflösung des Bundestags bei Ablehnung der Vertrauensfrage (Art. 68 GG),
  - Erklärung des Gesetzgebungsnotstands (Art. 81 GG),
- **Völkerrechtliche Vertretung** des Bundes (Art. 59 GG),
- Ausfertigung der Gesetze (Art. 82 GG),
- Ernennung und Entlassung der Bundesbeamten und Bundesrichter, soweit diese Aufgabe nicht auf andere Behörden übertragen ist (Art. 60 Abs. 1 und 3 GG),
- Ausübung des **Begnadigungsrechts** für den Bund im Einzelfalle (Art. 60 Abs. 2 GG).

Gewisse Zuständigkeiten stehen dem BPräs traditionell als **Staatsoberhaupt** zu. Dazu zählen die Repräsentation nach innen (z.B. Eröffnung von Veranstaltungen, Ansprachen aus besonderem Anlass), die Übernahme der Schirmherrschaft über unterstützungswürdige Veranstaltungen und Einrichtungen, die Stiftungen und die Verleihung von Auszeichnungen sowie die Befugnis zur Festlegung der Nationalhymne.[676]

4. Abschnitt: Das Erfordernis der Gegenzeichnung (Art. 58 GG)

355 Nach Art. 58 S. 1 GG bedürfen Anordnungen und Verfügungen des BPräs der **Gegenzeichnung** durch den Bundeskanzler oder durch den zuständigen Bundesminister, um den BPräs in das parlamentarische Regierungssystem einzubinden.[677] Durch dieses for-

673 BVerfG, Urt. v. 10.06.2014 – 2 BvE 2/09, NVwZ 2014, 1149.

674 Zum Rücktritt des Bundespräsidenten vgl. Hebeler DVBl. 2011, 317, 318 f.

675 Zu den Problemen bei der Gesetzesausfertigung durch den Vertreter des BPräs vgl. Guggelberger NVwZ 2007, 406; Meiertöns/Ehrhardt Jura 2011, 166; BVerwG NJOZ 2009, 3684 Anm. Sachs JuS 2010, 275.

676 Vgl. Hultzsch JuS 1992, 593 ff.

677 Morlok/Michael Staatsorganisationsrecht, § 14 Rn. 22 f.

melle Erfordernis wird klargestellt, dass die politische Verantwortung für die Maßnahme nicht beim BPräs, sondern bei dem gegenzeichnenden Mitglied der Bundesregierung liegt. Dies ist deshalb notwendig, weil der BPräs demokratisch-politisch nicht verantwortlich ist.

Umstritten ist, ob über den Wortlaut („Anordnungen und Verfügungen") hinaus auch andere **politisch bedeutsame Handlungen** der Gegenzeichnung bedürfen (z.B. Reden, Interviews, Empfänge usw.). Teilweise wird dies bejaht, da der BPräs gerade auch in diesem Bereich kraft seiner Stellung als Staatsoberhaupt politisch wirken kann und damit in den der Bundesregierung vorbehaltenen Bereich eingreift.[678]

Nach dieser Auffassung wird die „Gegenzeichnung" z.B. dadurch bewirkt, dass ein Mitglied der Bundesregierung die Maßnahme billigt. Bei Staatsbesuchen ist es üblich, dass der BPräs vom Außenminister begleitet wird, der dann die politische Verantwortung für die Erklärungen des BPräs übernimmt.

Überwiegend tendiert die Lit. jedoch dahin, nur rechtsförmliches Handeln der Gegenzeichnung zu unterwerfen. Schon der Wortlaut („Gültigkeit") spreche dafür, dass davon nur solche Maßnahmen erfasst werden, welche ihrer Rechtsnatur nach „gültig" sein können, also Rechtsfolgen herbeiführen sollen. Im Übrigen sei der BPräs aus dem Gesichtspunkt der Verfassungsorgantreue ohnehin zur Zurückhaltung verpflichtet.[679]

5. Abschnitt: Das Prüfungsrecht des Bundespräsidenten

A. Prüfungsbefugnis bei der Ausfertigung der Bundesgesetze, Art. 82 GG

Das klassische **Klausurproblem** im Zusammenhang mit dem BPräs ist die Frage nach den Prüfungskompetenzen des BPräs bei der Ausfertigung von Gesetzen. 356

Klausurhinweis: *Zu der parallelen Konstellation eines Prüfungsrechts des Bundeskanzlers bei der Gegenzeichnung Rn. 498 ff.*

I. Formelles Prüfungsrecht

Unstreitig steht dem BPräs ein **formelles Prüfungsrecht** zu, d.h., er hat zu prüfen, ob ein Gesetz formell verfassungsgemäß zustande gekommen ist. Dazu gehört die Prüfung der **Gesetzgebungskompetenz** des Bundes sowie das ordnungsgemäße **Gesetzgebungsverfahren.** Dies ergibt sich unmittelbar aus dem Wortlaut des Art. 82 Abs. 1 S. 1 GG, wonach der BPräs die **nach den Vorschriften dieses Grundgesetzes zustande gekommenen** Gesetze ausfertigt.[680] 357

II. Materielles Prüfungsrecht

Umstritten ist, ob der BPräs auch ein **materielles Prüfungsrecht** hat, ob er also bei materieller Verfassungswidrigkeit die Ausfertigung des Gesetzes verweigern darf (z.B. bei 358

678 Stollmann/Brauner JA-Übbl. 1992, 104, 107 m.w.N.

679 Jarass/Pieroth GG, Art. 58 Rn. 2; Morlok/Michael Staatsorganisationsrecht, § 14 Rn. 22; Kunig Jura 1994, 217, 218.

680 vMünch/Kunig GG, Art. 82 Rn. 3; Jarass/Pieroth GG, Art. 82 Rn. 3; Degenhart Staatsorganisationsrecht, Rn. 784; Morlok/Michael Staatsorganisationsrecht, § 14 Rn. 26.

Verstößen gegen Staatsformmerkmale/-prinzipien aus Art. 20 Abs. 1–3 GG oder gegen Grundrechte).

Während ein materielles Prüfungsrecht teilweise grundsätzlich **abgelehnt** wird, da der BPräs ansonsten quasi ein Recht zur Normenkontrolle und -verwerfung hätte, hält die heute weit überwiegende Auffassung den BPräs für berechtigt, die Verfassungsmäßigkeit des Gesetzes nicht nur in formeller, sondern **auch in materieller Hinsicht** zu prüfen (und damit bei negativem Befund die Ausfertigung zu verweigern). Dies wird insbesondere aus der Bindung des BPräs **an das Grundgesetz** abgeleitet, insbesondere aus Art. 1 Abs. 3 und Art. 20 Abs. 3 GG. Allerdings wird das materielle Prüfungsrecht des BPräs teilweise wiederum auf eindeutige bzw. **evidente** Verfassungsverletzungen begrenzt.

Zur ausführlichen Streitdarstellung der nachfolgende Fall 14 „Nichtraucherschutz" (Rn. 359 ff.)

III. Prozessuale Durchsetzung

359 Weigert sich der BPräs, ein Gesetz auszufertigen, so können die Gesetzgebungsorgane ein **Organstreitverfahren** vor dem BVerfG anstrengen (Art. 93 Abs. 1 Nr. 1 GG, §§ 13 Nr. 5, 63 ff. BVerfGG). Gelangt das BVerfG zu dem Ergebnis, dass der BPräs seine Mitwirkung zu Unrecht verweigert, stellt es dies nach § 67 BVerfGG fest. Kommt der BPräs auch dann seiner Verpflichtung zur Ausfertigung immer noch nicht nach, bleibt nur die Möglichkeit einer Präsidentenanklage (Art. 61 GG i.V.m. §§ 49 ff. BVerfGG). In diesem Verfahren kann das BVerfG nach Art. 61 Abs. 2 S. 2 GG i.V.m. § 53 BVerfGG durch einstweilige Anordnung bestimmen, dass der BPräs an der Ausübung seines Amtes verhindert ist mit der Folge, dass die Vertretungsregelung des Art. 57 GG eingreift und das Gesetz vom **Präsidenten des Bundesrats** ausgefertigt und verkündet werden kann.

Fall 14: Nichtraucherschutz

Der Bundesminister für Gesundheit möchte erreichen, dass Nichtraucher intensiver vor den Gefahren des Passivrauchens geschützt werden. Die Diskussionen um einen Schutz der Nichtraucher vor den Gefahren des Passivrauchens haben auch den Bundestag auf den Plan gerufen. Dieser beschließt daher in einem ordnungsgemäßen Verfahren unter Mitwirkung des Bundesrates ein Gesetz zum Schutze der Nichtraucher vor den Gefahren des Passivrauchens (Nichtraucherschutzgesetz – NiRSchG), in dessen § 1 geregelt ist, dass das Rauchen in allen Bundesbehörden ausnahmslos verboten ist.

Nachdem das Gesetz dem BPräs zur Ausfertigung vorgelegt worden ist, überlegt dieser, ob er die Ausfertigung verweigern soll. Er bezweifelt, dass dem Bund die Gesetzgebungskompetenz zustehe. Zudem könne das ausnahmslose Verbot die allgemeine Handlungsfreiheit der Raucher verletzen.

Darf der Bundespräsident die Ausfertigung verweigern?

Hinweis: Im Rahmen der materiellen Verfassungsmäßigkeit ist nur auf die allgemeine Handlungsfreiheit (Art. 2 Abs. 1 GG) einzugehen.

Der Bundespräsident darf die Ausfertigung des Gesetzes verweigern, wenn ihm ein (formelles und/oder materielles) Prüfungsrecht zusteht und das Gesetz (formell und/oder materiell) verfassungswidrig ist. **360**

A. Die Prüfung der **formellen Verfassungsmäßigkeit**

I. Unstreitig steht dem BPräs ein **formelles Prüfungsrecht** zu, d.h., er hat zu prüfen, ob ein Gesetz verfahrensmäßig einwandfrei zustande gekommen ist (Gesetzgebungskompetenz, ordnungsgemäßes Gesetzgebungsverfahren). Dies ergibt sich unmittelbar **aus dem Wortlaut des Art. 82 Abs. 1 S. 1 GG**, wonach der BPräs die nach den Vorschriften dieses Grundgesetzes **zustande gekommenen** Gesetze ausfertigt.[681]

II. Der Bundespräsident dürfte die Ausfertigung des NiRSchG daher verweigern, wenn das NiRSchG **formell verfassungswidrig** ist. Einzig problematisch ist die **Gesetzgebungskompetenz** des Bundes für die Regelungen.

1. Nach Art. 70 Abs. 1 GG haben die Länder das Recht der Gesetzgebung, soweit nicht das GG dem Bund die Gesetzgebungsbefugnis verleiht. Eine Gesetzgebungskompetenz des Bundes könnte sich aus **Art. 73 Abs. 1 Nr. 8 GG** ergeben. Danach erstreckt sich die **ausschließliche Gesetzgebung** des Bundes auf die Rechtsverhältnisse der im Dienste des Bundes und der bundesunmittelbaren Körperschaften des öffentlichen Rechts stehenden Personen. Unter den Begriff des Rechtsverhältnisses fallen auch alle Rechte und Pflichten der Beamten und Arbeitnehmer des Bundes einschließlich der Regelungen zum Arbeitsplatz.[682] Davon ist auch der Nichtraucherschutz erfasst.[683]

   Der Bund hat daher die ausschließliche Gesetzgebungskompetenz zur Regelung des Rauchverbots in Bundesbehörden für die Arbeitnehmer.

2. Nach § 1 NiRSchG wird das Rauchen aber generell in allen Bundesbehörden verboten. Davon sind demnach nicht nur die in den jeweiligen Behörden tätigen Beamten und Arbeitnehmer betroffen, sondern **auch Besucher, Antragsteller und andere**.

   a) Die Gesetzgebungskompetenz des Bundes aus Art. 73 Abs. 1 Nr. 8 GG genügt zwar **personenbezogen für die Arbeitnehmer** in den jeweiligen Behörden, **nicht aber** auch für die Besucher. Eine konkurrierende Gesetzgebungskompetenz zur Regelung des Rauchverbotes in Bundeseinrichtungen kommt nicht in Betracht.

   b) Dem Bund könnte jedoch eine **ungeschriebene Gesetzgebungskompetenz** zustehen. In Betracht kommt eine ungeschriebene Kompetenz des Bundes **kraft Natur der Sache**. Diese Kompetenz ist für Sachgebiete gegeben, die begriffsnotwendig durch den Bund zu regeln sind. Dazu zählen

---

681 Jarass/Pieroth GG, Art. 82 Rn. 3; Degenhart Staatsorganisationsrecht, Rn. 784; Maurer Staatsrecht I, § 17 Rn. 87; Ketterer/Sauer JuS 2012, 524, 526.

682 BVerfGE 7, 120; Jarass/Pieroth GG, Art. 73 Rn. 28.

683 Rossi/Lenski NJW 2006, 2657, 2658; vgl. zur Kompetenz aus Art. 74 Abs. 1 Nr. 12 GG (Arbeits- und Arbeitsschutzrecht für den privaten Bereich), die ebenfalls den Nichtraucherschutz erfasst BVerfGE 121, 317 (Rn. 84).

die **ureigensten Bundesangelegenheiten**, die zwingend nur einheitlich für den Gesamtstaat geregelt werden können. Der Bund besitzt bezüglich öffentlicher Gebäude im Bundeseigentum die öffentlich-rechtliche Sachherrschaft und somit das Hausrecht. Insofern gehört es begriffsnotwendig zu der Kompetenz als Inhaber des Hausrechtes, auch Rauchverbote allgemein und für alle gleich zu regeln. Insbesondere würde eine unterschiedliche länderbezogene Regelung der Rauchverbote in Bundesbehörden und die damit einhergehende Ungleichbehandlung im Rahmen des Hausrechtes verfassungsrechtlich bedenklich sein.[684]

Dem Bund steht daher die Gesetzgebungskompetenz für § 1 NiRSchG zu. **Das Gesetz ist formell verfassungsgemäß**. Der BPräs darf sich zumindest nicht aus diesem Grunde weigern, das Gesetz auszufertigen.

361 B. Die Prüfung der **materiellen Verfassungsmäßigkeit**

I. Ob dem BPräs auch ein **materielles Prüfungsrecht** zusteht, ob er also bei materieller Verfassungswidrigkeit die Ausfertigung des Gesetzes verweigern darf, ist **umstritten**.

1. Teilweise wird ein materielles Prüfungsrecht **grundsätzlich abgelehnt**, da der BPräs ansonsten quasi ein Recht zur Normenkontrolle und -verwerfung hätte. Dies sei mit dem **Verwerfungsmonopol des BVerfG** und im Übrigen auch mit der **enumerativen Aufzählung der Antragsberechtigten im Normenkontrollverfahren** gemäß Art. 93 Abs. 1 Nr. 2 GG, § 76 BVerfGG nicht vereinbar.[685]

   Dagegen spricht jedoch, dass der BPräs – anders als bei der Normenkontrolle – kein geltendes Gesetz verwirft, sondern dessen Inkrafttreten verhindert. Außerdem gilt das Verwerfungsmonopol des BVerfG nur im Verhältnis zu anderen Gerichten (Art. 100 GG) und sagt daher nichts über das Verhältnis zum BPräs aus. Im Übrigen können die Gesetzgebungsorgane im Fall der Weigerung des BPräs ein **Organstreitverfahren** anstrengen, sodass das Gesetz auch in diesem Fall der allein verbindlichen Entscheidung des BVerfG zugänglich ist.[686]

2. Der **Wortlaut** des Art. 82 Abs. 1 GG ist (anders als beim formellen Prüfungsrecht) **nicht eindeutig**. Zwar könnte die Formulierung „nach den Vorschriften des GG" auch die materiellen Verfassungsnormen meinen. Jedoch wird wegen der in Art. 78 GG gewählten identischen Formulierung angenommen, dass damit nur die Kompetenz- und Verfahrensaspekte gemeint seien.[687]

3. Teilweise wird auch mit **historischen Argumenten** versucht, die Frage nach einem materiellen Prüfungsrecht zu beantworten. Einerseits wurde aus Art. 70 WRV ein umfassendes, also auch materielles Prüfungsrecht des Reichspräsidenten hergeleitet. Andererseits soll ein Vergleich der (schwachen) Stellung

684 So auch BT-Drs. 16/5049 v. 20.04.2007; i.E. auch Rossi/Lenski NJW 2006, 2657, 2660.

685 Meyer JZ 2011, 602 ff.; Erichsen Jura 1985, 424, 425 f.; v.Münch/Kunig GG, Art. 82 Rn. 7.

686 Morlok/Michael Staatsorganisationsrecht, § 14 Rn. 32.

687 Degenhart Staatsorganisationsrecht, Rn. 786; Morlok/Michael Staatsorganisationsrecht, § 14 Rn. 28 m.w.N.

des BPräs und der (starken) Stellung des Reichspräsidenten nach der WRV gegen ein materielles Prüfungsrecht des Bundespräsidenten sprechen. Insofern führen historische Erwägungen **nicht zu einem eindeutigen Ergebnis.**[688]

4. Die **heute h.M.** hält den BPräs dagegen für berechtigt, die Verfassungsmäßigkeit des Gesetzes nicht nur in formeller, sondern **auch in materieller Hinsicht** zu prüfen (und damit bei negativem Befund die Ausfertigung zu verweigern).[689]

   a) Dafür könnte zunächst die Verpflichtung des BPräs aus seinem **Amtseid** (Art. 56 GG) sprechen, das Grundgesetz zu wahren. Diese Verpflichtung gilt aber nur im Rahmen und nach Maßgabe der dem BPräs grundgesetzlich zugewiesenen Aufgaben, sagt aber nichts über den Umfang der Kompetenzen des BPräs aus. Art. 56 GG selbst hat keine kompetenzbegründende, sondern nur eine kompetenzausfüllende Wirkung. Die Herleitung aus Art. 56 GG würde daher zu einem **Zirkelschluss** führen, denn der BPräs kann seine Pflichten durch die Ausfertigung eines verfassungswidrigen Gesetzes nur dann verletzen, wenn er zur Prüfung überhaupt berechtigt und verpflichtet ist.[690]

   b) Teilweise wird darauf abgestellt, dass ein materiell gegen das GG verstoßendes Gesetz eigentlich ein verfassungsänderndes Gesetz sei, das die formellen Erfordernisse des Art. 79 Abs. 1 u. 2 GG einhalten müsse (sog. **Nichttrennungs-Gedanke**). Der BPräs sei daher schon aus formellen Gründen berechtigt, die Ausfertigung zu verweigern.[691]

      Dagegen spricht jedoch, dass das Grundgesetz strikt zwischen verfassungsändernden Gesetzen und einfachen Gesetzen unterscheidet. Eine Verfassungsänderung ist nur möglich durch eine ausdrückliche Textänderung (Art. 79 Abs. 1 GG). Anders als in der Weimarer Zeit ist nicht jedes materiell gegen die Verfassung verstoßende Gesetz per se als verfassungsänderndes Gesetz zu qualifizieren. Beschließen BTag und BRat ein einfaches Gesetz, so sind Maßstab der formellen Prüfung allein die Art. 70–78 GG; einer irgendwie gearteten materiellen Prüfung bedarf es dazu nicht.[692]

   c) Das Recht zur materiellen Prüfung wird von der h.M. deshalb **vor allem** aus der **Bindung des BPräs an das Grundgesetz** abgeleitet, insbesondere **aus Art. 1 Abs. 3 und 20 Abs. 3 GG.** Der BPräs darf danach nur solche Akte vollziehen, die mit der Verfassung im Einklang stehen. Durch die Ausfertigung würde dem verfassungswidrigen Gesetz der Anschein der Rechtsgültigkeit verliehen. Auch kann ein umfassend an die Verfassung gebundenes Staatsorgan nicht verpflichtet sein, Handlungen vorzunehmen, die seiner Auffassung nach ge- **362**

---

688 Morlok/Michael Staatsorganisationsrecht, § 14 Rn. 30.

689 Dreier GG, Art. 82 Rn. 13; Jarass/Pieroth GG, Art. 82 Rn. 3; Ipsen Staatsrecht I, Rn. 496 ff.; Degenhart Staatsorganisationsrecht, Rn. 786 ff.; Sodan Art. 82 GG Rn. 8; Schoch ZG 2008, 209, 222 f.

690 Degenhart Staatsorganisationsrecht, Rn. 786; Erichsen Jura 1985, 424, 425; Ipsen/Epping JuS 1992, 305, 309.

691 Morlok/Michael Staatsorganisationsrecht, Rn. 327.

692 Epping JuS 1992, 305, 309; Ipsen Staatsrecht I, Rn. 498.

gen das Grundgesetz verstoßen. Die materielle Prüfungskompetenz ergibt sich daher aus dem **Rechtsstaatsprinzip** nach Art. 20 Abs. 3 GG i.V.m. der Stellung des BPräs als Staatsoberhaupt.[693]

Der h.M. entspricht auch die Staatspraxis. Die Bundespräsidenten haben die Ausfertigung bislang in insgesamt acht Fällen verweigert, allerdings nur zweimal aus materiellen Gründen. Auch das BVerfG hat in mehreren Entscheidungen angedeutet, dass auch eine materielle Prüfungskompetenz des BPräs bestehe.[694]

363 d) Allerdings wird häufig das materielle Prüfungsrecht des BPräs auf eindeutige bzw. **evidente** Verfassungsverletzungen begrenzt.[695]

Für diese Einschränkung spricht vor allem, dass dem BPräs durch das GG nur eine unselbstständige Stellung im Verfassungsgefüge eingeräumt ist. Eine generelle Prüfungskompetenz würde der Gewichtung im Vergleich zu den anderen Verfassungsorganen widersprechen. Für den Inhalt eines Gesetzes ist primär der Gesetzgeber, also Bundestag und Bundesrat, verantwortlich. Deren Beurteilung der Verfassungsmäßigkeit hat deshalb die **Vermutung** der Richtigkeit für sich, die vom BPräs im formellen Gesetzgebungsverfahren nur bei offensichtlichen Verstößen widerlegt werden kann.

Evident ist ein Verfassungsverstoß insbesondere dann, wenn im Gesetzgebungsverfahren selbst bereits deutliche Zweifel an der Verfassungsmäßigkeit des Gesetzes geäußert worden sind, insbesondere auch von den „Verfassungsministerien" Justiz und Inneres.[696]

Dies entspricht auch der Staatspraxis. In den bisherigen Fällen haben die BPräs ihre Weigerung stets mit einem offenkundigen Verfassungsverstoß begründet. – So auch bei der Ausfertigung des ParteiG, das der BPräs Anfang 1994 nur deshalb unterzeichnet hat, weil es seiner Meinung nach zumindest nicht offenkundig verfassungswidrig sei.[697]

Soweit dem BPräs ein Prüfungsrecht zusteht, trifft ihn grundsätzlich auch eine **Prüfungspflicht**. Denn Kompetenzen sind den Verfassungsorganen stets zugleich als Betätigungspflichten zugewiesen.[698]

Der BPräs hat danach auch ein materielles Prüfungsrecht, zumindest dann, wenn der Verfassungsverstoß evident ist.

364 II. Fraglich ist daher, ob das NiRSchG materiell verfassungsgemäß ist. Das Rauchverbot in Bundesbehörden könnte gegen die **allgemeine Handlungsfreiheit** aus Art. 2 Abs. 1 GG verstoßen.

1. Dann müsste zunächst der **Schutzbereich betroffen** sein. Nach Art. 2 Abs. 1 GG hat jeder das Recht auf die freie Entfaltung seiner Persönlichkeit. Darunter ist eine

---

693 Bonner Komm. GG, Art. 82 Rn. 132 ff.; Kloepfer Verfassungsrecht I, § 17 Rn. 136; Ipsen Staatsrecht I, Rn. 499; Sachs GG, Art. 82 GG Rn. 9; Isensee/Kirchhof Handbuch des Staatsrechts, § 62 Rn. 39; Degenhart Staatsorganisationsrecht, Rn. 786 ff.

694 Vgl. BVerfGE 1, 396, 413 f.; 2, 142, 169; 35, 9, 22 f.; 34, 9 (22 f.); BVerfG NJW 2012, 1941.

695 Morlok/Michael Staatsorganisationsrecht, Rn. 877; Kloepfer Rn. 264; Ipsen Staatsrecht I, Rn. 499; Degenhart Staatsorganisationsrecht, Rn. 716; Gröpl Staatsrecht I, Rn. 1167, 1325; Jarass/Pieroth GG, Art. 82 Rn. 3.

696 Morlok/Michael Staatsorganisationsrecht, Rn. 877 Fn. 38.

697 Vgl. Hofmann DÖV 1994, 504, 515.

698 Differenzierend Lehnguth DÖV 1992, 439, 445; Grupp JA 1998, 671, 678: nur bei bewusstem und gewolltem Verfassungsverstoß.

allgemeine Handlungsfreiheit zu verstehen, die jedermann die Freiheit gewährt, zu tun oder zu unterlassen, was man will. Damit schützt Art. 2 Abs. 1 GG jegliches menschliches Verhalten.[699] Darunter fällt auch die Freiheit des Einzelnen, für sich zu entscheiden, ob er rauchen möchte oder nicht. Der Schutzbereich ist daher betroffen.

2. Durch das generelle Rauchverbot nach dem Nichtraucherschutzgesetz wird final und unmittelbar durch das Gesetz, das als Rechtsakt imperativ wirkt, in diesen **Schutzbereich eingegriffen**, sodass bereits ein Eingriff im klassischen Sinne gegeben ist.

3. Dieser Eingriff in den Schutzbereich des Art. 2 Abs. 1 GG könnte **verfassungsrechtlich gerechtfertigt** sein. Das ist der Fall, wenn das Grundrecht einschränkbar ist und der Eingriff eine verfassungsgemäße Konkretisierung der Einschränkungsmöglichkeit darstellt.

   a) Die allgemeine Handlungsfreiheit wird gemäß Art. 2 Abs. 1 GG durch die sog. **Schrankentrias**, also die Rechte anderer, die verfassungsmäßige Ordnung und durch das Sittengesetz eingeschränkt. Dabei erfasst die **verfassungsmäßige Ordnung** nach h.M. die gesamte verfassungsmäßige Rechtsordnung, also alle verfassungsgemäßen Normen. Die Einschränkungsmöglichkeit ist demnach als einfacher Gesetzesvorbehalt zu verstehen.[700] Dieser wird durch das NiRSchG umgesetzt.

   b) Fraglich ist, ob der Eingriff durch § 1 des NiRSchG eine **verfassungsgemäße Konkretisierung** der Schranke ist. Dann müssten die Vorschriften des NiRSchG formell und materiell verfassungsgemäß sein.

      aa) Wie oben festgestellt, ist § 1 NiRSchG formell verfassungsgemäß.

      bb) Die Vorschrift müsste auch materiell verfassungsgemäß, also insbesondere **verhältnismäßig** sein. **365**

         (1) Dann müsste das NiRSchG ein **legitimes Ziel** verfolgen. Ziel des Gesetzes ist ein wirksamer **Schutz vor den Gefahren des Passivrauchens** und der dadurch hervorgerufenen Krankheiten, wie Krebs oder Herz- und Gefäßkrankheiten. Der Schutz der Gesundheit stellt ein verfassungsrechtlich legitimes Ziel dar.

         (2) Das Rauchverbot müsste auch **geeignet** sein. Eine Maßnahme ist geeignet, wenn die Zielerreichung zumindest gefördert wird. Die gesundheitliche Schutzwirkung von Rauchverboten ist heute wissenschaftlich belegt und anerkannt. Insbesondere in geschlossenen Räumlichkeiten wird die Belastung mit krebserregenden Stoffen gesenkt. Damit ist die Maßnahme geeignet.

         (3) Fraglich ist, ob das generelle Rauchverbot auch **erforderlich** ist. Eine Maßnahme ist erforderlich, wenn es kein gleich wirksames, den Bürger

---

699 St.Rspr. seit BVerfGE 6, 32 (Elfes-Urteil).

700 AS-Skript Grundrechte (2017), Rn. 106.

weniger belastendes Mittel gibt. Es käme zunächst in Betracht, dass in Einrichtungen des Bundes auf freiwilliger Basis ein Rauchverbot durchgesetzt würde. Allerdings ist bereits seit längerer Zeit bekannt, dass ein wirksames Rauchverbot auf diese Weise nicht zustande kommt.

Problematisch ist, dass das Rauchverbot aus § 1 NiRSchG **ohne** jegliche **Ausnahme** gilt. So wäre es denkbar, dass abgesonderte und speziell gekennzeichnete Räume geschaffen werden, in denen das Rauchen gestattet ist. So würde jeder Nichtraucher die freie Entscheidung treffen können, ob er einen solchen Raucherraum betritt oder nicht. Wenn dann durch entsprechende Belüftungsanlagen sichergestellt wird, dass der Rauch nicht in die rauchfreien Zonen dringen kann, wäre ein effektiver Schutz der Nichtraucher weiterhin gewährleistet, sodass das Ziel des Nichtraucherschutzgesetzes gleich wirksam, aber weniger belastend erreicht werden könnte.

Ohne entsprechende Ausnahme ist das NiRSchG damit nicht erforderlich und demzufolge **unverhältnismäßig**.

Im originalen NiRSchG des Bundes sind entsprechende Ausnahmeregelungen aber vorhanden.

In der vorliegenden Form ist der Eingriff in Art. 2 Abs. 1 GG verfassungsrechtlich nicht gerechtfertigt und verletzt die allgemeine Handlungsfreiheit. Das Gesetz ist materiell verfassungswidrig. Dies war auch erkennbar.

Ergebnis: Aufgrund des offenkundigen Verstoßes war der Bundespräsident daher berechtigt, die Ausfertigung des Gesetzes zu verweigern.

B. Unionsrechtliches Prüfungsrecht

366 Ob dem BPräs auch ein unionsrechtliches Prüfungsrecht zusteht, wird unterschiedlich beurteilt.

- Teilweise wird ein unionsrechtliches Prüfungsrecht des BPräs damit bejaht, dass der BPräs an Art. 20 Abs. 3 GG gebunden sei und der **Anwendungsvorrang des Unionsrechts** zur verfassungsmäßigen Ordnung in diesem Sinne zähle. Zudem stelle jeder Verstoß gegen das Unionsrecht gleichzeitig einen Verstoß gegen Art. 23 GG dar, der zum Prüfungsmaßstab des BPräs zähle.[701]
- **Überwiegend** wird ein solches Prüfungsrecht des BPräs dagegen **abgelehnt**. Dies wird damit begründet, dass schon der **Wortlaut** des Art. 82 Abs. 1 GG deutlich mache, dass das Prüfungsrecht des BPräs **auf das GG beschränkt** sei. Zudem wäre dem **Sinn und Zweck** des Art. 82 GG lediglich zu entnehmen, dass der BPräs nicht gezwungen werden dürfte, **unwirksame** Gesetze auszufertigen. Ein Verstoß gegen das

701 Schmidt-Bleibtreu/Hofmann/Henneke GG, Art. 82 Rn. 2; Neumann DVBl. 2007, 1336; Schladebach/Koch Jura 2016, 355, 357 ff.; Hauk JA 2017, 93, 98.

Unionsrecht führe wegen des **Anwendungsvorrangs** (nicht: Geltungsvorrang) aber lediglich zur Unanwendbarkeit, nicht aber zur Unwirksamkeit des nationalen Rechts.[702]

C. Rechtslage bei Weigerung der Ausfertigung

Weigert sich der BPräs, ein Gesetz auszufertigen, so kann der Bundestag wegen möglicher Verletzung von Art. 77 Abs. 1 S. 1 GG ein **Organstreitverfahren** vor dem BVerfG anstrengen (Art. 93 Abs. 1 Nr. 1 GG, §§ 13 Nr. 5, 63 ff. BVerfGG). Gelangt das BVerfG zu dem Ergebnis, dass der BPräs seine Mitwirkung zu Unrecht verweigert, stellt es dies nach § 67 BVerfGG fest. Kommt der BPräs auch dann seiner Verpflichtung zur Ausfertigung immer noch nicht nach, bleibt nur die Möglichkeit einer Präsidentenanklage (Art. 61 GG i.V.m. §§ 49 ff. BVerfGG). In diesem Verfahren kann das BVerfG nach Art. 61 Abs. 2 S. 2 GG i.V.m. § 53 BVerfGG durch einstweilige Anordnung bestimmen, dass der BPräs an der Ausübung seines Amtes verhindert ist, mit der Folge, dass die Vertretungsregelung des Art. 57 GG eingreift und das Gesetz vom **Präsidenten des Bundesrats** ausgefertigt und verkündet werden kann.[703] 367

D. Prüfungsbefugnis bei der Ernennung und Entlassung von Bundesministern

I. Nach ganz h.M. hat der BPräs bei der Ernennung und Entlassung von Ministern ein **formelles und materielles Prüfungsrecht**, das allerdings wegen der geringen rechtlichen Anforderungen an die Ernennung und Entlassung eines Ministers nur eine unbedeutende praktische Bedeutung hat (vgl. §§ 4, 5 BMinG).[704] 368

Bei den für die Gegenmeinung angegebenen Stellen ist meist nicht klar zu ersehen, ob danach der BPräs wirklich verpflichtet sein soll, auch bei einem gesetzwidrigen Vorschlag die Ernennung auszusprechen.

II. Umstritten ist, ob und inwieweit der BPräs ein **politisches Ablehnungsrecht** hat.

Überwiegend wird ihm dieses Recht abgesprochen, was sowohl mit dem Wortlaut des Art. 64 Abs. 1 GG als auch allgemein mit der Stellung des BPräs und seinem Verhältnis zum Bundeskanzler begründet wird. Der Bundespräsident hat keinen Einfluss auf die Richtlinien der Politik, auch nicht mittelbar über die Zusammensetzung der Regierung. Der Bundeskanzler trägt gegenüber dem Bundestag allein die Verantwortung für sein Kabinett.[705] 369

E. Politisches Ermessen

In einigen wenigen Fällen hat der BPräs einen weitergehenden, auch **politische Ermessenserwägungen** umfassenden Entscheidungsspielraum: Auflösung des Bundestages 370

702 Friauf/Höfling Berliner Komm. zum GG, Art. 82 Rn. 33, 53; v. Mangold/Klein/Starck/Brenner GG, Art. 82 Rn. 23; Jarass/Pieroth GG, Art. 82 Rn. 3; Sachs GG, Art. 82 Rn. 16; Bonner Komm., Art. 82 Rn. 141; Dreier GG, Art. 82 Rn. 14; Degenhart Staatsorganisationsrecht, Rn. 790; Gehrlein DÖV 2007, 280, 281.

703 Vgl. Ipsen/Epping JuS 1992, 305, 310; abweichend und allgemein zur Ausfertigungspflicht des Bundespräsidenten bei verfassungsmäßigen Gesetzen Schnapp JuS 1995, 286, 291.

704 Morlok/Michael Staatsorganisationsrecht, § 14 Rn. 43; Ipsen Staatsrecht I, Rn. 490 ff.

705 Morlok/Michael Staatsorganisationsrecht, § 12 Rn. 17; Kunig Jura 1994, 217, 221; Erichsen Jura 1985, 373, 377; Windirsch JuS 1995, 527, 530; ebenso Huba/Burmeister JuS 1989, 832 für die Ernennung von Bundesrichtern gemäß Art. 60 Abs. 1 GG; vgl. auch Butzer VerwArch 82 (1991), 497, 506 mit Fn. 39.

(Art. 68 Abs. 1 S. 1 GG); Erklärung des Gesetzgebungsnotstandes (Art. 81 Abs. 1 GG); Verlangen nach Zusammentritt des Bundestages (Art. 39 Abs. 3 S. 3 GG); Ausübung des Begnadigungsrechts (Art. 60 Abs. 2 GG).

Ausdrücklich ausgeschlossen sind Ermessenserwägungen dagegen z.B. in Art. 63 Abs. 2 S. 2 GG („ist zu ernennen“) und Art. 63 Abs. 4 S. 2 GG („muss ihn ernennen“).

6. Abschnitt: Äußerungen des Bundespräsidenten

371 Wie oben bereits festgestellt, ist es dem BPräs aus seiner Aufgabe und Funktion heraus untersagt, aktiv und gestaltend an der Staatsgewalt mitzuwirken (Rn. 352). Aus diesem Grunde können Äußerungen des BPräs über bestimmte Personen/Parteien, die am politischen Leben teilnehmen, leicht zu einem verfassungsrechtlichen Problem werden, insbesondere dann, wenn die Äußerungen zu Wahlkampfzeiten abgegeben werden.

Zu dem vergleichbaren Problem der Äußerungen von Regierungsmitgliedern vgl. Rn. 341 ff.

Fraglich ist dann insbesondere, ob der BPräs eine Äußerung als Amtsträger oder als Privatmann abgegeben hat, und welche verfassungsrechtlichen Maßstäbe für seine Äußerungen gelten.

372 **Fall 15: Die Spinner**

Bundespräsident G nahm an einer Gesprächsrunde vor Berufsschülern im Alter zwischen 18 und 25 Jahren in einem Schulzentrum in Berlin teil. In der vor der Bundestagswahl unter dem Motto „Die Wahl – Deine Stimme zählt!“ stehenden Veranstaltung wies der Bundespräsident unter anderem auf die Bedeutung von freien Wahlen für die Demokratie hin und forderte die Schülerinnen und Schüler zu sozialem und politischem Engagement auf. Auf die Frage einer Schülerin ging er auch auf Ereignisse ein, die mit den Protesten von Mitgliedern und Unterstützern der N-Partei gegen ein Asylbewerberheim in Berlin-Hellersdorf im Zusammenhang standen. Hierbei äußerte der Bundespräsident sich u.a. wie folgt: „Wir brauchen Bürger, die auf die Straße gehen und den Spinnern ihre Grenzen aufweisen. Dazu sind Sie alle aufgefordert“ und „Ich bin stolz, Präsident eines Landes zu sein, in dem die Bürger ihre Demokratie verteidigen.“

Die N-Partei sieht sich durch diese Äußerungen in ihrem Recht auf Chancengleichheit verletzt. Der Meinungswettbewerb der Parteien dürfe nicht von staatlicher Seite beeinflusst oder verfälscht werden. Die Regierung müsse sich bei ihrer Öffentlichkeitsarbeit zurückhalten; diese müsse insbesondere sachbezogen und informierend sowie parteipolitisch neutral sein. Dem Bundespräsidenten stehe es im Gegensatz zur Regierung nicht zu, Warnungen vor politischen Parteien auszusprechen, schon gar nicht in der heißen Phase des Wahlkampfs vor Erstwählern. Im Übrigen verstießen die vom Bundespräsidenten ausgesprochenen Warnungen auch gegen das Sachlichkeitsgebot. Die Bezeichnung von Mitgliedern und Unterstützern der N-Partei als „Spinner“ verlasse den Boden einer sachlichen Diskussion und stelle eine unzulässige Schmähkritik dar. Hat G durch die Äußerungen gegen die Verfassung verstoßen?

G hat durch die Äußerungen gegen die Verfassung verstoßen, wenn der Bundespräsident nach dem GG überhaupt nicht zu Negativ-Äußerungen über Parteien berechtigt ist oder, soweit ihm ein Äußerungsrecht zusteht, wenn er dieses in verfassungswidriger Weise betätigt hat.

I. Dann müsste der BPräs zunächst überhaupt zu negativen Äußerungen über Parteien befugt sein. **373**

1. Der BPräs könnte mit seiner Aussage eine gemäß **Art. 5 Abs. 1 S. 1 GG** geschützte Meinungsäußerung getätigt haben. Dabei ist jedoch zu berücksichtigen, dass Grundrechte Abwehrrechte des Bürgers gegen den Staat sind. Der Staat, der Grundrechtsverpflichteter ist (Art. 1 Abs. 3 GG), kann nicht gleichzeitig Grundrechtsberechtigter sein (**Konfusionsargument**).[706] G hat seine Äußerung **in seiner Funktion als BPräs** getätigt und handelte daher als Amtsträger. In dieser Funktion stehen ihm Grundrechte nicht zu, sodass sich ein Recht zur Negativ-Äußerung nicht aus Art. 5 Abs. 1 S. 1 GG ableiten lässt.[707]

2. Die **Befugnisse des Bundespräsidenten** finden sich in verschiedenen **Vorschriften des GG** (z.B. Art. 59, 60, 63, 64 GG). Außerdem ergeben sich allgemeine Befugnisse unmittelbar **aus seiner Stellung als Staatsoberhaupt**. Dazu gehört auch die **Teilnahme an der staatlichen Willensbildung**. Insofern hat der Bundespräsident neben der Wahrnehmung der ihm durch die Verfassung ausdrücklich zugewiesenen Befugnisse kraft seines Amtes insbesondere die Aufgabe, im Sinne der **Integration des Gemeinwesens** zu wirken.[708] Er repräsentiert den Staat und das Staatsvolk nach außen, aber auch nach innen. Wie er diese Aufgabe mit Leben füllt, entscheidet der Bundespräsident grundsätzlich selbst.

3. Obwohl für staatliche Äußerungen zunehmend eine **gesetzliche Ermächtigungsgrundlage** gefordert wird, wenn diese einen Eingriff in subjektive Rechte darstellen,[709] wird es jedoch überwiegend für ausreichend gehalten, wenn sich das Staatsorgan bei Äußerungen im Rahmen der ihm zugewiesenen Aufgaben bewegt.[710] **Der Bundespräsident kann den mit seinem Amt verbundenen Erwartungen nur gerecht werden, wenn er auf gesellschaftliche Entwicklungen und allgemeinpolitische Herausforderungen entsprechend seiner Einschätzung eingehen kann.** Dabei muss er in der Wahl der Themen ebenso frei sein wie in der Entscheidung über die jeweils angemessene Kommunikationsform. Er bedarf daher, auch soweit er auf Fehlentwicklungen hinweist oder vor Gefahren warnt und dabei die von ihm als Verursacher ausgemachten Kreise oder Personen benennt, über die **seinem Amt immanente Befugnis zu öffentlicher Äußerung** hinaus keiner gesetzlichen Ermächtigung.[711]

706 AS-Skript Grundrechte (2017), Rn. 59.
707 Gröpl/Zembruski Jura 2016, 268, 270.
708 BVerfG RÜ 2014, 449.
709 Barczak NVwZ 2016, 1014, 1018.
710 Jarass/Pieroth GG, Art. 65 Rn. 8; Degenhart Staatsorganisationsrecht, Rn. 319 ff., 758; Gröpl/Zembruski Jura 2016, 268, 274 f.
711 BVerfG RÜ 2014, 449.

4. Der Bundespräsident ist aber selbst an die Verfassung gebunden. Dies machen insbesondere Art. 1 Abs. 3 GG und Art. 20 Abs. 3 GG deutlich. **Grenzen seiner Äußerungsbefugnis ergeben sich daher unmittelbar aus der Verfassung**. Hier könnte der Bundespräsident durch seine Äußerungen gegen das **Recht der politischen Parteien auf Chancengleichheit aus Art. 21 Abs. 1 GG**, soweit es um die Chancengleichheit bei Wahlen geht, in Verbindung mit Art. 38 Abs. 1 GG, verstoßen haben.

   a) Dieses Recht kann insbesondere dadurch verletzt werden, dass Staatsorgane zugunsten oder zulasten einer politischen Partei **in den Wahlkampf eingreifen**. Gemäß Art. 20 Abs. 2 S. 1 GG geht alle Staatsgewalt vom Volke aus. Dementsprechend findet die politische Willensbildung vom Volk zu den Staatsorganen statt (von unten nach oben). Daraus folgt für die Staatsorgane die Pflicht zur parteipolitischen Neutralität.

      Ebenso kann eine Verletzung der Chancengleichheit durch die Kundgabe negativer Werturteile über die Ziele und Betätigungen der Partei erfolgen. Gegen Werturteile kann sich die betroffene Partei zwar grundsätzlich politisch zur Wehr setzen. Sie sind aber dann unzulässig, wenn sie auf **sachfremden Erwägungen** beruhen und damit die Chancengleichheit der Parteien **willkürlich** beeinträchtigen.

   b) Das Vorgenannte lässt sich auf den Bundespräsidenten aber nicht ohne Weiteres übertragen. Weder steht der Bundespräsident mit den politischen Parteien in direktem Wettbewerb um die Gewinnung politischen Einflusses, noch stehen ihm Mittel zur Verfügung, die es ihm wie etwa der Bundesregierung ermöglichten, durch eine ausgreifende Informationspolitik auf die Meinungs- und Willensbildung des Volkes einzuwirken. Es gehört auch nicht zu seinen Befugnissen, die Öffentlichkeit regelmäßig über radikale Bestrebungen zu informieren oder über einen Antrag auf Feststellung der Verfassungswidrigkeit einer Partei (Art. 21 Abs. 2 GG) zu befinden. Deshalb gelten für den Bundespräsidenten weniger strenge Neutralitätspflichten.[712] Daher darf der Bundespräsident in Erfüllung seiner Aufgaben das Wort ergreifen und die Öffentlichkeit durch seine Beiträge auf von ihm identifizierte Missstände und Fehlentwicklungen – insbesondere solche, die den Zusammenhalt der Bürger und das friedliche Zusammenleben aller Einwohner gefährden – aufmerksam machen, sowie um Engagement bei deren Beseitigung werben.

      Die Äußerungen des Bundespräsidenten sind demzufolge verfassungsrechtlich **nur zu beanstanden, wenn er mit ihnen unter evidenter Vernachlässigung seiner Integrationsaufgabe und damit willkürlich Partei ergreift**. Im Übrigen ist der Bundespräsident grundsätzlich befugt, sich negativ über eine Partei zu äußern.[713]

---

712 BVerfG RÜ 2014, 449.

713 Degenhart Staatsorganisationsrecht, Rn. 797a; Barczak NVwZ 2016, 1014, 1019 f.

II. Die Verwendung des Wortes „Spinner“ könnte gegen das **Sachlichkeitsgebot** verstoßen. Dieses aus dem **Rechtsstaatsprinzip** (Art. 20 Abs. 3 GG) abzuleitende Gebot verlangt, dass **Tatsachen zutreffend** wiedergegeben werden und Werturteile **nicht auf sachfremden Erwägungen** beruhen und auch im Übrigen **verhältnismäßig** sind. Sie dürfen insbesondere keine unnötige Herabsetzung oder besonders aggressive, unsachliche oder diffamierende Äußerungen enthalten. **374**

Der Bundespräsident hat über die N-Partei und ihre Anhänger und Unterstützer ein negatives Werturteil abgegeben, das isoliert betrachtet durchaus als diffamierend empfunden werden und auf eine unsachliche Ausgrenzung der so Bezeichneten hindeuten kann. Hier allerdings dient die Bezeichnung als „Spinner“ – neben derjenigen als „Ideologen“ und „Fanatiker“ – als Sammelbegriff für Menschen, die die Geschichte nicht verstanden haben und, unbeeindruckt von den verheerenden Folgen des Nationalsozialismus, rechtsradikale – nationalistische und antidemokratische – Überzeugungen vertreten. Die mit der Bezeichnung als „Spinner“ vorgenommene Zuspitzung sollte den Teilnehmern an der Veranstaltung nicht nur die Unbelehrbarkeit der so Angesprochenen verdeutlichen, sondern auch hervorheben, dass sie ihre Ideologie vergeblich durchzusetzen hofften, wenn die Bürger ihnen ihre Grenzen aufweisen. Indem der Bundespräsident, anknüpfend an die aus der Unrechtsherrschaft des Nationalsozialismus zu ziehenden Lehren, zu bürgerschaftlichem Engagement gegenüber politischen Ansichten, von denen seiner Auffassung nach Gefahren für die freiheitliche demokratische Grundordnung ausgehen und die er von der Antragstellerin vertreten sieht, aufgerufen hat, hat er für die dem Grundgesetz entsprechende Form der Auseinandersetzung mit solchen Ansichten geworben und damit die ihm von der Verfassung gesetzten Grenzen negativer öffentlicher Äußerungen über politische Parteien nicht überschritten.

Ergebnis: Die Äußerungen des Bundespräsidenten verstoßen daher nicht gegen das Sachlichkeitsgebot. Sie sind damit verfassungsgemäß.

---

7. Teil: Verteilung der Gesetzgebungskompetenzen

1. Abschnitt: Überblick

A. Grundsatz

375 **Grundsätzlich** sind **die Länder** für die Gesetzgebung zuständig, es sei denn, dass das Grundgesetz durch sog. **Kompetenztitel** ausnahmsweise dem Bund die Gesetzgebungszuständigkeit verleiht. Dies ergibt sich aus **Art. 70 Abs. 1 GG**, der eine Konkretisierung der allgemeinen Kompetenzverteilung zwischen Bund und Ländern (Art. 30 GG) darstellt.

Der Bund ist nur ausnahmsweise dann zuständig, wenn ihm **ausdrücklich** im Grundgesetz Zuständigkeiten zugewiesen werden **oder** aber eine **ungeschriebene Zuständigkeit** besteht.[714] Da das Grundgesetz dem Bund in vielen Fällen Gesetzgebungskompetenzen verliehen hat, von denen der Bund auch rege Gebrauch gemacht hat, haben sich der im Grundgesetz angelegte Grundsatz der Länderzuständigkeit und die Ausnahme der Bundeszuständigkeit im Laufe der Zeit ins Gegenteil verkehrt.[715]

Die Gesetzgebungskompetenzen sind wie folgt zu prüfen:

- **Grundsätzlich** sind die **Länder** zuständig, Art. 70 Abs. 1 GG
- **Ausnahmsweise** besteht eine Gesetzgebungskompetenz des **Bundes**, wenn
  - eine **ausschließliche** Kompetenz gegeben ist (insbes. **Art. 73, 71 GG**),
  - eine **konkurrierende** Kompetenz gegeben ist (insbes. **Art. 74, 72 GG**),
  - sich **aus anderen Vorschriften des GG** ausdrücklich eine Kompetenz des Bundes ergibt (z.B. Art. 38 Abs. 3 GG, ... bestimmt ein **Bundes**gesetz) oder
  - eine **ungeschriebene Gesetzgebungskompetenz** des Bundes besteht.

B. Überleitungsregelungen

376 Wegen der umfangreichen Neuordnung der Gesetzgebungskompetenzen durch die Föderalismusreform (zum 01.09.2006) oder früherer GG-Änderungen kann es Fälle geben, in denen nach alter Rechtslage Bundesgesetze erlassen worden sind, für die nach aktueller Rechtslage entweder kein Kompetenztitel mehr zur Verfügung steht (z.B. heute nicht mehr bestehende Rahmengesetzgebungskompetenzen, Art. 75 Abs. 1 GG), oder in denen die einschränkenden Voraussetzungen für eine Zuständigkeit des Bundes (z.B. Art. 72 Abs. 2 GG) nicht mehr vorliegen.

Entsprechendes gilt für den umgekehrten Fall, also dass die Länder nach alter Rechtslage zuständig zum Erlass eines Gesetzes waren, zu dem sie nach der neuen Rechtslage nicht mehr zuständig sind.

---

714 Zum Vorgehen bei Zusammentreffen verschiedener Kompetenztitel vgl. Morlok/Michael Staatsorganisationsrecht, Rn. 389 f.; Degenhart Staatsorganisationsrecht, Rn. 160 ff.

715 Jarass/Pieroth, GG, Art. 70 Rn. 1.

Für beide Fälle enthält das Grundgesetz sog. **Überleitungsvorschriften**, die detailliert regeln, ob und unter welchen Voraussetzungen Bundes- bzw. Landesrecht weiter fortgilt und unter welchen Voraussetzungen und ggf. ab welchem Zeitpunkt der Bund bzw. das Land von einer ihm neu zugeordneten Gesetzgebungszuständigkeit Gebrauch machen kann (vgl. insofern **Art. 72 Abs. 4 GG, 125 a–c GG**, prozessual ergänzt durch das **Kompetenzfreigabeverfahren** gemäß **Art. 93 Abs. 2 GG**).[716]

C. Folgen bei fehlender Zuständigkeit

Sofern im Zeitpunkt des Gesetzeserlasses keine Zuständigkeit (von Bund oder Land) bestand, ist das betreffende Gesetz **von Anfang an nichtig** (ex tunc). Eine rückwirkende Heilung ist nicht möglich.[717] **377**

2. Abschnitt: Ausschließliche Zuständigkeit des Bundes

Nach der **Legaldefinition des Art. 71 GG** bedeutet ausschließliche Gesetzgebung, dass die darunter fallenden Materien dem Bundesgesetzgeber vorbehalten sind. Die Landesgesetzgeber sind nur zuständig, wenn und soweit ein Bundesgesetz ausdrücklich dazu ermächtigt, was in der Praxis bislang äußerst selten vorgekommen ist. **378**

Welche (Sach-)**Materien** unter die ausschließliche Gesetzgebung fallen, ist insbesondere dem **Katalog des Art. 73 Abs. 1 GG** zu entnehmen. Dazu gehören etwa auswärtige Angelegenheiten, die (militärische) Verteidigung oder die Staatsangehörigkeit. Daneben sind ausschließliche Gesetzgebungskompetenzen des Bundes noch in anderen Regelungen des GG enthalten. So hat der Bund nach Art. 105 Abs. 1 GG die ausschließliche Gesetzgebung über die Zölle und Finanzmonopole, nach Art. 21 Abs. 3 GG für das Parteiengesetz oder nach Art. 38 Abs. 3 GG für das BWG.

Klausurhinweis: *Ein „Erlernen" aller Details zu den einzelnen Kompetenztiteln des Art. 73 GG sowie der dazu entwickelten Definitionen ist ausgeschlossen. Daher sollten Sie für die (Examens-)Klausuren die aktuelle Rspr. des BVerfG kennen (Pressemitteilungen!), da daraus häufig Klausuren entwickelt werden.*

Beispiel: Durch das Gesetz zur Abwehr von Gefahren des internationalen Terrorismus durch das Bundeskriminalamt vom 25.12.2008 (BGBl I S. 3083) ist der neue Unterabschnitt 3a in das BKAG eingefügt worden. Damit hat der Bundesgesetzgeber dem BKA über die bisherigen Aufgaben der Strafverfolgung hinaus die bis dahin den Ländern vorbehaltene Aufgabe der Abwehr von Gefahren des internationalen Terrorismus übertragen. Insbesondere durch die §§ 20g, h und l BKAG werden dem BKA im Rahmen der Gefahrenabwehr und der Straftatenverhütung verschiedene Ermächtigungen zu heimlichen Ermittlungs- und Überwachungsmaßnahmen eingeräumt. Besteht die Gesetzgebungskompetenz des Bundes?

Nach Art. 70 Abs. 1 GG haben die Länder das Recht der Gesetzgebung, soweit das GG nicht dem Bund die Gesetzgebungsbefugnis verleiht. Die angegriffenen Vorschriften ermächtigen das BKA im Rahmen der Bekämpfung des internationalen Terrorismus zu Maßnahmen der Gefahrenabwehr und der Straftatenverhütung. Dafür könnte dem Bund die **ausschließliche Gesetzgebungskompetenz des Art. 73 Abs. 1 Nr. 9a GG** zustehen. Problematisch ist, dass nach Art. 73 Abs. 1 Nr. 9a GG der Bund die Kompetenz **zur Abwehr von Gefahren** des internationalen Terrorismus besitzt, **nach dem Wortlaut aber nicht für die Straftatenverhütung**. Grenzen einer Vorverlagerung von Maßnahmen in das Vorfeld

716 Nierhaus/Rademacher LKV 2006, 385, 392; Degenhart Staatsorganisationsrecht, Rn. 181 ff.; Morlok/Michael Staatsorganisationsrecht, Rn. 388; Bowitz/Schorn JA 2012, 597.

717 BVerfG NJW 1999, 3404.

konkreter Gefahren ergeben sich aber nicht aus dem Kompetenztitel des Art. 73 Abs. 1 Nr. 9a GG. Vielmehr **schließt der Begriff der Gefahrenabwehr kompetenzrechtlich die Straftatenverhütung ein**, sodass die ausschließliche Gesetzgebungskompetenz des Bundes gegeben ist.[718]

3. Abschnitt: Konkurrierende Gesetzgebung

379 Nach der **Legaldefinition des Art. 72 Abs. 1 GG** haben im Bereich der konkurrierenden Gesetzgebung die Länder die Befugnis zur Gesetzgebung (nur), **solange und soweit** der Bund von seiner Gesetzgebungszuständigkeit nicht durch Gesetz Gebrauch gemacht hat. Danach besteht grundsätzlich eine **Vorrangkompetenz für den Bund**.

A. Kompetenztitel

380 Im **Katalog** (Kompetenztitel) **des Art. 74 Abs. 1 GG** finden sich die Gegenstände der konkurrierenden Gesetzgebung. Die wichtigsten Sachmaterien sind:

- Nr. 1: Bürgerliches Recht, **Strafrecht**, Gerichtsverfassung, gerichtliches Verfahren (ohne das Recht des Untersuchungshaftvollzugs), Rechtsanwaltschaft, Notariat und Rechtsberatung

  Zum **Strafrecht** gehört die Regelung aller staatlichen Reaktionen auf Straftaten, die an die Straftat anknüpfen, ausschließlich für Straftäter gelten und ihre sachliche Rechtfertigung auch aus der Anlasstat beziehen.[719] Dazu gehören auch spezialpräventive Reaktionen auf eine Straftat, wie die Unterbringung eines rückfallgefährdeten Straftäters nach dem ThUG.[720] Daneben gehört zum Strafrecht in diesem Sinne auch das **Ordnungswidrigkeitenrecht**.[721]

  Zum gerichtlichen (Straf-)**Verfahren** gehört auch die Vorsorge für die Verfolgung von Straftaten.[722] Die Länder können in diesem Zusammenhang nur dann tätig werden, wenn die StPO keine Sperrwirkung gemäß Art. 72 Abs. 1 GG entfaltet.[723]

- Nr. 11: Recht der Wirtschaft

  Das Recht der Wirtschaft ist weit zu verstehen und umfasst nicht nur Vorschriften, die sich in irgendeiner Form auf die Erzeugung, Herstellung und Verbreitung von Gütern des wirtschaftlichen Bedarfs beziehen, sondern auch alle anderen das wirtschaftliche Leben und die wirtschaftliche Betätigung als solche regelnden Normen. Daher darf der Bund z.B. Gesetze erlassen, die zwar Auswirkungen auf den kulturellen Bereich und damit auf die „Kulturhoheit" der Länder haben, wenn der Bund vorrangig andere Zwecke mit dem Gesetz verfolgt (FilmförderG).[724]

  Aus der Kompetenz des Bundes sind aber einige Sachmaterien ausgenommen (**Ladenschluss, Gaststätten, Märkte**, Art. 74 Abs. 1 Nr. 11 a. E.). Für diese steht **den Ländern die ausschließliche Kompetenz** zu. Das LSchlG des Bundes gilt gemäß Art. 125 a Abs. 1 S. 1 GG zwar zunächst fort, kann aber durch die Länder durch eigene Landesgesetze ersetzt werden (Art. 125 a Abs. 1 S. 2 GG).

- Nr. 12: Arbeitsrecht, Sozialversicherungen

  Das Arbeitsrecht erfasst sowohl das **individuelle** als auch das **kollektive** Arbeitsrecht.[725] Soweit für den **öffentlichen Dienst** nicht die Sonderregelungen der Art. 73 Abs. 1 Nr. 8, Art. 74 Abs. 1 Nr. 27 GG greifen, gilt daneben Nr. 12.

---

718 BVerfG NJW 2016, 1781.

719 BVerfG NJW 2004, 750.

720 BVerfG RÜ 2013, 649, 651.

721 Jarass/Pieroth, GG, Art. 74 Rn. 5.

722 BVerfG NJW 2005, 2603.

723 Schnabel NVwZ 2010, 1457, 1459; so wohl auch BVerwG NVwZ 2012, 757.

724 BVerfG RÜ 2014, 182; Jarass/Pieroth GG, Art. 74 Rn. 21.

725 Jarass/Pieroth GG, Art. 74 Rn. 32.

- Nr. 27: Statusrechte und -pflichten der Beamten der Länder, Gemeinden und anderen Körperschaften des öffentlichen Rechts sowie der Richter in den Ländern[726]

  Die konkurrierende Gesetzgebungskompetenz des Bundes für die **Statusrechte und -pflichten** der Beamten der Länder und Gemeinden soll zu einer Vereinheitlichung der grundlegenden beamtenrechtlichen Regelungen für alle Beamten führen und setzt die bereits vor der Föderalismusreform bestehende Rahmengesetzgebungskompetenz des Bundes fort. Der Bund hat durch Erlass des BeamtStG von der Kompetenz umfassend Gebrauch gemacht.

Klausurhinweis: *Auch ein Erlernen aller Details zu den einzelnen Kompetenztiteln des Art. 74 GG sowie der dazu entwickelten Definitionen ist ausgeschlossen. Für (Examens-)Klausuren ist damit ein Überblick über die aktuelle Rspr. des BVerfG wichtig (Pressemitteilungen!).*

Beispiel: Das Bundesland L erlässt ein LadenschlussG. Im § 12 heißt es u.a., dass in Verkaufsstellen die Arbeitnehmer an mindestens zwei Samstagen nicht beschäftigt werden dürfen. Die M-GmbH, eine Betreiberin eines Möbelhauses, das insbesondere an Samstagen hohe Umsätze erzielt, meint, dass dem Land L für die Regelung die Gesetzgebungskompetenz fehlt. Dies gelte vor allem, da nach § 17 Abs. 4 LSchlG des Bundes Arbeitnehmer (nur) einen Anspruch darauf haben an einem Samstag pro Monat freigestellt zu werden. **381**

Die Länder haben nach Art. 74 Abs. 1 Nr. 11 a. E. GG die ausschließliche Gesetzgebungskompetenz für das Recht des Ladenschlusses. Dem könnte zwar die noch bestehende Regelung im BLSchlG entgegenstehen (Art. 31 GG: Bundesrecht bricht Landesrecht), aber die Länder können das fortgeltende Bundesrecht durch Landesrecht ersetzen (Art. 125 a Abs. 1 S. 2 GG). Fraglich ist allerdings, ob arbeitszeitrechtliche Regelungen überhaupt dem Recht des Ladenschlusses unterfallen.

Nach dem Wortlaut des Art. 74 Abs. 1 Nr. 11 GG wird mit dem Begriff „Ladenschluss" der gesetzlich geregelte Rahmen der täglichen Verkaufszeit in Einzelhandelsgeschäften umschrieben. Beschäftigungsbedingungen wie Arbeitszeitregelungen sind nach dem Wortlaut dagegen nicht umfasst. Vielmehr ergibt sich die Kompetenz des Bundes für die Arbeitszeitregelungen im LSchlG aus Art. 74 Abs. 1 Nr. 12 GG. Eine Landeskompetenz ergibt sich **auch nicht kraft Sachzusammenhangs**. Zwar liegt es nicht fern, auch die Arbeitszeit zu regeln, wenn der Ladenschluss normiert wird. Doch genügen reine Zweckmäßigkeitserwägungen zur Begründung von Gesetzgebungskompetenzen aus dem Gesichtspunkt des Sachzusammenhangs nicht. Notwendig ist vielmehr, dass das Übergreifen in den Kompetenzbereich des Bundes für den Arbeitsschutz unerlässlich ist, um eine Regelung des Ladenschlusses verständigerweise treffen zu können.[727]

Gleichwohl besteht eine Gesetzgebungskompetenz des Landes L. Der Bund hat zwar nach Art. 74 Abs. 1 Nr. 12 GG die konkurrierende Gesetzgebungskompetenz für arbeitszeitrechtliche Vorschriften zum Einsatz von Arbeitnehmern an Samstagen. Er hat von dieser jedoch **nicht abschließend i. S. d. Art. 72 Abs. 1 GG** Gebrauch gemacht, sodass dem Land die Regelungskompetenz nicht vollständig entzogen ist.[728] Damit hat das Land die Gesetzgebungskompetenz aus Art. 74 Abs. 1 Nr. 12, Art. 72 Abs. 1 GG.

B. Voraussetzungen des Art. 72 Abs. 2 GG

Für die Bejahung der Gesetzgebungszuständigkeit des Bundes im Bereich der konkurrierenden Zuständigkeit ist entscheidend, unter welchen Voraussetzungen der Bund von der Gesetzgebungszuständigkeit Gebrauch machen darf. Es ist hier zwischen **Kernkompetenzen**, **Bedarfskompetenzen** und **Abweichungskompetenzen** zu unterscheiden: **382**

726 Vgl. auch das BeamtStG und Battis/Grigoleit ZBR 2008, 1.

727 BVerfG NVwZ 2015, 582.

728 BVerfG NVwZ 2015, 582.

I. Kernkompetenzen

383 Unter die sog. **Kernkompetenzen** fallen die Sachmaterien der konkurrierenden Gesetzgebung, die **weder der Erforderlichkeitsprüfung des Art. 72 Abs. 2 GG** unterfallen **noch der Abweichungsgesetzgebung** durch die Länder (**Art. 72 Abs. 3 GG**).[729] Sie sind dadurch gekennzeichnet, dass von Bundesgesetzen eine zeitliche und sachliche Sperrwirkung für die Landesgesetzgebung ausgeht (Art. 72 Abs. 1 GG). Die Erforderlichkeitsprüfung für eine bundesgesetzliche Regelung wird hier dem Bundesgesetzgeber erlassen, sodass dieser, ohne weitere Voraussetzungen erfüllen zu müssen, im Bereich seiner Kernkompetenzen gesetzgeberisch tätig werden kann.

Der **Unterschied zur ausschließlichen Gesetzgebung** des Bundes liegt darin, dass diese den Ländern prinzipiell verschlossen ist, während auf den Gebieten der Kernkompetenzen die Länder gesetzgeberisch tätig werden können, wenn und soweit der Bund von seinem Gesetzgebungsrecht keinen Gebrauch gemacht hat.

Beispiele: BGB, StGB, GVG, ZPO (Art. 74 Abs. 1 Nr. 1 GG)

II. Bedarfskompetenzen

384 Als Bedarfskompetenzen (auch „Erforderlichkeitskompetenz" genannt)[730] werden die **in Art. 72 Abs. 2 GG aufgezählten Kompetenztitel** des Art. 74 Abs. 1 GG bezeichnet. Anders als die Kernkompetenzen setzen diese vor jedem Gebrauchmachen durch den Bundesgesetzgeber eine Prüfung voraus, ob die Herstellung gleichwertiger Lebensverhältnisse im Bundesgebiet oder die Wahrung der Rechts- und Wirtschaftseinheit im gesamtstaatlichen Interesse eine bundesgesetzliche Regelung **erforderlich** macht.

Beispiele: AufenthaltsG (Art. 74 Abs. 1 Nr. 4 GG); Recht der Wirtschaft (Art. 74 Abs. 1 Nr. 11 GG); StVG (Art. 74 Abs. 1 Nr. 22 GG)

In seinem Urteil zur Neuregelung der Altenpflege vom 24.10.2002 hat das BVerfG erstmalig Aussagen zum Inhalt der **Zielvorgaben des Art. 72 Abs. 2 GG** und deren gerichtliche Überprüfbarkeit vorgenommen.[731]

1. Gerichtlicher Prüfungsumfang

385 Während das BVerfG zur alten Bedürfnisklausel in Art. 72 Abs. 2 GG a.F. (bis 15.11.1994) noch davon ausging, das Vorliegen dieser Voraussetzungen setze eine politische Bewertung voraus, die das Gericht zu respektieren habe und nicht überprüfen könne, hat das BVerfG diese Rspr. infolge der Änderung des Art. 72 Abs. 2 GG ausdrücklich aufgegeben[732] und geht heute davon aus, dass ein von verfassungsgerichtlicher Kontrolle freier gesetzgeberischer Beurteilungsspielraum hinsichtlich der Voraussetzungen des Art. 72 Abs. 2 GG **nicht** besteht. Daher ist das Vorliegen der Voraussetzungen des Art. 72 Abs. 2 GG heute **nachprüfbar**.[733]

---

729 Jarass/Pieroth GG, Art. 72 Rn. 3.

730 Jarass/Pieroth GG, Art. 72 Rn. 15.

731 BVerfG NJW 2003, 4; NvWZ 2004, 597.

732 BVerfG NJW 2003, 41; NvWZ 2004, 597.

733 BVerfG RÜ 2014, 182.

Insbesondere diese frühere Rspr. des BVerfG hatte dazu geführt, dass der Bund früher unter Hinweis darauf , dass zur Wahrung der Rechtseinheit ein Bedürfnis nach bundesgesetzlicher Regelung bestünde, nahezu den kompletten Katalog des Art. 74 GG abgearbeitet hatte und im Bereich der konkurrierenden Gesetzgebung nahezu keine Kompetenzen für die Länder übrig blieben.

2. Erforderlichkeit

Die Erforderlichkeit einer bundesgesetzlichen Regelung ist wie im Bereich des Grund- 386
satzes der Verhältnismäßigkeit zu verstehen,[734] sodass ein Bundesgesetz nur dann erforderlich ist, wenn Landesgesetze das gesetzgeberische Ziel nicht gleich effektiv erreichen können. Im Kompetenzgefüge des Grundgesetzes gebührt bei gleicher Eignung von Regelungen zur Erfüllung der grundgesetzlichen Zielvorgaben grundsätzlich den Ländern der Vorrang (Art. 30 und 70 GG). Art. 72 Abs. 2 GG trägt dem Rechnung und verweist den Bund damit auf den geringstmöglichen Eingriff in das Gesetzgebungsrecht der Länder. Erforderlich ist die bundesgesetzliche Regelung danach nur insoweit, als ohne sie die vom Gesetzgeber für sein Tätigwerden in Anspruch genommene Zielvorgabe des Art. 72 Abs. 2 GG nicht oder nicht hinlänglich erreicht werden kann.

3. Herstellung gleichwertiger Lebensverhältnisse im Bundesgebiet

Ein Erfordernis einer bundesgesetzlichen Regelung **zur Herstellung gleichwertiger** 387
Lebensverhältnisse ist erst dann gegeben, wenn sich die Lebensverhältnisse in den Ländern der Bundesrepublik Deutschland **in erheblicher, das bundesstaatliche Sozialgefüge beeinträchtigender Weise auseinanderentwickelt** haben oder sich eine derartige Entwicklung konkret abzeichnet.[735] Ein rechtfertigendes besonderes Interesse an einer bundesgesetzlichen Regelung kann daher auch dann bestehen, wenn sich abzeichnet, dass Regelungen in einzelnen Ländern aufgrund ihrer Mängel zu einer mit der Gleichwertigkeit der Lebensverhältnisse unvereinbaren Benachteiligung der Einwohner dieser Länder führen und diese deutlich schlechter stellen als die Einwohner anderer Länder.[736]

4. Wahrung der Rechtseinheit

Bundesgesetzliche Regelungen sind zur Wahrung der Rechtseinheit nicht stets erfor- 388
derlich, da unterschiedliche Rechtslagen für die Bürger eine notwendige Folge des bundesstaatlichen Aufbaus sind. Das GG lässt unterschiedliche rechtliche Regelungen in den Ländern zu und begrenzt insoweit auch eine Berufung auf Art. 3 Abs. 1 GG.

Eine Gesetzesvielfalt auf Länderebene erfüllt die Voraussetzungen des Art. 72 Abs. 2 GG erst dann, wenn sie eine **Rechtszersplitterung mit problematischen Folgen** darstellt, die im Interesse sowohl des Bundes als auch der Länder nicht hingenommen werden kann. Gerade die Unterschiedlichkeit des Gesetzesrechts oder der Umstand, dass die Länder eine regelungsbedürftige Materie nicht regeln, müssen das gesamtstaatliche Rechtsgut der Rechtseinheit, verstanden als Erhaltung einer funktionsfähigen Rechts-

734 Jarass/Pieroth, GG, Art. 72 Rn. 17.

735 BVerfG NJW 2003, 41; NJW 2005, 493; Jarass/Pieroth, GG, Art. 72 Rn. 20.

736 BVerfG RÜ 2015, 597.

gemeinschaft, bedrohen. Einheitliche Rechtsregeln sind insbesondere dann erforderlich, wenn die unterschiedliche rechtliche Behandlung desselben Lebenssachverhalts unter Umständen erhebliche Rechtsunsicherheiten und damit unzumutbare Behinderungen für den länderübergreifenden Rechtsverkehr erzeugen kann. Um dieser sich unmittelbar aus der Rechtslage ergebenden Bedrohung von Rechtssicherheit und Freizügigkeit im Bundesstaat entgegenzuwirken, kann der Bund eine bundesgesetzlich einheitliche Lösung wählen.[737]

5. Wahrung der Wirtschaftseinheit im gesamtstaatlichen Interesse

389 Die Wahrung der Wirtschaftseinheit liegt im gesamtstaatlichen Interesse, wenn es um die **Erhaltung der Funktionsfähigkeit des Wirtschaftsraums** der Bundesrepublik durch bundeseinheitliche Rechtsetzung geht. Dabei ist die Wirtschaftseinheit als Zielvorgabe in Art. 72 Abs. 2 GG nicht auf den Bereich des Rechts der Wirtschaft in Art. 74 Abs. 1 Nr. 11 GG beschränkt, denn Art. 72 Abs. 2 GG bezieht sich auf alle Materien der konkurrierenden Gesetzgebung. Erfordernisse der Wirtschaftseinheit i.S.d. Art. 72 Abs. 2 GG können also die Inanspruchnahme der Bundeskompetenz für alle in Art. 74 Abs. 1 GG aufgeführten Sachgebiete rechtfertigen.[738]

6. Prozessuale Absicherung

390 Ergänzt wird Art. 72 Abs. 2 GG durch **Art. 93 Abs. 1 Nr. 2 a GG**, wonach das BVerfG auf Antrag des Bundesrates, einer Landesregierung oder eines Landtages prüft, ob ein Gesetz den Voraussetzungen des Art. 72 Abs. 2 GG entspricht (sog. **Kompetenzkontrollverfahren, Art. 72 Abs. 2 a GG**). Dieses im Jahre 1994 mit der Neufassung von Art. 72 Abs. 2 GG eingeführte Verfahren hat in der Praxis jedoch keine Bedeutung erlangt, da potenzielle Antragsteller eine Norm grundsätzlich im Rahmen einer abstrakten Normenkontrolle (Art. 93 Abs. 1 Nr. 2 GG) komplett überprüfen lassen.

III. Abweichungsgesetzgebung

391 Für bestimmte Bereiche der konkurrierenden Gesetzgebung haben die Länder schließlich durch **Art. 72 Abs. 3 GG** eine **Abweichungskompetenz** eingeräumt bekommen. An der Zuständigkeit des Bundes für diese Bereiche ändert das zunächst einmal nichts. Da durch die in Art. 72 Abs. 3 GG genannten Gesetzgebungsbereiche keine der in Art. 72 Abs. 2 GG genannten Bereiche berührt sind, kann der Bund hier sogar ohne Prüfung der Erforderlichkeit einer bundesgesetzlichen Regelung gesetzgeberisch tätig werden. Macht er allerdings von seinem Gesetzgebungsrecht Gebrauch, **gilt bei Abweichungskompetenzen nicht die Sperrwirkung des Art. 72 Abs. 1 GG**. Die Länder bleiben hier auch nach dem Gebrauchmachen des Bundes von seiner Gesetzgebungskompetenz zuständige Gesetzgeber. Insoweit kann man von einer Gesetzgebungskonkurrenz im Sinne einer echten (konkurrierenden) Doppelzuständigkeit sprechen.

Beispiele: Hochschulzulassung und Hochschulabschlüsse (Art. 72 Abs. 3 S. 1 Nr. 6, 74 Abs. 1 Nr. 33 GG)

---

737 BVerfG NJW 2003, 41, 52 f.

738 BVerfG NJW 2003, 41, 52 f.

Nach Art. 72 Abs. 3 S. 3 GG geht auf den Gebieten des Art. 72 Abs. 3 S. 1 GG im Verhältnis von Bundes- und Landesrecht **das jeweils spätere Gesetz vor**.

Hierzu heißt es in der Gesetzesbegründung:[739] „Ein vom Bundesrecht abweichendes Landesgesetz setzt das Bundesrecht für das Gebiet des betreffenden Landes nicht außer Kraft, sondern hat (lediglich) **Anwendungsvorrang** („geht vor"). Das bedeutet, dass z.B. bei Aufhebung des abweichenden Landesrechts automatisch wieder das Bundesrecht gilt. Novelliert der Bund sein Recht, z.B. um neue Vorgaben des EU-Rechts bundesweit umzusetzen, geht das neue Bundesrecht – als das spätere Gesetz – dem Landesrecht vor. Hebt der Bund sein Gesetz auf, gilt wieder das bisherige Landesrecht.

Die Länder ihrerseits können auch vom novellierten Bundesrecht erneut abweichen (im Beispielsfall aber nur unter Beachtung des auch für die Länder verbindlichen EU-Rechts). Das Landesrecht geht dann wiederum dem Bundesrecht vor."

Art. 72 Abs. 3 S. 3 GG ist eine Ausnahme vom Grundsatz des Art. 31 GG (Bundesrecht bricht Landesrecht = Geltungsvorrang) und modifiziert gleichzeitig den rechtsmethodischen Grundsatz *„lex posterior derogat legi priori"*.

C. Landeskompetenz, Art. 72 Abs. 1 GG

Die Länder haben gemäß Art. 72 Abs. 1 GG im Bereich der konkurrierenden Gesetzgebung die Befugnis zur Gesetzgebung **(nur), solange und soweit** der Bund von seiner Kompetenz **keinen Gebrauch gemacht** hat. **392**

Inhaltlich ist ein Gebrauchmachen zunächst dann gegeben, wenn eine (positive) Regelung der Materie vorhanden ist. Ein Gebrauchmachen liegt aber auch dann vor, wenn eine bestimmte Materie **abschließend geregelt** ist, d.h. wenn der Gesetzgeber zu erkennen gegeben hat, dass er auf diesem Gebiet nur die getroffene Regelung und keine andere für richtig hält.[740] Ob eine abschließende Bundesregelung gegeben ist, ist durch Auslegung zu ermitteln.

Für das **Privatrecht** wird eine abschließende Regelung des Bundes aufgrund der Art. 1 Abs. 2, 55, 218 EGBGB angenommen (sog. **Kodifikationsprinzip**).[741] Der Landesgesetzgeber ist zu Regelungen nur befugt, soweit ein Vorbehalt besteht (vgl. Art. 55 ff. EGBGB).[742] Ähnliches gilt auch im **Strafrecht**.[743]

Etwas anderes gilt z.B. für das **Arbeitsrecht**, da dieses bei Erlass des BGB als grundlegendes und einheitliches Rechtsgebiet noch nicht anerkannt war. Zudem geht es hier nicht nur um privatrechtliche, sondern auch um öffentlich-rechtliche Vorschriften.[744]

Fall 16: Spielhallen

Das Bundesland L erlässt ein neues Spielhallengesetz (SpielhG). Nach der zentralen Vorschrift des § 2 SpielhG darf eine Spielhalle nicht in einem baulichem Verbund mit weiteren Spielhallen stehen, insbesondere nicht in einem Gebäude oder Gebäude-

---

739 BR-Drucks. 178/06, S. 26.

740 BVerfGE 34, 9, 28; NJW 2004, 750, 755; NJW 2005, 2603; Kunig Jura 1996, 254, 257; Morlok/Michael Staatsorganisationsrecht, Rn. 380 f. Fn. 10; Schnabel NVwZ 2010, 1457, 1459; BVerwG NVwZ 2012, 757.

741 Degenhart Staatsorganisationsrecht, Rn. 177.

742 BVerfG NJW 1988, 2593; NJW 1988, 2723; BVerwG NJW 1991, 713; DVBl. 1993, 114, 115; DVBl. 1997, 435, 436; Jarass NVwZ 1996, 1042, 1044.

743 Vgl. Ipsen Staatsrecht I, Rn. 565.

744 BVerfGE 7, 342, 348; BVerfG DVBl. 1992, 759, 760; NJW 1988, 1899.

komplex untergebracht sein (Verbundverbot). Zudem soll nach § 2 SpielhG der Abstand zwischen zwei Spielhallenstandorten 500 m nicht unterschreiten und ein entsprechender Abstand zu Kinder- und Jugendeinrichtungen bestehen (Abstandsgebot).

Die Bundesregierung meint, dass dem Bundesland L für diese Regelungen keine Gesetzgebungskompetenz zusteht. Zwar sehe Art. 74 Abs. 1 Nr. 11 GG vor, dass sich die konkurrierende Gesetzgebungskompetenz des Bundes nicht mehr auf das „Recht der Spielhallen" beziehe. Dies beschränke sich aber ausschließlich auf den Regelungsbereich des § 33 i GewO, also der Frage einer Erlaubnispflicht. Verbund- und Abstandsgebot dienten dagegen der abstrakten Gefahrenabwehr und der Suchtprävention, für die der Bund die Gesetzgebungskompetenz besitze. Die Regelung eines Bußgeldes werde von der Gesetzgebungskompetenz des Bundes aus Art. 74 Abs. 1 Nr. 1 GG erfasst.

Besteht eine Gesetzgebungskompetenz des Landes?

393 I. Nach **Art. 70 Abs. 1 GG** haben die **Länder** das Recht der Gesetzgebung, soweit nicht das GG dem Bund die Gesetzgebungsbefugnis verleiht. Die Regelungen des SpielhG könnten dem „**Recht der Spielhallen**" zuzuordnen sein, das gemäß Art. 74 Abs. 1 Nr. 11 GG a.E. ausdrücklich aus der konkurrierenden Kompetenz des Bundes herausgenommen wurde und damit in die Gesetzgebungszuständigkeit der Länder fällt. Im Rahmen der **Auslegung** der Art. 70 ff. GG erfordert die Systematik des Grundgesetzes im Sinne einer **möglichst eindeutigen vertikalen Gewaltenteilung** eine strikte, dem Sinn der Kompetenznorm gerecht werdende Auslegung, wobei der in Betracht kommende Kompetenztitel anhand des Wortlauts, historisch, systematisch und mit Blick auf den Normzweck (teleologisch) auszulegen ist.[745] Fraglich ist daher, ob die Regelungen des SpielhG über das Verbundverbot und das Abstandsgebot überhaupt dem „Recht der Spielhallen" i.S.d. Art. 74 Abs. 1 Nr. 11 GG zuzuordnen sind.

1. Nach dem **Wortlaut** der Regelung ist das Recht der Spielhallen weit gefasst und nicht auf bestimmte Aspekte des Spielhallenrechts beschränkt. Insbesondere erfasst der Wortlaut nicht nur die Erlaubnispflicht als solches, sondern auch andere gewerberechtliche Anforderungen an die Zulassung und den Betrieb von Spielhallen.

2. Art. 74 Abs. 1 Nr. 11 GG ist im Rahmen der Föderalismusreform im Jahre 2006 zugunsten der Länder umgestaltet worden. Zu diesem Zeitpunkt bestand bereits die Regelung des § 33 i GewO hinsichtlich der Erlaubnispflicht. Daher könnte die **Entstehungsgeschichte** dafür sprechen, dass die Kompetenz der Länder **nur die Erlaubnispflicht**, nicht aber auch andere Aspekte des Betriebs von Spielhallen erfassen sollte. Dagegen spricht jedoch, dass der Gesetzentwurf der Fraktionen von CDU/CSU und SPD im Bundestag im Zusammenhang mit dem Recht der Spielhallen allein auf die damit erfolgende weitere Stärkung der Landesgesetzgeber durch Verlagerung von „Kompetenzen mit besonderem Regionalbezug und solche(n) Materien, die eine bundesgesetzliche Regelung nicht zwingend erfordern"

745 BVerfG NJW 2015, 2869; BVerfG RÜ 2017, 443, 445.

verweist.[746] Daher lässt sich eine solche Beschränkung der Kompetenz auf den Regelungsbereich des § 33 i GewO der Entstehungsgeschichte nicht entnehmen.

3. Auch eine **systematische Auslegung** spricht für eine Erstreckung der Landeskompetenz für das Recht der Spielhallen auf die gewerberechtlichen Anforderungen an den Betrieb und die Zulassung von Spielhallen, und zwar im Vergleich mit den anderen den Ländern in Art. 74 Abs. 1 Nr. 11 GG ausschließlich zugewiesenen Materien. So erfassen auch das Recht des Ladenschlusses, der Gaststätten, der Schaustellung von Personen, der Messen, der Ausstellungen und der Märkte Sachverhalte mit Regionalbezug, in denen der grundgesetzändernde Gesetzgeber eine eigenständige Gestaltungsbefugnis der Länder schaffen wollte, ohne dass er dadurch den einheitlichen Wirtschaftsraum gefährdet sah. **In diesen Materien wurde den Ländern die Regelung sämtlicher erlaubnis- und betriebsbezogener Aspekte überantwortet**. Dasselbe muss dann auch für das Recht der Spielhallen gelten.[747]

4. Letztlich wird das Ergebnis auch durch eine **teleologische Auslegung** gestützt. Der Gesetzgeber wollte durch die Neufassung des Rechts der Wirtschaft (Art. 74 Abs. 1 Nr. 11 GG) eine **klare föderale Verteilung** der Gesetzgebungskompetenzen im Bereich der Wirtschaft vornehmen. Ein Vorbehalt, z.B. durch einen besonderen regionalen Bezug einer geplanten Regelung, würde diesem Zweck zuwider laufen und wieder neue Unsicherheiten in der Abgrenzung von Bundes- und Landeskompetenzen schaffen.

Daher sind die Regelungen des SpielhG dem Recht der Spielhallen zuzuordnen.

II. Es könnte jedoch eine **Sperrwirkung** durch **bereits bestehende bundesrechtliche Regelungen** ausgelöst sein.

1. Die Regelungen zu den Mindestabständen zwischen Spielhallen und das Verbundverbot (§ 2 SpielhG) könnten der **Gesetzgebungskompetenz des Bundes** für das **Bodenrecht** (Art. 74 Abs. 1 Nr. 18 GG) unterfallen. Das Bodenrecht erfasst Vorschriften, die den Grund und Boden unmittelbar zum Gegenstand haben, also die rechtlichen Beziehungen des Menschen zu Grund und Boden und die Art und Weise seiner baulichen Nutzbarkeit regeln.

   Das Verbundverbot und das Abstandsgebot des SpielhG sollen aber **nicht unmittelbar** die rechtlichen Beziehungen des Betreibers einer Spielhalle zu Grund und Boden regeln, sondern **vielmehr die Art und Weise der Ausübung eines Gewerbes** zur Abwehr von typischen Gefahren durch den Betrieb einer Spielhalle. Daher sind die Regelungen nicht der konkurrierenden Gesetzgebungskompetenz des Bundes für das Bodenrecht zuzuordnen.

2. Soweit es um Abstände zu Kinder- und Jugendeinrichtungen geht, könnten die Vorschriften auch dem **Recht der öffentlichen Fürsorge** (Art. 74 Abs. 1 Nr. 7 GG) unterfallen. Der **Schwerpunkt** des Mindestabstandsgebotes zu Einrichtungen für

746 BT-Drucks 16/813, S. 9.

747 BVerfG RÜ 2017, 443, 445.

Minderjährige liegt aber auf der spielerschützenden Ausgestaltung der räumlichen Bezüge der Spielhalle. Der **Jugendschutz** stellt dabei einen **Annex zum Schutz vor Spielsucht** bei Zulassung der Spielhalle als einer Gefahrenquelle dar.[748] Damit sind die Regelungen auch nicht dem Recht der öffentlichen Fürsorge zuzuordnen.

Eine Sperrwirkung durch eine Gesetzgebungskompetenz des Bundes besteht daher nicht. Das Bundesland L besitzt die Gesetzgebungskompetenz für die Regelungen zum Verbundverbot und Abstandsgebot.

---

4. Abschnitt: Ungeschriebene Gesetzgebungskompetenzen

394 Obwohl die grundgesetzliche Kompetenzordnung **grundsätzlich abschließend** ist, bestehen nach h.M. gleichwohl gewisse ungeschriebene Gesetzgebungskompetenzen des Bundes, deren Umfang allerdings im Einzelnen umstritten ist.[749]

A. Zuständigkeit kraft Sachzusammenhangs

395 Dem Bund kann ausnahmsweise trotz Fehlens einer ausdrücklichen Zuweisung im GG die Gesetzgebungszuständigkeit zustehen, wenn die Regelung mit einer der in den Art. 73 ff. GG genannten Gebiete in **notwendigem** und **untrennbarem Sachzusammenhang** steht.

Beispiel: § 81 b StPO regelt in seiner 1. Alt. Strafverfahrensrecht i.S.v. Art. 74 Abs. 1 Nr. 1 GG; in seiner 2. Alt. (Erkennungsdienst) eine polizeiliche Standardmaßnahme zur Gefahrenabwehr, die kraft Sachzusammenhangs in der StPO mitgeregelt wurde.[750] Begründet wird dies damit, dass die Regelung neben präventiven Zwecken auch unmittelbar der Strafrechtspflege dient.[751]

Damit der Gesichtspunkt des Sachzusammenhangs nicht entgegen der Grundregel des Art. 70 Abs. 1 GG zu einer zu weitgehenden Ausdehnung der Bundeszuständigkeiten führt, knüpft das BVerfG die Zuständigkeit kraft Sachzusammenhangs an **enge Voraussetzungen**. Erforderlich ist, dass eine dem Bund ausdrücklich zugewiesene Materie verständigerweise nicht geregelt werden kann, ohne dass zugleich eine nicht ausdrücklich zugewiesene Materie mit geregelt wird, wenn also ein Übergreifen in nicht ausdrücklich zugewiesene Materien **unerlässliche Voraussetzung** ist für die Regelung einer der Bundesgesetzgebung zugewiesenen Materie.[752]

Liegt eine verfassungsgemäße bundesgesetzliche Regelung kraft Sachzusammenhangs vor, so verdrängt sie die nach dem Wortlaut der Art. 70 ff. GG an sich gegebene ausschließliche Gesetzgebungskompetenz der Länder.

---

748 BVerwG RÜ 2017, 443, 446.

749 Vgl. allg. Jarass NVwZ 2000, 1090; Ehlers Jura 2000, 323; Pechstein/Weber a.a.O. S. 88 f.; Ipsen Staatsrecht I, Rn. 590 ff.

750 Vgl. OVG NRW DÖV 1983, 603, 604.

751 VGH Mannheim NJW 1973, 1663, 1664; vMutius Jura 1986, 498, 500.

752 BVerfG NJW 2004, 2213, Anm. Sachs JuS 2004, 910; Frotscher/Faber JuS 1998, 820, 821.

Beispiel: Die dem § 10 Abs. 1 Nr. 2 ME PolG entsprechenden landesrechtlichen Regelungen (z.B. § 14 Abs. 1 Nr. 2 PolG NRW) erfassen dem Wortlaut nach auch erkennungsdienstliche Maßnahmen gegenüber Beschuldigten i.S.d. StPO. Wegen Art. 72 Abs. 1, 31 GG ist die Vorschrift aber verfassungskonform dahin auszulegen, dass sie nur soweit anwendbar ist, als § 81 b Alt. 2 StPO nicht eingreift, also insbesondere, wenn es an der Voraussetzung des Beschuldigten fehlt, z.B. bei bloß Verdächtigen oder bei rechtskräftig Verurteilten.[753]

B. Annexkompetenz

Anerkannt ist des Weiteren die sog. **Annexkompetenz**. Anders als bei der Kompetenz kraft Sachzusammenhangs geht es bei der Annexkompetenz nicht um die Ausdehnung einer zugewiesenen Sachmaterie auf andere, nicht zugewiesene, aber verwandte **materielle** Gebiete, sondern nur um die Ausweitung einer zugeteilten Kompetenz. Insbesondere begründet die Annexkompetenz die Zuständigkeit für Fragen, die bei der **Vorbereitung** und **Durchführung** einer bestimmten Sachmaterie entstehen.[754] **396**

Beispiele: Annex zum materiellen Recht sind z.B. Regelungen der Vollstreckung und der Kosten[755] oder die Regelung von **Sonderabgaben**.

Unter die Annexkompetenz fallen außerdem Regelungen, die der Aufrechterhaltung der allgemeinen Sicherheit und Ordnung in dem betroffenen Sachbereich dienen.[756] Die **Gefahrenabwehr** ist dann dem besonderen Sachgebiet (des Bundes) zuzuordnen und nicht dem allgemeinen Polizei- und Ordnungsrecht (der Länder),[757] z.B. wird die Gefahrenabwehr im Rahmen des Luftverkehrs von Art. 73 Abs. 1 Nr. 6 GG, im Gewerberecht von Art. 74 Abs. 1 Nr. 11 GG erfasst,[758] Regelungen zur Überwachung und Förderung des Tierschutzes von Art. 74 Abs. 1 Nr. 20 GG.[759]

Umstritten ist, ob Vorschriften über das **Verwaltungsverfahren** und die Verwaltungsorganisation von der Annexkompetenz erfasst werden (näher dazu bereits oben Rn. 446 ff., 470 f.).

Da die Abgrenzung nicht immer eindeutig vorzunehmen ist,[760] wird die **Annexkompetenz** nach heute h.M. als **Unterfall der Zuständigkeit kraft Sachzusammenhangs** angesehen oder völlig abgelehnt.[761]

Beispiel: Nach § 14 Abs. 3 LuftSiG können die Streitkräfte Flugzeuge abschießen, wenn nach den Umständen davon auszugehen ist, dass das Luftfahrzeug gegen das Leben von Menschen eingesetzt werden soll, und der Abschuss das einzige Mittel zur Abwehr dieser gegenwärtigen Gefahr ist. Besteht eine Gesetzgebungskompetenz des Bundes für die Regelung?

Eine Gesetzgebungskompetenz des Bundes könnte sich aus **Art. 73 Abs. 1 Nr. 6 GG** ergeben, wonach der Bund die ausschließliche Gesetzgebung über den **Luftverkehr** hat. Problematisch ist aber, dass § 14 Abs. 3 LuftSiG die Streitkräfte dazu ermächtigt, **präventiv**, also zur Gefahrenabwehr tätig zu werden. Für die Gefahrenabwehr sind jedoch grundsätzlich die Länder zuständig. Der Bund hat aber als **Annexkompetenz** auch die Gesetzgebungsbefugnis für die damit **in einem notwendigen Zusammen-**

---

753 OVG NRW DÖV 1983, 603 f.; Dreier JZ 1987, 1009, 1012; vgl. auch BVerfG NJW 2005, 2603; BVerwG NJW 2006, 1225; BVerwG RÜ 2011, 529; VGH Mannheim DÖV 2004, 214.

754 BVerfGE 3, 407, 433; 8, 143, 150; BVerwG NJW 2004, 3198; Maunz/Dürig GG, Art. 70 Rn. 71 f.; Schmidt- Bleibtreu/Klein Vorbem. Art. 70 Rn. 6; Maurer Staatsrecht I, § 10 Rn. 28 f.; Morlok/Michael Staatsorganisationsrecht, Rn. 395 ff.; Sachs GG, Art. 70 Rn. 37 ff.; Ehlers Jura 2000, 323, 325.

755 OVG Nds JuS 2013, 765 Anm. Waldhoff; Conradt JuS 2000 –LB– S. 52, 53.

756 BVerfG, Plenarbeschl. v. 03.07.2012, RÜ 2012, 649, 651.

757 Vgl. BVerfG NVwZ 1998, 495, 498; BVerwG NVwZ 1994, 1102.

758 Vgl. BVerfG NVwZ 1999, 176 f.

759 BVerfG DVBl. 2004, 698, 703.

760 OVG NRW NWVBl. 2006, 20, 22; BVerwG RÜ 2013, 450.

761 BVerfG NJW 1999, 841; Ipsen Staatsrecht I, Rn. 595; Gröpl Staatsrecht I, Rn. 1100; Morlok/Michael Staatsorganisationsrecht, Rn. 395; Jarass/Pieroth GG, Art. 70 Rn. 9 f.; Hömig GG, vor Art. 70 Rn. 2; Degenhart Staatsorganisationsrecht, Rn. 168 f.

hang stehenden Regelungen zur Aufrechterhaltung von Sicherheit und Ordnung in diesem Bereich. Die Gesetzgebungszuständigkeit für den Luftverkehr umfasst daher als Annex die Befugnis, Regelungen zur Abwehr solcher Gefahren zu treffen, die gerade aus dem Luftverkehr herrühren. Damit besteht die Gesetzgebungskompetenz des Bundes.[762]

C. Zuständigkeit kraft Natur der Sache

397 Schließlich gibt es bestimmte Sachgebiete, die aus der Natur der Sache heraus **begriffsnotwendig** vom Bund zu regeln sind. Dies ist dann der Fall, **wenn eine sinnvolle Regelung der Frage durch die Länder zwingend ausgeschlossen** ist, weil die Regelung für das Bundesgebiet nur einheitlich erfolgen kann.[763] Im Einzelnen zählen dazu:

- Regelung der **Aufgaben, die sich unmittelbar aus dem Wesen und der verfassungsmäßigen Organisation des Bundes ergeben,**[764]

  Beispiele: Erlass des PUAG; des VwVfG-Bund; Änderung/Ergänzung des GG

- Wahrnehmung der **gesamtdeutschen Interessen,**[765]

  Beispiele: Bestimmung des 3. Oktober zum Tag der Deutschen Einheit (Art. 2 Abs. 2 EV), obwohl dies an sich den Feiertagsgesetzen der Länder vorbehalten ist

- **Raumordnung im Gesamtstaat,**[766]

  Beispiele: Die politische Bildung im überregionalen Bereich, die Förderung besonders bedeutsamer kultureller Einrichtungen, Veranstaltungen im Interesse der gesamtstaatlichen Repräsentation und die Förderung des Spitzensports.

Für die Anerkennung einer Gesetzgebungskompetenz kraft Natur der Sache muss jedoch stets eine **zwingende Notwendigkeit** bestehen. Allein Gesichtspunkte wie die besondere Finanzkraft des Bundes oder ein überregionales Bedürfnis reichen nicht aus.

Das BVerfG[767] verneint deswegen eine Bundeskompetenz kraft Natur der Sache für die **Rechtschreibreform**: Einer Regelungsbefugnis der Länder steht auch nicht entgegen, dass Schreibung als Kommunikationsmittel im gesamten Sprachgebrauch ein hohes Maß an Einheitlichkeit voraussetzt, wenn die grundrechtlich verbürgten Kommunikationsmöglichkeiten erhalten bleiben sollen. Den Ländern ist die Herstellung von Einheitlichkeit verfassungsrechtlich im Wege der Selbstkoordinierung, durch Abstimmung mit dem Bund und durch Absprachen mit auswärtigen Staaten, in denen Deutsch in einem ins Gewicht fallenden Umfang gesprochen und geschrieben wird, auf der Grundlage des Art. 32 Abs. 3 GG möglich.[768]

Klausurhinweis: *In der Falllösung ist die ungeschriebene Bundeskompetenz kraft Natur der Sache im Rahmen der* ***ausschließlichen*** *Gesetzgebungszuständigkeit zu prüfen, da es sich hierbei begrifflich nur um eine ausschließliche Bundeskompetenz handeln kann. Die Annexkompetenz oder die Kompetenz kraft Sachzusammenhangs werden zweckmäßigerweise im Zusammenhang mit den in Betracht kommenden positiven Zuweisungen geprüft.*

---

762 BVerfG RÜ 2012, 649.
763 Pechstein/Weber a.a.O. Fn. 25 ff.
764 Vgl. BVerfGE 3, 407, 422; vMünch/Kunig Art. 70 Rn. 27.
765 BVerfG NJW 1991, 1667, 1668.
766 Vgl. BT-Drucks. V/2861 Nr. 76.
767 BVerfG NJW 1998, 2515, 2519.
768 Vgl. auch Grupp JA 1998, 671, 675 f.

Fall 17: Das Betreuungsgeld 398

Durch das Gesetz zur Einführung eines Betreuungsgeldes (Betreuungsgeldgesetz) in das Bundeselterngeld- und Elternzeitgesetz (BEEG) wurden die Bestimmungen der §§ 4 a–d BEEG eingefügt, welche einen Anspruch auf Betreuungsgeld regelten. Die Regelungen zum Betreuungsgeld sahen vor, dass Eltern in der Zeit vom ersten Tag des 15. Lebensmonats bis zur Vollendung des 36. Lebensmonats ihres Kindes grundsätzlich einkommensunabhängig ein Betreuungsgeld i.H.v. 150 € pro Monat beziehen konnten, sofern für das Kind weder eine öffentlich geförderte Tageseinrichtung noch Kindertagespflege in Anspruch genommen werden. Der Anspruch auf Betreuungsgeld bestand unabhängig davon, ob der die Leistung beanspruchende Elternteil auf eine Erwerbstätigkeit verzichtete oder nicht.

Die Einführung des Betreuungsgeldes des Bundes stand im Zusammenhang mit den kurz zuvor vom Bund beschlossenen Gesetzen zum Ausbau öffentlich geförderter Betreuungseinrichtungen für Kleinkinder unter drei Jahren und der Schaffung eines einklagbaren Anspruchs auf einen solchen Betreuungsplatz durch das Kinderförderungsgesetz. Es sollte für die Eltern eine Wahlmöglichkeit geschaffen werden, ob sie ihr Kleinkind in eine öffentliche Betreuungseinrichtung geben, oder ihre Kinder zu Hause betreuen wollten. Im letzteren Fall bestand aus Sicht des Gesetzgebers eine besondere Belastung von Familien mit Kleinkindern, die eine besondere Hilfs- und Unterstützungsbedürftigkeit auslöse.

Einige Bundesländer hielten die Bestimmungen des Betreuungsgeldes für verfassungswidrig. Der Bund habe keine Gesetzgebungskompetenz. Die Zahlung für die Nichtinanspruchnahme bestimmter öffentlich geförderter Maßnahmen stelle keine Regelung der öffentlichen Fürsorge dar und falle daher nicht in die Gesetzgebungskompetenz des Bundes nach Art. 74 Abs. 1 Nr. 7 GG. Das Betreuungsgeld sei zudem nicht zur Herstellung gleichwertiger Lebensverhältnisse oder zur Wahrung der Rechts- oder Wirtschaftseinheit i.S.d. Art. 72 Abs. 2 GG erforderlich. In einigen Bundesländern gäbe es bereits dem Betreuungsgeld vergleichbare Erziehungsgelder, die auch nach dem Inkrafttreten der §§ 4 a–d BEEG von diesen Ländern weiterhin gezahlt würden. Rechtseinheit lasse sich daher in den Ländern durch das Betreuungsgeld nicht herstellen. Besteht eine Gesetzgebungskompetenz des Bundes?

I. Nach **Art. 70 Abs. 1 GG** haben **grundsätzlich die Länder** das Recht der Gesetzgebung, soweit nicht das GG dem Bund die Gesetzgebungsbefugnis verleiht.

II. Die Regelungen des Betreuungsgeldes könnten als Teil der **öffentlichen Fürsorge i.S.d. Art. 74 Abs. 1 Nr. 7 GG** zu dem Bereich der **konkurrierenden Gesetzgebung** gehören, sodass dem Bund die Gesetzgebungskompetenz aus Art. 74 Abs. 1 Nr. 7, Art. 72 GG zustünde. Dann müsste das Betreuungsgeld eine Regelung aus der Sachmaterie der öffentlichen Fürsorge sein. 399

1. Der **Begriff** der öffentlichen Fürsorge ist im GG nicht definiert. Daher ist durch Auslegung zu ermitteln, was dazu gehört. Im Kern umfasst der Begriff der öffent-

lichen Fürsorge die öffentliche Hilfe in einer wirtschaftlichen Notlage.[769] Dabei ist der Begriff aber nicht eng auszulegen, sondern er setzt voraus, dass eine besondere Situation zumindest potenzieller Bedürftigkeit besteht, auf die der Gesetzgeber reagiert. Es genügt, wenn eine Bedarfslage im Sinne einer mit besonderen Belastungen einhergehenden Lebenssituation besteht, auf deren Beseitigung oder Minderung das Gesetz zielt.[770] Unter Berücksichtigung des Sozialstaatsprinzips umfasst die öffentliche Fürsorge daher jede staatliche Leistung in Bedarfssituationen, die zum Ausgleich besonderer gesellschaftlicher Belastungen führen.[771]

2. Fraglich ist, ob die §§ 4 a–d BEEG diese Voraussetzungen erfüllen. Mit der Schaffung eines Betreuungsgeldanspruchs wollte der Gesetzgeber auf die Belastung von Familien mit Kleinkindern und eine damit verbundene besondere Hilfs- und Unterstützungsbedürftigkeit reagieren.[772] Ausschlaggebend für die Bedürftigkeit ist der typischerweise in dieser Altersphase auftretende besondere Aufwand bei der Betreuung von Kleinkindern.

   Problematisch könnte aber sein, dass das Betreuungsgeld einerseits immer in gleicher Höhe, und andererseits unabhängig von dem konkreten Familieneinkommen geleistet wird. Die Fürsorge soll wirtschaftliche Notlagen lindern, zumindest bei einer potenziellen Bedürftigkeit. Für Familien mit einem sehr hohen Familieneinkommen würde aber eine solche, auch potenzielle, Bedürftigkeit nicht bestehen. Eine solche einkommensstarke Familie wäre wirtschaftlich in der Lage, auch ohne eine staatliche Unterstützungsleistung das Kind selbst zu betreuen. Trotzdem würde in einer solchen Situation das Betreuungsgeld gezahlt. Dies könnte dafür sprechen, dass das Betreuungsgeld keine Fürsorgeleistung darstellt, sondern vielmehr eine vom tatsächlichen Bedarf unabhängige Belohnung dafür, dass staatliche Leistungen wie ein Kita-Platz nicht in Anspruch genommen werden.[773]

   Allerdings hat die Höhe des Familieneinkommens und die damit einhergehende Frage, ob die Bezieher des Betreuungsgeldes im Einzelfall wirtschaftlich bedürftig sind, keinen Einfluss auf den Betreuungsaufwand. Der Betreuungsaufwand für ein Kleinkind ist unabhängig von dem Familieneinkommen gleich hoch. Mit dem Betreuungsgeld sollen damit die besonderen Belastungen der Eltern, die ihr Kind selbst betreuen, ausgeglichen werden und so für die Betroffenen unterstützend wirken.[774]

   Die Vorschriften über das Betreuungsgeld fallen daher unter den Begriff der Fürsorge und werden vom Kompetenztitel des Art. 74 Abs. 1 Nr. 7 GG erfasst.

---

769 Jarass/Pieroth, GG, Art. 74 Rn. 17.

770 BVerfG RÜ 2015, 597.

771 Lenski/Enzensperger JA 2014, 191, 194.

772 Vgl. BT-Drs. 17/9917, S. 8 rechte Spalte.

773 Ewer NJW 2012, 2251, 2253; Rixen DVBl. 2012, 1393, 1394 f.; NJW 2015, 3136, 3137; wohl auch Brosius-Gersdorf NJW 2013, 2316, 2317.

774 Noch weitergehend Kluth, BT-Ausschuss-Drs. 17(13)188j, 10, der davon ausgeht, eine Förderbedürftigkeit könne für Eltern von Kleinkindern pauschal unterstellt werden.

III. Nach **Art. 72 Abs. 2 GG** steht dem Bund in den dort genannten Gebieten, zu denen auch der Kompetenztitel des Art. 74 Abs. 1 Nr. 7 GG gehört, das Gesetzgebungsrecht **nur** dann zu, wenn und soweit die Herstellung gleichwertiger Lebensverhältnisse im Bundesgebiet oder die Wahrung der Rechts- oder Wirtschaftseinheit im gesamtstaatlichen Interesse eine bundesgesetzliche Regelung **erforderlich** macht (sog. Erforderlichkeitsklausel). **400**

1. Die Regelungen zum Betreuungsgeld könnten zur **Herstellung gleichwertiger Lebensverhältnisse im Bundesgebiet erforderlich** sein. Ein Erfordernis einer bundesgesetzlichen Regelung zur Herstellung gleichwertiger Lebensverhältnisse ist erst dann gegeben, wenn sich die Lebensverhältnisse in den Ländern der Bundesrepublik Deutschland **in erheblicher, das bundesstaatliche Sozialgefüge beeinträchtigender Weise auseinanderentwickelt haben oder sich eine derartige Entwicklung konkret abzeichnet.**[775] Ein rechtfertigendes besonderes Interesse an einer bundesgesetzlichen Regelung kann daher auch dann bestehen, wenn sich abzeichnet, dass Regelungen in einzelnen Ländern aufgrund ihrer Mängel zu einer mit der Gleichwertigkeit der Lebensverhältnisse unvereinbaren Benachteiligung der Einwohner dieser Länder führen und diese deutlich schlechter stellen als die Einwohner anderer Länder.[776]

a) Das Betreuungsgeld hat u.a. das Ziel, eine flächendeckende Alternative zur Inanspruchnahme von Betreuung durch Dritte zu schaffen und eine Förderung zu gewähren, die im Ergebnis allen Eltern im gesamten Bundesgebiet gleichermaßen zugutekommt. Zu beachten ist aber, dass gerade das bloße Ziel, bundeseinheitliche Regelungen in Kraft zu setzen oder eine allgemeine Verbesserung der Lebensverhältnisse zu erreichen, nicht genügt. Durch Unterschiede in der Bereitstellung von Landeserziehungsgeldern müssten die Lebensverhältnisse in den Ländern in derart erheblicher, das bundesstaatliche Sozialgefüge beeinträchtigender Weise auseinanderentwickelt haben oder sich eine derartige Entwicklung konkret abzeichnen, dass ein bundeseinheitliches Betreuungsgeld deshalb zur Kompensierung solcher Divergenzen erforderlich wäre. **Eine derartige Schieflage ist aber nicht ersichtlich.**

b) Fraglich ist, ob nicht die erheblichen **Unterschiede zwischen den Ländern** hinsichtlich der **Verfügbarkeit öffentlicher und privater Angebote** im Bereich der frühkindlichen Betreuung die Erforderlichkeit des Betreuungsgeldes zur Herstellung gleichwertiger Lebensverhältnisse im Bundesgebiet begründen können. Auch wenn bis heute zwischen den neuen und den alten Ländern Unterschiede hinsichtlich der Betreuungsquote bestehen, relativiert sich dieser Unterschied, wenn sie ins Verhältnis zum insofern ebenfalls differierenden Betreuungsbedarf gesetzt werden. Das Betreuungsgeld ist nicht als Ersatzleistung für den Fall ausgestaltet, dass ein Kleinkind keinen Platz in einer Betreuungseinrichtung erhält. Der Anspruch auf Betreuungsgeld setzt nicht voraus, dass kein öffentlich geförderter Betreuungsplatz verfügbar ist. Vielmehr ge-

---

775 BVerfG NJW 2003, 41; NJW 2005, 493; Jarass/Pieroth, GG, Art. 72 Rn. 20.

776 BVerfG RÜ 2015, 597.

nügt die Nichtinanspruchnahme auch dann, wenn ein Betreuungsplatz vorhanden ist.

c) Letztlich spricht auch die **Höhe des Betreuungsgeldes** gegen die Annahme, die Regelungen der §§ 4 a–d BEEG wären zur Herstellung gleichwertiger Lebensverhältnisse erforderlich. Die **Auswirkungen** eines monatlichen Betrages in Höhe von 150,00 € sind bezogen auf den Bedarf eines Kindes **so gering**, dass zumindest nicht von der Verhinderung einer erheblichen Auseinanderentwicklung des Sozialgefüges in den Ländern ausgegangen werden kann.

Damit kann die Erforderlichkeit des Betreuungsgeldes nicht mit der Herstellung gleichwertiger Lebensverhältnisse im Bundesgebiet begründet werden.[777]

401 2. Die Regelungen des Betreuungsgeldes könnten allerdings **zur Wahrung der Rechts- oder Wirtschaftseinheit erforderlich** sein. Eine bundesgesetzliche Regelung ist zur Wahrung der Rechtseinheit erforderlich, wenn und soweit die mit ihr erzielbare Einheitlichkeit der rechtlichen Rahmenbedingungen Voraussetzung für die **Vermeidung einer Rechtszersplitterung mit problematischen Folgen** ist, die im Interesse sowohl des Bundes als auch der Länder nicht hingenommen werden kann. Sie ist zur Wahrung der Wirtschaftseinheit erforderlich, wenn und soweit sie **Voraussetzung für die Funktionsfähigkeit des Wirtschaftsraums der Bundesrepublik** ist, wenn also unterschiedliche Landesregelungen oder das Untätigbleiben der Länder erhebliche Nachteile für die Gesamtwirtschaft mit sich brächten.[778]

Um der Erforderlichkeitsklausel in diesem Sinne gerecht zu werden, müsste das Betreuungsgeld notwendig sein, um **erheblichen problematischen Entwicklungen in Bezug auf die Rechts- oder Wirtschaftseinheit entgegenzuwirken**. Der Annahme, die Bundesregelungen zum Betreuungsgeld wären zur Wahrung der Rechtseinheit erforderlich, steht bereits entgegen, dass das Betreuungsgeld zusätzliche vergleichbare Leistungen in einzelnen Ländern bestehen lässt, sodass eine Rechtsvereinheitlichung ohnehin nicht herbeigeführt werden kann. Aber auch eine Wahrung der Wirtschaftseinheit kommt nicht ernsthaft in Betracht. Die Einführung des Betreuungsgeldes war nicht Voraussetzung für die Funktionsfähigkeit des Wirtschaftsraums der Bundesrepublik. Unterschiedliche Landesregelungen oder das Untätigbleiben der Länder haben keine erkennbaren erheblichen Nachteile für die Gesamtwirtschaft mit sich gebracht. Vielmehr würden dadurch, dass durch eine familiäre Betreuung eines Kindes Arbeitskräfte gebunden werden, die dann der Wirtschaft nicht mehr zur Verfügung stehen, Nachteile für die Gesamtwirtschaft entstehen. Die Anreize, die das Betreuungsgeld schafft, wären damit gerade nicht zur Wahrung der Wirtschaftseinheit erforderlich, sondern **eher kontraproduktiv**.[779]

777 BVerfG RÜ 2015, 597, 599; Ewer NJW 2012, 2251, 2254; a.A. Kluth, BT-Ausschuss-Drs. 17 (13)188 j, 12.
778 BVerfG NJW 2003, 41; Jarass/Pieroth, GG, Art. 72 Rn. 21 f.
779 In diesem Sinne Lenski/Enzensperger JA 2014, 191, 196.

3. Eine Erforderlichkeit bundesgesetzlicher Regelung könnte schließlich daraus resultieren, dass das Betreuungsgeld **im Zusammenhang mit dem Kinderförderungsgesetz** steht, das nach Art. 72 Abs. 2 GG erforderlich ist.[780] Das Kinderförderungsgesetz sah vor, das Angebot an Betreuungsplätzen für Kleinkinder zwischen einem und drei Jahren so auszubauen, dass ein durch das Gesetz eingeführter Rechtsanspruch auf Bereitstellung eines Betreuungsplatzes für alle Kinder in dem betreffenden Alter bedient werden kann. Es besteht durchaus eine Verbindung zwischen dem Ausbau der vielgestaltigen Kindertagesbetreuung und der Schaffung des Betreuungsanspruchs für Kleinkinder durch das Kinderförderungsgesetz auf der einen Seite und der Absicht auf der anderen Seite, jenen Eltern, die ihre Kinder von ein bis drei Jahren nicht in Einrichtungen betreuen lassen wollen, ein Betreuungsgeld zu gewähren. **402**

Dagegen spricht jedoch, dass es sich bei den Leistungen nach dem Kinderförderungsgesetz und den Leistungen nach §§ 4 a–d BEEG um **unterschiedliche Leistungen** handelt. Will der Bundesgesetzgeber verschiedene Arten von Leistungen der öffentlichen Fürsorge begründen, **muss grundsätzlich jede Fürsorgeleistung für sich genommen den Voraussetzungen des Art. 72 Abs. 2 GG genügen**. Allein die Verbindung mit einer Bestimmung, die bundesrechtlicher Regelung unterliegt, schafft demnach noch nicht den bundesrechtlichen Regelungsbedarf für eine Bestimmung, die für sich genommen nicht die Voraussetzungen des Art. 72 Abs. 2 GG erfüllt.[781] Der Zusammenhang zu den Regelungen des Kinderförderungsgesetzes und der Regelungen des Betreuungsgeldes begründen daher nicht die Erforderlichkeit i.S.d Art. 72 Abs. 2 GG.

Ergebnis: Damit erfüllen die Regelungen des Betreuungsgeldes (§§ 4 a–d BEEG) nicht die Voraussetzungen des Art. 72 Abs. 2 GG. **Der Bund hat keine Gesetzgebungskompetenz für die Regelungen zum Betreuungsgeld**.

---

780 Kluth, BT-Ausschuss-Drs. 17(13)188j, 11 f.

781 BVerfG RÜ 2015, 597, 600.

403

Gesetzgebungszuständigkeiten

- **Grundsatz:** Länder zuständig (Art. 70 Abs. 1 GG)
- **Ausnahme:** Bund kraft ausdrücklicher Anordnung im GG

ausschließliche Gesetzgebung

– Art. 73 Abs. 1 GG
– „Bundesgesetz"

Art. 71 GG
- **Bund** generell zuständig
- **Länder** nur bei ausdrücklicher gesetzlicher Ermächtigung

konkurrierende Gesetzgebung

– Art. 74 Abs. 1 u.a. GG

Art. 72 GG
- **Bund** zuständig
  - auf den Gebieten des **Art. 72 Abs. 2 GG:** wenn Regelung „erforderlich"
  - auf den Gebieten des **Art. 72 Abs. 3 S. 1 GG:** aufschiebend befristet (Art. 72 Abs. 3 S. 2 GG) und mit Abweichungsmöglichkeit der Länder (Art. 72 Abs. 3 S. 1 GG)
  - auf den **sonstigen Gebieten des Art. 74 Abs. 1 GG** sowie der **abweichungsfesten Kernbereiche** des Art. 72 Abs. 3 S. 1 GG (Nr. 1, 2, 5): ohne Weiteres
- **Länder** zuständig
  - grds. nur, solange und soweit der Bund von seiner Zuständigkeit nicht durch Gesetz Gebrauch gemacht hat; Art. 72 Abs. 1 GG
  - Ausnahme: Abweichungs-/Abänderungskompetenz bei Bundesgesetzen auf den Gebieten des Art. 72 Abs. 3 S. 1 GG

- **Ausnahme** kraft **ungeschriebener Zuständigkeiten**
  - kraft **Sachzusammenhangs**
    Zur Regelung einer ausdrücklich zugewiesenen Materie ist es unerlässliche Voraussetzung, dass eine andere Materie mitgeregelt wird.
  - **Annexkompetenz**
    Ausdehnung der zugeteilten Kompetenz auf Fragen, die bei der **Vorbereitung** und **Durchführung** der Sachmaterie entstehen
  - kraft **Natur der Sache**
    ureigenste Bundesangelegenheiten, Regelung **zwingend** nur einheitlich für Gesamtstaat

8. Teil: Das Gesetzgebungsverfahren

Das Gesetzgebungsverfahren ist in den Art. 76 bis 78 GG, Art. 82 GG geregelt und wird näher ausgestaltet in §§ 76 ff. GO BT.

1. Abschnitt: Überblick

Das Gesetzgebungsverfahren unterfällt in drei Abschnitte:
■ **Einleitungsverfahren** (sog. Gesetzesinitiative), Art. 76 GG
■ Das **Hauptverfahren** (Art. 77 GG) umfasst
▪ Beratungen und Gesetzesbeschluss des Bundestages (Art. 77 Abs. 1 GG)
▪ Mitwirkung des Bundesrates (Art. 77 Abs. 2–3 GG)
■ **Abschlussverfahren** (Art. 82 GG): Ausfertigung und Verkündung

404

Dieses sog. ordentliche Gesetzgebungsverfahren ist der Normalfall. Besonderheiten gelten für verfassungsändernde Gesetze (Art. 79 GG) und für den sog. Gesetzgebungsnotstand (vgl. dazu Art. 81 GG).

2. Abschnitt: Die Einleitung des Gesetzgebungsverfahrens

Gesetzgebungskompetenz Art 30 I, Art 70 I, II GG

A. Gesetzesinitiative, Art. 76 Abs. 1 GG

Das Gesetzgebungsverfahren wird eingeleitet durch das Einbringen einer Gesetzesvorlage (**Gesetzesinitiative**, Art. 76 Abs. 1 GG). Die Gesetzesinitiative (Vorschläge) kann ausgehen von 405

- der **Bundesregierung** (als Kollegialorgan),
- der **Mitte des Bundestages** oder
- dem **Bundesrat**.

Vorlagen aus der **Mitte des Bundestages** sind gemäß § 76 GO BT müssen von einer **Fraktion** oder von **5% der Mitglieder des Bundestages** unterzeichnet sein. Auch wenn Art. 76 Abs. 1 GG keine Mindestzahl von Abgeordneten vorsieht, wird die Verfassungsmäßigkeit dieser Einschränkung im Hinblick auf die Sicherung der Funktionsfähigkeit des Bundestages und wegen der Geschäftsordnungsautonomie des Bundestages (Art. 40 Abs. 1 S. 2 GG) allgemein bejaht.[782]

B. Vorverfahren, Art. 76 Abs. 2, 3 GG

Um bereits im Vorfeld der Befassung des Bundestages eine Abstimmung zwischen dem Bundesrat und der Bundesregierung zu ermöglichen, sieht Art. 76 Abs. 2, 3 GG ein **Vorverfahren** vor. 406

Eine Regierungsvorlage ist nach Art. 76 Abs. 2 S. 1 GG zunächst dem Bundesrat zuzuleiten (sog. **erster Durchgang beim Bundesrat**). Diese Regelung hat vor allem den Sinn,

782 BVerfGE 1, 144, 153; Jarass/Pieroth GG, Art. 76 Rn. 2; Degenhart Staatsorganisationsrecht, Rn. 212 f.; vonMünch/Mager Staatsrecht I, Rn. 406; Morlok/Michael Staatsorganisationsrecht, Rn 921.

dem Bundestag bei seinen Beratungen bereits die Meinung des Bundesrates zur Kenntnis zu bringen, sodass diese berücksichtigt werden kann und sich Konflikte vermeiden lassen.

Wichtige Ausnahme: Die Vorlage für das Haushaltsgesetz mit dem Haushaltsplan wird gleichzeitig im Bundestag und im Bundesrat eingebracht (Art. 110 Abs. 3 GG).

Gesetzesvorlagen des **Bundesrates** werden dem Bundestag nicht unmittelbar, sondern **durch die Bundesregierung** zugeleitet. Diese soll dabei ihre Auffassung darlegen (Art. 76 Abs. 3 GG).

Klausurhinweis: *Als Klausurproblem kann sich die Frage stellen, ob eine* ***Umgehung des Vorverfahrens*** *zur Verfassungswidrigkeit des Gesetzes führt. Lassen Bundesregierung oder Bundesrat den Gesetzesentwurf von ihren Fraktionen, also aus der Mitte des Bundestages einbringen, findet ein Vorverfahren nicht statt. Überwiegend wird darin kein verfassungswidriges Vorgehen gesehen, da die Abgeordneten der Fraktionen nicht daran gehindert sind, sich den Entwurf eines anderen zu eigen zu machen.*[783]

3. Abschnitt: Das Hauptverfahren

A. Ordnungsgemäßer Beschluss des BT, Art. 77 Abs. 1 GG

407 Der für die Gesetzgebung wesentliche Akt liegt in dem **Gesetzesbeschluss** des Bundestages (Art. 77 Abs. 1 S. 1 GG).

I. Anzahl der Beratungen

408 Obwohl in Art. 77 GG keine Regelung über die Beratung enthält, setzt der Beschluss zweifelsohne eine vorherige Beratung voraus (Art. 42 GG, wonach der Bundestag „verhandelt"). Fraglich ist nur, **wie viele** Beratungen (Lesungen) zu einem Gesetzentwurf notwendig sind.

Nach § 78 GO BT werden Gesetzentwürfe **in drei Beratungen** behandelt. Ein Verstoß gegen § 78 GO BT (z.B. durch einen Gesetzesbeschluss in der zweiten Beratung) führt aber **nicht** zur Verfassungswidrigkeit des Gesetzes. Die GO BT bindet nur die Mitglieder des jeweiligen Bundestages. Als **bloßes Innenrecht mit Satzungscharakter** steht sie im Rang unter der geschriebenen Verfassung und den Gesetzen, sodass Verstöße gegen die GO BT im Gesetzgebungsverfahren keinen Einfluss auf die Verfassungsmäßigkeit von Gesetzen haben.[784]

Maßstab für die Verfassungsmäßigkeit ist allein das Grundgesetz und dessen Auslegung. Da die Anzahl der Beratungen im GG nicht festgelegt ist, kann die GO BT, die den Willen des jeweiligen Bundestages als der Gesetzgeber des GG deutlich macht, aber als Auslegungshilfe zur Auslegung des GG dienen. Eine Mehrzahl von Lesungen könnte sich insbesondere daraus herleiten lassen, dass den Abgeordneten aus ihrem freien Mandat, Art. 38 Abs. 1 S. 2 GG, Beteiligungsrechte zustehen und Abgeordnete daher ein Recht auf effektive Teilnahme an der Beratung und Beschlussfassung über ein Gesetz haben.

---

783 Dreier GG, Art. 76 Rn. 59 f.; Morlok/Michael Staatsorganisationsrecht, Rn. 920; Elicker JA 2005, 513, 516; vMünch/Mager Staatsrecht I, Rn. 408.

784 BVerfGE 1, 144; BVerfGE 29, 221, 234; von Münch/Mager Staatsrecht I, Rn. 411.

Insoweit ist eine Mindestzahl von Beratungen aber nicht zwingend. Die Bundestagsberatungen müssen so gestaltet werden, dass eine **demokratische Gesetzgebung** stattfinden kann und verfassungsmäßige Rechte der beteiligten Organe nicht verletzt oder ausgehöhlt werden.[785]

II. Beschlussfähigkeit

Eine Regelung der Beschlussfähigkeit ist im GG nicht vorhanden. Ein Gesetzesbeschluss mit wenigen Abgeordneten könnte jedoch gegen das Prinzip der repräsentativen Demokratie aus Art. 20 Abs. 2 S. 2 GG verstoßen. Danach ist im demokratischen System grundsätzlich die Auffassung der Mehrheit, und nicht einer Minderheit maßgeblich. **409**

In der Regel sind Gremien dementsprechend beschlussfähig, wenn **mehr als die Hälfte der Mitglieder** im Saal anwesend sind (§ 45 Abs. 1 GO BT). Es gilt aber, abgesehen von spezialgesetzlichen Regeln, der allgemeine Grundsatz, dass die Beschlussfähigkeit solange vermutet wird, **bis eine Beschlussunfähigkeit positiv festgestellt** wird. Auf Antrag einer Fraktion oder von 5% der Abgeordneten ist die Beschlussunfähigkeit festzustellen (§ 45 Abs. 2 GO BT). Erst nach Feststellung der Beschlussunfähigkeit hebt der Bundestagspräsident die Sitzung auf (§ 45 Abs. 3 GO BT).

Das gilt auch, wenn **evident** ist, dass weniger als die Hälfte der Mitglieder anwesend sind.

Das BVerfG begründet dies damit, dass in der parlamentarischen Praxis die maßgebende Arbeit und Willensbildung in den Fraktionen und deren Arbeitskreisen sowie in den Ausschüssen geleistet werden, sodass auch diese Arbeit geeignet sei, die Anforderungen demokratischer Repräsentation zu erfüllen. Daher würden in der Praxis regelmäßig nur dann mehr als die Hälfte der Abgeordneten einer Schlussabstimmung fern bleiben, wenn über den Inhalt der zu treffenden Entscheidung im Wesentlichen Übereinstimmung besteht. Die Schlussabstimmung bilde in einem solchen Fall einen zwar rechtlich notwendigen, in seiner politischen Bedeutung jedoch geminderten letzten Teilakt der parlamentarischen Willensbildung.[786]

III. Mehrheit

Für den Gesetzesbeschluss ist grundsätzlich die einfache **Mehrheit** der Abstimmenden ausreichend (Art. 42 Abs. 2 GG), nur verfassungsändernde Gesetze setzen eine Mehrheit von 2/3 der gesetzlichen Mitglieder des BT voraus. Für den Beschluss gemäß Art. 77 Abs. 1 S. 1 GG ist es daher grundsätzlich ausreichend, dass die Zahl der Ja-Stimmen die der Nein-Stimmen um mindestens eine übersteigt; auf die Zahl der anwesenden Abgeordneten kommt es für die Feststellung der Mehrheit grundsätzlich nicht an (Enthaltungen werden insoweit nicht als „abgegebene Stimmen" gezählt, da sie ansonsten automatisch als „Nein" gewertet würden). **410**

Beispiel: Das Ergebnis der Schlussabstimmung lautet 39 Ja-Stimmen und 38 Nein-Stimmen bei drei Enthaltungen. – Die **einfache Mehrheit** nach Art. 77 Abs. 1 S. 1 i.V.m. Art. 42 Abs. 2 S. 1 GG ist erreicht, da die Stimmenthaltungen nicht mitzählen.

785 Morlok/Michael Staatsorganisationsrecht, Rn. 928; Degenhart Staatsorganisationsrecht, Rn. 224.

786 BVerfGE 44, 308, 319.

B. Ordnungsgemäße Mitwirkung des Bundesrates; Einspruchs- und Zustimmungsgesetz

411 Nach Art. 77 Abs. 1 S. 2 GG sind **sämtliche** vom Bundestag beschlossenen Gesetze unverzüglich dem Bundesrate zuzuleiten (auch diejenigen, die auf einer Initiative des Bundesrates beruhen, sog. zweiter Durchgang beim Bundesrat).[787]

Welche **Mitwirkungsbefugnisse** der Bundesrat hat, richtet sich danach, ob es sich um ein Einspruchsgesetz oder um ein Zustimmungsgesetz handelt. Einspruchsgesetze können auch gegen das Votum des Bundesrates zustande kommen, Zustimmungsgesetze bedürfen dagegen stets der Billigung durch den Bundesrat.

412 **I. Grundsätzlich** sind Gesetze nur sog. **Einspruchsgesetze**. Bei Einspruchsgesetzen kann der Bundesrat

- den **Vermittlungsausschuss** anrufen (Antrag nach Art. 77 Abs. 2 GG) und
- **nach Beendigung** des Vermittlungsverfahrens **Einspruch** gegen das Gesetz einlegen (Art. 77 Abs. 3 GG).

Der Einspruch kann gemäß **Art. 77 Abs. 4 GG** vom Bundestag **zurückgewiesen** werden. Grundsätzlich ist hierfür die Mehrheit der Mitglieder des Bundestages erforderlich und ausreichend (sog. absolute Mehrheit).

Hat der Bundesrat den Einspruch mit 2/3-Mehrheit beschlossen, so bedarf auch die Zurückweisung einer 2/3-Mehrheit der abgegebenen Stimmen, mindestens aber der Mehrheit der Mitglieder des Bundestages. Die 2/3-Mehrheit bezieht sich also nur auf die Abstimmenden, die zahlenmäßig jedoch mindestens die Hälfte der Mitglieder des Bundestages ausmachen müssen, sog. doppelt qualifizierte Mehrheit.

Wird der Einspruch des Bundesrates vom Bundestag mit der erforderlichen Mehrheit zurückgewiesen, so ist das Gesetz zustande gekommen (Art. 78 Fall 5 GG).

413 **II.** Um ein sog. **Zustimmungsgesetz** handelt es sich dagegen nur, wenn die Zustimmungsbedürftigkeit **im Grundgesetz ausdrücklich angeordnet** ist.

1. Dies ergibt sich daraus, dass das GG Einspruchsgesetze als Regelfall ansieht und deshalb die Fälle der Zustimmungsbedürftigkeit **enumerativ** aufführt.

Wichtige **Beispiele:**

- **verfassungsändernde** Gesetze (Art. 79 Abs. 2 GG);
- Übertragung von Hoheitsrechten auf die **EU** (Art. 23 Abs. 1 S. 2 GG); beachte auch §§ 2 ff. IntVG;
- Gesetze, die in die **Verwaltungshoheit** der Länder eingreifen;

  Beispiele: Regelung des Verwaltungsverfahrens oder der Einrichtung der Behörden im Bereich der Auftragsverwaltung (Art. 85 Abs. 1 S. 2 GG); im Bereich der Bundesaufsichtsverwaltung aber nur, wenn das Verfahren ohne Abweichungsmöglichkeit für die Länder geregelt wird (Art. 84 Abs. 1 S. 5, 6 GG).

787 Stüber Jura 2002, 749, 751 f.

- Gesetze, die in die **Organisationshoheit** der Länder, z.B. in den Bereich des öffentlichen Dienstrechtes, eingreifen (Art. 74 Abs. 2 Fall 2 GG);
- Gesetze, die in die **Finanzhoheit** der Länder eingreifen (z.B. Staatshaftungsrecht, Art. 74 Abs. 2 Fall 1 GG);
- Bundesgesetze, die die **Abänderungskompetenz der Länder** in bestimmten Bereichen (Art. 72 Abs. 3 S. 2, 84 Abs. 1 S. 3, 84 Abs. 1 S. 6 GG) beeinträchtigen.

2. Ein **Zustimmungsgesetz** kommt nur zustande, wenn der Bundesrat ausdrücklich zustimmt. Zur Erteilung der Zustimmung besteht keine Verpflichtung. Sie kann auch nicht ersetzt und ihre Verweigerung kann vom Bundestag auch nicht überstimmt werden. **414**

Nach Art. 77 Abs. 2 a GG ist der Bundesrat verpflichtet, in angemessener Frist über die Zustimmung zu beschließen. Bleibt der Bundesrat untätig, so ist sein Schweigen in der Regel als Versagung der Zustimmung zu werten.[788]

3. Ist auch nur eine einzige Bestimmung eines Gesetzes zustimmungsbedürftig, so bedarf das **gesamte** Gesetz der Zustimmung (sog. **Einheitslehre** oder **Einheitsthese**).[789] **415**

Dies folgt aus Art. 78 GG, wonach ein vom Bundestag beschlossenes „Gesetz" zustande kommt, wenn der Bundesrat zustimmt. Auch Zustimmungsvorschriften des GG beziehen sich auf das Gesetz als gesetzgebungstechnische Einheit (dagegen nicht auf das Gesetz als einzelne Norm, wie etwa bei Art. 100 GG). Daraus ergibt sich auch, dass der Bundesrat für ein Gesetz nur insgesamt die Zustimmung erteilen oder verweigern kann.

Um die Zustimmungsbedürftigkeit eines vollständigen Gesetzes zu vermeiden, kann sich der Bund auf die materielle Regelung beschränken und die organisations- und verfahrensrechtlichen Vorschriften weglassen. Möglich ist auch eine Aufspaltung in ein materiell-rechtliches (nicht zustimmungsbedürftiges) und ein verfahrensrechtliches (zustimmungsbedürftiges) Gesetz; sog. **Rumpfgesetzgebung**.[790] Eine Aufspaltung dürfte aber unzulässig sein, wenn zwischen materiell-rechtlicher und verfahrensrechtlicher Regelung ein so enger Zusammenhang besteht, dass das materielle Recht für sich allein nicht anwendbar oder vollziehbar ist.

Beispiel für das Verfahren der Rumpfgesetzgebung ist das LebenspartnerschaftsG, dessen (nicht zustimmungsbedürftiger) Teil am 01.08.2001 in Kraft getreten ist und dessen zustimmungspflichtiger Teil in ein ErgänzungsG „gepackt" wurde.[791]

4. Nicht selten wird ein Einspruchsgesetz vom Bundesrat als Zustimmungsgesetz angesehen. Nach teilweise vertretener Auffassung soll es in diesem Fall möglich sein, die Verweigerung der Zustimmung als Einspruch bzw. als Anrufung des Vermittlungsausschusses umzudeuten. Auch dies dürfte aber dem **Grundsatz der Formstrenge** widersprechen.[792] In der Praxis verfährt der Bundesrat zweckmäßigerweise so, dass er die Zustimmung verweigert und den Vermittlungsausschuss anruft, nach dessen Tätigwerden dann außerdem vorsorglich Einspruch einlegt, um wenigstens die erneute Beschlussfassung des Bundestages nach Art. 77 Abs. 4 GG zu erzwingen.[793]

---

788 Sachs GG, Art. 77 Rn. 34; Grupp JA 1998, 671, 676 f.

789 BVerfGE 55, 274, 326; 105, 313, 339; Wernsmann NVwZ 2005, 1352; Kesper a.a.O. S. 146 Fn. 14 ff.

790 BVerfGE 37, 363, 382; Morlok/Michael Staatsorganisationsrecht, Rn. 260; Erichsen/Biermann Jura 1998, 494, 498; a.A. bei nachträglicher Teilung eines Gesetzentwurfes Pestalozza ZRP 1976, 153, 154 ff.

791 Zustimmend BVerfGE 105, 313, 338.

792 Frotscher/Störmer Jura 1991, 316, 319.

793 BVerfGE 37, 363, 396.

416 **5.** Umstritten ist die Zustimmungsbedürftigkeit bei **Änderung eines zustimmungspflichtigen Gesetzes.**

a) Die Zustimmung des Bundesrates ist jedenfalls dann erforderlich, wenn die Änderung **selbst zustimmungsbedürftig** ist, z.B. weil das Änderungsgesetz neue zustimmungsbedürftige Vorschriften enthält oder zustimmungsbedürftige Regelungen des Ursprungsgesetzes ändert.[794]

Beispiel: Ergänzung oder Änderung von Verfahrensvorschriften i.S.d. Art. 85 Abs. 1 GG, nicht dagegen deren Aufhebung, da hierdurch die Beeinträchtigung der Verwaltungshoheit zulasten der Länder gerade wieder beseitigt wird.[795]

b) Problematisch ist der Fall, dass die zustimmungsbedürftigen Vorschriften unverändert bleiben, im Fall des Art. 85 Abs. 1 GG z.B. lediglich die **materiell-rechtlichen Vorschriften** geändert werden und nicht die verfahrensrechtlichen. Nach h.M. ist nicht jedes Gesetz, das ein zustimmungsbedürftiges Gesetz ändert, bereits allein aus diesem Grund zustimmungsbedürftig. Es ist aber zustimmungsbedürftig, wenn durch die Änderung materiell-rechtlicher Normen die nicht ausdrücklich geänderten Vorschriften über das Verwaltungsverfahren bei sinnorientierter Auslegung ihrerseits eine wesentlich andere Bedeutung und Tragweite erfahren, sog. **Systemverschiebung.**[796]

Beispiel: Durch eine materielle Änderung wird die Zahl der Verwaltungsverfahren wesentlich erhöht, sodass ein wesentlich erhöhter Verwaltungsaufwand für die Länder besteht.

C. Das Verfahren vor dem Vermittlungsausschuss

417 Zur Anrufung des Vermittlungsausschusses sind berechtigt:

- der **Bundesrat** sowohl bei Einspruchs- als auch bei Zustimmungsgesetzen, wobei bei Einspruchsgesetzen die fristgemäße Anrufung Voraussetzung dafür ist, noch Einfluss auf Inhalt und Zustandekommen des Gesetzes nehmen zu können;
- bei Zustimmungsgesetzen auch **Bundestag** und **Bundesregierung** (Art. 77 Abs. 2 S. 4 GG).

Der Vermittlungsausschuss besteht aus jeweils 16 Mitgliedern des Bundestages und des Bundesrates (§ 1 GO VA). Er hat die Aufgabe, in gemeinsamer Beratung einen Kompromiss zu finden, der Aussicht hat, sowohl im Bundesrat als auch im Bundestag angenommen zu werden. Zusammensetzung und Verfahren des Vermittlungsausschusses sind in der GO VA geregelt (vgl. Art. 77 Abs. 2 S. 2 GG). Nach Art. 77 Abs. 2 S. 3 GG sind die in den Vermittlungsausschuss entsandten Mitglieder des Bundesrates nicht an Weisungen gebunden; für die Mitglieder des Bundestages folgt dies bereits aus Art. 38 Abs. 1 S. 2 GG.

I. Das Verfahren ist bei Einspruchs- und Zustimmungsgesetzen gleich. Für beide Arten von Gesetzen gilt, dass der Vermittlungsausschuss eine Änderung vorschlagen darf. Der Einigungsvorschlag muss aber in einem (inhaltlichen) Sachzusammenhang mit dem Gesetzesbeschluss des Bundestages stehen, der überwiegend als Grenze der Vermittlungstätigkeit angesehen wird.[797]

---

794 BVerfGE 37, 363, 382 f.; Blanke Jura 1995, 57, 62; Erichsen/Biermann Jura 1998, 494, 498.

795 BVerfGE 14, 208, 219; Jarass/Pieroth GG, Art. 77 Rn. 5; a.A. Erichsen/Biermann Jura 1998, 494, 498; differenzierend Schmidt JuS 1999, 861, 868 f.

796 BVerfGE 37, 363, 382; 48, 127, 178; BVerfG RÜ 2010, 519; Burgi NJW 2011, 561, 565 ff.

797 BVerfG NJW 2000, 572; Heselhaus JA 2001, 203; BFH NJW 2007, 944; 2002, 773.

Verfassungsrechtlich unzulässig wäre ein Einigungsvorschlag, der auf eine dem Vermittlungsausschuss nicht zustehende Gesetzesinitiative hinausläuft. Daher darf der Vermittlungsausschuss zur Wahrung der bundesstaatlichen Kompetenzverteilung (Art. 76 Abs. 1 GG), der Rechte der Abgeordneten (Art. 38 Abs. 1 S. 2 GG), der Öffentlichkeit der parlamentarischen Debatte (Art. 42 Abs. 1 S. 1 GG) und der demokratischen Kontrolle der Gesetzgebung (Art. 20 Abs. 2 GG) lediglich solche Änderungen, Ergänzungen oder Streichungen des Gesetzesbeschlusses vorschlagen, die sich im Rahmen des Anrufungsbegehrens und des Gesetzgebungsverfahrens bewegen. Er ist deshalb durch diejenigen Regelungsgegenstände begrenzt, die bis zur letzten Lesung im Bundestag in das jeweilige Gesetzgebungsverfahren eingeführt waren.[798]

II. Ist das Vermittlungsverfahren abgeschlossen und hat der Vermittlungsausschuss einen **Änderungsvorschlag** gemacht, so muss der Bundestag erneut beschließen. **418**

Art. 77 Abs. 2 S. 5 GG; man spricht von **4. Lesung**, jedoch findet keine Debatte statt, Sachanträge zu dem Änderungsvorschlag sind nicht zulässig (§ 90 GO BT, § 10 GO VA). Der Bundestag stimmt also **nur über den Einigungsvorschlag** ab.

Stimmt der Bundestag der Änderung zu, so wird das Gesetz in der Gestalt des Änderungsvorschlages dem Bundesrat zugeleitet. Lehnt der Bundestag ab, so bleibt der ursprüngliche Gesetzesbeschluss Gegenstand des weiteren Verfahrens. Dasselbe gilt, wenn der Vermittlungsausschuss den Gesetzesbeschluss bestätigt hat (oder keinen Einigungsvorschlag vorgelegt hat), nur findet hier keine erneute Abstimmung im Bundestag statt, sondern der Gesetzentwurf geht unmittelbar vom Vermittlungsausschuss zum Bundesrat.

III. In jedem Fall gelangt der Gesetzesbeschluss also zurück zum **Bundesrat**. Nunmehr kommt es entscheidend auf die Art des Gesetzes an. Bei einem **Zustimmungsgesetz** bleibt die Situation unverändert. Der Bundesrat kann die Zustimmung erteilen oder verweigern. Verweigert er die Zustimmung, so ist das Gesetz endgültig gescheitert. Bei **Einspruchsgesetzen** gilt die Regelung des Art. 77 Abs. 3 und 4 GG. Der Bundesrat kann binnen zwei Wochen Einspruch einlegen. Der Einspruch kann aber vom Bundestag zurückgewiesen werden (sog. **5. Lesung**).

D. Art. 78 GG

Wegen der Kompliziertheit der Regelung in Art. 77 GG stellt Art. 78 GG nochmals die **fünf Fälle** zusammen, **in denen ein vom Bundestag beschlossenes Gesetz zustande kommt**: Ein vom Bundestag beschlossenes Gesetz kommt zustande, wenn der Bundesrat **419**

- zustimmt (bei Einspruchs- oder Zustimmungsgesetzen) oder
- bei Einspruchsgesetzen den Antrag gemäß Art. 77 Abs. 2 GG auf Einberufung des Vermittlungsausschusses nicht (rechtzeitig) stellt oder
- innerhalb der Frist des Art. 77 Abs. 3 GG keinen Einspruch einlegt oder

798 BVerfG RÜ 2008, 244.

- den Einspruch zurücknimmt oder
- wenn der Einspruch vom Bundestag überstimmt wird.

4. Abschnitt: Das Abschlussverfahren

420 Ist das Gesetz nach Art. 78 GG zustande gekommen, so wird es durch den **Bundespräsidenten** nach Gegenzeichnung (Art. 58 GG) **ausgefertigt** und im Bundesgesetzblatt verkündet, Art. 82 Abs. 1 GG. Den Zeitpunkt des Inkrafttretens regelt Art. 82 Abs. 2 GG, ergänzt durch Art. 72 Abs. 3 S. 2, 84 Abs. 1 S. 3 GG.

Die **Ausfertigung** erfolgt durch Unterschrift des Bundespräsidenten auf der Originalurkunde des Gesetzes. Die ordnungsgemäße **Verkündung** von Rechtsvorschriften ist durch das Rechtsstaatsprinzip zwingend geboten. Der Bürger muss die Möglichkeit haben, von den für ihn geltenden Vorschriften sicher und ohne Behinderungen Kenntnis zu nehmen.[799]

5. Abschnitt: Verfassungsändernde Gesetze; Art. 79 GG

421 **A.** Das verfassungsändernde **Gesetzgebungsverfahren** weist gemäß Art. 79 Abs. 1 u. 2 GG gegenüber dem herkömmlichen Regel-Verfahren folgende Besonderheiten auf:

- Der Wortlaut der Verfassung muss **ausdrücklich geändert** werden; Art. 79 Abs. 1 S. 1 GG.
- Verfassungsändernde Gesetze bedürfen **stets** der **Zustimmung des Bundesrates**; Art. 79 Abs. 2 GG.
- Für jede Verfassungsänderung ist eine **qualifizierte Mehrheit** von 2/3 der Mitglieder des Bundestages und zwei Dritteln der Stimmen des Bundesrates erforderlich; Art. 79 Abs. 2 GG.

---

799 BVerwG NVwZ 1990, 358; HessStGH DVBl. 1989, 656; ausführlich zum Abschlussverfahren Gröpl Jura 1995, 641 ff.

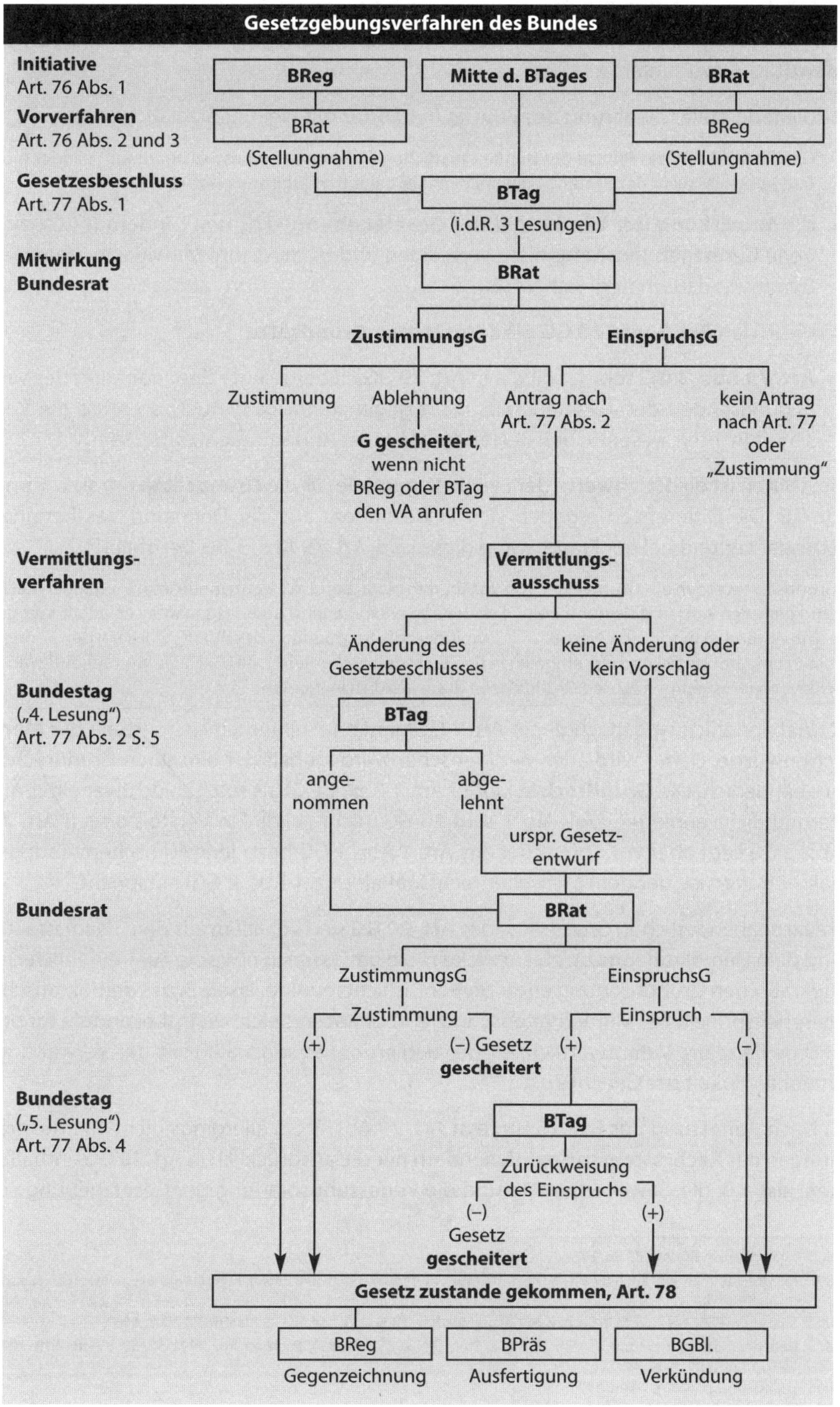
Gesetzgebungsverfahren des Bundes
Initiative
Art. 76 Abs. 1
BReg
Mitte d. BTages
BRat
Vorverfahren
Art. 76 Abs. 2 und 3
BRat
BReg
(Stellungnahme)
(Stellungnahme)
Gesetzesbeschluss
Art. 77 Abs. 1
BTag
(i.d.R. 3 Lesungen)
Mitwirkung
Bundesrat
BRat
ZustimmungsG
EinspruchsG
Zustimmung
Ablehnung
Antrag nach
Art. 77 Abs. 2
kein Antrag
nach Art. 77
oder
„Zustimmung"
G gescheitert,
wenn nicht
BReg oder BTag
den VA anrufen
Vermittlungs-
verfahren
Vermittlungs-
ausschuss
Änderung des
Gesetzbeschlusses
keine Änderung oder
kein Vorschlag
Bundestag
(„4. Lesung")
Art. 77 Abs. 2 S. 5
BTag
ange-
nommen
abge-
lehnt
urspr. Gesetz-
entwurf
Bundesrat
BRat
ZustimmungsG
EinspruchsG
Zustimmung
Einspruch
(+)
(–) Gesetz
gescheitert
(+)
(–)
Bundestag
(„5. Lesung")
Art. 77 Abs. 4
BTag
Zurückweisung
des Einspruchs
(–)
(+)
Gesetz
gescheitert
Gesetz zustande gekommen, Art. 78
BReg
BPräs
BGBl.
Gegenzeichnung
Ausfertigung
Verkündung

422 **B.** Auf der **materiellen** Seite sind gemäß Art. 79 Abs. 3 GG bestimmte Grundprinzipien der Verfassung einer Änderung entzogen (sog. **Ewigkeitsgarantie** oder **Verfassungsidentität**). Dazu zählen:

- die föderative Gliederung des Bundes in **Länder** mit eigener Staatsqualität;

  Geschützt ist nur das Prinzip der bundesstaatlichen Ordnung, also dass es überhaupt Länder gibt. Dagegen wird nicht der Bestand einzelner Länder garantiert (vgl. auch Art. 29 GG).

- die **Mitwirkung der Länder bei der Gesetzgebung**, d.h., den Ländern müssen eigene Gesetzgebungsbefugnisse verbleiben und es muss ihre Mitwirkung über den Bundesrat dauerhaft gesichert sein;
- die in den **Art. 1 und 20 GG niedergelegten Grundsätze**
- **Art. 79 Abs. 3 GG** selbst. Soll die in Art. 79 GG niedergelegte Beschränkung des verfassungsändernden Gesetzgebers nicht gegenstandslos werden, so muss die Vorschrift in ihren wesentlichen Bestandteilen einer Änderung entzogen sein.[800]

Umstritten ist die **Reichweite** der Ewigkeitsgarantie für die **Grundsätze der Art. 1 und 20 GG**. Die Differenzen ergeben sich insbesondere aus der Definition des Begriffes **Grundsätze** und bei der Frage, wann diese i.S.d. Art. 79 Abs. 3 GG **berührt** sind.

„Grundsätze werden als ‚Grundsätze' von vornherein nicht ‚berührt', wenn ihnen im Allgemeinen Rechnung getragen wird und sie nur für eine Sonderlage entsprechend deren Eigenart aus evident sachgerechten Gründen modifiziert werden."[801] Zumindest die Begründung des BVerfG wurde in den Sondervoten zum Abhörurteil und fast einhellig in der Rechtslehre abgelehnt, da durch die weitgehende Möglichkeit von Ausnahmen zu den Grundsätzen diese letztlich leerlaufen.[802]

423 **I.** Unabänderlich ist danach der in Art. 1 GG genannte allgemeine Grundsatz der **Menschenwürde**. Damit wird auch der Menschenwürdegehalt der einzelnen Grundrechte unabänderlich. Die **Grundrechte** (außer Art. 1 Abs. 1 GG) als solche sind zwar einer Änderung nicht entzogen (vgl. Art. 1 **und** 20 GG, nicht „bis"). Ein Verstoß gegen Art. 79 Abs. 3 GG liegt aber vor, sofern der aus Art. 1 Abs. 1 GG bezogene Menschenwürdegehalt betroffen ist, der dem Menschenrechtsgehalt (Art. 1 Abs. 2 GG) entspricht.[803]

424 **II.** Die unabänderlichen Grundsätze des **Art. 20 GG** sind vor allem aus dem Rechtsstaats- und dem Demokratieprinzip zu entwickeln. Sie umfassen in etwa die zur freiheitlich-demokratischen Grundordnung entwickelten Gesichtspunkte, also z.B. das demokratische Mehrheitsprinzip bei Minderheitenschutz und Chancengleichheit insbesondere für politische Parteien, Verantwortlichkeit der Regierung, Gesetzmäßigkeit der Verwaltung, Unabhängigkeit der Gerichte u.a.[804]

425 **1.** Nach Auffassung des BVerfG umfasst Art. 79 Abs. 3 GG allerdings nicht alle Ausprägungen des **Rechtsstaatsprinzips**, sondern nur die ausdrücklich in Art. 20 GG enthaltenen, also z.B. die Gewaltenteilung und die Verfassungsbindung der Gesetzgebung so-

---

800 Jarass/Pieroth GG, Art. 79 Rn. 19.

801 BVerfGE 30, 1, 24; vgl. auch BVerfG NJW 1991, 1597, 1599; NJW 1993, 3047, 3050; Morlok/Michael Staatsorganisationsrecht, Rn. 66 ff.

802 Stern JuS 1985, 329 m.w.N. in Fn. 4; w.N. bei Lepsius Jura 2005, 433, 436 Fn. 32; Blasche VR 2007, 188.

803 Degenhart Staatsorganisationsrecht, Rn. 222; Stern JuS 1985, 329, 336; Erichsen Jura 1992, 52, 53; BVerfG NJW 1991, 1597, 1599; NJW 2004, 999.

804 Maunz/Dürig GG, Art. 79 Rn. 127 ff.

wie die Gesetzes- und Rechtsbindung von Exekutive und Judikative (Art. 20 Abs. 2 u. 3 GG), nicht dagegen die Rechtsweggarantie i.S.d. Art. 19 Abs. 4 GG oder das Rückwirkungsverbot.[805]

2. Zu dem gemäß Art. 79 Abs. 3 GG unantastbaren Kerngehalt des **Demokratieprinzips** gehört, dass sich die Ausübung von Staatsgewalt auf das Staatsvolk zurückführen lässt und grundsätzlich ihm gegenüber verantwortlich ist.[806] **426**

Diese ist über die nationalen Parlamente gewährleistet, wobei dem Europäischen Parlament (EP) eine stützende Funktion zukommt. Die Rechte des EP müssen allerdings verstärkt werden, wenn Aufgaben und Befugnisse der EU vermehrt werden. Deshalb steht Art. 79 Abs. 3 GG nach h.M. auch der Schaffung eines europäischen Bundesstaates nicht entgegen.[807]

Allerdings wäre hierfür eine Verfassungsänderung erforderlich, Art. 23 GG erlaubt einen solchen Schritt noch nicht.[808]

3. Zum unantastbaren Kerngehalt des Bundesstaatsprinzips aus Art. 20 Abs. 1 GG gehört insbesondere die Wahrung der **Eigenstaatlichkeit der Länder**. Problematisch ist insofern die Verfassungsmäßigkeit von Art. 109 GG, der im Rahmen der Föderalismusreform II erheblich geändert worden ist.[809] **427**

4. Durch den Vertrag von Lissabon sind die sozialpolitischen Gestaltungsmöglichkeiten des Bundestages eingeschränkt. Nach Auffassung des BVerfG liegt darin jedoch keine Verletzung von Grundsätzen des **Sozialstaatsprinzips** gemäß Art. 23 Abs. 1 S. 3 i.V.m. Art. 79 Abs. 3 GG.[810] **428**

D. Art. 79 Abs. 3 GG begründet die Möglichkeit einer **verfassungswidrigen Verfassungsnorm**. Das BVerfG kann daher eine Vorschrift des GG, die auf einem gegen Art. 79 Abs. 3 GG verstoßenden verfassungsändernden Gesetz beruht, für verfassungswidrig und nichtig erklären (sog. **Identitätskontrolle**).[811] **429**

Beispiel: Die überwiegende Lit. sieht z.B. in **Art. 10 Abs. 2 S. 2 GG** einen Verstoß gegen die nach Art. 79 Abs. 3 GG unabänderlichen Grundsätze des Rechtsstaates (individueller Rechtsschutz, rechtliches Gehör) und der Gewaltenteilung.[812] Das BVerfG[813] hält die Einschränkung dagegen für verfassungsgemäß, da die Rechtsschutzgarantie nicht in Art. 20 GG, sondern in Art. 19 Abs. 4 GG geregelt sei, der durch Art. 79 Abs. 3 GG einer Änderung nicht entzogen sei. Auch das Prinzip der Gewaltenteilung erfordere keine strikte Trennung, sondern lasse Ausnahmen zu.

805 BVerfGE 30, 1, 24.

806 Vgl. BVerfG NJW 1993, 3047, 3050; BVerfG NJW 2009, 2267 u.a., Zi. 216 ff., 229 f., 244 ff., 401 ff.

807 Jarass/Pieroth GG, Art. 23 Rn. 14; Magiera Jura 1994, 1, 8; a.A. Breuer NVwZ 1994, 417, 423: unzulässige Preisgabe der Eigenstaatlichkeit.

808 Everling DVBl. 1993, 936, 943; Sommermann DÖV 1994, 596, 599; Jarass/Pieroth GG, Art. 23 Rn. 14 m.w.N.

809 Vgl. i.E. Pieroth ZRP 2008, 90.

810 BVerfG NJW 2009, 2267, Ziff. 293 f.

811 Vgl. BVerfG NJW 2009, 2267, Ziff. 238 ff.; Sauer ZRP 2009, 195; zur Identitätskontrolle im Zusammenhang mit Maßnahmen der EU vgl. AS-Skript Europarecht (2018), Rn. 354 ff.

812 Hufen, Staatsrecht II, § 17 Rn. 14 m.w.N.

813 BVerfGE 30, 1 ff.; 57, 170, 183 f.

9. Teil: Der Erlass von Rechtsverordnungen (RVO)

1. Abschnitt: Zweck des Art. 80 GG

430 Art. 80 GG bezweckt eine Entlastung des Bundestages, indem bestimmte **Normsetzungsbefugnisse** auf die **Exekutive** übertragen werden können. Das Demokratie- und das Rechtsstaatsprinzip (Gewaltenteilung) gebieten jedoch, die Rechtsetzung grundsätzlich dem Parlament vorzubehalten. Dementsprechend fordert Art. 80 GG für den Erlass von RVO durch die Exekutive das Vorliegen einer bestimmt gefassten gesetzlichen **Ermächtigung**, um eine Selbstentmachtung des Parlaments zu verhindern.

Für **landesrechtliche Ermächtigungen zu RVO** gelten die Vorschriften der Landesverfassungen, die zumeist ähnlich lauten wie Art. 80 GG. Fehlen landesrechtliche Regeln, so gilt Art. 80 GG nicht, auch nicht analog, seine Voraussetzungen ergeben sich dann aber aus dem Rechtsstaats- und Demokratieprinzip.[814]

Allerdings gelten RVO auch nach **Wegfall der VO-Ermächtigung** weiter fort.[815]

2. Abschnitt: Begriff der RVO

431 Für den **Begriff** der RVO ist wesentlich, dass es sich um eine Rechtsetzung handelt, die vom formellen Gesetz, dem Normalfall der Rechtsetzung, zu unterscheiden ist. Eine RVO wird nicht von der Legislative, sondern von der Exekutive erlassen und beruht auf einer gesetzlichen Ermächtigung. Sie ist materielles Gesetz und steht in der Rangordnung unter dem formellen Gesetz.

Auf **Satzungen** (z.B. der Gemeinden) ist Art. 80 GG nicht, auch nicht analog anwendbar.[816]

3. Abschnitt: Voraussetzungen und Rechtsfolgen des Art. 80 GG

Fall 18: Landesrechtliche FerienverkehrsVO

Der Bundesverkehrsminister hat eine Verordnung zur Erleichterung des Ferienreiseverkehrs auf der Straße erlassen, durch die der Schwerlastverkehr auf den Autobahnen und auf bestimmten Bundesstraßen an den in der RVO näher bestimmten Wochenenden untersagt wird.
Angenommen, einige Bundesländer halten es für erforderlich, solche Beschränkungen auch an anderen Tagen vorzunehmen, an denen erfahrungsgemäß Spitzenbelastungen der Autobahnen zu schweren Verkehrsbeeinträchtigungen führen, beispielsweise wenn der dem Ferienende vorausgehende Tag ein Wochentag ist, für den in der RVO des Bundesverkehrsministers ein Verkehrsverbot nicht vorgesehen ist. Daraufhin wird § 6 Abs. 1 Nr. 3 StVG wie folgt ergänzt:
„Durch RVO der Landesregierungen kann mit Zustimmung des Bundesministers für Verkehr der Schwerlastverkehr auf den Autobahnen an bestimmten Tagen untersagt werden, wobei das Verbot im Einzelfall die Dauer von 12 Stunden nicht überschreiten darf."

---

814 BVerfGE 55, 207, 226; a.A. wohl BVerwG, Beschl. v. 05.01.2000 – BVerwG 6 P 1.99-7 zu §§ 10 Abs. 2, 91 Abs. 2 S-H PersVG; BVerfGE 58, 257, 277.

815 H.M. vgl. BVerfG NJW 1988, 2290; Jarass/Pieroth GG, Art. 80 Rn. 21Morlok/Michael Staatsorganisationsrecht, Rn. 440 Fn. 122; a.A. Kotulla NVwZ 2000, 1263.

816 BVerfGE 33, 125, 157; BVerwG NVwZ 1990, 867, 868; Maurer Staatsrecht I, DÖV 1993, 184, 188.

Hierauf erlässt der Verkehrsminister des Landes L nach Zustimmung des Bundesverkehrsministers eine RVO, wonach am Mittwoch, dem 11.04. – einen Tag vor dem Wiederbeginn der Schule nach den Osterferien – Kraftfahrzeuge mit einem zulässigen Gesamtgewicht von mindestens siebeneinhalb Tonnen, die zur Beförderung von Gütern bestimmt sind, von morgens 9.00 Uhr bis abends 21.00 Uhr auf den Autobahnen des Landes L nicht verkehren dürfen. Die Landesregierung von L hatte die RVO gebilligt, den Erlass aber dem Verkehrsminister überlassen, weil nach der Landesverfassung von L jeder Minister in seinem Geschäftsbereich für die Landesregierung handeln darf.

Am 11.04., 10.00 Uhr, stellt die Polizei auf der im Lande L verlaufenden Autobahn den Transportunternehmer T, der mit seinem Achteinhalbtonner Schrott von X nach Y transportiert. T macht geltend, das Verkehrsverbot sei ungültig. Aufgrund des § 3 der RVO des Landes L, die auf § 24 StVG verweist, erhält T einen Bußgeldbescheid über 200 €. Ist dieser Bescheid rechtmäßig?

A. Ermächtigungsgrundlage für den Bußgeldbescheid könnte § 24 StVG sein. Diese Vorschrift beschreibt aber nicht selbst den Bußgeldtatbestand, sondern verweist – als Blankettvorschrift – auf eine RVO. Das könnte hier die zum Schutze des Ferienreiseverkehrs erlassene RVO des Landes L sein. Dann müsste diese jedoch wirksam sein. Als untergesetzliche Vorschrift bedarf eine RVO selbst einer gesetzlichen Ermächtigung, um rechtmäßig zu sein. **432**

Das ergibt sich zunächst aus rechtsstaatlichen und demokratischen Erwägungen, da eine Bindung der Exekutive an Gesetz und Recht (Art. 20 Abs. 3 GG) wenig sinnvoll wäre, wenn die Exekutive sich ihr Recht selbst schaffen könnte. Außerdem folgt dies aus Art. 80 GG, da bei der dort getroffenen Regelung als selbstverständlich vorausgesetzt wird, dass eine Ermächtigung überhaupt erforderlich ist.

B. **Ermächtigungsgrundlage für die RVO** könnte (der fiktive) § 6 Abs. 1 Nr. 3 StVG in der geänderten Fassung sein. Dann müsste aber auch diese Norm **wirksam** sein.

Die Prüfung führt damit zum sog. **dreistufigen Aufbau**:

- Der **Einzelakt** ist nur rechtmäßig, wenn die Ermächtigungsgrundlage in der RVO wirksam ist.
- Die Ermächtigungsgrundlage ist nur wirksam, wenn die **RVO** rechtmäßig ist,
- was wiederum von der Wirksamkeit (Verfassungsmäßigkeit) des zum Erlass der RVO ermächtigenden **Gesetzes** abhängt (s.u. Übersicht Rn. 442).

I. **Formell** bestehen gegen § 6 Abs. 1 Nr. 3 StVG keine verfassungsrechtlichen Bedenken, insbesondere ergibt sich die Gesetzgebungskompetenz des Bundes aus Art. 74 Abs. 1 Nr. 22, Art. 72 Abs. 2 GG. Von einem ordnungsgemäßen Gesetzgebungsverfahren ist auszugehen.

II. **Materiell** ist die Vorschrift als VO-Ermächtigung nur wirksam, wenn sie den besonderen Anforderungen des Art. 80 GG gerecht wird.

1. Das Gesetz muss einen nach Art. 80 Abs. 1 S. 1 GG möglichen **Ermächtigungsadressaten** festlegen: **433**

- Ermächtigungsadressaten im **Bundesbereich** können sein: die Bundesregierung als Kollegium oder ein einzelner Bundesminister.

- Im **Landesbereich** kann sich eine Ermächtigung nur an die Landesregierungen richten, nicht dagegen an einzelne Landesminister oder (oberste) Landesbehörden.

Das ergibt sich aus dem Wortlaut des Art. 80 GG (Bundesregierung, ein Bundesminister oder die Landesregierungen) und ferner aus der Überlegung, dass der Bund die landesverfassungsrechtliche Zuständigkeitsverteilung zu respektieren hat.

Davon zu unterscheiden ist die Frage, ob eine richtigerweise der Landesregierung erteilte Ermächtigung von einem Landesminister ausgeübt werden darf, was sich nach dem Landesverfassungsrecht richtet. Art. 80 Abs. 4 GG ermöglicht außerdem dem Landesgesetzgeber, anstelle einer RVO eine Regelung durch formelles Gesetz zu treffen.

Die Aufzählung in Art. 80 Abs. 1 GG ist **abschließend**. Sonstige Stellen können nicht zum Erlass einer RVO ermächtigt werden.[817]

Es handelt sich hierbei aber nur um die möglichen **Erstdelegatare**. Da nach Art. 80 Abs. 1 S. 4 GG im ermächtigenden Gesetz eine Weiterübertragung vorgesehen sein kann (an sog. **Subdelegatare**), ist im Ergebnis der Kreis derer, die zum Erlass von RVOen ermächtigt sein können, weitaus größer.

Der fiktive § 6 Abs. 1 Nr. 3 StVG ermächtigt ausdrücklich die Landesregierungen, steht also im Einklang mit Art. 80 Abs. 1 S. 1 GG.

2. Fraglich ist, ob es materiell mit Art. 80 GG vereinbar ist, dass der VO-Erlass durch die Landesregierung von der Zustimmung des Bundesverkehrsministers abhängig gemacht werden darf.

434 a) Zulässig ist die **Mitwirkung** einer Stelle, die selbst **rechtsetzungsbefugt** ist oder die nach Art. 80 GG Ermächtigungsadressat sein kann. So kann der Erlass einer RVO an die Zustimmung des Bundesrates gebunden sein (Art. 80 Abs. 2 GG), an die Zustimmung des Bundestages,[818] eines (anderen) Bundesministers oder der Bundesregierung.[819]

Nicht zulässig ist dagegen z.B. die Bindung an die Zustimmung des Bundespräsidenten oder des BVerfG oder einer Bundesbehörde.

Als unzulässig wird auch die neuere Praxis angesehen, dass sich der Bundestag im Ermächtigungsgesetz vorbehält, eine ihm zuzuleitende RVO durch Beschluss zu ändern, da hierdurch das förmliche Gesetzgebungsverfahren unterlaufen würde.[820]

b) Im Verhältnis von **Bundes-** zu **Landesorganen** ist zu beachten, dass deren Befugnisse nach dem GG grundsätzlich getrennt sind. Jeder Staat, auch jedes Land, muss berechtigt sein, von den ihm eingeräumten Kompetenzen selbstständig und unabhängig Gebrauch zu machen. Wird eine gegenseitige Abhängigkeit bestimmt, entsteht ein Fall der **Mischgesetzgebung** (ähnlich der Mischverwaltung), der nur zulässig ist, wenn er im GG vorgesehen ist. Das ist beim Erlass von RVOen nicht der Fall, sodass es unzulässig

817 BVerfGE 8, 155, 163.

818 Vgl. z.B. § 48 b BImSchG sowie Degenhart Staatsorganisationsrecht, Rn. 334; Sauer NVwZ 2003, 1176; Morlok/Michael Staatsorganisationsrecht, Rn. 439 Fn. 118 f.; ablehnend Kotulla/Rolfsen NVwZ 2010, 943.

819 BVerfGE 8, 274, 321; 24, 184, 199; Vitzthum/Klink JuS 2006, 436, 439 m.w.N. in Fn. 19; Pieroth JuS 1994, L 89, 92.

820 Vgl. zu dieser str. Frage i.E. Morlok/Michael Staatsorganisationsrecht, Rn. 425, 438; Degenhart Staatsorganisationsrecht, Rn. 334; Vitzthum/Klink JuS 2006, 436, 439 m.w.N. in Fn. 21; Mußgnug JuS 1993, 291, 294; BVerfG NVwZ 2006, 191, Anm. Winkler JA 2006, 336; ähnlich Gass apf 2006, 1, 3 f. m.w.N. in Fn. 26 f.

ist, eine RVO der Landesregierung an die Zustimmung der Bundesregierung oder eines Bundesministers zu binden.[821]

Im Widerspruch hierzu ist vorliegend eine Zustimmung des Bundesverkehrsministers vorgesehen. Der fiktive § 6 Abs. 1 Nr. 3 StVG ist daher wegen Verstoßes gegen Art. 80 Abs. 1 GG (und gegen das Bundesstaatsprinzip des Art. 20 Abs. 1 GG) nichtig und kann keine wirksame Ermächtigungsgrundlage für die RVO des Landes sein.

3. Ein weiterer Unwirksamkeitsgrund könnte sich daraus ergeben, dass der fiktive § 6 Abs. 1 Nr. 3 StVG dem in **Art. 80 Abs. 1 S. 2 GG** niedergelegten Bestimmtheitsgebot nicht gerecht wird. Danach müssen im Gesetz Inhalt, Zweck und Ausmaß der erteilten Ermächtigung bestimmt werden **(Bestimmtheitstrias)**. **435**

a) Art. 80 Abs. 1 S. 2 GG zwingt den Gesetzgeber, die Grenze der der Exekutive übertragenen Gesetzgebungsmacht zu bedenken und diese so genau zu umreißen, dass schon aus der Ermächtigung erkennbar und **vorhersehbar** ist, was dem Bürger gegenüber zulässig sein soll. Es genügt allerdings, wenn sich Inhalt, Zweck und Ausmaß der gesetzlichen Ermächtigung mit Hilfe allgemeiner Auslegungsregeln ermitteln lassen.

„Welche Bestimmtheitsanforderungen im Einzelnen erfüllt sein müssen, ist von den Besonderheiten des jeweiligen Regelungsgegenstandes sowie der Intensität der Maßnahme abhängig. Geringere Anforderungen sind vor allem bei vielgestaltigen Sachverhalten zu stellen oder wenn zu erwarten ist, dass sich die tatsächlichen Verhältnisse alsbald ändern werden. Andererseits muss die Bestimmtheit der Ermächtigungsnorm der Grundrechtsrelevanz der Regelung entsprechen, zu der ermächtigt wird; greift die Regelung erheblich in die Rechtsstellung des Betroffenen ein, so müssen höhere Anforderungen an den Bestimmtheitsgrad gestellt werden, als wenn es sich um einen Regelungsbereich handelt, der die Grundrechtsausübung weniger tangiert."[822]

Bei der Auslegung ist vor allem das Zusammenspiel der drei Elemente zu berücksichtigen: Da der Zweck Rückschlüsse auf Inhalt und Ausmaß der Regelung zulässt, ist der **Zweck das zentrale Element**, das es zu konkretisieren gilt. Schwächen in der Beschreibung von Inhalt und Ausmaß lassen sich durch exakte Definition des Zwecks kompensieren.[823]

Fraglich und umstritten ist, ob **europarechtliche Aspekte** das Bestimmtheitsgebot aus Art. 80 Abs. 1 S. 2 GG überlagern können.[824]

Wohl unstreitig gelten geringere Anforderungen bei fortgeltenden **RVOen der DDR**.[825]

b) Das BVerfG[826] hat die geltende Fassung des § 6 Abs. 1 Nr. 3 StVG als offensichtlich mit Art. 80 Abs. 1 S. 2 GG vereinbar angesehen. **436**

821 Ipsen Staatsrecht I, Rn. 793; vgl. auch BVerfGE 11, 77, 88.
822 BVerfG NVwZ 2006, 559, 578; BVerwG NVwZ 1995, 487 f.
823 BVerfGE 80, 1, 20; BVerwG NVwZ 1994, 1102, 1104; Pieroth JuS 1994, L 89, 91.
824 Härtel JZ 2007, 431; Callies NVwZ 1998, 8; Ziekow JZ 1999, 963; Vitzthum/Klink JuS 2006, 436, 440 f.
825 Mann DÖV 1999, 228.
826 BVerfGE 26, 259, 262.

- **Inhalt:** Eine aufgrund des § 6 Abs. 1 Nr. 3 StVG erlassene RVO muss Regelungen über den Straßenverkehr beinhalten.
- **Zweck:** Sie muss die Erhaltung der Ordnung und Sicherheit auf den öffentlichen Wegen und Plätzen oder die Sicherung von Belangen der Verteidigung oder die Verhütung einer übermäßigen Abnutzung der Straßen oder die Verhütung von Belästigungen bezwecken.
- **Ausmaß:** Von der Ermächtigung darf nur zur Regelung des Straßenverkehrs und nur Gebrauch gemacht werden, wenn und soweit schwerwiegende Gründe eine Regelung erfordern. Die in § 6 Abs. 1 Nr. 3 StVG nach dem Wort „insbesondere" unter a) bis g) beschriebenen Fälle haben beispielhaften Charakter; sie begrenzen zugleich die Ermächtigung auf vergleichbare Sachverhalte.

c) Vorliegend wird die Ermächtigung durch die zusätzlich zu beachtenden Anforderungen – Verbot des Schwerlastverkehrs auf den Autobahnen, Verbotsdauer nicht mehr als 12 Stunden – nach Inhalt und Ausmaß begrenzt. Auch ist zumindest der Entstehungsgeschichte der Vorschrift deutlich zu entnehmen, dass sie den Zweck verfolgt, dem Ferienverkehr zu bestimmten Spitzenbelastungszeiten freiere Fahrt zu verschaffen. Somit entspricht die Ermächtigung dem Art. 80 Abs. 1 S. 2 GG.

Ergebnis: Materiell verstößt die Ermächtigung gegen Art. 80 Abs. 1 GG, weil sie den VO-Erlass von der Zustimmung des Bundesverkehrsministers abhängig macht. Die Ermächtigungsnorm des § 6 Abs. 1 Nr. 3 StVG (in der fiktiven Fassung) ist daher nichtig und bildet keine wirksame Grundlage für die RVO, woraus sich gleichfalls die Nichtigkeit der RVO ergibt. Daraus folgt weiter, dass der Bußgeldbescheid keine ausreichende Rechtsgrundlage hat und damit rechtswidrig ist.

---

4. Abschnitt: Formelle Rechtmäßigkeitsanforderungen an RVOen

437 **A.** Der VO-Geber muss **zuständig** sein; beachte Art. 80 Abs. 1 S. 4 GG.

B. Ist der Verordnungsgeber ein Kollegialorgan, so ist sicherzustellen, dass sich auch die Mehrheit der Mitglieder (Minister) an dem Verordnungsgebungsverfahren beteiligt.[827]

C. Verfahrensmäßig kann bei einer RVO der BReg oder eines BMin

I. die **Zustimmung des BRats** erforderlich sein:[828]

1. wegen bundesgesetzlicher Regelung, z.B. § 9 a BauGB;

2. wegen Art. 80 Abs. 2 GG;

- 1. Halbs.: „VerkehrsVO",
- 2. Halbs.: „FöderativVO".[829]

---

827 Gröpl Staatsrecht I, Rn. 1206 f.

828 Degenhart Staatsorganisationsrecht, Rn. 334; Morlok/Michael Staatsorganisationsrecht, Rn. 434 ff.

829 Ipsen Staatsrecht I, Rn. 792; Gröpl Staatsrecht I, Rn. 1210.

Allerdings kann die Zustimmungsbedürftigkeit von RVOen durch zustimmungspflichtiges BundesG ausgeschlossen werden oder wegen Gefahr im Verzug entbehrlich sein (z.B. gemäß § 79 Abs. 1 a TierSeuchG).[830]

Gemäß Art. 80 Abs. 3 GG kann der **Bundesrat** der Bundesregierung Vorlagen für den Erlass von RVOen zuleiten, die seiner Zustimmung bedürfen; er hat also ein sog. **Initiativrecht**.[831]

II. die Anhörung oder Beteiligung von bestimmten Personengruppen (z.B. der Tierschutzkommission gemäß § 16 b Abs. 1 S. 2 TierschutzG).[832] Die gesetzlich gebotene Anhörung und Beteiligung ist dabei ergebnisoffen durchzuführen; eine bloße Anhörung pro forma bei schon feststehendem Ergebnis reicht nicht aus.[833]

D. Zu beachten ist das **Zitiergebot** aus Art. 80 Abs. 1 S. 3 GG. Sofern eine RVO auf mehrere VO-Ermächtigungen gestützt werden kann, müssen **alle** zitiert werden; sofern auch nur eine relevante VO-Ermächtigung fehlt, ist die RVO ex tunc nichtig wegen formeller Rechtswidrigkeit.[834]

5. Abschnitt: Materielle Rechtmäßigkeitsanforderungen an RVOen; Gestaltungsfreiheit

A. Die RVO muss sich im Rahmen der **Tatbestandsvoraussetzungen der VO-Ermächtigung** halten bzw. diese auch ausreichend umsetzen.[835] **438**

B. Die RVO darf nicht gegen **höherrangiges Recht** verstoßen, insbesondere nicht gegen Grundrechte, Staatsziele (z.B. Tierschutz aus Art. 20 a GG i.V.m. § 16 b Abs. 1 S. 2 TierschutzG)[836] oder das Übermaßverbot (sofern der VO-Geber einen Ermessensspielraum hat).[837]

C. Soweit verfassungsrechtliche Eingrenzungen oder gesetzgeberische Vorentscheidungen nicht entgegenstehen, verfügt die VO-Gebung über eine umfassende **Gestaltungsfreiheit (VO-Ermessen)**. Dementsprechend ist die gerichtliche Kontrolle (dazu sogleich) in aller Regel auf eine Vertretbarkeits- oder **Evidenzprüfung** beschränkt.[838]

6. Abschnitt: Ausfertigung und Verkündung

Die Ausfertigung erfolgt gemäß Art. 82 Abs. 1 S. 2 GG von der Stelle, die die RVO erlassen hat. Die Ausfertigung ist unzulässig, wenn die Verordnungsermächtigung selbst noch nicht in Kraft getreten ist. **439**

830 VGH Mannheim NVwZ 1997, 405, „BSE-SchutzVO".

831 Morlok/Michael Staatsorganisationsrecht, Rn. 437 Fn. 115; ausführlich zum Verfahren bei Bundesrechtsverordnungen Hillgruber JA 2011, 318, 319.

832 BVerfG NVwZ 2011, 289.

833 BVerfG NVwZ 2011, 289.

834 Vgl. BVerfG NJW 1999, 3253; Tillmanns NVwZ 2002, 1466; Kramer JuS 2001, 962; BVerwG DVBl. 2003, 731.

835 BVerfG NJW 1999, 3253; BVerwG NJW 2000, 3584; BVerwG NJW 2001, 1592; VGH Mannheim NVwZ 1997, 405 f.

836 BVerfG NVwZ 2011, 289.

837 Vgl. Maurer Staatsrecht I, AllgVerwR § 13 Rn. 15 m.w.N.; Schoch S. 395 ff.; von Danwitz Jura 2002, 93, 101; Müller Jura 2000, 479.

838 von Danwitz Jura 2002, 93, 101 f. Fn. 121 ff.; Gröpl Staatsrecht I, Rn. 1219.

RVOen des Bundes werden regelmäßig im BGBl. I verkündet.

Das Inkrafttreten von bundesrechtlichen RVOen regelt Art. 82 Abs. 2 S. 2 GG.[839]

7. Abschnitt: Rechtsschutz gegen RVOen[840]

A. RVO von BReg oder BMin

I. (Direkte) Normenkontrolle

440 Eine **Rechtssatz-Verfassungsbeschwerde** gegen eine RVO, aus der sich unmittelbar und ohne weitere Vollzugsakte Pflichten der Normadressaten ergeben (selbstvollziehende RVO) ist aus Gründen der Subsidiarität unzulässig, da die Fachgerichte bei RVOen eine eigene Verwerfungskompetenz haben.[841]

Eine **konkrete Normenkontrolle** gemäß Art. 100 GG ist unzulässig, weil Prüfungsgegenstand nur formelle Gesetze sein können.[842] Daher kommt nur die **abstrakte Normenkontrolle** gemäß Art. 93 Abs. 1 Nr. 2 GG in Betracht.[843] Eine verwaltungsgerichtliche Normenkontrolle scheidet aus, das § 47 Abs. 1 Nr. 2 VwGO nur untergesetzliche Vorschriften des Landesrechts erfasst.

II. Inzidentkontrolle

Bei einer selbstvollziehenden RVO besteht außerdem die Möglichkeit einer Inzidentkontrolle im Rahmen einer **allgemeinen Feststellungsklage** gemäß § 43 Abs. 1 VwGO. Hierdurch kann geklärt werden, ob sich aus der RVO konkrete Rechte und Pflichten des Klägers ergeben. § 47 Abs. 1 Nr. 2 VwGO entfaltet insofern keine Sperrwirkung.[844]

B. RVO der Landesregierung

441 Grundsätzlich gilt das Gleiche wie oben bei RVOen von BReg oder BMin. Bei einer selbstvollziehenden RVO ist außerdem die **abstrakte Normenkontrolle gemäß § 47 Abs. 1 Nr. 2 VwGO** möglich, sofern das Landesrecht dies bestimmt.

Dies gilt nicht, wenn eine landesrechtliche RVO durch formelles Landesgesetz geändert wird.[845] **Beachte:** Auch eine RVO der LReg aufgrund einer bundesrechtlichen VO-Ermächtigung ist nach ganz h.M. Landesrecht.[846]

---

839 BVerwG RÜ 2013, 807; Gröpl Staatsrecht I, Rn. 1214 f.

840 Degenhart Staatsorganisationsrecht, Rn. 335; Morlok/Michael Staatsorganisationsrecht, Rn. 432 Fn. 111; Gass apf 2006, 1, 4 f.; BVerwG RÜ 2013, 807.

841 AS-Skript Grundrechte (2017), Rn. 695 ff.

842 Vgl. zuletzt BVerfG DVBl. 2005, 1513.

843 Zur str. Frage des Prüfungsmaßstabs vgl. BVerfG NVwZ 2011, 289 Anm. Hillgruber JA 2011, 318; Sachs JuS 2011, 572.

844 BVerwG NJW 2000, 3584.

845 BayVGH NJW 2001, 2905.

846 Vgl. BVerfGE 18, 407; a.A. wohl Ossenbühl a.a.O. § 6 Rn. 23 m.w.N. in Fn. 69: Bundesrecht.

442

Dreistufiger Aufbau: Rechtmäßigkeit eines VA, der auf einer RVO beruht

A. Ermächtigungsgrundlage für den VA könnte § X RVO sein.
Wirksamkeit des § X RVO

1. Stufe

I. Ermächtigungsgrundlage für RVO könnte § Y Gesetz sein. Wirksamkeit des § Y Gesetzes

1. Formelle Verfassungsmäßigkeit des Gesetzes

a) Zuständigkeit des Gesetzgebers, Art. 70 ff. GG
b) ordnungsgemäßes Gesetzgebungsverfahren, Art. 76–79 GG
c) Verkündung, Art. 82 GG

2. Materielle Verfassungsmäßigkeit des Gesetzes

a) besondere Anforderungen des Art. 80 GG
aa) richtiger Ermächtigungsadressat für RVO
bb) Bestimmtheitstrias, Art. 80 Abs. 1 S. 2 GG
b) kein Verstoß gegen Grundgesetz (insbesondere Grundrechte, Art. 20 GG)

→ Gesetz verfassungsgemäß

→ **wirksame Ermächtigungsgrundlage für RVO (+)**

2. Stufe

II. Rechtmäßigkeit der RVO

1. Formelle Verfassungsmäßigkeit der RVO

a) Zuständigkeit des VO-Gebers
b) Verfahren (z.B. Zustimmung des Bundesrates, Art. 80 Abs. 2 GG)
c) Zitiergebot, Art. 80 Abs. 1 S. 3 GG
d) Verkündung, Art. 82 Abs. 1 S. 2 GG

2. Materielle Rechtmäßigkeit der RVO

a) Tatbestandsvoraussetzungen des § Y Gesetz für RVO
b) kein Verstoß gegen höherrangiges Recht (GG, Gesetz)
c) bei Anlass: ordnungsgemäße Ausübung des VO-Ermessens

→ RVO rechtmäßig

→ **wirksame Ermächtigungsgrundlage für VA (+)**

3. Stufe

B. Formelle Rechtmäßigkeit des VA

I. Zuständigkeit der Behörde
II. ordnungsgemäßes Verfahren
III. Form des VA

C. Materielle Rechtmäßigkeit des VA

I. Tatbestandsvoraussetzungen des § X RVO für VA
II. richtiger Adressat
III. allg. Rechtmäßigkeitsvoraussetzungen für VA (Bestimmtheit, Verhältnismäßigkeit)
IV. ggf. Ermessen

→ **VA rechtmäßig, da von Ermächtigungsgrundlage in RVO gedeckt**

10. Teil: Die Ausführung der Bundesgesetze und die Bundesverwaltung

1. Abschnitt: Überblick

A. Verwaltungskompetenz; gesetzesakzessorische und nichtgesetzesakzessorische Verwaltung

443 **Verwaltungskompetenz** bedeutet die Zuständigkeit, als Verwaltungsträger (z.B. Bund oder Land) hoheitlich nach außen hin tätig werden zu können.

Bei der **gesetzesakzessorischen Verwaltung** geht es um die Anwendung von Bundes- und Landesgesetzen gegenüber dem Bürger. Sofern es um sonstige hoheitliche Betätigungen geht (z.B. Tätigkeit des Auswärtigen Dienstes, Einsatz der Bundeswehr, Gewährung von Entwicklungshilfe durch das Ministerium für wirtschaftliche Zusammenarbeit), spricht man von **nichtgesetzesakzessorischer Verwaltung**.[847]

Die Erläuterungen dieses Abschnitts beziehen sich vorwiegend auf die Ausführung von Bundesgesetzen durch Landes- bzw. Bundesbehörden, also auf gesetzesakzessorische Verwaltung und den diesbezüglichen Verwaltungskompetenzen.[848]

Auf den praktisch wichtigsten Fall der nichtgesetzesakzessorischen Verwaltung – Einsatz der Bundeswehr – wird dann im 11. Teil eingegangen.

B. Gesetzgebungskompetenz und Verwaltungskompetenz

444 Die Zuweisung der **Gesetzgebungskompetenz** für ein bestimmtes Sachgebiet an den Bund bedeutet nicht, dass der Bund auch die Kompetenz zur **Ausführung des Gesetzes** hat. Vielmehr gilt gemäß Art. 83 GG auch hier zunächst eine **Zuständigkeitsvermutung für die Länder** (wie in Art. 30, 70 GG). Nur **ausnahmsweise** hat der Bund neben der Gesetzgebungs- auch die Verwaltungskompetenz, soweit dies in den Art. 84 ff. GG ausdrücklich angeordnet ist.

C. Die Verwaltungstypen nach dem GG (Überblick)

445 Das Grundgesetz regelt nur die Ausführung der **Bundesgesetze** und die Bundesverwaltung. Der Vollzug von Landesgesetzen (sog. landeseigene Verwaltung) fällt wegen Art. 30 GG selbstverständlich in die alleinige Kompetenz der Länder.[849] Wie bei den Gesetzgebungskompetenzen (ausschließliche, konkurrierende usw.) unterscheidet das GG auch bei der Ausführung der Bundesgesetze **verschiedene Formen**. Von der Zuordnung zu einem der **Verwaltungstypen** hängt ab, welche Befugnisse der Bund gegenüber den Ländern im Einzelnen hat (insbesondere Weisungs- und Aufsichtsrechte). Hierbei gilt ein **numerus clausus** folgender Verwaltungstypen:

---

847 Gröpl Staatsrecht I, Rn. 1340.

848 Zur Verwaltungskompetenz bei der Ausführung von Europarecht vgl. BVerwGE 102, 119, 125; Hebeler Jura 2002, 164, 172 Fn. 53 ff.

849 BVerfG NVwZ 2003, 1497 § 50 Abs. 4 TKG verstößt gegen Art. 30 i.V.m. Art. 86, 87 f. Abs. 2 S. 2 GG.

- Ausführung durch die Länder als **eigene Angelegenheit** (sog. **Bundesaufsichtsverwaltung**, Art. 83, 84 GG),
- Ausführung durch die Länder **im Auftrage des Bundes** (Art. 85 GG),
- **Bundeseigene Verwaltung**, Art. 86 ff. GG,
- **Gemeinschaftsaufgaben** nach Art. 91 a ff. GG.

Daneben werden vereinzelt auch **ungeschriebene Verwaltungskompetenzen** anerkannt; s.u. Rn. 469 ff.

2. Abschnitt: Ausführung von Bundesgesetzen durch die Länder als eigene Angelegenheit (Bundesaufsichtsverwaltung)

A. Art. 84 Abs. 1 GG

Im Normalfall werden Bundesgesetze von den Ländern als eigene Angelegenheit aus- **446**
geführt (Art. 83 GG). Die Länder regeln dann grundsätzlich die Einrichtung der Behörden und das Verwaltungsverfahren (Art. 84 Abs. 1 S. 1 GG) und entscheiden, ob das Bundesgesetz im Wege der unmittelbaren oder mittelbaren Landesverwaltung ausgeführt wird.[850] Ein Bundesgesetz kann etwas anderes bestimmen, sodass der Bund eine eigene Gesetzgebungskompetenz in diesen Fällen besitzt, wobei die Länder die Möglichkeit haben, davon **abweichende Regelungen** zu treffen (Art. 84 Abs. 1 S. 2 GG).

Beispiele: Für die Ausführung von Bundesgesetzen durch Länderbehörden als eigene Angelegenheit:

Passgesetz; Personalausweisgesetz durch Einwohnermeldeamt; StVG, StVO, etc. durch Straßenverkehrsamt bzw. Straßenverkehrsbehörden

Heute dürfen gemäß **Art. 84 Abs. 1 S. 7 GG** Gemeinden und Gemeindeverbänden Aufgaben nicht (direkt) übertragen werden (ähnlich **Art. 85 Abs. 1 S. 2 GG**); sog. **kommunales Durchgriffsverbot**.[851]

Das geplante Verbraucher-InformationsG des Bundes war formell verfassungswidrig wegen Verstoßes gegen Art. 84 Abs. 1 S. 7 GG, sodass der Bundespräsident zu Recht die Ausfertigung dieses Gesetzes verweigert hat.[852]

B. Die **Befugnisse des Bundes** gegenüber den Ländern richten sich in diesem Bereich **447**
nach Art. 84 Abs. 2–5 GG:

- Nach Art. 84 Abs. 2 GG kann die Bundesregierung mit Zustimmung des Bundesrats allgemeine **Verwaltungsvorschriften** erlassen.
- Nach Art. 84 Abs. 3 GG übt die Bundesregierung die Aufsicht darüber aus, dass die Länder die Bundesgesetze dem geltenden Rechte gemäß ausführen **(Rechtsaufsicht)**.

  Die Beurteilung der **Zweckmäßigkeit** ist dagegen **ausschließlich Sache der Landesbehörden**.

---

850 BVerwG NJW 2000, 3150.

851 Vgl. dazu Nierhaus/Rademacher a.a.O. S. 393 m.w.N. in Fn. 84; Schoch DVBl. 2007, 261.
Zum Zusammenspiel von Art. 125 a Abs. 1 S. 1 GG mit dem kommunalen Durchgriffsverbot vgl. Kallerhoff DVBl. 2011, 6.

852 Vgl. i.E. Schoch a.a.O. S. 265 ff.: Verstoß gegen die (negative) Kompetenzvorschrift des Art. 84 Abs. 1 S. 7 GG.

- Die Bundesregierung kann zu diesem Zweck **Beauftragte** zu den obersten Landesbehörden entsenden und mit deren Zustimmung oder mit Zustimmung des Bundesrates auch zu den nachgeordneten Behörden (Art. 84 Abs. 3 S. 2 GG).
- Die Bundesregierung kann den Beschluss fassen, dass bei der Ausführung der Bundesgesetze in einem Land Mängel festgestellt worden sind und dass das Land verpflichtet ist, den Mangel abzustellen (sog. **staatsrechtliche Mängelrüge**), Art. 84 Abs. 4 GG. Hilft das Land dem Mangel nicht ab, so beschließt der **Bundesrat** darüber, ob das Land das Recht verletzt hat. Gegen diesen Beschluss kann das BVerfG angerufen werden (Art. 84 Abs. 4 S. 2 i.V.m. Art. 93 Abs. 1 Nr. 3 GG, Bund-Länder-Streit).
- Für den Fall, dass die Mängel trotz der Beschlüsse von Bundesregierung und Bundesrat nicht beseitigt werden, trifft Art. 84 GG keine weitere Regelung. Falls das BVerfG nicht bereits nach Art. 84 Abs. 4 S. 2 GG angerufen worden ist, kann nunmehr die Bundesregierung nach Art. 93 Abs. 1 Nr. 3 GG einen **Bund-Länder-Streit** durchführen. Letztlich bleibt nur die Anwendung des **Bundeszwangs** (Art. 37 GG).[853]
- Die Erteilung von **Einzelweisungen** ist mit einer bloßen Rechtsaufsicht grundsätzlich nicht vereinbar. In Art. 84 Abs. 5 GG werden Weisungen daher nur ausnahmsweise für besondere Fälle zugelassen, wobei es einer besonderen Regelung durch Bundesgesetz (mit Zustimmung des Bundesrates) bedarf (z.B. § 74 Abs. 2 AufenthG).

  Die Weisungen sind grundsätzlich an die **obersten Landesbehörden**, d.h. die Landesministerien zu richten. Der Vollzug ist durch das Land sicherzustellen. Ein Durchgriff des Bundes auf nachgeordnete Behörden ist nur zulässig, wenn die Bundesregierung den Fall für dringlich erachtet (Art. 84 Abs. 5 S. 2 GG).

3. Abschnitt: Ausführung von Bundesgesetzen durch die Länder im Auftrage des Bundes (Bundesauftragsverwaltung)

448 Bei der Auftragsverwaltung (Art. 85 GG) ist es üblich, von **Bundes**auftragsverwaltung zu sprechen. Es handelt sich der Sache nach aber nicht um Bundesverwaltung, sondern um **Landesverwaltung**, die Bundesgesetze ausführt. Die handelnden Behörden sind solche der Länder, werden also nicht etwa als Bundesorgane tätig.[854]

Jedoch sind die **Einwirkungsbefugnisse des Bundes hierbei erheblich umfangreicher** als im Rahmen des Art. 84 GG. Im Grunde handelt es sich um eine Ausführung von Bundesgesetzen durch landeseigene Verwaltung unter **Fachaufsicht des Bundes**.

Zu unterscheiden sind obligatorische und fakultative Auftragsverwaltung.

- Bei der **obligatorischen** Auftragsverwaltung schreibt die Grundgesetznorm selbst zwingend vor, dass eine bestimmte Verwaltungsaufgabe im Auftrage des Bundes wahrgenommen werden muss (Art. 90 Abs. 3, 104 a Abs. 3 S. 2, 108 Abs. 3 GG.)
- Bei der **fakultativen** Auftragsverwaltung überlässt es die Grundgesetznorm dem einfachen Gesetzgeber, ob er für eine bestimmte Verwaltungsaufgabe Auftragsverwaltung anordnet oder nicht (z.B. § 24 AtomG für Art. 87 c GG).

---

853 Vgl. Ipsen Staatsrecht I, Rn. 633, 728 ff.; Morlok/Michael Staatsorganisationsrecht, Rn. 485.

854 BVerfG DVBl. 1990, 763, 765; ähnlich BVerfG DVBl. 2002, 549, 550.

A. Weisungsrecht und Fachaufsicht, Art. 85 Abs. 3, 4 GG

Fall 19: Gefährlicher Straßenbelag?

Durch die Stadt S im Bundesland L führt die Bundesstraße B 75. Die Ortsdurchfahrt der B 75 wird insbesondere durch den Schwerlastverkehr als Ausweichstrecke genutzt, da sie parallel zu der Bundesautobahn A 1 verläuft und der Schwerlastverkehr damit der Autobahnmaut entgehen kann. Dadurch kommt es zu einer stark erhöhten Lärmbelästigung der Anwohner. Diese wenden sich erfolglos an das zuständige Landesministerium für Verkehr des Landes L. Der Landesminister teilt den Anwohnern mit, dass alle möglichen passiven Lärmschutzmaßnahmen bereits durchgeführt wurden. Einzig denkbar wäre noch, einen sog. Flüsterasphalt (offenporiger Asphalt) zu verbauen, der zwar in der Lage wäre, die Lärmimmissionen erheblich zu verringern, jedoch auch erheblich höhere Kosten auslösen würde, die das Land nicht tragen wolle und könne. Die lärmmindernde Wirkung lasse auch nach etwa sechs bis acht Jahren nach, da Straßenschmutz und Reifenabrieb die Poren verstopfen. Daher wäre es langfristig betrachtet auch gar nicht sinnvoll, diesen Asphalt zu verbauen. Zudem würde in den Medien berichtet, dass offenporiger Asphalt, speziell der sogenannte Flüsterasphalt, eine geringere Griffigkeit habe und damit ein Problem für die Verkehrssicherheit darstelle. Er müsse auch an Art. 2 Abs. 2 S. 1 GG denken.

Nachdem sich die Anwohner an den Bundesminister für Verkehr gewandt haben, schaltet sich dieser ein. Er wendet sich an den Landesminister und bittet diesen, noch einmal über die Angelegenheit nachzudenken. Andernfalls müsse er eine Weisung erteilen. Das Kostenargument erscheine dem Bundesminister lediglich vorgeschoben zu sein, da nach Art. 104 a Abs. 2 GG sowieso der Bund die Kosten trage. Nachdem der Landesminister an seiner Weigerung festhält, erteilt der Bundesminister dem Landesminister die ordnungsgemäß begründete Weisung, die B 75 innerhalb der Ortsdurchfahrt der Stadt S mit Flüsterasphalt auszustatten. Die Landesregierung ist der Auffassung, dass die Weisung wegen Verletzung der Art. 20 Abs. 1 GG, Art. 83 ff. GG verfassungswidrig sei und ruft vier Monate später das BVerfG an. Mit Erfolg?

In Betracht kommt ein Antrag im (verfassungsrechtlichen) **Bund-Länderstreitverfahren** gemäß Art. 93 Abs. 1 Nr. 3 GG, §§ 13 Nr. 7, 68 ff. BVerfGG.[855] 449

A. **Zulässigkeit des Antrags**

I. Das BVerfG ist **zuständig** gemäß Art. 93 Abs. 1 Nr. 3 GG, § 13 Nr. 7 BVerfGG, wenn es um Meinungsverschiedenheiten über Rechte und Pflichten des Bundes und der Länder geht, insbesondere bei Ausübung der Bundesaufsicht.

Die gegenseitigen Rechte (Befugnisse, Kompetenzen) und Pflichten müssen sich (in Abgrenzung zu § 50 Abs. 1 Nr. 1 VwGO) aus einem **verfassungsrechtlichen** Rechtsverhältnis ergeben.[856] Das ist immer der Fall, wenn es, wie hier, um die Zulässigkeit einer Weisung geht (Art. 85 Abs. 3 GG) oder um deren Vereinbarkeit mit

855 Vgl. dazu auch unten Rn. 519 ff.

856 Jarass/Pieroth GG, Art. 93 Rn. 52.

Verfassungsprinzipien (Bundesstaat, Art. 20 Abs. 1 GG) bzw. sonstigen Vorschriften des GG.[857]

Damit ist das BVerfG zuständig gemäß Art. 93 Abs. 1 Nr. 3 GG, § 13 Nr. 7 BVerfGG.

II. Die Landesregierung ist nach § 68 BVerfGG **antragsberechtigt** für das Land L. **Antragsgegner** ist die Bundesregierung für den Bund.

III. Für die **Antragsbefugnis** (§§ 69, 64 Abs. 1 BVerfGG) ist Voraussetzung die Geltendmachung einer **möglichen Verletzung eigener Rechte** durch eine Maßnahme oder Unterlassung des Antragsgegners unter Angabe der angeblich verletzten Vorschriften des GG. Die Landesregierung behauptet, der Bundesminister habe sein Weisungsrecht überschritten. Es ist zumindest nicht offensichtlich ausgeschlossen, dass die Weisung des Bundesministers tatsächlich verfassungswidrig ist und damit die dem Land durch Art. 30, 83 ff. GG gewährleistete Eigenstaatlichkeit verletzt.

Hinweis: *Zulässiger* ***Antragsgegenstand*** *kann nach § 64 Abs. 1 BVerfGG nur eine* ***rechtserhebliche*** *Maßnahme oder Unterlassung des Antragsgegners sein (s.u. Rn. 513). Dies ist hinsichtlich der Weisung aber nicht problematisch und muss daher nicht eigenständig geprüft werden.*

IV. Nach §§ 69, 64 Abs. 3 BVerfGG besteht eine **Antragsfrist** von sechs Monaten, die eingehalten wurde.

V. Von der Einhaltung der **Formvorschriften** (§§ 23 Abs. 1, 69, 64 Abs. 2 BVerfGG) ist auszugehen.

Damit ist das Bund-Länder-Streitverfahren zulässig.

B. **Begründetheit des Antrags**

Begründet ist der Antrag, wenn die Weisung **verfassungswidrig** in Rechte des Landes eingreift, vgl. §§ 69, 67 S. 1 BVerfGG.

I. **Rechtsgrundlage** für die Weisung könnte Art. 85 Abs. 3 S. 1, Abs. 4 S. 1 GG sein.

450 1. Dann müsste ein Fall der **Auftragsverwaltung** vorliegen. Die Länder führen die Bundesgesetze gemäß Art. 83 GG als eigene Angelegenheit, also im Wege der Bundesaufsichtsverwaltung (Art. 84 GG) aus, soweit nicht das GG etwas anderes bestimmt oder zulässt. Danach müssen alle Fälle der Bundesauftragsverwaltung im GG normiert sein. Nach **Art. 90 Abs. 3 GG** verwalten die Länder oder die nach Landesrecht zuständigen Selbstverwaltungskörperschaften die sonstigen Bundesstraßen des Fernverkehrs (nicht Bundesautobahnen, vgl. Art. 90 Abs. 2 GG) im Auftrage des Bundes. Es ist danach ein Fall der Auftragsverwaltung gegeben.

2. Bei der Auftragsverwaltung richten sich die **Aufsichtsrechte** nach Art. 85 Abs. 3 und 4 GG.

---

857 Vgl. BVerfG NVwZ 1991, 870; BVerwG DVBl. 1997, 560; Sachs JuS 1999, 293; Maurer Staatsrecht I, § 18 Rn. 18; Winter DVBl. 1985, 993, 997 („eigenbestimmte Rechtswidrigkeit der Weisung").

a) Nach Art. 85 Abs. 3 GG unterstehen die Landesbehörden den **Weisungen** der zuständigen obersten Bundesbehörden. Die Weisungen sind grundsätzlich an die obersten Landesbehörden zu richten (Ausn. Art. 85 Abs. 3 S. 2 GG).

b) Die Bundesaufsicht erstreckt sich gemäß Art. 85 Abs. 4 GG auf die Gesetzmäßigkeit und Zweckmäßigkeit der Ausführung **(Fachaufsicht)**.

Damit hat der Bundesminister ein **Weisungsrecht dem Grunde nach**.

II. Es müssten die **formellen Voraussetzungen** einer Weisung nach Art. 85 Abs. 3, Abs. 4 GG[858] erfüllt sein.

1. **Zuständig** ist nach Art. 85 Abs. 3 S. 1 GG die (zuständige) oberste Bundesbehörde, also hier der Bundesminister für Verkehr.

   Adressat ist die oberste Landesbehörde und damit das zuständige Landesministerium für Verkehr des Landes L.

2. **Verfahrensrechtlich** enthält Art. 85 GG zwar keine besonderen Voraussetzun- 451
gen, jedoch folgt aus dem **Bundesstaatsprinzip** (Art. 20 Abs. 1 GG), und zwar dem Grundsatz des **bundesfreundlichen Verhaltens** und dem Prinzip des kooperativen Föderalismus eine Pflicht zur **gegenseitigen Rücksichtnahme**, insbesondere zur vorherigen **Anhörung** des Landes.[859]

   Hier ist dem Weisungserlass eine Erörterung zwischen dem Bundes- und dem Landesminister vorausgegangen. Die erforderliche Anhörung ist danach erfolgt.

3. Auch das **Gebot der Weisungsklarheit** ist beachtet.[860]

III. Daneben müssten auch die **materiellen Voraussetzungen** einer Weisung erfüllt sein. Materielle Voraussetzungen sind in Art. 85 Abs. 3 GG nicht genannt.

1. Da sich die Aufsicht des Bundes auf die **Gesetzmäßigkeit** und **Zweckmäßig-** 452
keit der Gesetzesausführung erstreckt, untersteht das Land – anders als im Rahmen des Art. 84 GG – einem **umfassenden Weisungsrecht** des Bundes. Das Land hat in diesem Bereich nur eine eingeschränkte Verwaltungskompetenz, und zwar nur die sog. **Wahrnehmungszuständigkeit**, d.h. das Handeln und die Vertretung nach außen. Für die Beurteilung und Entscheidung in der Sache hingegen (die sog. **Sachkompetenz**) gilt das nicht.[861] Zwar steht auch diese Kompetenz zunächst dem Land zu. Der Bund kann sie jedoch aufgrund seines Weisungsrechts jederzeit und in vollem Umfang an sich ziehen, ohne dass dies einer besonderen Rechtfertigung bedarf.[862]

---

858 Vgl. auch Gröpl Staatsrecht I, Rn. 1367 ff.; Degenhart Staatsorganisationsrecht, Rn. 509; Morlok/Michael Staatsorganisationsrecht, Rn. 458 ff.

859 BVerfGE 81, 310, 337; 84, 25, 33; Kisker JuS 1995, 717, 719; Ipsen Staatsrecht I, Rn. 642.

860 Nach Auffassung des BVerfG eine „formelle" Rechtmäßigkeitsvoraussetzung der Weisung DVBl. 2000, 1282, ähnlich Maurer Staatsrecht I, § 18 Rn. 18.

861 Vgl. auch Gröpl Staatsrecht I, Rn. 1366; Ipsen Staatsrecht I, Rn. 643; Morlok/Michael Staatsorganisationsrecht, Rn. 447.

862 Voßkuhle/Kaiser JuS 2017, 316, 318.

„Die Inanspruchnahme der Sachkompetenz durch den Bund ist nicht auf Ausnahmefälle begrenzt und damit nicht weiter rechtfertigungsbedürftig. Sie ist, wie Art. 85 Abs. 3 GG erkennen lässt, als reguläres Mittel gedacht, damit sich bei Meinungsverschiedenheiten das hier vom Bund zu definierende Gemeinwohlinteresse durchsetzen kann."[863]

Verwaltungsprozessuale Folge ist, dass bei Klagen des Bürgers gegen Landesbehörden im Bereich der Bundesauftragsverwaltung (z.B. Atomrecht) das Land in einer **Art Prozessstandschaft** auch für das die Bundesaufsicht ausübende Bundesministerium (z.B. BMU) auftritt. Ein rechtskräftiges Urteil gegen das Land erstreckt sich auch auf den Bund (§ 121 VwGO), sodass eine notwendige Beiladung gemäß § 65 Abs. 2 VwGO weder erforderlich noch zulässig ist.[864]

453 2. **Gegenstand der Weisung** kann somit sowohl vorbereitendes Verwaltungshandeln als auch eine nach außen hin zu treffende verfahrensabschließende Entscheidung sein (z.B. Erlass eines VA). Die Weisungen können sich auch auf Art und Umfang der behördlichen Sachverhaltsermittlung und Beurteilung sowie auf die Gesetzesauslegung und -anwendung beziehen. Die Weisung ist Mittel zur Steuerung des Gesetzesvollzugs der Länder **in allen seinen Phasen.**[865]

Hinweis: *Des Weiteren kann sich eine Weisung nicht nur punktuell auf eine ganz bestimmte nach außen gerichtete Entscheidung beziehen, sondern auch insgesamt und dauerhaft alle einen bestimmten Einzelfall (z.B. eine atomrechtliche Anlage) betreffenden zukünftigen Entscheidungen erfassen. Sofern der Bund im letzten Fall durch Weisung dauerhaft die Sachentscheidungsbefugnis für alle zukünftig anstehenden Einzelfragen übernimmt, spricht das BVerfG von* ***Übernahme der Geschäftsleitungsbefugnis.***[866]

454 In Ausübung der Geschäftsleitungsbefugnis ist der Bund berechtigt, sich in jeder von ihm für zweckmäßig gehaltenen Weise Informationen zu beschaffen, die er zur Ausübung seiner Sachkompetenz für erforderlich erachtet. Die (unentziehbare) Wahrnehmungskompetenz des Landes verletzt der Bund erst dann, wenn er nach außen gegenüber Dritten oder gleichsam anstelle der aufgrund der Wahrnehmungskompetenz des Landes für eine Entscheidung gegenüber Dritten berufenen Landesbehörde rechtsverbindlich tätig wird (z.B. Abschluss eines öffentlich-rechtlichen Vertrags oder Erlass eines VA) oder durch Abgabe von Erklärungen, die einer rechtsverbindlichen Entscheidung gleichkommen.[867] Jedenfalls seien eigene Wahrnehmungskompetenzen des Landes dann nicht verletzt, wenn das streitige Weisungsverhältnis von gesetzesvorbereitenden Maßnahmen der Bundesregierung (im konkreten Fall Atomkonsens und Ausstieg aus der friedlichen Nutzung der Kernenergie) überlagert werde.[868]

Die vorliegende Weisung hält sich in diesem Rahmen. Sie betrifft den Einbau von Flüsterasphalt auf einem Teilstück der Bundesstraße. Soweit das Land moniert, dass die Maßnahme erheblich höhere Kosten auslösen würde, ist die Kostentragungspflicht nicht Teil der streitgegenständlichen Weisung, sondern wird unmittelbar von der Verfassung entschieden (Art. 104 a Abs. 2 GG). Auch

863 BVerfG DVBl. 1990, 763, 766.

864 Vgl. BVerwG NVwZ 1999, 292; krit. Anm. Winkler JA 1999, 840.

865 Vgl. BVerfGE 81, 310, 331 ff.; 84, 25, 31; DVBl. 2000, 1282.

866 BVerfG DVBl. 2002, 549, 550 – Biblis – Anm. Hermes JZ 2002, 1161, 1163.

867 BVerfG DVBl. 2002, 549, 550 f.

868 BVerfG DVBl. 2002, 549, 552.

die vom Land aufgeworfenen Fragen hinsichtlich der Verkehrssicherheit des Belages und der möglicherweise geringeren Haltbarkeit des Asphalts betreffen lediglich die **Zweckmäßigkeit** der Entscheidung. Diese steht aber gemäß Art. 85 Abs. 3 S. 1, Abs. 4 GG dem Bund im Rahmen seiner umfassenden **Sachentscheidungskompetenz** zu.

3. Eingeschränkt wird das Weisungsrecht allerdings durch das **Gebot bundesfreundlichen Verhaltens**. Allein die Inanspruchnahme einer durch das GG eingeräumten Kompetenz (hier Art. 85 Abs. 3 u. 4 GG) kann aber grundsätzlich nicht gegen die sich daraus ergebenden Pflichten verstoßen. 455

Verfassungswidrig ist es nur, wenn die **Weisung missbräuchlich** erfolgt.[869] Das wäre z.B. anzunehmen, wenn das Land zu einem schlechthin unverantwortbaren Verwaltungshandeln veranlasst werden soll (z.B. offenkundige Verletzung von Grundrechten). Das ist hier offensichtlich nicht der Fall.

Eine Weisung ist nach Auffassung des BVerfG auch dann (materiell) verfassungswidrig, wenn in der **Begründung** der Weisung keine **Abwägung mit den Landesinteressen** stattgefunden hat.[870] Vom Vorliegen dieser Voraussetzung kann ausgegangen werden.

Schließlich kann eine Weisung auch deshalb (materiell) verfassungswidrig sein, wenn der Bund für den Inhalt der Weisung nicht einmal die Gesetzgebungskompetenz hat.[871]

4. Fraglich ist, ob die Weisung noch **aus anderen Gründen** verfassungswidrig sein kann, insbesondere ob die Rechtmäßigkeit der Weisung von der Rechtmäßigkeit des angewiesenen Verhaltens abhängt. Dies gilt hier vor allem im Hinblick auf die vom Land angeführten **Gefahren** (fehlende Griffigkeit) und der damit möglicherweise betroffenen **Grundrechte** des Bürgers (hier Art. 2 Abs. 2 S. 1 GG) und den Grundsatz der **Verhältnismäßigkeit**.[872] 456

Dagegen spricht jedoch, dass mit der Weisung an das Landesministerium das Außenverhältnis zum Bürger noch gar nicht betroffen ist. Die Sachkompetenz ist im Rahmen des Weisungsrechts auf den Bund übergegangen, sodass das Land grundsätzlich verpflichtet ist, auch eine (seiner Meinung nach) rechtswidrige Weisung auszuführen. Die missliche Situation, nach außen eine Entscheidung vertreten zu müssen, die man selbst für rechtswidrig hält (und die auch durchaus rechtswidrig sein kann), ist nur die logische Konsequenz des Auseinanderfallens von Wahrnehmungs- und Sachkompetenz.[873]

Das Land kann also nur geltend machen, dass gerade die **Inanspruchnahme** der Weisungsbefugnis gegen die Verfassung verstößt. Dagegen können die

869 BVerfGE 81, 310, 334; DVBl. 2002, 549, 551.

870 NVwZ 1990, 995.

871 BVerfG DVBl. 2000, 1282.

872 Kisker JuS 1995, 717, 719 m.w.N.: Rechtmäßigkeitsvoraussetzung für die Weisung ist, dass die aufsichtsrechtliche Weisung zu einem rechtmäßigen Gesetzesvollzug anhält. Die Frage der Betroffenheit des Landes ist allein für die Frage erheblich, ob das Land durch eine möglicherweise rechtswidrige Weisung in eigenen Rechten verletzt ist.

873 BVerfG DVBl. 1990, 763, 767; DVBl. 1991, 534; Bethge/Rozek Jura 1995, 213, 215 u. 217 m.w.N.

Länder sich nicht darauf berufen, der Bund übe seine Weisungsbefugnis **inhaltlich** rechtswidrig aus, da insoweit nicht in eine eigene Sachkompetenz der Länder eingegriffen wird.

Das Land hat also, wie der Bürger, keinen allgemeinen Gesetzesvollziehungsanspruch, sondern kann sich auf die Rechtswidrigkeit der Weisung nur berufen, wenn dadurch eigene verfassungsrechtliche Kompetenzrechte des Landes verletzt werden. So haben die Länder insbesondere kein Recht gegen den Bund, dass dieser einen Verstoß z.B. gegen einfaches Recht oder gegen Grundrechte unterlässt. Die Länder sind nicht Sachwalter des Einzelnen.

Damit sind die vom Land vorgetragenen sonstigen Gründe für das Verhältnis zum Bund irrelevant. Die Voraussetzungen für eine Weisung lagen somit vor.

457 IV. **Rechtsfolge:** Die Weisung nach Art. 85 Abs. 3 u. 4 GG steht im Ermessen der obersten Bundesbehörde sowohl bzgl. des „Ob" als auch bzgl. des Inhalts („Wie"). Bei der Ermessensausübung ist die **Pflicht zum bundesfreundlichen Verhalten** zu beachten. So muss der Bund zunächst versuchen, auf das Land einzuwirken und deutlich machen, dass er als ultima ratio den Erlass einer Weisung erwäge. Hier sind keine Ermessensfehler ersichtlich, insbesondere hat sich der Bund durch die Auseinandersetzung mit dem Landesminister um eine Streitbeilegung bemüht. Die Weisung ist damit verfassungsgemäß.

Ergebnis: Das Bund-Länderstreitverfahren ist unbegründet und hat deshalb keinen Erfolg.

B. Rechtsweg und Klagebefugnis bei inhaltlich rechtswidriger Weisung

458 Umstritten ist, vor welchem Gericht und mit welchem Erfolg die Länder Weisungen, die (angeblich) gegen Verwaltungsrechtsnormen (z.B. AtomR) verstoßen, angreifen können **(inhaltlich rechtswidrige Weisung)**.

I. Streitig ist zunächst, ob auch für solche Streitgegenstände das BVerfG (ausschließlich) zuständig ist oder ob insofern auch eine Zuständigkeit des BVerwG gemäß § 50 Abs. 1 Nr. 1 VwGO in Betracht kommt (Doppelzuständigkeit von BVerfG und BVerwG).

1. Nach wohl h.M. ist allein die **Handlungsform** (Weisung des Bundes gemäß Art. 85 Abs. 3 GG) maßgeblich, für alle Weisungsklagen der Länder sei deshalb ausschließlich das BVerfG zuständig gemäß Art. 93 Abs. 1 Nr. 3 GG.[874]

2. Nach **a.A.** ist, entsprechend allgemeinen prozessualen Grundsätzen, auf den **inhaltlichen Schwerpunkt der Streitigkeit** abzustellen. Da dieser bei Klagen gegen „inhaltlich rechtswidrige Weisungen" eindeutig verwaltungsrechtlich sei, komme insoweit nur eine Zuständigkeit des BVerwG in Betracht.[875]

---

874 Vgl. BVerwG DVBl. 1997, 560; Kisker JuS 1995, 717 f.; Maurer Staatsrecht I, § 18 Rn. 18; Schlaich/Korioth, Das Bundesverfassungsgericht, Rn. 93; Kopp/Schenke VwGO § 50 Rn. 3; wohl auch BVerfG NVwZ 1990, 955.

875 Vgl. Bethge/Rozek Jura 1995, 213, 218; Sachs JuS 1999, 293; Schoch/Ehlers VwGO § 40 Rn. 200; Winter DVBl. 1985, 993, 997 („fremdbestimmte Rechtswidrigkeit der Weisung").

3. Stellungnahme: Gegen die h.M. spricht, dass danach das BVerfG bei Klagen der Länder gegen „inhaltlich rechtswidrige Weisungen" entgegen seiner sonst restriktiven Haltung ausschließlich einfaches Recht (z.B. AtomR) und nicht Verfassungsrecht anwenden und auslegen müsste.[876]

II. Nach ganz h.M. kann allein durch eine inhaltlich rechtswidrige Weisung kein eigenes Recht der Länder (Sachkompetenz aus Art. 30, 83 GG) verletzt sein, sodass insofern die Antragsbefugnis (Art. 93 Abs. 1 Nr. 3 GG) bzw. Klagebefugnis (§ 50 Abs. 1 Nr. 1 VwGO) fehlt.[877]

Dies bedeutet im Ergebnis, dass ein **Land nicht zulässigerweise die inhaltliche Richtigkeit einer Weisung überprüfen** lassen kann.

C. Rechtsfolgen einer (rechtmäßigen) Weisung

Sofern dem Bund im konkreten Falle generell ein Weisungsrecht zustand und die Anfor- **459**
derungen von Art. 85 Abs. 3 und Art. 20 Abs. 1 GG (Grundsatz des länderfreundlichen Verhaltens) erfüllt sind, treten folgende Rechtsfolgen ein:

- Auf den Bund gehen über die **Sachentscheidungsbefugnis** bzw. bei Weisungen mit Dauerwirkung die Geschäftsleitungsbefugnis. Daneben trägt der Bund die parlamentarische[878] sowie die haftungsrechtliche **Verantwortlichkeit**.[879]
- Die **Wahrnehmungskompetenz** bleibt (unentziehbar) bei dem jeweiligen Land. Es besteht auch **kein Selbsteintrittsrecht des Bundes**, weil dadurch eine verfassungsrechtlich unzulässige Doppelzuständigkeit von Bundes- und Länderbehörden entstehen könnte und damit gleichsam eine Schattenverwaltung des Bundes neben der der Länder aufgebaut würde.[880]

D. Einrichtung der Behörden – Regelung des Verwaltungsverfahrens – Erlass von Verwaltungsvorschriften, Art. 85 Abs. 1, Abs. 2 GG

I. Zu **Art. 85 Abs. 1 S. 1 GG** gilt grundsätzlich das Gleiche wie bei Art. 84 Abs. 1 S. 1, S. 2 **460**
GG (vgl. oben). Im Unterschied zu Art. 84 Abs. 1 S. 2 GG, wonach der Bund aufgrund der Föderalismusreform auch ohne Zustimmung des Bundesrates Regelungen über die Einrichtungen der Behörden und das Verwaltungsverfahren erlassen kann, sind entsprechende Regelungen durch den Bundesgesetzgeber im Rahmen der Bundesauftragsverwaltung **nur mit Zustimmung des Bundesrates** möglich.

Auch nach **Art. 85 Abs. 1 S. 2 GG** dürfen durch Bundesgesetz Gemeinden und Gemeindeverbänden Aufgaben nicht übertragen werden (**kommunales Durchgriffsverbot**).

II. Gemäß **Art. 85 Abs. 2 S. 1 GG** kann die Bundesregierung mit Zustimmung des Bundesrats allgemeine **Verwaltungsvorschriften** erlassen.

---

876 Vgl. Winkler JA 1998, 16, 17 m.w.N. zu beiden Meinungen.

877 Vgl. BVerfG DVBl. 2000, 1282; NVwZ 1990, 955; Maurer Staatsrecht I, und Schlaich a.a.O.; a.A.: Dieners DÖV 1991, 923.

878 Vgl. zum Übergang der parlamentarischen Verantwortlichkeit Sommermann DVBl. 2001, 1549, 1552.

879 Zum Übergang der haftungsrechtlichen Verantwortung Maurer Staatsrecht I, § 18 Rn. 18 a.E.; Janz Jura 2004, 227, 231 ff.

880 BVerfG a.a.O. S. 550.

Aus dieser Vorschrift wird überwiegend die Unzulässigkeit von generellen Weisungen abgeleitet, denn diese sind kaum von allgemeinen Verwaltungsvorschriften zu unterscheiden und würden bei Zulässigkeit eine Umgehung der besonderen Verfahrensbeteiligung des Bundesrats beim Erlass von Verwaltungsvorschriften bedeuten. Auch der Gegenschluss aus Art. 84 Abs. 5 S. 1 GG, wo ausdrücklich von Einzelweisung die Rede ist, wird überwiegend nicht für durchgreifend gehalten, weil die Nichtverwendung des Wortes Einzelweisungen in Art. 85 Abs. 3 GG durchaus auch rein sprachliche Gründe haben kann.[881]

Gemäß Art. 85 Abs. 2 S. 2 GG kann die Bundesregierung die einheitliche Ausbildung der Beamten und Angestellten regeln; gemäß Art. 85 Abs. 2 S. 3 GG sind die Leiter der Mittelbehörden (z.B. Präsident der OFD) im Einvernehmen mit der Bundesregierung zu bestellen.[882]

461

Ausführung der Bundesgesetze durch die Länder als eigene Angelegenheit, Art. 83, 84 GG	**Ausführung der Bundesgesetze durch die Länder im Auftrage des Bundes, Art. 85 GG**
■ Normalfall (Art. 83, 84 GG), subsidiär ggü. Spezialregelungen in Art. 85 ff. GG ■ Verwaltung obliegt den Ländern (insbesondere Erlass von VAen) ■ Vorschriften über Behörden/Verwaltungsverfahren: ▪ erlassen die Länder (Art. 84 Abs. 1 S. 1 GG) ▪ Bundesgesetze können etwas anderes bestimmen, jedoch können die Länder davon abweichen (Art. 84 Abs. 1 S. 2, S. 5 GG) ▪ Verwaltungsvorschriften des Bundes mit Zustimmung Bundesrat (Art. 84 Abs. 2 GG) ■ Rechtsaufsicht des Bundes, Art. 84 Abs. 3 GG staatsrechtliche Mangelrüge durch BRat (Art. 84 Abs. 4 S. 1 GG)	■ enumerative Aufzählung, z.B. Art. 87 c, 87 d Abs. 2, 90 Abs. 3, 104 a Abs. 3 S. 2 GG ■ Bundesauftragsverwaltung = Verwaltung durch Landesbehörden ■ Vorschriften über Behörden/Verwaltungsverfahren: ▪ erlassen grundsätzlich die Länder (Art. 85 Abs. 1 GG) ▪ Bund mit Zustimmung Bundesrat ▪ Verwaltungsvorschriften des Bundes mit Zustimmung Bundesrat (Art. 85 Abs. 2 GG) ■ Rechts- und Fachaufsicht des Bundes ▪ umfassendes Weisungsrecht (Art. 85 Abs. 3, 4 GG), aber Gebot länderfreundlichen Verhaltens (Art. 20 Abs. 1 GG)

4. Abschnitt: Ausführung von Bundesgesetzen durch den Bund (bundeseigene Verwaltung)

A. Nur ausnahmsweise bundeseigene Verwaltung

462 **I.** Der Bund kann oder muss sich hierbei **bundeseigener Behörden** bedienen, d.h. Behörden, die Organe der Körperschaft „Bund" sind (**unmittelbare Bundesverwaltung**, da das Handeln der Behörden unmittelbar dem Bund zugerechnet wird).[883]

II. Außerdem gibt es Verwaltung durch bundesunmittelbare **Körperschaften, Anstalten und Stiftungen des öffentlichen Rechts**. Hier sind die Behörden Organe der dem

881 Sommermann a.a.O. S. 1554 Fn. 36 f.; Hebeler Jura 2002, 164, 169 Fn. 31.

882 Vgl. i.E. Morlok/Michael Staatsorganisationsrecht, Rn. 457.

883 Maurer Allgemeines Verwaltungsrecht, § 22.

Bund unterstellten juristischen Personen, d.h., ihr Handeln wird unmittelbar der jeweiligen Körperschaft oder Anstalt zugerechnet und erst mittelbar dem Bund **(mittelbare Bundesverwaltung)**.

Hinweis: *Der Begriff* ***„bundesunmittelbar"*** *soll lediglich klarstellen, dass das Handeln dieser Körperschaften, etc. dem* ***Bund*** *(und nicht einem Land) zugerechnet wird und dass deren Beamten* ***Bundes****beamten sind.*

1. Körperschaften sind durch staatlichen Hoheitsakt geschaffene, rechtsfähige, mitgliedschaftlich verfasste Organisationen des öffentlichen Rechts, die öffentliche Aufgaben mit in der Regel hoheitlichen Mitteln unter staatlicher Aufsicht wahrnehmen.[884]

Beispiele für bundesunmittelbare Körperschaften sind die Deutsche Rentenversicherung Bund, die Berufsgenossenschaften, die Agentur für Arbeit, Deutschlandradio.

2. Die öffentliche **Anstalt** ist ein Bestand von Mitteln, sachlichen wie persönlichen, welche „in der Hand eines Trägers öffentlicher Verwaltung einen besonderen öffentlichen Zweck dauernd zu dienen bestimmt sind".[885]

Hinsichtlich der Verselbstständigung der Anstalt sind zu unterscheiden:

a) Die **nicht rechtsfähige** Anstalt oder unselbstständige Anstalt ist nur organisatorisch selbstständig, aber rechtlich Teil eines anderen Verwaltungsträgers.

Beispiele: Physikalisch-technische Bundesanstalt (PTB), Bundesanstalt für Flugsicherung, Bundesanstalt für Straßenwesen

b) Die **rechtsfähige Anstalt** oder auch selbstständige Anstalt ist dagegen auch rechtlich selbstständig; sie ist nicht Teil eines anderen Verwaltungsträgers, sondern selbst Verwaltungsträger.[886]

c) Die **teilrechtsfähige** Anstalt besitzt nur in bestimmter Beziehung Rechtsfähigkeit und ist daher nur insoweit selbstständiger Verwaltungsträger, im Übrigen aber Teil eines anderen Verwaltungsträgers.

Beispiel: Deutscher Wetterdienst

3. Die **Stiftung** ist eine rechtsfähige Organisation zur Verwaltung eines von einem Stifter zweckgebundenen übergebenen Bestands an Vermögenswerten (Kapital- oder Sachgüter). Die rechtsfähige Stiftung des öffentlichen Rechts ist rechtlich verselbstständigt und damit Verwaltungsträger. Sie wird durch einen staatlichen Hoheitsakt errichtet, dient öffentlichen Aufgaben, hat hoheitliche Befugnisse und unterliegt der staatlichen Aufsicht.[887]

Beispiel: Stiftung Preußischer Kulturbesitz

III. Von der mittelbaren Bundesverwaltung zu unterscheiden sind staatsnahe oder staatlich finanzierte Organisationen wie z.B. die „Goethe-Institute" im Ausland (sog. **parastaatliche Verwaltungsträger**).

---

884 Maurer Allgemeines Verwaltungsrecht, § 23 Rn. 37.
885 AS-Skript Verwaltungsrecht AT 1 (2017), Rn. 16.
886 Maurer Allgemeines Verwaltungsrecht, § 23 Rn. 48.
887 AS-Skript Verwaltungsrecht AT 1 (2017), Rn. 17.

463

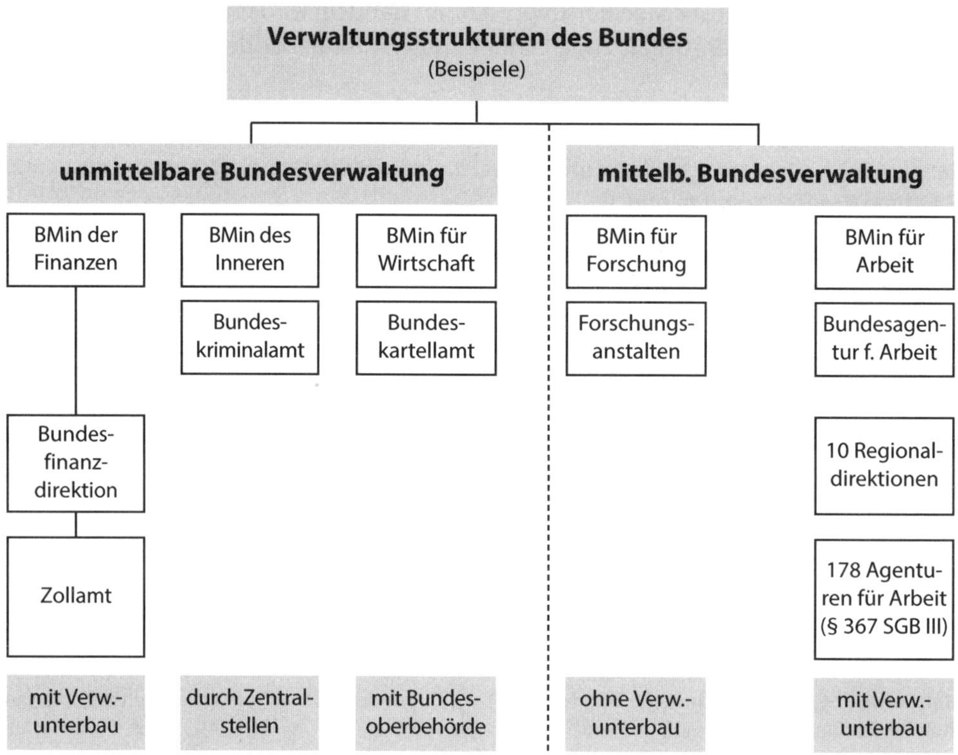

B. Obligatorische bundeseigene Verwaltung

464 **I.** In bundeseigener Verwaltung **mit eigenem Verwaltungsunterbau** (mehrinstanzlicher Behördenzug) werden geführt (genauer: **müssen** geführt werden): der Auswärtige Dienst, die Bundesfinanzverwaltung und nach Maßgabe des Art. 89 GG die Verwaltung der Bundeswasserstraßen und der Schifffahrt (Art. 87 Abs. 1 S. 1 GG) sowie die Bundeswehrverwaltung (Art. 87 b GG).

II. Aus der Gegenüberstellung in Art. 87 Abs. 1 u. 2 GG ergibt sich, dass es sich in den Fällen des Abs. 1 um unmittelbare Bundesverwaltung handelt; d.h., der Bund **muss** diese Bereiche **durch eigene Behörden** verwalten.

Unzulässig ist vor allem die Wahrnehmung der in Art. 87 Abs. 1 S. 1 GG genannten Verwaltungsbereiche durch selbstständige öffentliche Rechtsträger (Körperschaften, Anstalten), aber auch durch **private** Gesellschaften (GmbH, AG). Der Bund muss vielmehr unmittelbar die Verantwortung für die Verwaltung haben und sich dadurch eine hinreichende Einflussnahme sichern, was nur bei Einschaltung eigener Behörden möglich ist. Für die Luftverkehrsverwaltung lässt Art. 87 d Abs. 1 S. 2 GG dagegen nach der Verfassungsänderung seit 1992 ausdrücklich auch eine privatrechtliche Organisationsform zu (sog. Organisationsprivatisierung), nicht aber eine vollständige Aufgabenprivatisierung. Unklar und umstritten ist, ob auch eine funktionale Privatisierung im Bereich der Flugsicherung mit Art. 87 d Abs. 1 GG vereinbar ist.[888]

888 Vgl. Art. 87 d Abs. 1 S. 2 GG (seit 01.08.2009) sowie Tams NVwZ 2006, 1226, 1228 f.; Barthel/Janik JA 2007, 519, 523 f; Baumann DÖV 2006, 332; Dröge DÖV 2006, 861.

III. Etwas anderes gilt auch für die Bereiche der **Eisenbahnen** und der **Post** und **Telekommunikation**. Um die Privatisierung in diesen Bereichen zu ermöglichen, hat der Bund hierfür Sonderregelungen in Art. 87 e und Art. 87 f GG getroffen. Die Eisenbahnen des Bundes werden nunmehr als Wirtschaftsunternehmen in **privatrechtlicher Form** (Bahn AG) geführt (Art. 87 e Abs. 3 GG). Die Eisenbahnverkehrsverwaltung verbleibt dagegen der staatlichen Verwaltung (Art. 87 e Abs. 1 GG).[889]

Auch bzgl. der **Post** unterscheidet Art. 87 f GG zwischen **hoheitlichen Aufgaben** einerseits und **postalischen Dienstleistungen** andererseits. Dienstleistungen werden als privatwirtschaftliche Tätigkeiten durch die aus der Deutschen Bundespost hervorgegangenen Unternehmen (Deutsche Post AG, Deutsche Telekom AG, Deutsche Postbank AG) und durch andere Anbieter erbracht. Hoheitsaufgaben im Bereich des Postwesens und der Telekommunikation werden in bundeseigener Verwaltung ausgeführt (Art. 87 f Abs. 2 GG). Hierzu zählt insbesondere die Gewährleistung flächendeckender, angemessener und ausreichender Dienstleistungen (Art. 87 f Abs. 1 GG).[890]

C. Fakultative bundeseigene Verwaltung

Nach Art. 87 Abs. 1 S. 2 GG **können** durch Bundesgesetz Bundesgrenzschutzbehörden **(Bundespolizei)** und in bestimmten anderen Bereichen Zentralstellen eingerichtet werden (z.B. das Bundeskriminalamt und das Bundesamt für Verfassungsschutz). 465

D. Erweiterungsmöglichkeiten der Bundesverwaltung (Art. 87 Abs. 3 GG)

Fall 20: Errichtung eines Energiespar-Bundesamtes

Die Bundesregierung will stärker auf eine Begrenzung des Energieverbrauches hinwirken und zu diesem Zweck ein Energiespar-Bundesamt mit Sitz in Aachen errichten. Das Amt soll eigene Untersuchungen anstellen, Forschungsvorhaben unterstützen und koordinieren, um der Industrie Leitlinien für die Entwicklung von energiesparenden Produkten an die Hand zu geben. Den zuständigen Bundes- und Landesbehörden soll das Amt Empfehlungen unterbreiten, wie energiesparende Verfahrensweisen und Produkte vom Staat stärker gefördert werden können (z.B. durch Subventionierung neuer Entwicklungen, Vergabe eines amtlichen Prüfzeichens „Energiesparendes Erzeugnis", steuerliche Bevorzugung etc.). Ein weitergehender Vorschlag sieht vor, dass das Energiespar-Bundesamt Außenstellen in größeren Städten errichtet, um dort die Verbraucher über die verschiedenen Möglichkeiten zu rationeller Energieverwendung zu beraten. Könnten diese Vorschläge verwirklicht werden, wenn ja in welcher Form?

Das Energiespar-Bundesamt kann als Bundesbehörde nur dann errichtet werden, wenn der Bund für diesen Bereich über die **Verwaltungskompetenz** verfügt. 466

I. Die dem Amt zuzuweisende Aufgabe fällt in kein Sachgebiet, das im GG ausdrücklich als Bundesverwaltung aufgeführt ist (vgl. Art. 87 Abs. 1 u. 2, Art. 87 b ff. GG).

889 OVG NRW NWVBl. 2006, 20, 23.

890 Zur Regulierungsbehörde (Bundesbehörde beim BMWT) vgl. §§ 66 ff. TKG, 44 PostG und BVerfG NVwZ 2003, 1497; Schmidt NVwZ 2006, 907.

II. Art. 87 Abs. 3 GG räumt dem Bund die Möglichkeit zur **Erweiterung der Bundesverwaltung** ohne Verfassungsänderung durch einfaches Gesetz ein. Soweit es zunächst nur um die Errichtung des Energiespar-Bundesamtes ohne Außenstellen geht, kommt Art. 87 Abs. 3 S. 1 GG in Betracht.[891]

Es handelt sich um eine praktisch wichtige Vorschrift, von der vielfach Gebrauch gemacht worden ist,[892] z.B. Kraftfahrt-Bundesamt, Bundesgesundheitsamt, Bundeskartellamt, Bundesamt für Strahlenschutz, Bundesverwaltungsamt, Umweltbundesamt;[893] **Bundesamt für Justiz**.[894] Die Vorschrift gilt nach h.M. auch für die Zuweisung neuer Aufgaben an bestehende Bundesbehörden, Körperschaften, Anstalten.[895]

Bundesoberbehörden sind den Bundesministern unmittelbar nachgeordnete Behörden, die sachlich für bestimmte Verwaltungsaufgaben und örtlich für das gesamte Bundesgebiet zuständig sind.[896]

1. Voraussetzung ist zunächst, dass es sich um eine Angelegenheit handelt, für die dem **Bund** die **Gesetzgebung** zusteht. Unerheblich ist, ob er von ihr schon Gebrauch gemacht hat. Im vorliegenden Fall handelt es sich um Recht der Wirtschaft (Art. 74 Abs. 1 Nr. 11 GG), da das Bundesamt jedenfalls in erster Linie die Wirtschaft bei der Entwicklung von Produkten beeinflussen soll.

   Die Voraussetzungen des Art. 72 Abs. 2 GG müssen nach h.M. im Rahmen des Art. 87 Abs. 3 GG ebenfalls vorliegen.[897]

2. Die zu errichtenden Verwaltungsstellen müssen selbstständige Bundesoberbehörden oder bundesunmittelbare Körperschaften und Anstalten des öffentlichen Rechtes (z.B. BaFin) sein. Hier kommt eine selbstständige Bundesoberbehörde in Betracht. Aus dem Begriff der selbstständigen **Bundesoberbehörde** ergibt sich, dass sie nur für **zentrale Aufgaben** errichtet werden kann, die der Sache nach für das **ganze Bundesgebiet** von einer Oberbehörde ohne Mittel- und Unterbau und ohne Inanspruchnahme von Verwaltungsbehörden der Länder wahrgenommen werden können.[898]

   Dass die hier wahrzunehmenden Aufgaben für das ganze Bundesgebiet bedeutsam sind, ergibt sich daraus, dass es sich um Einwirkungen auf die Wirtschaft handelt, die bundesweit produziert und vertreibt. Auch sind die Eigenforschung und die Unterstützung anderer Forschungsvorhaben sowie die Unterbreitung von Empfehlungen an Bundes- und Landesbehörden ohne Verwaltungsunterbau möglich. Ob ein Bedürfnis gerade für eine Bundesbehörde besteht, ist im Rahmen des Art. 87 Abs. 3 S. 1 GG nicht zu prüfen.[899]

---

891 Vgl. auch Ipsen Staatsrecht I, Rn. 658 ff., 663 ff.

892 Maunz/Dürig GG, Art. 87 Rn. 218.

893 BVerfG, Beschl. v. 03.05.2007 – 1 BvR 1847/05; NVwZ 2007, 942, 944 – § 20 TEHG.

894 Als Bundesoberbehörde (i.V.m. Art. 74 Abs. 1 Nr. 1 GG – gerichtliches Verfahren); vgl. BT-Drs. 16/1827 v. 15.06.2006 (S. 11).

895 Jutzi DÖV 1992, 650, 655; Britz DVBl. 1998, 1167, 1168.

896 Maurer Allgemeines Verwaltungsrecht, § 22 Rn. 38.

897 Jarass/Pieroth GG, Art. 87 Rn. 13; Maunz/Dürig GG, Art. 87 Rn. 233 ff.

898 BVerfGE 14, 197, 211; NJW 2004, 2213, Anm. Sachs JuS 2004, 910 (dort auch zum Wahlrecht zwischen Art. 87 Abs. 3 S. 1 GG und Art. 87 Abs. 1 S. 2 GG).

899 Britz DVBl. 1998, 1167, 1173 m.w.N.

Somit ist das Energiespar-Bundesamt eine selbstständige Bundesoberbehörde (ähnlich dem Umweltbundesamt). Seine Errichtung ist durch **einfaches Bundesgesetz** möglich, wobei nicht einmal eine Zustimmung des Bundesrates erforderlich ist.[900]

III. Soweit **Außenstellen** errichtet werden sollen, geht dies über die Errichtung einer bloßen Bundesoberbehörde hinaus, wenn die Stellen, wie hier, gegenüber dem Bürger Verwaltungsaufgaben wahrnehmen sollen. Die Schaffung einer Verwaltungsorganisation mit Instanzenzug ist nach **Art. 87 Abs. 3 S. 2 GG** nur unter ganz engen Voraussetzungen möglich.[901] **467**

Art. 87 Abs. 3 S. 2 GG erfasst nur selbstständige Behörden und greift daher nicht ein, wenn lediglich unselbstständige Abteilungen einer Bundes(ober)behörde errichtet werden sollen, die nicht nach außen handeln sollen.[902]

1. Auch hier ist zunächst erforderlich, dass dem **Bund** die **Gesetzgebung** zusteht. Die Außenstellen sollen Verbraucherberatung betreiben. **468**

   a) Eine spezielle Gesetzgebungskompetenz für die Verbraucherberatung, insbesondere auf dem Energiesektor, steht dem Bund nicht zu.

   b) In Betracht kommt lediglich, diese dem Recht der Wirtschaft (Art. 74 Abs. 1 Nr. 11 GG) kraft Sachzusammenhangs zuzuordnen. Dabei muss es jedoch um die Regelung des wirtschaftlichen Lebens und der wirtschaftlichen Betätigung „als solche" gehen.[903]

   Dazu gehört die Beratung der Verbraucher nicht. Zwar wirkt sich die Verbraucherberatung auf die Wirtschaft aus. Solche Auswirkungen können aber zur Begründung einer Gesetzgebungskompetenz nach Art. 74 Abs. 1 Nr. 11 GG nicht ausreichen, da andernfalls fast jede gesetzliche Regelung zum Recht der Wirtschaft zu zählen wäre.

   c) Auch auf die in Art. 74 Abs. 1 Nr. 11 GG ausdrücklich erwähnte „Energiewirtschaft" hat die Verbraucherberatung lediglich mittelbare Auswirkungen. Somit verfügt der Bund nicht über die Gesetzgebungszuständigkeit.

2. Außerdem fehlt es an den weiteren Voraussetzungen des Art. 87 Abs. 3 S. 2 GG:

   a) Zwar lässt sich noch die Auffassung vertreten, die Energiesparberatung sei eine **neue Aufgabe**.

   b) Jedoch besteht keinesfalls ein **dringender Bedarf** dafür, dass diese Aufgabe gerade durch neue Bundesbehörden wahrgenommen wird. Vielmehr erscheint es weitaus vernünftiger, diese Aufgaben bereits vorhandenen Bundesbehörden zuzuteilen.

---

900 Britz DVBl. 1998, 1167, 1170 m.w.N. insbesondere zur Entstehungsgeschichte.

901 BVerfG NJW 2004, 2213.

902 Vgl. Krebs JuS 1989, 745, 748 m.w.N.

903 BVerfG NJW 1981, 329, 332 m.w.N.

c) Deshalb kann auch nicht davon ausgegangen werden, dass für das (mit der Mehrheit der Mitglieder des Bundestags zu beschließende) **Bundesgesetz** die erforderliche **Zustimmung des Bundesrats** erteilt würde.

Ergebnis: Die Errichtung eines Energiespar-Bundesamtes als selbstständige Bundesoberbehörde ist zulässig, nicht jedoch die Schaffung von Außenstellen.

E. Ungeschriebene Verwaltungszuständigkeiten des Bundes

Fall 21: Die Einbürgerung von Auslands-Ausländern

In das Staatsangehörigkeitsgesetz soll ein § 30 eingefügt werden, wonach für die Einbürgerung von Ausländern, die ihren ständigen Wohnsitz im Ausland haben, das Bundesverwaltungsamt zuständig ist. Die Inanspruchnahme der Verwaltungskompetenz durch den Bund wird wie folgt begründet:

1. Da Staatsangehörigkeitsfragen Bedeutung im Verhältnis zu anderen Staaten haben, bestehe ein Sachzusammenhang mit der Bundeszuständigkeit für die auswärtigen Beziehungen (Art. 32 Abs. 1 GG) und dem auswärtigen Dienst (Art. 87 Abs. 1 S. 1 GG).

2. Die Verleihung der deutschen Staatsangehörigkeit gelte notwendigerweise für die ganze Bundesrepublik und könne daher auch nur bundeseinheitlich, also von einer Bundesbehörde, ausgesprochen werden. Die derzeitige Praxis der Einbürgerung durch Landesbehörden funktioniere nur deshalb, weil vorher die Zustimmung des Bundesinnenministeriums eingeholt wird.

3. Schließlich ließe sich in dem Fall, dass ein im Ausland wohnender Ausländer seine Einbürgerung betreibt, bei Annahme einer Landeskompetenz nicht feststellen, welches Land überhaupt zuständig ist.

Hat der Bund die Verwaltungskompetenz?

469 Der Bund müsste die **Kompetenz** haben, die vorgeschlagene Regelung zu treffen.

I. Bezüglich der materiellen Regelung der Einbürgerung im StAG verfügt der Bund gemäß Art. 73 Abs. 1 Nr. 2 GG über die **ausschließliche Gesetzgebungszuständigkeit**.

II. Trifft der Bund in einem Gesetz aber nicht nur materielle Regelungen, sondern bestimmt er auch **Organisations- und Verwaltungsfragen** (hier Festlegung der zuständigen Behörde), so reicht die Zuständigkeit nach den Art. 70 ff. GG hierzu nicht aus. Bezüglich der verfahrensrechtlichen Fragen bedarf es vielmehr einer (zusätzlichen) Verwaltungskompetenz gemäß den Art. 83 ff. GG (s.o.).

1. Da es sich um die Einbürgerung von im Ausland lebenden Personen handelt, könnte an Art. 87 Abs. 1 S. 1 GG (Auswärtiger Dienst) angeknüpft werden. Jedoch geht es nicht um **auswärtige Angelegenheiten**, da Staatsangehörigkeitsfragen vor allem innerstaatliche Bedeutung haben. Auch der beabsichtigte § 30 will diese Aufgabe nicht etwa dem Auswärtigen Amt oder einer diesem unterstellten

Dienststelle übertragen, sondern dem Bundesverwaltungsamt, einer zur inneren Verwaltung gehörenden Behörde. Somit greift der Gesichtspunkt des Sachzusammenhangs mit dem Auswärtigen Dienst nicht durch. Argument 1. ist damit unzutreffend.

2. Es könnte eine **ungeschriebene Verwaltungszuständigkeit** des Bundes eingreifen. Ebenso wie bei der Gesetzgebung stellt sich dieses Problem auch bei der Ausführung von Gesetzen. **470**

Wie bei der Gesetzgebung ist eine solche Kompetenz auch bei der Verwaltung, wenngleich nur in engen Grenzen, anzuerkennen.[904]

a) Im Vordergrund steht auch hier die Zuständigkeit **kraft Sachzusammenhangs**. Die **Verwaltungskompetenz des Bundes umfasst** in Anlehnung an die zu den ungeschriebenen Gesetzgebungskompetenzen entwickelten Grundsätze kraft Sachzusammenhangs **auch diejenigen Gegenstände, die für eine wirksame Aufgabenerfüllung unerlässlich** sind. Ein solcher Sachzusammenhang kann im Hinblick auf die grundsätzliche Länderzuständigkeit (Art. 30, 70, 83 GG) **nur dort** anerkannt werden, wo die Sachgesetzlichkeiten einer Materie die Aufgabenerfüllung durch den Bund gebieten. Anders ausgedrückt muss ein **notwendiger Zusammenhang** zwischen der Bundeskompetenz und dem Sachbereich, auf den sie sich erstrecken soll, bestehen.[905]

Beispiel: Aus der Verwaltungszuständigkeit des Bundes für die Bundeswehr (Art. 87 b GG) ergibt sich die Verantwortlichkeit des Bundes auch für die Sicherheit der Anlagen der Bundeswehr, aber nur, soweit dies zur Erfüllung des Verteidigungsauftrags der Bundeswehr konkret geboten ist, d.h., dass der Bund die Kompetenz in Bezug auf „militärspezifische Gefahren hat, während die Vorkehrungen für das allgemeine, jedermann treffende Risiko von Brand- und Unglücksfällen den Ländern obliegen".[906]

Gegenbeispiel: Kosten für die Unterbringung von Asylbewerbern auf dem Flughafengelände: Keine Verwaltungskompetenz des Bundes kraft Annex bzw. Sachzusammenhangs zu Art. 87 Abs. 1 S. 2 Hs. 1 GG (Bundesgrenzschutz) oder zu Art. 87 Abs. 3 S. 1 Fall 1 GG, §§ 5, 18 a AsylVfG (Bundesamt für Migration und Flüchtlinge).[907]

Mangels notwendigen Sachzusammenhangs mit einer anderen Verwaltungskompetenz des Bundes greift dieser Gesichtspunkt hier nicht durch.

b) In Betracht kommt aber eine Zuständigkeit kraft **Natur der Sache**. Eine solche Zuständigkeit ist – wie bei der Gesetzgebung – nur anzunehmen, wenn eine Frage **begriffsnotwendig und zwingend** nur vom Bund sachgerecht geregelt werden kann. Die Grenzen einer Verwaltungskompetenz kraft Natur der Sache sind jedoch besonders eng zu ziehen. **Keinesfalls ist ausreichend** das **bloße Interesse an einer gleichmäßigen Verwaltung** oder dass im Einzelfall eine Ausführung des Gesetzes durch den Bund **zweckmäßiger** wäre.[908] **471**

---

904 BVerfGE 22, 180, 217; BVerwG DVBl. 1997, 954; Maunz/Dürig GG, Art. 83 Rn. 49 ff.

905 BVerwG DVBl. 1997, 954, 954 f.

906 BVerwG DVBl. 1997, 954, 955.

907 BGH NVwZ 1999, 801.

908 Maunz/Dürig GG, Art. 83 Rn. 49.

aa) Entsprechend der Begründung zu 2. könnte man eine Bundeszuständigkeit kraft Natur der Sache mit Rücksicht darauf annehmen, dass die Einbürgerung **notwendigerweise** im ganzen Bundesgebiet wirkt, also **überregionale Bedeutung** hat. Würde die von einer Landesbehörde durch Verwaltungsakt vorgenommene Einbürgerung Rechtswirkungen nur innerhalb des Landes auslösen, so stünde zwingend fest, dass eine im ganzen Bundesgebiet wirkende Einbürgerung nur von einer Bundesbehörde ausgesprochen werden könnte.

472 (1) Grundsätzlich beschränken sich die Rechtswirkungen eines Aktes der Staatsgewalt auf das Staatsgebiet, für das die Staatsgewalt zuständig ist (Territorialprinzip).

Das gilt für Gesetze, Verwaltungsakte und gerichtliche Urteile. Beispielsweise hat das auf Landesrecht gestützte Abiturzeugnis Wirkungen zunächst nur in dem Bundesland, dessen Schule das Zeugnis ausgegeben hat. Zum Studium an der Hochschule in einem anderen Bundesland berechtigt es erst aufgrund der Vereinbarungen zwischen den Bundesländern über die gegenseitige Anerkennung von Reifezeugnissen.[909]

473 (2) Anders ist es, wenn im Bundesstaat die Länder Bundesrecht ausführen (Art. 83 GG). **Im Bundesstaat deckt sich der räumliche Geltungsbereich eines Verwaltungsakts mit dem Geltungsbereich der Rechtsnorm**, auf die die Maßnahme gestützt ist. Ein Land ist in seiner Verwaltungshoheit grundsätzlich auf sein eigenes Gebiet beschränkt.[910] Es liegt aber im Wesen des landeseigenen Vollzugs von Bundesgesetzen, dass der zum Vollzug ergangene VA grundsätzlich im ganzen Bundesgebiet Geltung hat.[911]

So gilt z.B. eine von einer (Landes-)Straßenverkehrsbehörde auf der Grundlage des StVG erteilte Fahrerlaubnis auch in den anderen (Bundes-)Ländern. Auch Verwaltungsakte der DDR gelten nach Art. 19 S. 1 EV grundsätzlich im gesamten (erweiterten) Bundesgebiet fort, ebenso wie dies auch für VAe zutrifft, die von der Behörde eines alten Bundeslandes erlassen worden sind.[912]

Da die Einbürgerung auf das bundesrechtliche StAG gestützt ist, gilt sie auch dann bundeseinheitlich, wenn sie von einer Landesbehörde (in der Regel Bezirksregierung) ausgesprochen wird. Das Argument zu 2. ist also ebenfalls unrichtig; aus diesem Gesichtspunkt lässt sich eine Bundeszuständigkeit kraft Natur der Sache nicht herleiten.

Vgl. auch das BVerfG[913] zur Verneinung einer Zuständigkeit des Bundes für die Gründung einer **Deutschland-Fernsehen-GmbH** unter mehrheitlicher Beteiligung des Bundes: Funkwellen halten sich nicht an Ländergrenzen. Insofern zeitigt die Veranstaltung und Ausstrahlung von Rundfunkprogrammen Wirkungen, die man als ‚überregional' bezeichnen mag. Diese physikalische Überregionalität ist aber nicht geeignet, eine natürliche Bundeszuständigkeit zu begründen.

909 BVerwG DÖV 1979, 751; BayVGH NJW 1981, 1973; Bleckmann NVwZ 1986, 1 ff.
910 Maunz/Dürig GG, Art. 83 Rn. 53.
911 BVerfGE 11, 6, 19.
912 BVerwG DVBl. 1998, 472; Weber NJW 1998, 197, 199.
913 BVerfGE 12, 205, 251.

bb) Eine Zuständigkeit kraft Natur der Sache wird aber bei solchen Maßnahmen angenommen, bei denen eine **Anknüpfungsmöglichkeit für die Länderzuständigkeit nicht vorhanden** ist und die daher ihrer Art nach nur dem Bund zugeordnet werden können.

Beispiele: Einbürgerung eines Ausländers, der im Ausland lebt (vgl. § 14 StAG); die geheime Nachrichtenbeschaffung aus dem Ausland (Bundesnachrichtendienst); Verbot einer überregionalen Vereinigung (§ 3 Abs. 2 Nr. 2 VereinsG)[914]

Im vorliegenden Fall ist daher ausnahmsweise von einer Bundeszuständigkeit kraft Natur der Sache auszugehen, da bei einem im Ausland lebenden Ausländer kein Anknüpfungspunkt für eine Länderzuständigkeit besteht. Der Bund könnte also die in § 30 vorgeschlagene Regelung treffen.

---

5. Abschnitt: Mischverwaltung – Gemeinschaftsaufgaben – Verwaltungszusammenarbeit

A. Trotz des mannigfachen Zusammenwirkens von Bund und Ländern im Bereich der Gesetzgebung und Verwaltung folgt das GG dem Grundprinzip, wonach Bund und Länder sowohl bezüglich ihrer Organisation als auch ihrer Aufgabenerfüllung getrennt bleiben **(Trennungsprinzip)**. Auch die im GG **abschließend** geregelten Verwaltungstypen entsprechen diesem Grundsatz. Daraus folgt das grundsätzliche **Verbot einer Mischverwaltung.**[915] **474**

Unzulässig ist insbesondere die Schaffung eines Instanzenzuges zwischen Bundes- und Landesbehörden. Keine unzulässige Mischverwaltung liegt dagegen vor, wenn Bund und Länder die Ausübung ihrer staatlichen Befugnisse lediglich aufeinander abstimmen (kooperativer Föderalismus).

Das Verbot der Mischverwaltung schließt es nicht aus, nach Aufteilung einer Aufgabe in verschiedene Teilbereiche einen Teil dem Bund und einen anderen Teil dem Vollzug des Landes zu unterstellen.[916]

B. Eine gewisse **Ausnahme** vom Verbot der Mischverwaltung bilden die sog. **Gemeinschaftsaufgaben** und die Verwaltungszusammenarbeit nach Art. 91 a–e GG.

C. Rechtlich noch weitgehend ungeklärt sind die sog. **gemeinsamen Abwehrzentren**, in denen entsandte Beamte von Sicherheitsbehörden des Bundes und der Länder im Rahmen eines informationellen Netzwerks zusammenarbeiten.[917]

Beispiele: Gemeinsames Terrorismusabwehrzentrum (GTAZ), gemeinsames Abwehrzentrum gegen Rechtsextremismus und Rechtsterrorismus (GAR, seit 15.11.2011 zusammengefasst im gemeinsamen Extremismus- und Terrorismusabwehrzentrum [GETZ])

---

914 Vgl. BVerfGE 22, 180, 217; BVerwGE 80, 299, 302; OVG Hamburg DÖV 1982, 86.

915 BVerfG NVwZ 2007, 942, 944; NVwZ 2008, 183; Maunz/Dürig GG, Art. 87, Rn. 54; Art. 91 a Rn. 6; Gröpl Staatsrecht I, Rn. 1345; Ipsen Staatsrecht I, Rn. 669 ff.; Degenhart Staatsorganisationsrecht, Rn. 516 ff.; Morlok/Michael Staatsorganisationsrecht, Rn. 486 Fn. 78; Wolff JA 2008, 317; Sachs JuS 2008, 367.

916 BVerfG NVwZ 1998, 495, 499.

917 Heintzen ZRP 2016, 66, 68.

Relevant in diesem Zusammenhang sind im Wesentlichen drei Problemfelder:

- Demokratische Legitimation, insbesondere transparente und nachvollziehbare Zuständigkeitsverteilung.
- Parlamentarische Kontrolle der jeweils beteiligten Sicherheitsbehörden, insbesondere der Geheimdienste.
- Vereinbarkeit mit dem sog. **Trennungsgebot** zwischen Polizei und Nachrichtendiensten

  Das Trennungsgebot wird in diesem Zusammenhang überwiegend abgeleitet aus dem Bundesstaatsprinzip (grundsätzlich klare Trennung von Landes- und Bundesbehörden), dem Rechtsstaatsprinzip (kein Staat im Staate wie in der NS-Diktatur oder der DDR-Diktatur) und den jeweils betroffenen Grundrechten, insbesondere dem Grundrecht auf informationelle Selbstbestimmung als Unterfall des allgemeinen Persönlichkeitsrechts aus Art. 2 Abs. 1, 1 Abs. 1 GG.[918] Daher dürfen als Folge des informationellen Trennungsprinzips personenbezogene Daten zwischen Polizeibehörden und Nachrichtendiensten grundsätzlich nicht ausgetauscht werden.[919]

918 Vgl. im Einzelnen Rathgeber DVBl. 2013, 1009 m.w.N.

919 BVerfG NJW 2013, 1499, 1505 Rn. 123.

475

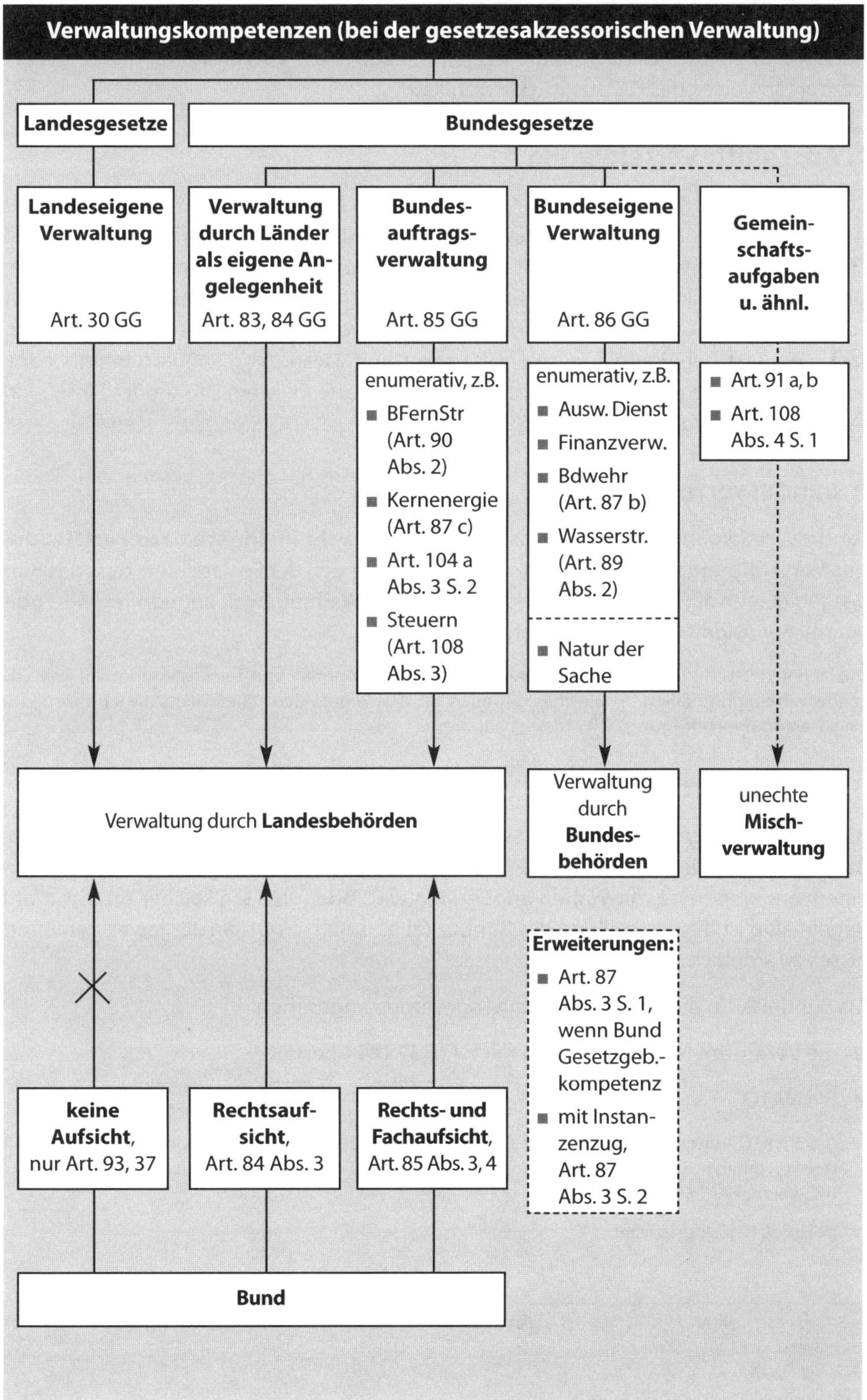
Verwaltungskompetenzen (bei der gesetzesakzessorischen Verwaltung)
Landesgesetze
Bundesgesetze
Landeseigene Verwaltung
Art. 30 GG
Verwaltung durch Länder als eigene Angelegenheit
Art. 83, 84 GG
Bundesauftragsverwaltung
Art. 85 GG
Bundeseigene Verwaltung
Art. 86 GG
Gemeinschaftsaufgaben u. ähnl.
enumerativ, z.B.
BFernStr (Art. 90 Abs. 2)
Kernenergie (Art. 87 c)
Art. 104 a Abs. 3 S. 2
Steuern (Art. 108 Abs. 3)
enumerativ, z.B.
Ausw. Dienst
Finanzverw.
Bdwehr (Art. 87 b)
Wasserstr. (Art. 89 Abs. 2)
Natur der Sache
Art. 91 a, b
Art. 108 Abs. 4 S. 1
Verwaltung durch Landesbehörden
Verwaltung durch Bundesbehörden
unechte Mischverwaltung
Erweiterungen:
Art. 87 Abs. 3 S. 1, wenn Bund Gesetzgeb.-kompetenz
mit Instanzenzug, Art. 87 Abs. 3 S. 2
keine Aufsicht, nur Art. 93, 37
Rechtsaufsicht, Art. 84 Abs. 3
Rechts- und Fachaufsicht, Art. 85 Abs. 3, 4
Bund

11. Teil: Einsatz der Bundeswehr

Nach Art. 87 a Abs. 2 GG dürfen die Streitkräfte außer **zur Verteidigung** nur eingesetzt werden, soweit es das GG ausdrücklich zulässt.

1. Abschnitt: Verteidigung

476 Zu dem durch Art. 87 a Abs. 2 Hs. 1 GG legitimierten Einsatz der Bundeswehr zur Verteidigung gehören die **Landesverteidigung** und die **Bündnisverteidigung**. Ein solcher **Einsatz** liegt vor, wenn die Streitkräfte unter Nutzung ihrer spezifischen militärischen Organisationsstruktur und der ihnen insoweit zur Verfügung stehenden Mittel hoheitlich tätig werden, unabhängig von der Frage der Bewaffnung.[920] Allerdings liegt ein Einsatz nicht erst bei einem konkreten Vorgehen mit Zwang vor, sondern bereits dann, wenn persönliche oder sachliche Mittel der Streitkräfte in ihrem Droh- oder Einschüchterungspotenzial genutzt werden.[921]

A. Landesverteidigung

477 Landesverteidigung meint den Einsatz der Bundeswehr **im Innern nach Feststellung des Verteidigungsfalles** gemäß Art. 115 a GG, d.h. nach der Feststellung, dass das Bundesgebiet (von außerhalb der Landesgrenzen) mit Waffengewalt angegriffen wird oder ein solcher Angriff unmittelbar droht.

Unklar und umstritten ist, ob und inwieweit auch drohende Angriffe von Terroristengruppen unter die Landesverteidigung fallen.[922] Gleiches gilt auch für den Schutz deutscher Staatsbürger im Ausland (sog. **Personalverteidigung**).[923]

B. Bündnisverteidigung

478 Bündnisverteidigung bedeutet, dass **ein Mitgliedstaat eines Bündnisses**, dem die Bundesrepublik Deutschland im Rahmen völkerrechtlicher Verträge beigetreten ist, von einem anderen Staat mit Waffen angegriffen wird oder dass ein solcher Angriff droht. Regelmäßig ist die Feststellung des Bündnisfalles durch ein Organ des jeweiligen Bündnisses erforderlich.

Als Bündnisse in diesem Zusammenhang werden angesehen

- die **Vereinten Nationen (UNO)** nach Art. 51 UN-Charta,
- die **NATO**

  Art. 5 NATO-Vertrag: Die Parteien vereinbaren, dass ein bewaffneter Angriff gegen eine oder mehrere von ihnen in Europa oder Nordamerika als ein Angriff gegen sie alle angesehen werden wird; ... (Verweis auf Art. 51 UN-Charta).

  Beispiel: ISAF/Afghanistan[924]

---

920 Sodan-Schmahl Art. 87 a GG Rn. 6; vgl. a. die ausführliche Definition in § 2 ParlamentsbeteiligungsG (PBG).

921 BVerfG NVwZ 2013, 713.

922 Vgl. Sodan a.a.O. m.w.N.

923 Pudlas/Brinkmann Jura 2012, 426.

924 BVerfG RÜ 2007, 434; NVwZ 2007, 1039; Anm. Sachs JuS 2008, 165.

- die **Europäische Union (EU)**

  Art. 42 Abs. 7 UAbs. 1 EUV: Im Falle eines bewaffneten Angriffs auf das Hoheitsgebiet eines Mitgliedstaates schulden die anderen Mitgliedstaaten ihm alle in ihrer Macht stehende Hilfe und Unterstützung im Einklang mit Art. 51 der Charta und der Vereinten Nationen.[925]

2. Abschnitt: Andere Einsätze

Andere Einsätze der Bundeswehr sind gemäß Art. 87 a Abs. 2 GG **nur dann zulässig**, wenn sie im GG **ausdrücklich** zugelassen werden. **479**

A. Einsatz im Ausland gemäß Art. 24 Abs. 2 GG

Ein Auslandseinsatz der Streitkräfte ist außer im Verteidigungsfall nur in einem **System gegenseitiger kollektiver Sicherheit** erlaubt (Art. 24 Abs. 2 GG).[926] Dazu können auch **Bündnisse kollektiver Selbstverteidigung** gehören, wenn und soweit sie strikt auf die Friedenswahrung verpflichtet sind.[927] **480**

Unter Art. 24 Abs. 2 GG fällt danach die **UNO**, nach Auffassung des BVerfG auch die **NATO** und wegen entsprechender Zielsetzungen wohl auch die **EU** im Rahmen ihrer gemeinsamen Sicherheits- und Verteidigungspolitik (vgl. Art. 42 ff. EUV).[928]

Im Vordergrund stehen in diesem Zusammenhang zunächst friedensstiftende oder friedenssichernde Maßnahmen zur **Durchsetzung von UN-Resolutionen**.

Beispiele: UN-Friedenstruppe („Blauhelme", Somalia-Einsatz)[929] oder unter Führung der **NATO** (KFOR/Kosovo).[930]

Zulässig sind aber auch Einsätze der Bundeswehr **im Rahmen der NATO ohne entsprechende UN-Resolution**, sofern diese ausschließlich der Friedenswahrung oder Friedenssicherung dienen.[931]

Beispiele: Einsatz **zur Verhinderung einer humanitären Katastrophe** (Jugoslawien),[932] Einsatz **aufgrund von Art. 4 NATO-Vertrag** (aufgrund einer Konsultation eines Mitgliedstaats, AWACS II/Türkei).[933]

B. Einsatz im Ausland nach Regeln der EU

Unklar und umstritten ist, auch im Rahmen von UN-Resolutionen, inwieweit der Einsatz der Bundeswehr im Ausland nach Vorschriften des EUV bzw. des AEUV zulässig ist.[934] Insbesondere ist unklar, ob die erforderliche Ermächtigung sich aus Art. 23 GG ergibt **481**

---

925 Zu Einzelheiten der kollektiven Beistandspflicht der Mitgliedstaaten vgl. BVerfGE 123, 267 (Lissabonvertrag Ziff. 384 f.); Wiefelspütz DÖV 2010, 73.

926 So ausdrücklich BVerfGE 123, 267 (Lissabonvertrag Ziff. 254); zu den möglichen Auswirkungen dieser Formulierung vgl. ausführlich Gramm DVBl. 2009, 1476.

927 BVerfG a.a.O., Leitsatz 5 b.

928 BVerfG a.a.O., Leitzsatz 1.

929 BVerfG NJW 1994, 2207 Anm. Sachs JuS 1995, 163.

930 BVerfG NVwZ-RR 2010, 41; Anm. Sachs JuS 2010, 89.

931 Sodan-Schmahl Art. 87 a GG Rn. 8.

932 BVerfG NJW 1999, 2030 Anm. Sachs JuS 2000, 86.

933 BVerfG RÜ 2008, 385; NJW 2008, 2018; Anm. Sachs JuS 2008, 829.

934 Vgl. dazu BVerfGE 123, 267 Ziff. 254 f., 381 f.; Anm. Wiefelspütz DÖV 2010, 73; Gramm DVBl. 2009, 1476.

oder ob diese Norm durch den insofern spezielleren Art. 24 Abs. 2 GG auch in diesen Fällen verdrängt wird.[935]

Neben einem Einsatz der Bundeswehr im Rahmen von Art. 42 Abs. 7 UAbs. 1 EUV sind noch folgende Einsatzkonstellationen möglich.

482 ■ **Gemeinsame Aktionen des Rates** gemäß Art. 28, 38 Abs. 3, 41 Abs. 3 EUV

Beispiel: Gemeinsame Aktion 2008/851/GASP des Rates vom 10.11.2008 über die Militäroperation der europäischen Union als Beitrag zur Abschreckung, Verhütung und Bekämpfung von seeräuberischen Handlungen und bewaffneten Raubüberfällen vor der Küste Somalias[936]

483 ■ **Abwehr von Terroranschlägen** auf dem Hoheitsgebiet der EU-Mitgliedstaaten gemäß Art. 222 AEUV (Solidaritätsklausel)[937]

Die Beistandsklausel des Art. 42 Abs. 7 EUV und die Solidaritätsklausel des Art. 222 AEUV stehen im Zusammenhang. Danach handeln die EU und die Mitgliedstaaten gemeinsam im Geiste der Solidarität (einschließlich militärischer Mittel), wenn ein Mitgliedstaat z.B. von einem Terroranschlag betroffen ist. Im Unterschied zu Art. 222 AEUV, der an die EU und die Mitgliedsstaaten gerichtet ist und sich daher auf das Territorium der Mitgliedstaaten beschränkt, bezieht sich der allein an die Mitgliedstaaten gerichtete Art. 42 Abs. 7 EUV auch auf das auswärtige Handeln und einen Angriff im Sinne von Art. 51 UN-Charta.

C. Einsätze der Bundeswehr im Inland

484 Da nach Art. 87 a Abs. 2 Hs. 2 GG ein Einsatz der Bundeswehr, der nicht oder nicht eindeutig zur Verteidigung erfolgt, verboten ist und nur ausnahmsweise erlaubt ist, sofern das GG ausdrücklich den Streitkräften bestimmte Befugnisse zuordnet (sog. **Verfassungsvorbehalt**), kommen als Grundlage für einen Einsatz der Bundeswehr **nur** Art. 87 a Abs. 3 und 4 GG sowie Art. 35 Abs. 2 S. 2 und Art. 35 Abs. 3 S. 1 GG in Betracht.

Dies soll verhindern, dass für einen Einsatz der Streitkräfte ungeschriebene Zuständigkeiten aus der Natur der Sache abgeleitet werden. Maßgeblich für die Auslegung und Anwendung des Art. 87 a Abs. 2 GG ist daher das Ziel, die Möglichkeiten für einen Einsatz der Bundeswehr im Innern durch das **Gebot strikter Texttreue** zu begrenzen.[938]

I. Äußerer und innerer Notstand, Art. 87 a Abs. 3, 4 GG

485 Nach Art. 87 a Abs. 3, 4 GG können die Streitkräfte im Innern insbesondere **zum Objektschutz** und **zur Verkehrsregelung** eingesetzt werden, wenn

- ein **Verteidigungsfall** oder
- ein **Spannungsfall** (Zustand erhöhter internationaler Spannungen, der einem möglichen Verteidigungsfall unmittelbar vorausgeht) oder
- ein **innerer Notstand** besteht (Bestand des Bundes/eines Landes bedroht; freiheitlich demokratische Grundordnung bedroht).

Beispiele: Bürgerkrieg, Militärputsch

---

935 Zur letzteren Auffassung neigt BVerfGE 123, 26 Ziff. 388.

936 ABl. L 301 v. 12.11.2008, S. 33–37; kritisch zu diesem Einsatz Aust DVBl. 2012, 484; bejahend VG Köln, Urt. v. 11.11.2011 – 25 K 4280/09.

937 Vgl. dazu Hölscheid/Limpert JA 2009, 86, 87.

938 BVerfG RÜ 2012, 649; BVerfG NJW 1994, 2207.

II. Regionaler Katastrophennotstand, Art. 35 Abs. 2 S. 2 GG

Nach Art. 35 Abs. 2 S. 2 GG kann die Polizei im Wege der Amtshilfe die Streitkräfte anfor- **486**
dern, wenn ein **Katastrophenfall** oder ein **besonders schwerer Unglücksfall** gegeben ist.

Nach Auffassung des BVerfG und der wohl h.Lit. ist der Begriff weit auszulegen. Danach ist unter einem besonders schweren Unglücksfall ein Schadensereignis von großem Ausmaß zu verstehen, das – wie ein schweres Flugzeug- oder Eisenbahnunglück, ein Stromausfall mit Auswirkungen auf lebenswichtige Bereiche der Daseinsvorsorge oder der Unfall in einem Kernkraftwerk – wegen seiner Bedeutung in besonderer Weise die Öffentlichkeit berührt und auf menschliches Fehlverhalten oder technische Unzulänglichkeiten zurückgeht.[939] Dabei wird unter Unglücksfall auch ein Ereignis verstanden, dessen Eintritt auf den Vorsatz von Menschen zurückgeht.[940] Schließlich werden auch Vorgänge erfasst, die den Eintritt einer Katastrophe mit an Sicherheit grenzender Wahrscheinlichkeit erwarten lassen.

Diskutiert wird insofern insbesondere, ob ein **terroristischer Angriff einen besonders schweren Unglücksfall i.S.d. Art. 35 Abs. 2 S. 2 GG darstellt**. Das BVerfG hat in einem Plenarbeschluss vom 03.07.2012[941] klargestellt, dass der Einsatz von Streitkräften in äußersten Ausnahmefällen als ultima ratio zulässig ist, wenn eine **katastrophische Dimension** erreicht wird.

Dementsprechend äußerte sich die Bundesministerin der Verteidigung am 19.11.2015, der bestehende Gesetzesrahmen lasse es zu, bei katastrophischen Umständen wie einem terroristischen Angriff die Bundeswehr tatsächlich auch einzusetzen.

Rechtsfolge von Art. 35 Abs. 2 S. 2 GG ist, dass das Land Kräfte und Einrichtungen der Streitkräfte **zur Hilfe** anfordern kann. Im Rahmen dieser Hilfe können die Streitkräfte grundsätzlich auch spezifisch militärische Waffen verwenden.[942]

3. Abschnitt: Entscheidungs-/Entsendebefugnis und Kommandogewalt

Ist ein Einsatz der Bundeswehr verfassungsrechtlich zulässig ist weiter zu klären, wer in **487**
welchem Verfahren über den Einsatz der Bundeswehr entscheidet (sog. **Entsendebefugnis**) bzw. wer im Einzelnen über die Modalitäten des Einsatzes entscheidet (sog. **Kommandogewalt**).

A. Entsendebefugnis

Grundsätzlich entscheidet über den Einsatz der Bundeswehr die **Bundesregierung**, **488**
und zwar über Auslandseinsätze im Rahmen der Gestaltung und Ausübung der auswärtigen Gewalt bzw. im Rahmen des sog. bündnis-politischen Ermessens.

939 BVerfG NJW 2006, 751, 754.
940 BVerfG NJW 2006, 751, 755.
941 BVerfG RÜ 2012, 649, 652.
942 BVerfG RÜ 2012, 649, 652.

Eine **Ausnahme** besteht beim Einsatz **bewaffneter** Streitkräfte im Ausland. In diesem Fall besteht – abgesehen von Art. 115 a Abs. 1 GG – ein ungeschriebener **wehrverfassungsrechtlicher Parlamentsvorbehalt.**[943]

Zur Begründung wird zunächst darauf hingewiesen, dass der Einsatz von Streitkräften für individuelle Rechtsgüter der Soldatinnen und Soldaten sowie anderer von militärischen Maßnahmen Betroffener **wesentlich** ist und die Gefahr tiefgreifender Verwicklungen in sich birgt.[944] Des Weiteren wird eine Zusammenschau von verschiedenen Regelungen des Grundgesetzes herangezogen, die sich unmittelbar oder mittelbar auf die Bundeswehr beziehen (Art. 45 a, 45 b, 87 a Abs. 1 S. 2, 115 a Abs. 1 GG).[945] Außerdem ergebe sich aus diesen Vorschriften sowie aus der historischen Entwicklung der Streitkräfte die Feststellung, dass die Bundeswehr ein **Parlamentsheer** sei.[946]

Der Parlamentsvorbehalt gilt auch bei bewaffneten Einsätzen der Bundeswehr im Rahmen der europäischen Union, ist also **integrationsfest.**[947]

Die Bundesregierung muss eine erneute Zustimmung des Deutschen Bundestages zu einem Streitkräfteeinsatz herbeiführen, wenn tatsächliche oder rechtliche Umstände wegfallen, die der Zustimmungsbeschluss als notwendige Bedingungen für einen Einsatz nennt.[948]

489 **II.** Der ungeschriebene wehrverfassungsrechtliche Parlamentsvorbehalt ist seit 2005 einfach-gesetzlich konkretisiert durch das **Parlamentsbeteiligungsgesetz** (ParlBG).

Gemäß § 1 Abs. 2 ParlBG bedarf der Einsatz bewaffneter deutscher Streitkräfte außerhalb des Geltungsbereichs des Grundgesetzes der Zustimmung des Bundestags, sofern keine Gefahr im Verzug besteht (§ 5 ParlBG). § 2 ParlBG regelt im Einzelnen wann ein Einsatz bewaffneter Streitkräfte vorliegt und wann nicht; § 8 ParlBG regelt ein Rückholrecht des Bundestags.

Klausurhinweis: *Die Nichtbeachtung des Parlamentsvorbehalts verletzt u.a. Rechte der Abgeordneten aus Art. 38 Abs. 1 S. 2 GG und kann im Organstreitverfahren gemäß Art. 93 Abs. 1 Nr. 2 GG geltend gemacht werden.*

B. Kommandogewalt

490 Über die **Modalitäten des Einsatzes** im Einzelnen (Zeitpunkt, Truppenstärke etc.) entscheidet grundsätzlich die **Bundesregierung** (Art. 65 a, 115 b GG). Etwas anderes gilt nur in Fällen der Bündnisverteidigung oder bei Einsätzen im Rahmen von Art. 24 Abs. 2 GG, wo die Kommandogewalt auch bei einem Kommandostab des Bündnispartners (NATO, UN, EU) liegen kann.

---

943 Umstritten ist die Geltung des wehrverfassungsrechtlichen Parlamentsvorbehalts beim Einsatz bewaffneter Streitkräfte im Inland vgl. dazu BVerfG RÜ 2010, 524; Ladiges NVwZ 2010, 1075; Sachs JuS 2010, 1036 m.w.N.

944 BVerfGE 123, 267 (Ziff. 254).

945 Vgl. i.E. BVerfGE 90, 286, 357 f.; Morlok/Michael Staatsorganisationsrecht, Rn. 237 Fn. 126 f.

946 BVerfGE 90, 286, 382; 123, 267 – Ziff. 254.

947 BVerfGE 123, 267 – Ziff. 255.

948 BVerfG NVwZ-RR 2010, 41; Anm. Sachs JuS 2010, 89; Wiefelspütz DVBl. 2010, 856.

Fall 22: Der wehrverfassungsrechtliche Parlamentsvorbehalt

Ab Mitte Februar 2011 eskalierte in Libyen der innenpolitische Konflikt zwischen der Regierung und deren Gegnern zu einem bewaffneten Aufstand gegen das Regime von Muammar al-Gaddafi. Der Krisenstab im Auswärtigen Amt befasste sich in täglichen Sitzungen mit den Entwicklungen und es wurden Vorbereitungen für mögliche Evakuierungen deutscher Staatsbürger per Luft oder über See getroffen. Dazu wurden auch Kräfte aus dem Heer, der Luftwaffe und der Marine zu einem Einsatzverband für militärische Evakuierungsoperationen zusammengeführt. Die an der Operation „Pegasus" beteiligten ca. 1.000 Soldatinnen und Soldaten sollten gegebenenfalls bedrohte deutsche Staatsbürger aus Libyen evakuieren und retten.

Am 24.02.2011 fiel im Auswärtigen Amt und im Bundesministerium der Verteidigung die Entscheidung, die Mitarbeiter deutscher Firmen umgehend von der Bundeswehr aus Libyen ausfliegen zu lassen. Nach Zustimmung der Bundeskanzlerin unterrichtete am Abend des 25.02.2011 der Bundesminister des Auswärtigen die Vorsitzenden der Fraktionen des Deutschen Bundestages über den bevorstehenden Einsatz. Bei der Evakuierung am Nachmittag des 26.02.2011 befanden sich bewaffnete Soldaten an Bord der beiden eingesetzten Transportflugzeuge. Diese waren mit einer Zusatzausstattung zum passiven Selbstschutz gegen Radarerfassung und Flugabwehrraketen ausgerüstet. Die Evakuierung, bei der 132 Personen ausgeflogen wurden, verlief ohne Zwischenfälle. Am 27.02.2011 unterrichtete daraufhin die Bundesregierung den Bundestag umfassend über den beendeten Streitkräfteeinsatz.

Die B-Fraktion des Bundestages meint, die Bundesregierung müsse zumindest nachträglich die Zustimmung des Bundestages einholen. Dagegen meint die Regierung, eine Zustimmung wäre bei Gefahr im Verzug überflüssig. Zudem habe es sich um einen humanitären Einsatz und nicht um einen Einsatz bewaffneter Streitkräfte gehandelt. War die Zustimmung des Bundestages erforderlich?

I. Nach der Konzeption des Grundgesetzes bedürfen **bewaffnete Einsätze der Streitkräfte** grundsätzlich der **vorherigen konstitutiven Zustimmung des Bundestages**. Dies wird insbesondere aus dem Gesamtzusammenhang der wehrverfassungsrechtlichen Vorschriften des Grundgesetzes (Art. 80 a, 115 a GG) und aus der Verfassungstradition hergeleitet, wonach die Streitkräfte als **Parlamentsheer** ausgestaltet sind. Daher ist die parlamentarische Mitwirkung sowohl für bewaffnete Außeneinsätze deutscher Soldaten innerhalb von Systemen gegenseitiger kollektiver Sicherheit (Art. 24 Abs. 2 GG), als auch allgemein für den Einsatz bewaffneter Streitkräfte, unabhängig von dessen materiell-rechtlicher Grundlage erforderlich (vgl. § 2 Abs. 1 und § 5 Abs. 1 Satz 2 ParlBG). Auch jeder unilaterale Auslandseinsatz bewaffneter deutscher Streitkräfte bedarf somit der grundsätzlich vorherigen parlamentarischen Zustimmung.[949] 491

1. Die Zustimmung des Bundestages ist danach erforderlich für den **Einsatz bewaffneter Streitkräfte**. Die Bundesregierung verweigerte die Parlamentsbeteiligung mit der Begründung, es handelte sich bei dem Evakuierungseinsatz ledig-

949 BVerfG RÜ 2016, 36, 38.

lich um einen humanitären Einsatz und nicht um den Einsatz bewaffneter Streitkräfte, da eine Einbeziehung der deutschen Soldaten in bewaffnete Unternehmungen nicht zu erwarten gewesen sei.

Ein Einsatz bewaffneter Streitkräfte in diesem Sinne liegt vor, wenn deutsche Soldaten **in bewaffnete Unternehmungen einbezogen** sind. Dafür kommt es nicht darauf an, ob bereits ein Kampfgeschehen gegeben ist, sondern ob die Einbeziehung deutscher Soldaten in bewaffnete Auseinandersetzungen qualifiziert zu erwarten ist. Das Führen von Waffen im Ausland und die Ermächtigung zu ihrem Gebrauch können Anhaltspunkte für eine drohende Einbeziehung in bewaffnete Auseinandersetzungen sein. Dagegen ist **nicht** schon dann von einem Einsatz bewaffneter Streitkräfte auszugehen, wenn das Führen von Waffen lediglich der **Selbstverteidigung** dient und der Einsatz selbst einen nicht-militärischen, sondern z.B. einen humanitären Charakter hat.[950]

Bei dem Evakuierungseinsatz in Libyen wurden die Waffen gerade auch dazu mitgeführt, den Operationszweck abzusichern. Nach Auftrag und Bewaffnung waren die Soldaten nicht auf eine Selbstverteidigung im engeren, nur die eigene Verteidigung betreffenden Sinn beschränkt. Sie hatten vielmehr die Befugnis und die Pflicht, Leib und Leben gefährdende Angriffe gegen die zu Evakuierenden sowie Angriffe gegen die Transportmaschinen mit militärischer Gewalt abzuwehren. Daher handelte es sich um einen Einsatz bewaffneter Streitkräfte, für den der wehrverfassungsrechtliche Parlamentsvorbehalt grundsätzlich gilt.

492 2. Eine **Ausnahme** von der vorherigen Zustimmung des Bundestages zu einem entsprechenden Einsatz der Streitkräfte gilt im Falle einer **Gefahr im Verzug**. In diesem Fall ist die Bundesregierung berechtigt, den Einsatz auch ohne Zustimmung des Bundestages **vorläufig** zu beschließen. Die Eilentscheidung der Bundesregierung entfaltet die gleiche Rechtswirkung wie die unter regulären Umständen im Verbund mit dem Bundestag getroffene Einsatzentscheidung. **Für eine konstitutive parlamentarische Zustimmung ist bei einem von der Exekutive im Eilfall beschlossenen und bereits begonnenen Einsatz daher nur ex nunc Raum.**[951] Für eine Fortsetzung des Einsatzes ist in diesem Fall aber eine umgehende Zustimmung des Bundestages erforderlich. Andernfalls ist die Bundesregierung verpflichtet, den Einsatz zu beenden.

Aufgrund der Gefahr im Verzug war die Bundesregierung daher berechtigt, den Einsatz bewaffneter Streitkräfte zur Evakuierung deutscher Staatsbürger ohne vorherige Zustimmung des Deutschen Bundestages zu beschließen.

493 II. Fraglich ist, ob die Bundesregierung im Falle einer Gefahr im Verzug dann **nachträglich**, wie von der B-Fraktion verlangt, die Zustimmung des Bundestages zu dem Einsatz der bewaffneten Streitkräfte einholen musste.

950 BVerfG RÜ 2016, 36, 38.
951 BVerfG RÜ 2016, 36, 39.

1. Dagegen könnte sprechen, dass, wenn der Streitkräfteeinsatz zum Zeitpunkt der Befassung des Bundestages bereits beendigt ist, keine Möglichkeit der parlamentarischen Rückholung der eingesetzten Kräfte mehr besteht. Insofern könnte der Zweck der parlamentarischen Entscheidung über den Einsatz nicht mehr erreicht werden. Zweck der grundlegenden und konstitutiven Mitentscheidung des Bundestages ist, dass dem Parlament **ein rechtserheblicher Einfluss** auf die konkrete Verwendung der Streitkräfte garantiert ist. Ist ein Einsatz aber beendet, ist für eine konstitutive Zustimmung des Bundestages, für eine Mitverantwortung und -entscheidung kein Raum mehr. Daher verlangt der wehrverfassungsrechtliche Parlamentsvorbehalt in einem derartigen Fall **nicht, eine Entscheidung des Bundestages über den beendeten Einsatz herbeizuführen**.[952]

   Die Bundesregierung musste nicht mehr nachträglich den Deutschen Bundestag mit dem Evakuierungseinsatz befassen.

2. Allerdings ist die Bundesregierung verpflichtet, den Bundestag unverzüglich und qualifiziert über den abgeschlossenen Streitkräfteeinsatz zu unterrichten, um dem Bundestag eine uneingeschränkte Kontrolle des Einsatzes der Streitkräfte zu ermöglichen.[953] Dieser Unterrichtungspflicht ist die Bundesregierung am 27.02. 2011 nachgekommen.

Die Zustimmung des Bundestages war nicht erforderlich.

---

952 BVerfG RÜ 2016, 36, 39.
953 BVerfG RÜ 2016, 36, 40.

12. Teil: Die Rechtsprechung

494 Gemäß Art. 92 GG ist die rechtsprechende Gewalt (nur) den Richtern anvertraut. Die Richter besitzen danach das **Rechtsprechungsmonopol**.

Das Richtermonopol des Art. 92 GG bedeutet kein Verbot **privater Gerichtsbarkeit**, wie etwa der Berufs-, Betriebs- oder Vereinsgerichtsbarkeit.[954] Allerdings unterliegen auch diese Verfahren rechtsstaatlichen Anforderungen und damit letztlich gerichtlicher Kontrolle.[955]

Das Rechtsprechungsmonopol aus Art. 92 GG als Konkretisierung des Rechtsstaatsprinzips wird ergänzt durch die **sachliche und persönliche Unabhängigkeit der Richter** gemäß Art. 97, 98 GG.[956]

Der Abschnitt über die Rspr. enthält in Art. 101–104 GG auch einige grundlegende Rechtsgarantien des Bürgers im Verhältnis zur rechtsprechenden Gewalt und im Falle von Freiheitsentziehungen (sog. **Justiz-Grundrechte**). Diese Vorschriften sowie die **Rechtsweggarantie** des Art. 19 Abs. 4 GG werden ausführlich im AS-Skript Grundrechte behandelt.[957]

1. Abschnitt: Der Gerichtsaufbau

495 Auch bei den Gerichten gilt der Grundsatz, dass die Gerichtsbarkeit **grundsätzlich** den **Ländern** obliegt (vgl. Art. 92 GG). Dies gilt vor allem für die Amts-, Land-, Oberlandesgerichte, die Verwaltungs- und Oberverwaltungsgerichte sowie die Arbeits-, Sozial- und Finanzgerichte. Etwas anderes gilt nur, soweit das GG Bundesgerichte vorsieht:

- Das **Bundesverfassungsgericht** (Art. 93, 94 GG)
- die **obersten Gerichtshöfe** des Bundes (Art. 95 Abs. 1 GG): Bundesgerichtshof, Bundesverwaltungsgericht, Bundesfinanzhof, Bundesarbeitsgericht, Bundessozialgericht
- **Beachte:** Aus Art. 95 Abs. 1 GG lassen sich die fünf verschiedenen **Rechtswege** ableiten.[958]
- Der **Gemeinsame Senat** der obersten Gerichtshöfe des Bundes (Art. 95 Abs. 3 GG) entscheidet, wenn ein oberster Gerichtshof in einer Rechtsfrage von der Entscheidung eines anderen obersten Gerichtshofs oder des Gemeinsamen Senates abweichen will.
- **Bundespatentgericht; Wehrstrafgerichte und Wehrdienstgerichte** (vgl. Art. 96 GG).

2. Abschnitt: Das Bundesverfassungsgericht

496 Das BVerfG ist nicht nur das höchste Rechtsprechungsorgan, sondern auch **Verfassungsorgan** und steht in dieser Stellung unabhängig und selbstständig neben den übrigen Verfassungsorganen des Bundes (§ 1 Abs. 1 BVerfGG). Der Sitz des BVerfG ist in Karlsruhe. Das BVerfG ist **„Hüter der Verfassung"**. Seine Entscheidungen binden alle übrigen Staatsorgane (§ 31 Abs. 1 BVerfGG), in den Fällen des § 31 Abs. 2 BVerfGG (insbesondere bei Normenkontrollen und Verfassungsbeschwerden) hat die Entscheidung **Gesetzeskraft**.

954 Morlok/Michael Staatsorganisationsrecht, Rn. 522; BGHZ 65, 59, 61.
955 Morlok/Michael Staatsorganisationsrecht, Rn. 522; BAGE 20, 79 f.
956 Vgl. dazu i.E. BVerfG NJW 1996, 2149; Morlok/Michael Staatsorganisationsrecht, Rn. 532; Gröpl Staatsrecht I, Rn. 1433 ff.
957 AS-Skript Grundrechte (2017), Rn. 639 ff.
958 Ipsen Staatsrecht I, Rn. 693.

Das BVerfG besteht aus **zwei Senaten** mit je acht Richtern, die je zur Hälfte vom Bundestag und vom Bundesrat gewählt werden (Art. 94 Abs. 1 GG, §§ 6, 7 BVerfGG).[959]

Bei **Stimmengleichheit** kann ein Verstoß gegen das Grundgesetz oder gegen sonstiges Bundesrecht nicht festgestellt werden (§ 15 Abs. 4 S. 3 BVerfGG), Verfassungsbeschwerden und Normenkontrollanträge sind dann zurückzuweisen.

Zur Geschäftsverteilung vgl. § 14 BVerfGG. Für bestimmte Entscheidungen (§§ 81 a, 93 b BVerfGG) berufen die Senate mehrere jeweils aus drei Richtern bestehende **Kammern** (§ 15 a BVerfGG).

Für die **Zuständigkeit** des BVerfG gilt das **Enumerationsprinzip**, d.h., das BVerfG ist **497**
nicht etwa für alle verfassungsrechtlichen Streitigkeiten zuständig, sondern nur aufgrund ausdrücklicher Bestimmung. Die wesentlichen Zuständigkeiten finden sich in Art. 93 GG, andere sind über das GG verstreut. Einen Gesamtüberblick bietet § 13 BVerfGG.

Im Folgenden wird ein Überblick über die wichtigsten **Verfassungsstreitigkeiten** gegeben. Zu den **Verfassungsbeschwerden** nach Art. 93 Abs. 1 Nr. 4 a u. 4 b GG vgl. ausführlich die AS-Skripte Grundrechte und Kommunalrecht.

3. Abschnitt: Die Technik der Prüfung

Wenn in Klausuren danach gefragt wird, ob ein Antrag beim BVerfG Erfolg hat, müssen **498**
Sie die Zulässigkeit und Begründetheit des Antrags prüfen. Schwierigkeiten bereitet dabei häufig, dass so viele Aufbauschemata auswendig zu lernen sind. **Das ist aber gar nicht notwendig**, da (nahezu) alle Voraussetzungen im Gesetz selbst ablesbar sind. Schauen Sie sich bitte, wenn Sie das folgende Beispiel nachvollziehen, unbedingt die entsprechenden Normen an!

Beispiel: Der Bundestag beschließt ein Gesetz. Nach Gegenzeichnung durch die Bundeskanzlerin weigert sich der Bundespräsident, das Gesetz auszufertigen. Der Bundestag möchte diese Weigerung vom BVerfG überprüfen lassen. Ist ein Antrag zulässig?

A. Zulässigkeit

I. Zuständigkeit des Bundesverfassungsgerichts

Die Prüfung der Zulässigkeit beginnt mit der Frage, ob das BVerfG überhaupt für die Ent- **499**
scheidung zuständig ist. **Ausgangspunkt** für die Klärung der Frage ist **Art. 93 GG**. Zu klären sind an dieser Stelle eigentlich zwei Fragen, nämlich

- die **Statthaftigkeit**, also die Frage, welches Verfahren nach dem Begehren des Antragstellers einschlägig ist und
- ob es sich um eine **verfassungsrechtliche Streitigkeit** handelt.

Im obigen **Beispiel** möchte der Bundestag die Weigerung des Bundespräsidenten, das Gesetz auszufertigen, überprüfen lassen. Nach Art. 93 Abs. 1 Nr. 1 GG entscheidet das BVerfG über die **Auslegung des GG** aus Anlass von Streitigkeiten über den **Umfang der Rechte** und Pflichten **eines obersten Bundesorgans**. Der Bundespräsident ist ein oberstes Bundesorgan, der nach Art. 82 Abs. 1 GG „die Gesetze nach Gegenzeichnung ausfertigt. Das Organstreitverfahren aus Art. 93 Abs. 1 Nr. 1 GG ist daher das richtige Verfahren, um klären zu lassen, ob der Bundespräsident eine Pflicht zur Ausfertigung nach dem GG

959 BVerfG NVwZ 2012, 967; Schmidt JA 1999, 479; Ipsen Staatsrecht I, Rn. 852 ff.; Morlok/Michael Staatsorganisationsrecht, Rn. 559; BVerfG NVwZ 1999, 638, Anm. Sachs JuS 2000, 290.

hat. Gleichzeitig handelt es sich um eine „verfassungsrechtlichen Streitigkeit", da am Verfassungsleben Beteiligte (Bundestag, Bundespräsident) um Verfassungsrecht (Art. 82 Abs. 1 GG) streiten.

500 Die Zuständigkeiten des BVerfG sind dann in **§ 13 BVerfGG** aufgegriffen und einfachgesetzlich geregelt. Suchen Sie sich aus § 13 BVerfGG die entsprechende Nummer für das einschlägige Verfahren heraus. Dies ist notwendig, da das BVerfGG so aufgebaut ist, dass nach einem allgemeinen Abschnitt die einzelnen Verfahrensarten in eigenen Abschnitten geregelt sind, die jeweils mit der Nummer aus § 13 BVerfGG überschrieben sind. **Dort sind die einzelnen Zulässigkeitsvoraussetzungen geregelt.**

Im **obigen Beispiel** ist das Organstreitverfahren in **§ 13 Nr. 5 BVerfGG** aufgegriffen. Im 6. Abschnitt (§§ 63 ff. BVerfGG), der überschrieben ist mit „Verfahren in den Fällen des § 13 Nr. 5 BVerfGG", finden sich die Zulässigkeitsvoraussetzungen, die dann zu prüfen sind. **Prüfen Sie einfach Paragraf für Paragraf, Absatz für Absatz** die Vorschriften, und Sie werden automatisch die richtigen Zulässigkeitsvoraussetzungen finden.

II. Beteiligtenfähigkeit

501 Die Beteiligtenfähigkeit ist in **§ 63 BVerfGG** geregelt. Danach können nur die dort genannten obersten Bundesorgane oder Teile davon beteiligtenfähig sein.

Im **Beispiel** sind sowohl der Bundestag als Antragsteller, als auch der Bundespräsident als Antragsgegner beteiligtenfähig.

III. Antragsgegenstand

502 Gemäß **§ 64 Abs. 1 BVerfGG** muss der Antragsteller geltend machen, durch eine **Maßnahme oder Unterlassung** des Antragsgegners in seinen Rechten verletzt zu sein. Gemeint ist hier jede **rechtserhebliche** Maßnahme bzw. Unterlassung. Das Merkmal der „Rechtserheblichkeit" ist nicht im Gesetz normiert, sodass Sie sich dies (beim Nachlernen) merken müssen.

In dem **Beispiel** ist die Weigerung des Bundespräsidenten, das Gesetz auszufertigen, natürlich rechtserheblich.

IV. Antragsbefugnis

503 Der Antragsteller muss geltend machen, durch die Maßnahme/Unterlassung in seinen ihm durch das GG übertragenen Rechten verletzt zu sein, **§ 64 Abs. 1 BVerfGG**. Das bedeutet, dass eine Rechtsverletzung zumindest möglich ist.

Im **obigen Beispiel** wehrt sich der Bundestag gegen die Weigerung des Bundespräsidenten, das Gesetz auszufertigen. Der Bundestag ist gemäß Art. 77 Abs. 1 S. 1 GG der Gesetzgeber. Wenn sich der Bundespräsident weigert, ein verfassungkonformes Gesetz auszufertigen, kann das Gesetz nicht in Kraft treten (Art. 82 GG). Daher kann die Weigerung den Bundestag zumindest möglicherweise in seinem Recht auf Gesetzgebung aus **Art. 77 Abs. 1 S. 1 GG** verletzen.

V. Form

504 Die Form eines Antrags beim BVerfG ist allgemein bereits in § 23 Abs. 1 BVerfGG geregelt, und zwar für alle Verfahrensarten in gleicher Weise. Teilweise wird diese allgemeine Formvorschrift jedoch ergänzt. Im Organstreitverfahren gilt **§ 64 Abs. 2 BVerfGG**. Danach ist im Antrag die Bestimmung zu bezeichnen, gegen die verstoßen wird.

Auf die Form ist in einer Klausur nur einzugehen, wenn sie problematisch ist. Dann würde diese Voraussetzung auch eher erst am Ende dargestellt werden. Die hier gewählte Darstellung unter V. soll nur verdeutlichen, dass Sie in einer Klausur keinen Prüfungspunkt vergessen können, wenn Sie einfach Schritt für Schritt die §§ des einschlägigen Abschnitts prüfen.

VI. Frist

Nach **§ 64 Abs. 3 BVerfGG** ist der Antrag binnen 6 Monaten zu stellen, nachdem die be- **505**
anstandete Maßnahme bzw. Unterlassung dem Antragsteller bekannt geworden ist.

Weitere Zulässigkeitsvoraussetzungen enthalten die §§ 63 ff. BVerfGG nicht. Wie Sie sehen, kann man sich die Zulässigkeitsvoraussetzungen „einfach" aus dem Gesetz herauslesen.

Aus diesem Grunde werden in den folgenden Abschnitten **nur** die für die Klausuren wesentlichen Verfahrensarten dargestellt. Sollte (ausnahmsweise) eine andere, untypische Verfahrensart Gegenstand der Klausur sein, dann arbeiten Sie sich einfach durch das Gesetz.

B. Begründetheit

Losgelöst von dem dargestellten Beispiel müssen Sie in Ihrer Examensklausur nicht nur **506**
die Zulässigkeit, sondern auch die Begründetheit des Rechtsbehelfs überprüfen. Da sich die hieran zu stellenden Anforderungen von Rechtsbehelf zu Rechtsbehelf unterscheiden, werden diese im Nachfolgenden ausführlich dargestellt.

4. Abschnitt: Organstreitverfahren

A. Zulässigkeit

Hinsichtlich der Zulässigkeit eines Organstreitverfahrens sind die Grundzüge bereits zuvor in dem Beispiel zur Technik der Zulässigkeitsprüfung dargestellt worden. Im Folgenden werden daher nur noch besondere Fragen der einzelnen Prüfungspunkte erörtert.

- **Zuständigkeit des BVerfG** (Art. 93 Abs. 1 Nr. 1 GG, § 13 Nr. 5 BVerfGG)
- **Beteiligtenfähigkeit** (§ 63 BVerfGG bzw. Art. 93 Abs. 1 Nr. 1 GG): Antragsteller und Antragsgegner
- **Richtiger Antragsgegenstand** (§ 64 Abs. 1 BVerfGG)
- **Antragsbefugnis** (§ 64 Abs. 1 BVerfGG)
- **Antragsfrist** (§ 64 Abs. 3 BVerfGG)
- Nur bei Anlass zu prüfen:
  - Form (§§ 23, 64 Abs. 2 BVerfGG) 6 Monate
  - Rechtsschutzbedürfnis
  - Zulässiger Beitritt (§ 65 Abs. 1 BVerfGG)
  - Rücknahme des Antrags

I. Zuständigkeit des BVerfG

507 Nach Art. 93 Abs. 1 Nr. 1 GG, § 13 Nr. 5 BVerfGG entscheidet das BVerfG über verfassungsrechtliche Streitigkeiten („Auslegung dieses **Grundgesetzes**"), die den Umfang der Rechte und Pflichten eines obersten Bundesorgans oder anderer am Verfassungsleben Beteiligter betreffen.

Beispiele: Eine Fraktion wendet sich gegen die Ausschussbesetzung durch den BTag; der BTag wendet sich gegen die Weigerung der Gesetzesausfertigung durch den BPräs; ein Abgeordneter wehrt sich gegen die vorzeitige Auflösung des BTages durch den BPräs.

Einen **Sonderfall** des Organstreitverfahrens bilden die **Anklage des Bundespräsidenten** nach Art. 61 GG, §§ 49 ff. BVerfGG[960] sowie die in § 66 a BVerfGG genannten Verfahren nach dem PUAG (s. dazu oben Rn. 299).

II. Beteiligtenfähigkeit von Antragsteller und Antragsgegner

508 **1. Beteiligtenfähig** sind in erster Linie die in **§ 63 Hs. 1 BVerfGG** genannten obersten Bundesorgane, also der Bundespräsident, der Bundestag, der Bundesrat und die Bundesregierung.

2. Antragsteller/Antragsgegner können außerdem auch **Teile dieser Organe** sein, die im GG oder in den GOen von BTag und BRat mit eigenen Rechten ausgestattet sind **(§ 63 Hs. 2 BVerfGG)**.

Zu den parteifähigen Organteilen zählen z.B.

- **Bundeskanzler** und Bundesminister als Teile der Bundesregierung (Art. 65 GG),
- die **Präsidenten** von Bundestag und Bundesrat (vgl. z.B. § 7 GO BT),
- **Ausschüsse** des Bundestages, auch der Vermittlungsausschuss,
- die **Fraktionen**[961] (vgl. §§ 10 ff. GO BT), auch die „Fraktion" im Untersuchungsausschuss,[962] ebenso die **Gruppe** (§ 10 Abs. 4 GO BT), soweit es um ihre Gruppenrechte geht,[963]

509
- einzelne **Abgeordnete**, sofern sie um ihren verfassungsrechtlichen Status (Art. 38 Abs. 1 S. 2 GG) streiten.[964] Ob der einzelne Abgeordnete Organteil des Bundestages ist, was § 63 BVerfGG voraussetzt, ist umstritten.[965] Jedenfalls fasst Art. 93 Abs. 1 Nr. 1 GG den Kreis der Antragsteller weiter als § 63 BVerfGG, sodass der Abgeordnete zumindest als „anderer Beteiligter" angesehen werden kann.[966]

  Der Abgeordnete bleibt auch dann beteiligtenfähig im Organstreitverfahren, wenn er zwar zum Zeitpunkt der Entscheidung aus dem Parlament ausgeschieden ist, aber

---

960 Vgl. dazu Schlaich/Korioth, Das Bundesverfassungsgericht, Rn. 343 ff.

961 Zur Beteiligtenfähigkeit nach Ende der Wahlperiode wegen § 54 Abs. 7 AbgG vgl. VerfG MV LKV 2003, 516, Anm. Sachs JuS 2004, 74, 75 Fn. 2 f.

962 BVerfGE 70, 324, 351; NJW 2005, 2537.

963 BVerfG DVBl. 1998, 90; DVBl. 1991, 992, 994; BremStGH NVwZ 1997, 786, 787.

964 BVerfG NJW 1998, 3042; NJW 1996, 2720 m.w.N.; Maunz/Schmidt-Bleibtreu/Klein/Bethge, BVerfGG, § 63 Rn. 45.

965 Bejahend u.a. Maurer Staatsrecht I, § 20 Rn. 40.

966 Wallrabenstein JA 1998, 863, 865; Robbers S. 50.

im Zeitpunkt der Anhängigmachung des Verfassungsstreits noch Abgeordneter war.[967]

- Eine bloße **Gruppierung von Abgeordneten** ist dagegen grundsätzlich nicht parteifähig. Eine Ausnahme gilt, wenn ihr nach dem GG besondere Rechte zustehen (von BVerfGE 67, 100, 126 bejaht für die Antragsminderheit nach Art. 44 Abs. 1 GG bzw. § 1 Abs. 1 PUAG).[968]

3. Sofern Antragsteller bzw. Antragsgegner nicht (eindeutig) unter § 63 BVerfGG fallen, ist ergänzend Art. 93 Abs. 1 Nr. 1 GG (als höherrangiges und damit letztverbindliches Recht) heranzuziehen. **510**

a) Gemäß **Art. 93 Abs. 1 Nr. 1 Hs. 1 GG** sind **oberste Bundesorgane** beteiligtenfähig (sofern nicht von § 63 BVerfGG erfasst). **511**

Beispiele: , Vermittlungsausschuss, Bundesrechnungshof,[969] Bundesbank, Präsident des BRats als Vertreter des BPräs (Art. 57, 61 Abs. 2 S. 2 GG)

b) Gemäß **Art. 93 Abs. 1 Nr. 1 Hs. 2 GG** sind schließlich beteiligtenfähig **andere Beteiligte, sofern in GG oder GO eines obersten Bundesorgans mit eigenen Rechten ausgestattet.**[970] **512**

Beispiel: Politische Parteien, wenn es um ihre verfassungsrechtliche Funktion nach Art. 21 GG geht.[971]

Gegenbeispiel: Die G10-Kommission ist kein mit eigenen Rechten ausgestattetes Verfassungsorgan und daher nicht beteiligtenfähig.[972]

Machen Abgeordnete oder Parteien dagegen **Grundrechtsverletzungen** geltend, so können diese nicht im Organstreitverfahren, sondern nur auf dem normalen Rechtsweg, letztlich mit der Verfassungsbeschwerde abgewehrt werden.[973]

Eine Partei ist etwa beteiligtenfähig, soweit sie sich gegen unzulässige Wahlwerbung der Regierung wehrt, da dies die Chancengleichheit bei Wahlen und damit den verfassungsrechtlichen Status aus Art. 21 GG berührt (s.o. Rn. 320 ff.). – Die PDS konnte dagegen im Organstreitverfahren nicht geltend machen, durch die Regelungen bzgl. des ehemaligen SED-Vermögens in ihrem Eigentumsrecht aus Art. 14 GG verletzt zu sein.[974]

Weiteres Beispiel: Volksinitiativen auf Landesebene[975]

III. Richtiger Antragsgegenstand

Antragsgegenstand kann jede Maßnahme oder Unterlassung des Antragsgegners sein, § 64 Abs. 1 BVerfGG. **513**

---

967 BVerfG RÜ 2015, 726, 727; VerfG MV LKV 2003, 516, Anm. Sachs JuS 2004, 74 Fn. 1.

968 Lüdemann JA 1996, 959, 963.

969 Hauser DVBl. 2006, 539, 534: „bei Aufgabenerfüllung gemäß Art. 114 Abs. 2 GG unabhängiges Organ der Finanzkontrolle".

970 Zur Beteiligtenfähigkeit von Volksinitiativen im landesrechtlichen Organstreitverfahren vgl. VerfG HH DVBl. 2005, 439.

971 BVerfGE 79, 379, 383; a.A. Ipsen Staatsrecht I, Rn. 886.

972 BVerfG RÜ 2016, 799, 801.

973 BVerfG JuS 2011, 1141 Anm. Sachs; NJW 1998, 3042; LKV 1996, 333; DVBl. 1991, 991, 992 m.w.N.

974 BVerfGE 84, 290, 299.

975 HVerfG DVBl. 2007, 848.

Beispiele: Besetzung der Ausschüsse durch den BTag, Nichtzuerkennung des Fraktionsstatus, Erlass oder Unterlassen eines Gesetzes,[976] Erlass und Anwendung der GO.

Erforderlich ist aber stets, dass die beanstandete Maßnahme **rechtserheblich** ist.[977] Ebenso scheiden Handlungen aus, die nur vorbereitenden Charakter haben.[978]

IV. Antragsbefugnis

514 **1.** Der Antragsteller muss gemäß § 64 Abs. 1 BVerfGG geltend machen, dass er oder das Organ, dem er angehört, durch die (rechtserhebliche) Maßnahme oder Unterlassung des Antragsgegners in seinen ihm **durch das GG** übertragenen **Rechten**[979] und Pflichten verletzt oder unmittelbar gefährdet ist. Die Rechte und Pflichten müssen sich also **aus dem GG** selbst ergeben, Rechte aus der GO reichen dagegen nicht aus.[980]

Hinweis: *Für die Beteiligtenfähigkeit reicht die Begründung von Rechten in der GO aus, für die Antragsbefugnis ist dagegen erforderlich, dass sich die Rechte oder Pflichten unmittelbar aus dem GG selbst ergeben.*

2. Allerdings ist, und das ist für das öffentliche Recht untypisch, eine **Prozessstandschaft** zulässig (vgl. § 64 BVerfGG: „oder das Organ, dem er angehört"). So kann z.B. eine Fraktion als Teil des BTages dessen Rechte geltend machen, und zwar aus Gründen des Minderheitenschutzes auch dann, wenn der BTag die beanstandete Maßnahme (mehrheitlich) gebilligt hat.[981]

Hinweis: *Während früher überwiegend davon ausgegangen wurde, dass daraus keine Befugnis folgte, als Prozessstandschafter Rechte, die dem Bundestag zustehen,* ***gegen*** *diesen geltend zu machen,[982] hat das BVerfG nunmehr ausdrücklich festgestellt, dass die prozessstandschaftliche Geltendmachung von Rechten des Bundestages auch dann möglich ist, wenn es sich bei dem Bundestag um den Antragsgegner handelt.[983] Daher ist heute eine prozessstandschaftliche Geltendmachung der Rechte des Bundestages auch gegen den Bundestag möglich.*

Eine Prozessstandschaft ist jedoch nur möglich, wenn es sich beim Antragsteller um ein **Organteil** i.S.d. § 64 BVerfGG handelt. Dieser Status steht beim Bundestag jedoch **nur** den **Fraktionen** zu, nicht dem einzelnen Abgeordneten, der zwar Mitglied, aber nicht Organteil des Bundestages ist. Daher können sich einzelne Abgeordnete, die nicht Organteil des Bundestages sind, im Organstreitverfahren nicht auf Rechte des Bundestages, sondern nur auf eigene Rechte berufen.[984]

---

976 VerfGH Rh-Pf. DVBl. 1972, 783, 784 f.; VerfGH NJW DVBl. 1999, 1271; LVerfG MV Nord ÖR 2001, 64 f.; offen lassend BVerfG DVBl. 2003, 929 f.

977 BVerfG NJW 1998, 3040, 3041; abgelehnt von BVerfGE 60, 374, 381 für eine parlamentarische Rüge des BT-Präsidenten gegenüber einem Abgeordneten, da diese nur mahnenden, aber keinen rechtserheblichen Charakter aufweist.

978 BVerfGE 68, 1, 74; BVerfG NJW 1998, 3040, 3041; NJW 1998, 3042, 3043 m.w.N.

979 Zu anderen Bezeichnungen vgl. Barczak/Görisch DVBl. 2011, 332, 333 Fn. 18.

980 BVerfG RÜ 2010, 524; BVerfGE 70, 324, 350 ff.; BVerfG DVBl. 2001, 636.

981 BVerfGE 67, 100, 125; NJW 2005, 2537; Odendahl JuS 1998, 145, 147 m.w.N.

982 Jarass/Pieroth, GG, Art. 93 Rn. 11 m.w.N.; auch VerfGH NRW DVBl. 1997, 824, 825 für den Landtag.

983 BVerfG RÜ 2016, 443, 445.

984 BVerfGE 90, 286, 338; 92, 130; Maunz/Schmidt-Bleibtreu/Klein/Bethge, BVerfGG, § 64 Rn. 86 b, 89; Schlaich/Korioth, Das Bundesverfassungsgericht, Rn. 94; Butzer JuS 1997, 1014, 1016; Odendahl JuS 1998, 145, 147; Wallrabenstein JA 1998, 863, 866 m.w.N.; a.A. aber wohl Sachs GG, Art. 93 Rn. 49.

Teilweise wird deshalb auch bereits die Beteiligtenfähigkeit verneint, wenn der Abgeordnete sich ausschließlich auf Rechte des Bundestages beruft.

V. Antragsfrist

Des Weiteren ist eine **Antragsfrist** von sechs Monaten, nachdem die beanstandete Maßnahme oder Unterlassung dem Antragsteller bekannt geworden ist, zu beachten (§ 64 Abs. 3 BVerfGG). **515**

Hinweis: *Bei Geschäftsordnungen der Bundesverfassungsorgane (z.B. GO BT einschließlich Anlagen) beginnt die Frist nicht, wie grundsätzlich bei Gesetzen, mit dem Zeitpunkt der Verkündung, sondern erst im* ***Zeitpunkt der aktuellen Betroffenheit****, d.h. erst mit dem Beginn der Stellung als Abgeordneter, also mit der ersten Sitzung des Bundestages.*[985]

Die gleiche Besonderheit gilt ausnahmsweise auch für Gesetze, wenn der Normgeber die Zusammengehörigkeit von Gesetz und Geschäftsordnung durch das gleichzeitige Inkrafttreten verdeutlicht hat.[986]

Bei einem **Unterlassen** beginnt die Frist spätestens dann, wenn der Antragsgegner sich erkennbar eindeutig weigert, in der Weise tätig zu werden, die der Antragsteller zur Wahrung seiner Rechte aus dem Grundgesetz für erforderlich hält.[987]

VI. Nur bei Anlass zu prüfen sind:

1. Ordnungsgemäßer Antrag gemäß §§ 23, 64 Abs. 2 BVerfGG[988] **516**

2. Rechtsschutzbedürfnis

Es kann u.a. fehlen, wenn

- den Parteien ein spezielles Verfahren zur Streitbeilegung zur Verfügung steht;

  Beispiel: Verfahren gemäß Art. 65 S. 3 GG bei Streitigkeiten betreffend Art. 65 S. 2 GG[989]

- während des Verfahrens der die Parteifähigkeit begründende Status einer der Parteien wegfällt und kein objektives Klarstellungsinteresse wegen vergleichbarer künftiger Konflikte vorliegt;[990]
- der Antragsteller die dargelegte Rechtsverletzung **durch eigenes Handeln** hätte vermeiden können.[991] So muss z.B. ein Abgeordneter bei (vermeintlich oder tatsächlich) unrichtig beantworteten parlamentarischen Anfragen der Bundesregierung durch den Hinweis auf die (mutmaßliche) Unrichtigkeit der Antwort die Möglichkeit

985 BVerfGE 80, 188, 209.

986 BVerfG NVwZ 2007, 916.

987 BVerfG NVwZ 2005, 1224.

988 Dazu Jarass/Pieroth GG, Art. 93 Rn. 29; Engels Jura 2010, 421, 426 Fn. 109 ff.

989 Vgl. Degenhart Staatsorganisationsrecht, Rn. 753.

990 Degenhart Staatsorganisationsrecht, Rn. 753; Wernsmann Jura 2000, 344.

991 BVerfGE 68, 1, 77 f.; 90, 286; Degenhart Staatsorganisationsrecht, Rn. 753; Maurer Staatsrecht I, § 20 Rn. 50; Jarass/Pieroth GG, Art. 93 Rn. 28.

geben, die Sach- und Rechtslage ihrerseits zu prüfen und ihre Antwort ggf. zu berichtigen oder zu ergänzen. Ihn trifft eine **Konfrontationsobliegenheit**.[992]

3. Ein **Verfahrensbeitritt** ist zulässig unter den Voraussetzungen von § 65 Abs. 1 BVerfGG.[993]

B. Begründetheit

517 Begründet ist der Antrag im Organstreitverfahren gemäß § 67 S. 1 BVerfGG, wenn die beanstandete Maßnahme oder Unterlassung des Antragsgegners gegen eine Bestimmung des GG verstößt. Nicht unstreitig ist, ob der Antragsteller dadurch **in seinen Rechten verletzt** sein muss.

Während teilweise davon ausgegangen wird, dass das Organstreitverfahren ein „objektives Rechtsbeanstandungsverfahren" ist, sodass eine tatsächliche Rechtsverletzung des Antragstellers nicht erforderlich wäre, hat das BVerfG nunmehr ausdrücklich klargestellt, dass das Organstreitverfahren ein **kontradiktorisches Parteiverfahren** mit Antragsteller und -gegner ist und daher eine tatsächliche Rechtsverletzung des Antragstellers erforderlich ist.[994]

Klausurhinweis: *Auf diese Frage sollte in einer Klausur nicht näher eingegangen werden, sondern einfach über den Wortlaut des § 67 BVerfGG hinaus auch die tatsächliche Rechtsverletzung gefordert werden.*

C. Tenor (nur bei Anlass prüfen)

518 In seiner Entscheidung trifft das BVerfG lediglich die Feststellung, dass die beanstandete Maßnahme oder Unterlassung verfassungswidrig ist. Das BVerfG hebt die Maßnahme nicht auf oder erklärt ein Gesetz nicht für nichtig.[995] Nach § 67 Abs. 1 S. 3 BVerfG kann das BVerfG jedoch zugleich eine entscheidungserhebliche Rechtsfrage verbindlich klären mit der Folge, dass die Normauslegung an der Bindungswirkung nach § 31 BVerfGG teilnimmt.

Gemäß § 35 BVerfGG ist auch eine Vollstreckungsregelung möglich.[996]

Beispiel: Androhung der Ersatzvornahme durch BRats-Präsidenten (Art. 57 GG), wenn BPräs trotz anderslautender Feststellung durch das BVerfG an seiner Weigerung, ein rechtmäßiges Gesetz auszufertigen, festhält.

992 BVerfG, Beschl. v. 10.10.2017 – 2 BvE 6/16.

993 Vgl. dazu BVerfG NJW 2005, 2685, Anm. Sachs JuS 2006, 74; Jarass/Pieroth GG, Art. 93 Rn. 15; Ehlers a.a.O. S. 320 Fn. 61 ff.

994 BVerfG RÜ 2015, 726, 730; BVerfG RÜ 2016, 36, 38.

995 Degenhart Staatsorganisationsrecht, Rn. 755.

996 Schlaich/Korioth, Das Bundesverfassungsgericht, Rn. 473 f.

5. Abschnitt: Bund-Länder-Streitigkeit

A. Zulässigkeit gemäß Art. 93 Abs. 1 Nr. 3 GG, §§ 13 Nr. 7, 68 ff. BVerfGG

- **Zuständigkeit des BVerfG**, Art. 93 Abs. 1 Nr. 3 GG, § 13 Nr. 7 BVerfGG
- **Beteiligtenfähigkeit von Antragsteller und Antragsgegner**, § 68 BVerfGG
- **Antragsbefugnis**, §§ 69, 64 Abs. 1 BVerfGG
- **Antragsfrist**, grundsätzlich §§ 69, 64 Abs. 3 BVerfGG
- Nur bei Anlass zu prüfen:
  - Vorverfahren, Art. 84 Abs. 4 S. 1 GG
  - ordnungsgemäßer Antrag; §§ 23; 69, 64 Abs. 2 BVerfGG
  - Rechtsschutzbedürfnis

I. Zuständigkeit

Nach Art. 93 Abs. 1 Nr. 3 GG, § 13 Nr. 7 BVerfGG entscheidet das BVerfG bei Meinungs- **519**
verschiedenheiten über verfassungsrechtliche Rechte und Pflichten des Bundes und der Länder, insbesondere bei der **Ausführung von Bundesrecht durch die Länder** und bei der Ausübung der **Bundesaufsicht**.

Beispiele: Antrag der Bundesregierung, dass ein Land durch ein bestimmtes Handeln oder Unterlassen gegen den Grundsatz des bundesfreundlichen Verhaltens verstoßen hat; Streitigkeiten im Rahmen der Bundesaufsicht (Art. 84 Abs. 4 S. 2 GG); Anfechtung einer Weisung nach Art. 85 Abs. 3 GG[997]

Art. 93 Abs. 1 Nr. 3 GG erfasst nur die **verfassungsrechtlichen** Bund-Länder-Streitigkeiten. Art. 93 Abs. 1 Nr. 4 Alt. 1 GG eröffnet demgegenüber den Bund-Länder-Streit auch für andere öffentlich-rechtliche Streitigkeiten, soweit hierfür nicht ein anderer Rechtsweg gegeben ist. Die Zuweisung hat heute kaum noch praktische Bedeutung, nachdem für derartige Streitigkeiten grundsätzlich das BVerwG zuständig ist (§ 50 Abs. 1 Nr. 1 VwGO).[998] Hält das BVerwG eine Streitigkeit für verfassungsrechtlich, so legt es die Sache dem BVerfG zur Entscheidung vor (§ 50 Abs. 3 VwGO).[999]

II. Beteiligtenfähigkeit als Antragsteller und Antragsgegner

Beteiligtenfähig sind nach § 68 BVerfGG für den Bund die Bundesregierung, für ein **520**
Land die Landesregierung.

997 Vgl. Kunig Jura 1995, 262 ff.

998 Vgl. aber BVerfG DVBl. 1996, 1365 für (verfassungsrechtliche) Streitigkeiten zwischen dem Bund und den Ländern aus dem Einigungsvertrag.

999 BVerwG DVBl. 1997, 560; BVerfG DVBl. 2000, 1282; Schlaich/Korioth, Das Bundesverfassungsgericht, Rn. 110.

III. Antragsbefugnis

521 Für die **Antragsbefugnis** gilt nach § 69 BVerfGG dasselbe wie im Organstreitverfahren (**§ 64 Abs. 1 BVerfGG**). Der Antragsteller muss geltend machen, durch eine Maßnahme oder Unterlassung des Antragsgegners in seinen ihm **durch das GG** übertragenen Rechten und Pflichten verletzt oder unmittelbar gefährdet zu sein. Es muss sich dabei stets um eigene Rechte oder Pflichten des Antragstellers handeln, eine Prozessstandschaft (z.B. ein Land für ein anderes Land) gibt es im Bund-Länder- Streit nicht.[1000]

Beispiele: Überschreitung des Weisungsrechts im Rahmen des Art. 85 Abs. 3 GG (nicht: inhaltlich rechtswidrige Weisung); rechtswidrige Bestätigung oder Verwerfung der staatsrechtlichen Mängelrüge durch den BRat gemäß Art. 84 Abs. 4 S. 1 GG; Verletzung des Gebots bundesfreundlichen Verhaltens; Verstoß gegen die grundgesetzliche Kompetenzordnung (nicht einfach-gesetzliche Kompetenzen)[1001]

Klausurhinweis: *Teilweise wird die vom Antragsteller gerügte Maßnahme auch in einem eigenen Prüfungspunkt* ***„Verfahrens- bzw. Streitgegenstand"*** *geprüft.*

IV. Antragsfrist

522 Für den Antrag im Bund-Länder-Streit gilt grundsätzlich eine **Frist** von sechs Monaten, nachdem die beanstandete Maßnahme oder Unterlassung dem Antragsteller bekannt geworden ist (§§ 69, 64 Abs. 3 BVerfGG).[1002]

Eine **Ausnahme** gilt für Beschlüsse des Bundesrates gemäß Art. 84 Abs. 4 S. 1 Hs. 2 GG (Staatsrechtliche Mängelrüge). In diesem Fall muss der Antragsteller die Monatsfrist aus § 70 BVerfGG beachten.

V. Nur bei Anlass sind folgende Punkte zu prüfen:

523
- Gegen eine staatsrechtliche Mängelrüge des Bundes gemäß Art. 84 Abs. 4 S. 1 Hs. 1 GG kann das betroffene Land nicht unmittelbar das BVerfG anrufen. Es muss zunächst **erfolglos** ein **„Vorverfahren"** beim BRat gemäß Art. 84 Abs. 4 S. 1 Hs. 2 GG durchgeführt haben; vgl. auch Art. 84 Abs. 4 S. 2 GG.
- Sofern der Antragsinhalt des Antragstellers mitgeteilt wird, sind die **Formanforderungen** gemäß §§ 23, 69, 64 Abs. 2 BVerfGG zu prüfen.
- das Rechtsschutzbedürfnis.

B. Begründetheit

524 Der Antrag ist begründet, wenn die Maßnahme oder Unterlassung des Antragsgegners gegen das GG verstößt (vgl. §§ 69, 67 S. 1 BVerfGG).

1000 Robbers JuS 1994, 670, 671.

1001 BVerfG NJW 1998, 219, 220.

1002 Zur Fristberechnung bei vorgängigen Verfahren gemäß § 50 Abs. 1 Nr. 1, Abs. 3 VwGO vgl. BVerfG NVwZ 2004, 468.

6. Abschnitt: Abstrakte Normenkontrolle

A. Zulässigkeit gemäß Art. 93 Abs. 1 Nr. 2 GG; §§ 13 Nr. 6, 76 ff. BVerfGG

- **Zuständigkeit des BVerfG** (Art. 93 Abs. 1 Nr. 2 GG, § 13 Nr. 6 BVerfGG)
- **Beteiligtenfähigkeit als Antragsteller** (§ 76 Abs. 1 BVerfGG)
- **Richtiger Antragsgegenstand** (§ 76 Abs. 1 BVerfGG)
- **Antragsbefugnis** (§ 76 Abs. 1 Nr. 1 oder Nr. 2 BVerfGG)
- Nur **bei Anlass** zu prüfen
  - ordnungsgemäßer Antrag (§ 23 BVerfGG)
  - Klarstellungsinteresse bzw. Rechtsschutzbedürfnis

I. Zuständigkeit

Nach Art. 93 Abs. 1 Nr. 2 GG, § 13 Nr. 6 BVerfGG entscheidet das BVerfG bei Meinungs- **525** verschiedenheiten oder Zweifeln über die Vereinbarkeit von Bundesrecht oder Landesrecht mit höherrangigem Bundesrecht.

Beispiele: Die Bundesregierung erstrebt die Feststellung, dass ein Landesgesetz gegen das Grundgesetz verstößt. Eine Landesregierung hält ein Bundesgesetz aus formellen (Gesetzgebungskompetenz, Gesetzgebungsverfahren) oder materiellen Gründen (Grundrechte, Art. 20 GG etc.) für verfassungswidrig. Die Landesregierung X hält ein Gesetz des Landes Y für grundgesetzwidrig.

II. Beteiligtenfähigkeit des Antragstellers

Antragsberechtigt sind nach § 76 Abs. 1 BVerfGG als Antragsteller **526**

- die **Bundesregierung** (das Kabinett als Kollegialorgan, also nicht ein einzelner Bundesminister),[1003]
- eine **Landesregierung** (ebenfalls als Kollegialorgan) oder
- **ein Viertel der Mitglieder des Bundestags** (gesetzliche Mitgliederzahl einschließlich der Überhangs- und Ausgleichsmandate).

Die abstrakte Normenkontrolle kennt **keinen Antragsgegner**; vgl. aber § 77 BVerfGG.

III. Richtiger Antragsgegenstand

Zulässiger **Antragsgegenstand** ist gemäß § 76 Abs. 1 BVerfGG Bundes- oder Landes- **527** recht.

„Recht" ist dabei, anders als in der konkreten Normenkontrolle, **weit** auszulegen. Dazu gehören alle Normen unabhängig von ihrem Rang, sowohl **formelle** als auch **materielle** Gesetze, sowohl **vor-** als auch **nachkonstitutionelles** Recht. Allerdings gelten zwei Einschränkungen:

1003 Jarass/Pieroth, GG, Art. 93 Rn. 35.

- das Recht muss **mit Geltungsanspruch** auftreten, also in der Regel **verkündet** sein.[1004] Etwas anderes gilt bei **Vertragsgesetzen zu völkerrechtlichen Verträgen** (z.B. EMRK) oder zu primärem Unionsrecht (z.B. Lissabonvertrag). Damit die Ratifikation verhindert werden kann, ist das Verfahren bereits vor der Verkündung zulässig, damit nicht eine wirksame völkerrechtliche Verpflichtung der Bundesrepublik Deutschland mit den verfassungsrechtlichen Pflichten kollidiert.

  Eine Überprüfung vor der Verkündung (z.B. direkt nach dem Beschluss des Bundestages) macht wenig Sinn, da noch nicht geklärt ist, ob das Gesetz überhaupt in Kraft treten wird (Verweigerung der Zustimmung des Bundesrates; keine Ausfertigung durch den Bundespräsidenten). Eine vorbeugende Normenkontrolle beim Vertragsgesetz zu völkerrechtlichen Verträgen ist aus dem oben Gesagten dagegen sinnvoll.

- das zu überprüfende Recht muss grundsätzlich eine **Außenwirkung** entfalten, sodass rein intern wirkende **Verwaltungsvorschriften** nicht überprüft werden.[1005] Allerdings überprüft das BVerfG die **Haushaltsgesetze** von Bund und Ländern, auch wenn diese als nur formale Gesetze keine (unmittelbare) Außenwirkung entfalten.[1006]

IV. Antragsbefugnis

1. Normprüfungs- bzw. Normverwerfungsverfahren, § 76 Abs. 1 Nr. 1 BVerfGG

528 Für die **Antragsbefugnis** bzw. den **Antragsgrund** verlangt Art. 93 Abs. 1 Nr. 2 GG **„Meinungsverschiedenheiten"** oder **„Zweifel"** über die Vereinbarkeit der betroffenen Rechtsnorm mit dem höherrangigen Recht. § 76 Abs. 1 BVerfGG engt dies dagegen weiter ein und verlangt, dass der Antragsteller das Recht **für nichtig hält**. Diese Formulierung wird so verstanden, dass der Antragsteller von der Verfassungswidrigkeit der Norm **überzeugt** sein muss.

Weil § 76 BVerfGG den Wortlaut von Art. 93 Abs. 1 Nr. 2 GG erheblich einschränkt, wird die Vorschrift entweder für teilnichtig gehalten[1007] oder jedenfalls verfassungskonform erweitert,[1008] sodass nach überwiegender Auffassung **Zweifel** des Antragstellers ausreichen.[1009] Das BVerfG teilt diese Bedenken nicht. § 76 BVerfGG konkretisiere Art. 93 Abs. 1 Nr. 2 GG in verfassungsgemäßer Weise.[1010] Damit erkennt das BVerfG dem Gesetzgeber aufgrund von Art. 94 Abs. 2 S. 1 GG die Befugnis zu, die Zulässigkeitsvoraussetzungen auch abweichend vom unmittelbaren Normgehalt des GG einengend festzulegen.[1011]

1004 BVerfGE 1, 396, 400.
1005 BVerfGE 12, 180; 78, 214.
1006 BVerfG NVwZ 2007, 1405.
1007 Jarass/Pieroth GG, Art. 93 Rn. 40.
1008 Schoch S. 251; Robbers S. 51 f.
1009 Degenhart Staatsorganisationsrecht, Rn. 830.
1010 BVerfG NJW 1998, 589.
1011 Sachs JuS 1998, 755, 756; Maurer Staatsrecht I, § 20 Rn. 81; a.A. Winkler NVwZ 1999, 1291 f.: Umkehrschluss aus Art. 94 Abs. 2 S. 2 GG, der anders als Art. 94 Abs. 2 S. 1 GG einen Einschränkungsvorbehalt regele.

2. Normbestätigungsverfahren, § 76 Abs. 1 Nr. 2 BVerfGG

Gemäß § 76 Abs. 1 Nr. 2 BVerfGG muss der Antragsteller das vorgelegte Bundes- oder Landesrecht **für gültig halten**, nachdem ein Gericht, eine Verwaltungsbehörde oder ein Organ des Bundes oder eines Landes das Recht als unvereinbar mit höherrangigem Bundesrecht nicht angewandt hat.

Prüfungsgegenstand für das Normbestätigungsverfahren kann daher das gesamte Bundes- und Landesrecht, allerdings **beschränkt auf Rechtsverordnungen, Satzungen sowie vorkonstitutionelle Parlamentsgesetze**. Eine Verwerfungskompetenz der Gerichte besteht nur hinsichtlich dieser materiellen Gesetze, nicht aber in Bezug auf nachkonstitutionelle Parlamentsgesetze wegen des insoweit bestehenden Verwerfungsmonopols des BVerfG aus Art. 100 Abs. 1 GG.

V. Nur bei Anlass zu prüfen sind

- ordnungsgemäßer **Antrag** gemäß § 23 BVerfGG; 529
- **objektives Klarstellungsinteresse** bzw. **Rechtsschutzbedürfnis.** Es fehlt z.B., wenn
  - eine abstrakte Normenkontrolle nach § 47 Abs. 1 VwGO möglich ist;[1012]
  - eine abstrakte Normenkontrolle nach Landesverfassungsrecht möglich ist;[1013]
  - die Norm zwischenzeitlich außer Kraft getreten ist und keine Rechtswirkungen mehr entfaltet (z.B. dadurch, dass der materielle Normgehalt Eingang in ein neues Gesetz fand);[1014]
  - bereits eine Parallelentscheidung des BVerfG vorliegt.[1015] Etwas anderes gilt nur dann, wenn sich die Lebensverhältnisse oder die allgemeine Rechtsauffassung grundsätzlich geändert haben.[1016]

B. Begründetheit, Prüfungsmaßstab

Der Antrag ist **begründet**, wenn die Norm **mit höherrangigem Bundesrecht unvereinbar** ist, § 78 S. 1 BVerfGG. 530

1. Prüfungsmaßstab für **Landesrecht** ist das gesamte Bundesrecht, nicht das Landesverfassungsrecht.[1017]

2. Prüfungsmaßstab für **Bundesrecht** ist unzweifelhaft das GG (vgl. Art. 93 Abs. 1 Nr. 2 GG und § 78 S. 1 BVerfGG: „Vereinbarkeit von Bundesrecht ... mit dem Grundgesetz").

Wegen des insoweit abweichenden Wortlauts von § 76 Abs. 1 Nr. 1 BVerfGG („Bundesrecht ... Unvereinbarkeit mit dem ... **sonstigen Bundesrecht**") ist fraglich und umstritten, ob bundesrechtliche Satzungen und RVOen auch auf ihre Vereinbarkeit mit höherrangigem einfachen Bundesrecht überprüft werden können.[1018]

1012 Maurer Staatsrecht I, § 20 Rn. 82.
1013 BVerfGE 96, 133; Maurer Staatsrecht I, § 20 Rn. 81; a.A. Degenhart Staatsorganisationsrecht, Rn. 768.
1014 BVerfGE 97, 198, 213 f.
1015 Degenhart Staatsorganisationsrecht, Rn. 830.
1016 BVerfG RÜ 2011, 383, 384; Degenhart Staatsorganisationsrecht, Rn. 770.
1017 Gröpl Staatsrecht I, Rn. 1542.
1018 Bejahend Degenhart Staatsorganisationsrecht, Rn. 831; ablehnend Maurer Staatsrecht I, § 20 Rn. 80; vermittelnd BVerfG NVwZ 2011, 289 Anm. Druner DVBl. 2011, 97; Hillgruber JA 2011, 318; Sachs JuS 2011, 572; Jarass/Pieroth GG, Art. 93 Rn. 45; krit zur. sog. „Vorfragen – Konstruktion"– Müller/Terpitz DVBl. 2000, 235.

Überwiegend wird zwar eine vollständige Überprüfung anhand einfacher Bundesgesetze verneint, dagegen aber **als Vorfrage** eine Überprüfung i. S. d. **Art. 80 GG** vorgenommen, also die Frage geklärt, ob sich die RVO an die Vorgaben der einfachgesetzlichen Ermächtigungsgrundlage hält.[1019]

Beispiel: Nach § 45 Abs. 1 Nr. 3 StVO kann die Straßenverkehrsbehörde die Benutzung bestimmter Straßenstrecken verbieten **zum Schutz der Wohnbevölkerung vor Lärm und Abgasen**. Besteht für die Straßenverkehrsbehörde also die Möglichkeit, einen unbeschrankten Bahnübergang zu sperren, um die Anwohner vor den „Pfeifsignalen" des Zuges zu schützen? Bei dem Zuglärm handelt es sich um verkehrsfremden Lärm. Nach § 6 Abs. 1 Nr. 3 d StVG ist der Bundesminister für Verkehr ermächtigt Regelungen zu erlassen über den Schutz der Wohnbevölkerung gegen Lärm und Abgas **durch den Kraftfahrzeugverkehr**. Würde § 45 Abs. 1 Nr. 3 StVO so ausgelegt, dass auch Zuglärm unter die Norm fällt, würde § 45 StVO gegen die gesetzliche Ermächtigungsgrundlage verstoßen und damit Art. 80 GG verletzen.

3. Bundesgesetze, die EU-Richtlinien oder Kommissionsbeschlüsse umsetzen, dürfen nur dann am GG gemessen werden, wenn die betreffende Richtlinie dem Gesetzgeber einen Spielraum für die Umsetzung belässt. Sofern das nicht der Fall ist, kann ein Verstoß gegen das GG nicht vorliegen, der Antrag ist unbegründet.[1020]

C. Tenor (nur bei Anlass prüfen!)

531 **I.** Grundsätzlich erklärt das BVerfG die Norm bei begründetem Antrag für nichtig gemäß § 78 S. 1 BVerfGG.[1021]

II. Es kann sich aber auch darauf beschränken, lediglich die **Unvereinbarkeit** der Norm mit dem GG festzustellen (arg. e §§ 31 Abs. 2 S. 3, 79 Abs. 1 BVerfGG) mit der Folge, dass die Norm grundsätzlich nicht mehr angewendet werden darf und die **Neuregelung** durch den Gesetzgeber abgewartet werden muss.[1022]

Letzteres gilt insbesondere, wenn dem Gesetzgeber (z.B. bei einem Verstoß gegen **Art. 3 Abs. 1 GG**) mehrere Möglichkeiten zur Verfügung stehen, den Verfassungsverstoß zu beseitigen **(Grundsatz der Gewaltenteilung)**.[1023]

Auch kann es sein, dass die Norm für eine **Übergangszeit** als gültig behandelt werden muss, weil die Nichtigkeit dem Verfassungserfordernis noch ferner läge als eine – zeitweise – Gültigkeit; sog. **„Chaosfälle"** bzw. **drohendes Rechtsvakuum**.[1024]

D. Wirkung der Entscheidung; §§ 79, 31 BVerfGG

532 **I.** Die Nichtig- oder Unvereinbarkeitserklärung wirkt ex tunc, aufgrund des Gesetzes ergangene Hoheitsakte bleiben grundsätzlich unberührt **(§ 79 Abs. 2 S. 1 BVerfGG)**, jedoch ist eine Vollstreckung unzulässig **(§ 79 Abs. 2 S. 2 BVerfGG)**.[1025] Bei Straf-

1019 Gröpl, Staatsrecht I, Rn. 1541.

1020 Degenhart Staatsorganisationsrecht, Rn. 270 ff.

1021 Zu den Folgen der Nichtigkeit und zur (quantitativen und qualitativen) Teilnichtigkeit vgl. i.E. Maurer Staatsrecht I, § 20 Rn. 84 f.; Schlaich/Korioth, Das Bundesverfassungsgericht, Rn. 378 ff.; H/G Rn. 528 ff.

1022 Vgl. BVerfG DVBl. 1993, 33, 34; DVBl. 1990, 474; Schlaich/Korioth, Das Bundesverfassungsgericht, Rn. 394 ff.; H/G Rn. 538 ff.

1023 Vgl. z.B. BVerfG DVBl. 2010, 1098.

1024 Vgl. z.B. BVerfG NVwZ 2011, 289, 294 m.w.N.; BVerfG RÜ 2011, 383, 388 f.; Degenhart Staatsorganisationsrecht, Rn. 796 ff.; Maurer Staatsrecht I, § 20 Rn. 90 ff.

1025 Zum Anwendungsbereich von § 79 Abs. 2 S. 3 BVerfGG (analog), insbesondere bei sittenwidrigen Bürgschaftsverträgen vgl. BVerfG DStR 2006, 108, Anm. Sachs JuS 2006, 454; Brehm JZ 2006, 975.

urteilen begründet die Nichtigerklärung einen Wiederaufnahmegrund **(§ 79 Abs. 1 BVerfGG).**[1026]

II. § 31 Abs. 1 BVerfGG begründet die **Bindungswirkung** für alle Verfassungsorgane des Bundes und der Länder, sowie für alle Gerichte und Behörden.[1027]

III. Gemäß **§ 31 Abs. 2** BVerfGG haben alle Entscheidungen im Rahmen von begründeten Normenkontrollverfahren **Gesetzeskraft** und binden insofern alle Bürger und sonstige nichtstaatliche Organe (Relevanz: Art. 20 Abs. 3 GG).[1028]

IV. Nur **eingeschränkte Bindungswirkung** besteht für die Bundes- und Landeslegislative. Wegen Art. 20 Abs. 3 Hs. 1 GG gilt kein absolutes Normenwiederholungsverbot (so früher h.M.), sondern nur die Pflicht zur Beachtung des **Gebotes der Verfassungsorgantreue**, bzw. des **verfassungsrechtlichen Interorganrespektes** (Organtreue). Dieses ist beachtet, wenn sich die für die verfassungsrechtliche Beurteilung maßgeblichen tatsächlichen oder rechtlichen Verhältnisse oder die ihr zugrunde liegenden Anschauungen wesentlich geändert haben. Nur unter diesen Ausnahmevoraussetzungen darf der Bundes-/Landesgesetzgeber auch Vorschriften erlassen, die in früherer Zeit vom BVerfG für verfassungswidrig angesehen worden sind.[1029]

Beispiel: 1965 verbietet eine Norm generell die gewerbliche Arbeitnehmerüberlassung. Im Jahre 1967 erklärt das BVerfG diese Norm für unvereinbar mit Art. 12 Abs. 1 GG. 1986 wird aufgrund der erheblichen veränderten Umstände im Baugewerbe § 12 a AFG erlassen, der ausnahmslos die gewerbliche Arbeitnehmerüberlassung im Baugewerbe verbietet.

Aus den oben dargestellten Gründen verstößt die gesetzliche Regelung (heute § 1 b AÜG) nicht gegen § 31 Abs. 1 BVerfGG.[1030]

E. Vollstreckung, § 35 BVerfGG

Gemäß § 35 BVerfGG kann das BVerfG in seiner Entscheidung die Art und Weise ihrer Vollstreckung selbst regeln. Auf dieser Grundlage ist das BVerfG insbesondere in Normenkontrollverfahren oder bei Verfassungsbeschwerden befugt, Übergangsregelungen zu erlassen und hierdurch den Gesetzgeber weitestgehend zu präjudizieren.[1031] **533**

Vgl. auch BVerfG: Für die Korrektur der Vorschrift ist dem Gesetzgeber ein Zeitraum von fünf Jahren ab Verkündung zuzubilligen ... Sollte es innerhalb dieser Frist nicht zu einer Neuregelung kommen, können die Gerichte Streitigkeiten ... nach Maßgabe der dargelegten Gesichtspunkte entscheiden.[1032]

1026 Vgl. Maurer Staatsrecht I, § 20 Rn. 86 ff.; Robbers § 30.

1027 Vgl. i.E: Schlaich/Korioth, Das Bundesverfassungsgericht, Rn. 470 ff.; 482 ff.; H/G Rn. 552; Sachs Verfassungsprozessrecht, Rn 561 ff.; zur Bindungswirkung gemäß § 95 Abs. 2 BVerfGG vgl. BVerfG NJW 2006, 3199; Anm. Sachs JuS 2007, 273.

1028 Vgl. i.E: Schlaich/Korioth, Das Bundesverfassungsgericht, Rn. 495 ff.; Robbers § 29.

1029 Vgl. BVerfG NJW 1988, 1195; VerfG HH DVBl. 2005, 439; Ziekow Jura 1995, 522.

1030 Vgl. BVerfG NJW 1988, 1195.

1031 Vgl. exemplarisch BVerfG NJW 1993, 1751; kritisch zur Vollstreckungskompetenz des BVerfG Schlaich/Korioth, Das Bundesverfassungsgericht, Rn. 473 f.

1032 BVerfG DVBl. 1998, 398, 399; zur sog. Appellentscheidung oder Verpflichtungserklärung des BVerfG vgl. auch Maurer Staatsrecht I, § 20 Rn. 93 f.; H/G Rn. 544 ff.; Sachs Verfassungsprozessrecht, Rn. 557 ff.; Robbers § 31; Bethge Jura 2009, 18, 23 f.

Fall 23: Renitente Landesregierung – Abwandlung zu Fall 17

Wie oben im Fall 17 (Rn. 398) dargestellt, wurden durch das Gesetz zur Einführung eines Betreuungsgeldes (Betreuungsgeldgesetz) in das Bundeselterngeld- und Elternzeitgesetz (BEEG) die Bestimmungen der §§ 4 a–d BEEG eingefügt, welche einen Anspruch auf Betreuungsgeld regelten.

Die Landesregierung des Bundeslandes L bezweifelt die Verfassungsmäßigkeit des Gesetzes. Einerseits ist sich die Landesregierung nicht sicher, ob dem Bund überhaupt die Gesetzgebungskompetenz zusteht. Andererseits könne eine Verletzung des Art. 6 GG nicht ausgeschlossen werden. Die Landesregierung möchte die Verfassungsmäßigkeit des Gesetzes nach der Verkündung vom BVerfG klären lassen. Wäre ein Antrag zulässig?

534 Die Landesregierung möchte klären lassen, ob die §§ 4 a–d BEEG verfassungsgemäß sind. In Betracht kommt daher eine **abstrakte Normenkontrolle** beim BVerfG gemäß Art. 93 Abs. 1 Nr. 2 GG, § 13 Nr. 6 BVerfGG.

I. Dann müsste das BVerfG **zuständig** sein. Das BVerfG entscheidet nach Art. 93 Abs. 1 Nr. 2 GG, § 13 Nr. 6 BVerfGG bei Meinungsverschiedenheiten oder Zweifeln über die **förmliche und sachliche Vereinbarkeit** von Bundes- oder Landesrecht mit dem Grundgesetz. Die Landesregierung von L bezweifelt, dass die §§ 4 a–d BEEG für formell und materiell verfassungsgemäß sind. Damit geht es um die Vereinbarkeit von Bundesrecht mit dem Grundgesetz. Das BVerfG ist daher zuständig im Verfahren der abstrakten Normenkontrolle.

II. Die Landesregierung des Landes L müsste auch **beteiligtenfähig** sein. Nach § 76 Abs. 1 BVerfGG kann den Antrag auch eine Landesregierung stellen, sodass die Beteiligtenfähigkeit besteht.

III. Zulässiger **Antragsgegenstand** einer abstrakten Normenkontrolle ist gemäß § 76 Abs. 1 BVerfGG Bundes- oder Landes**recht**. Bei den §§ 4 a–d BEEG handelt es sich um Vorschriften eines **Bundesparlamentsgesetzes**, das **bereits verkündet** worden und damit als geltendes Recht anzusehen ist. Folglich stellen die Normen einen tauglichen Antragsgegenstand dar.

IV. Die Landesregierung müsste auch **antragsbefugt** sein. Dann müsste die Landesregierung das Recht gemäß § 76 Abs. 1 BVerfGG **für nichtig halten**. Die Landesregierung bezweifelt zwar die Verfassungsmäßigkeit des Gesetzes, ist aber nicht überzeugt. Fraglich ist, ob bereits Zweifel für die Antragsberechtigung ausreichen.

Dafür, dass bereits Zweifel ausreichend sind, spricht der Wortlaut des Art. 93 Abs. 1 Nr. 2 GG. Danach entscheidet das BVerfG bei Meinungsverschiedenheiten oder Zweifeln hinsichtlich der Verfassungsmäßigkeit von Bundesrecht. Als höherrangiges Recht könnte Art. 93 Abs. 1 Nr. 2 GG der Regelung des § 76 Abs. 1 Nr. 1 BVerfGG insofern vorgehen. Dagegen könnte jedoch sprechen, dass der Gesetzgeber das Verfahren des BVerfG gemäß Art. 94 Abs. 2 S. 1 GG regelt. Insoweit könnte § 76 Abs. 1 Nr. 1 BVerfGG als verfassungsgemäße Konkretisierung und Einschränkung des Art. 93 Abs. 1 Nr. 2 GG verstanden werden.

Gegen eine solche Annahme spricht, dass dieser Gedanke auf kein weiteres Verfahren beim BVerfG übertragen wird. Vielmehr wird in anderen Verfahren, in denen die Regelungen des BVerfGG enger gefasst sind als Art. 93 GG, immer das BVerfGG anhand des höherrangigen Art. 93 GG ausgelegt (z.B. sind im Organstreitverfahren über die in § 63 BVerfGG genannten Organe auch andere Beteiligte am Verfassungsleben beteiligtenfähig über Art. 93 Abs. 1 Nr. 1 GG).

Damit genügen **nach dem Wortlaut des höherrangigen** Art. 93 Abs. 1 Nr. 2 GG die Zweifel der Landesregierung. Die Landesregierung ist auch antragsbefugt.

V. Die abstrakte Normenkontrolle ist nicht fristgebunden. Für die **Form** gilt die allgemeine Vorschrift des § 23 Abs. 1 BVerfGG (schriftlich mit Begründung), die hier eingehalten ist.

Der Antrag ist danach zulässig.

---

7. Abschnitt: Konkrete Normenkontrolle oder Richtervorlage

A. Zulässigkeit gemäß Art. 100 Abs. 1 GG; §§ 13 Nr. 11, 80 ff. BVerfGG

- **Zuständigkeit des BVerfG** (Art. 100 Abs. 1 GG, § 13 Nr. 11 BVerfGG)
- **Prüfungs-/Vorlagegegenstand** (Art. 100 Abs. 1 GG)
- **Vorlageberechtigung** (Art. 100 Abs. 1 GG)
- **Vorlagevoraussetzungen/Vorlagegrund** (Art. 100 Abs. 1 GG)
  - Gericht ist überzeugt von der Verfassungswidrigkeit der vorgelegten Norm
  - Entscheidungserheblichkeit der Vorlagefrage
- Nur bei Anlass zu prüfen:
  - Form (§ 23 BVerfGG)
  - ausreichende Begründung (§ 80 Abs. 2 BVerfGG)
  - kein Verfahrenshindernis

I. Zuständigkeit

Nach Art. 100 Abs. 1 GG, § 13 Nr. 11 BVerfGG entscheidet das BVerfG über die Verletzung von höherrangigem Bundesrecht durch Landes- und Bundesgesetze, wenn ein Gericht diese Frage dem BVerfG zur Entscheidung vorlegt. 535

II. Richtiger Vorlagegegenstand

Prüfungs- oder Vorlagegegenstand sind gemäß Art. 100 Abs. 1 GG **nur formelle nachkonstitutionelle Gesetze**, also anders als bei der abstrakten Normenkontrolle keine untergesetzlichen Vorschriften (RVOen, Satzungen) oder vorkonstitutionelle Gesetze.[1033] 536

1033 Maunz/Schmidt-Bleibtreu/Klein/Bethge, Bundesverfassungsgerichtsgesetz, § 80 Rn. 78 ff.

Art. 100 GG soll insbesondere die Autorität des nachkonstitutionellen Bundes- oder Landesgesetzgebers vor einer Verwerfung seiner Gesetze durch die Gerichte schützen und deshalb ein **„Verwerfungsmonopol des BVerfG“** begründen.

Nachkonstitutionell sind alle Gesetze, die unter Geltung des GG erlassen wurden. Fortgeltendes Reichsrecht und DDR-Recht unterliegen dagegen grundsätzlich nicht der konkreten Normenkontrolle, es sei denn, der nachkonstitutionelle Gesetzgeber hat das Gesetz „in seinen Willen aufgenommen“ (z.B. durch Neuverkündung, maßgebliche Änderungen, Verweisungen).[1034]

Bei Satzungen, RVOen sowie vorkonstitutionellem (Reichs- oder DDR-)Recht hat daher das Fachgericht eine eigene Verwerfungskompetenz.[1035]

III. Vorlageberechtigung

537 **Vorlageberechtigt** sind gemäß Art. 100 Abs. 1 GG alle **Gerichte**, unabhängig von der Instanz, also das Amtsgericht ebenso wie die Landesverfassungsgerichte. „Gericht“ kann in einem Kollegialgericht (z.B. Kammer, Senat) auch der Einzelrichter sein, sofern er nach der jeweiligen Prozessordnung dazu berufen ist, die anstehende Entscheidung allein zu treffen.[1036] Gemeint ist also der sog. **Spruchkörper**.

IV. Vorlagevoraussetzungen bzw. Vorlagegrund; Art. 100 Abs. 1 GG

538 **1.** Das mit dem Verfahren befasste (Fach-)Gericht muss von der **Verfassungswidrigkeit** überzeugt sein.

Nicht ausreichend sind, im Gegensatz zur abstrakten Normenkontrolle, bloße Zweifel an der Verfassungsmäßigkeit,[1037] da die Formulierung „für verfassungswidrig halten“ bereits in Art. 100 Abs. 1 GG enthalten ist. Die Überzeugung von der Verfassungswidrigkeit setzt voraus, dass auch eine Lösung über eine **verfassungskonforme Auslegung** der Vorschrift **nicht möglich** ist.[1038]

Klausurhinweis: *Eine verfassungskonforme Auslegung sollte nur bei Vorliegen einer entsprechenden Entscheidung des BVerfG vorgenommen werden.*

Beispiel: § 15 Abs. 2 i.V.m. § 15 Abs. 1 VersG ist nicht anwendbar bei Spontanversammlung oder nur eingeschränkt anwendbar (nur Auflagen) bei ausschließlicher Gefährdung der öffentlichen Ordnung[1039]

2. Das Gesetz muss für den konkreten Fall **entscheidungserheblich** sein.

a) Bei Anwendung des Gesetzes muss sich daher ein **anderes Ergebnis** als bei Nichtanwendung ergeben.[1040] Bei einer verwaltungsgerichtlichen Klage reicht z.B. die objektive Verfassungswidrigkeit nicht aus, hinzu kommen muss die Verletzung des Klägers in

---

1034 Vgl. BVerfG NJW 1998, 1699 u. 3557; zur rechtlichen Einordnung des BGB vgl. Leipold NJW 2003, 2657.

1035 BVerfG NVwZ 2006, 322; NJW 1998, 1699 – DDR-Gesetze.

1036 BVerfG NJW 1981, 912; NJW 1999, 274.

1037 BVerfG NJW 1988, 1902.

1038 BVerfG NJW 1997, 2230; Schoch S. 309 f.; Schlaich/Korioth, Das Bundesverfassungsgericht, Rn. 145, 440 ff. Fn. 131; H/G Rn. 613; Voßkuhle AöR 2000, 177; Robbers S. 61.

1039 BVerfGE 69, 315.

1040 BVerfG NJW 1998, 57; NVwZ 1995, 158; Schlaich/Korioth, Das Bundesverfassungsgericht, Rn. 148.

subjektiven Rechten.[1041] Ein anderes Ergebnis liegt auch dann vor, wenn die Klage im Ausgangsverfahren entweder sachlich zu bescheiden oder aber das Ausgangsverfahren nach Feststellung der Verfassungswidrigkeit der Norm (z.B. wegen eines gleichheitswidrigen Begünstigungsausschlusses) durch das BVerfG erneut auszusetzen wäre, um eine Neuregelung durch den Gesetzgeber abzuwarten.[1042]

b) Darf nationales Recht wegen Verstoßes gegen vorrangiges EU-Recht nicht angewendet werden, ist es für das Verfahren ohnehin nicht entscheidungserheblich und kann daher keine Vorlage nach Art. 100 Abs. 1 GG rechtfertigen.[1043]

c) Auch eine innerstaatliche Rechtsvorschrift, die eine EU-Richtlinie oder einen Beschluss der EU-Kommission in deutsches Recht umsetzt, wird nicht an den Grundrechten des Grundgesetzes gemessen, wenn das **Unionsrecht** dem deutschen Gesetzgeber **keinen Umsetzungsspielraum** belässt, sondern zwingende Vorgaben macht. In diesem Fall ist die Vorlage eines unionsrechtumsetzenden Gesetzes an das BVerfG unzulässig, weil die Frage seiner Vereinbarkeit mit dem Grundgesetz nicht entscheidungserheblich ist.

Wenn unklar ist, ob und inwieweit das Unionsrecht den Mitgliedstaaten einen **Umsetzungsspielraum** belässt, sind auch Instanzgerichte vor einer Vorlage an das BVerfG zur Einleitung eines Vorabentscheidungsverfahrens zum EuGH gemäß Art. 267 Abs. 2 AEUV verpflichtet.[1044]

d) Im **vorläufigen Rechtsschutzverfahren** wird es in der Regel an der Entscheidungserheblichkeit fehlen, da das Gericht – unabhängig von der Wirksamkeit der Norm – eine vorläufige Regelung treffen darf, wenn sonst die Durchsetzung des Anspruchs im Hauptsacheverfahren vereitelt würde.[1045] Außerdem ist die Verfassungswidrigkeit der streitentscheidenden Norm in vorläufigen Rechtsschutzverfahren nur eines von mehreren Kriterien für die Abwägung der beteiligten Interessen.[1046]

V. Nur bei Anlass zu prüfen sind:

1. Formgerechter Antrag, § 23 BVerfGG

2. Ordnungsgemäße Begründung gemäß § 80 Abs. 2 BVerfGG

Die Begründung des vorlegenden Gerichts muss die **Entscheidungserheblichkeit** und die Überzeugung der **Verfassungswidrigkeit** im Einzelnen darlegen. Die Begründung muss aus sich heraus ohne Beiziehung der Akten des Ausgangsverfahrens verständlich sein. **539**

1041 BVerfG NVwZ 1998, 606, 607 zu § 113 Abs. 1 S. 1 VwGO.

1042 BVerfGE 93, 386, 395; Schlaich/Korioth, Das Bundesverfassungsgericht, Rn. 141; Sachs Verfassungsprozessrecht, Rn. 199 ff.

1043 Vgl. BVerfG NJW 1992, 964; OVG NRW NVwZ 1996, 495.

1044 BVerfG RÜ 2011, 799; Thiemann Jura 2012, 902.

1045 OVG Berlin DVBl. 1992, 919; OVG NRW NVwZ 1992, 1226, 1227; Bamberger NWVBl. 2000, 397.

1046 BVerfGE 47, 146, 151 ff., 157 ff.; Schlaich/Korioth, Das Bundesverfassungsgericht, Rn. 158.

Nach Art. 100 Abs. 1 GG i.V.m. § 80 Abs. 2 S. 1 BVerfGG muss das vorlegende Gericht ausführen, mit welcher übergeordneten Norm die zur Nachprüfung gestellte Bestimmung unvereinbar ist und inwieweit seine Entscheidung von der Gültigkeit dieser Bestimmung abhängt. Sodann muss es sich eingehend mit der einfach-rechtlichen Rechtslage auseinandersetzen und dabei, soweit Anlass dazu besteht, die in Rspr. und Schrifttum vertretenen Auffassungen verarbeiten. ... Ferner muss das Gericht deutlich machen, mit welchen verfassungsrechtlichen Grundsätzen die zur Prüfung gestellte Regelung seiner Ansicht nach nicht vereinbar ist und aus welchen Gründen es zu dieser Auffassung gelangt ist; auch insoweit bedarf es eingehender, gegebenenfalls Rspr. und Schrifttum beiziehender Darlegungen. ... Schließlich muss sich aus dem Vorlagebeschluss die Überzeugung des Gerichts von der Verfassungswidrigkeit der zur Prüfung gestellten Norm ergeben, bloße Zweifel reichen insoweit nicht.[1047]

3. Ein **Verfahrenshindernis** ist möglich wegen **Zweitvorlage, Doppelvorlage oder Mehrfachvorlage.**[1048]

Unzulässige Richtervorlagen können unter den Voraussetzungen von § 81 a S. 1 BVerfGG auch durch die **Kammern** (§ 15 a BVerfGG) abgewiesen werden.

B. Begründetheit

540 **I.** Der Antrag ist begründet, wenn die vorgelegte Norm mit höherrangigem Bundesrecht unvereinbar ist (vgl. §§ 82 Abs. 1, 78 S. 1 BVerfGG).

Auch hier kann das BVerfG die Norm entweder für nichtig erklären oder sich auf die Feststellung der Unvereinbarkeit mit dem GG beschränken (arg. e §§ 82 Abs. 1, 79 Abs. 1 und 31 Abs. 2 S. 3 BVerfGG). Die Entscheidung hat nach § 31 Abs. 1 BVerfGG Bindungswirkung, nach § 31 Abs. 2 S. 1 BVerfGG Gesetzeskraft (vgl. dazu ausführlich oben Rn. 532).

II. Prüfungsmaßstab ist für Bundesgesetze nur das Grundgesetz (Art. 100 Abs. 1 S. 1 Hs. 2 GG), für Landesgesetze außerdem alle formellen Bundesgesetze und BundesRVOen.[1049]

Das BVerfG prüft die vorgelegte Norm umfassend am gesamten höherrangigen Bundesrecht, ohne hierbei an die vom Gericht geltend gemachten Nichtigkeitsgründe gebunden zu sein.[1050] Aus diesem Grund (der auch für die abstrakte Normenkontrolle und die Verfassungsbeschwerde gilt) bezieht sich der Ausspruch in einer Entscheidung des BVerfG, dass eine gesetzliche **Vorschrift mit dem GG vereinbar** sei, auf **alle** Bestimmungen der Verfassung, auch wenn sich die Gründe der Entscheidung nur zu einzelnen dieser Bestimmungen verhalten.[1051]

III. Sofern ein Gericht willkürlich seine Vorlagepflicht verletzt, verstößt es gegen Art. 101 Abs. 1 S. 2 GG.[1052]

1047 BVerfG NJW 2002, 1707; NVwZ 2002, 1101; NVwZ 2010, 183 Anm. Muckel JA 2010, 475; NJW 2011, 441 Anm. Selmer JuS 2011, 381.

1048 Vgl. i.E. Schoch S. 311 ff.; Schlaich/Korioth, Das Bundesverfassungsgericht, Rn. 159; BVerfG NJW 2000, 3269.

1049 BVerfGE 65, 359, 373; Degenhart Staatsorganisationsrecht, Rn. 780; Schlaich/Korioth, Das Bundesverfassungsgericht, Rn. 161 ff.

1050 BVerfGE 126, 369 (Rn. 61); .Degenhart Staatsorganisationsrecht, Rn. 840.

1051 BVerfG NJW 2000, 3296; Maunz/Schmidt-Bleibtreu/Klein/Bethge, Bundesverfassungsgerichtsgesetz, § 82 Rn. 15.

1052 Schlaich/Korioth, Das Bundesverfassungsgericht, Rn. 145 Fn. 130 m.w.N.

Fall 24: Die Partnerschaftsgesellschaft

R (zugelassener Rechtsanwalt) und seine Ehefrau E (Ärztin und Apothekerin) schlossen sich zu einer Sozietät zusammen und gründeten die Partnerschaftsgesellschaft „Dr. jur. R., Rechtsanwalt, Dr. med. E, Ärztin und Apothekerin, interprofessionelle Partnerschaft für das Recht des Arztes und des Apothekers." R und E meldeten die Partnerschaftsgesellschaft beim zuständigen Amtsgericht an.

Sowohl das Amtsgericht als auch das OLG als Beschwerdegericht verweigerten die Eintragung der Partnerschaftsgesellschaft mit der Begründung, der Eintragung stehe die abschließende Regelung des § 59 a BRAO entgegen. Diese normiere, mit welchen Berufsgruppen sich Rechtsanwälte zur gemeinschaftlichen Berufsausübung zusammenschließen dürften. In dieser Vorschrift wären aber die Berufe des Arztes und des Apothekers nicht aufgeführt. Der mit der zugelassenen Rechtsbeschwerde angerufene BGH hat das Verfahren ausgesetzt und hinsichtlich der Vereinbarkeit des § 59 a BRAO mit dem Grundgesetz dem Bundesverfassungsgericht formell ordnungsgemäß die Frage vorgelegt, ob § 59 a Abs. 1 BRAO das Grundrecht der Berufsfreiheit aus Art. 12 Abs. 1 GG insoweit verletzt, als er die Gründung einer Partnerschaftsgesellschaft (§ 1 Abs. 1 PartGG) von Rechtsanwälten mit Ärzten und Apothekern verbietet.

Der BGH meint insbesondere, die Regelung sei nicht verhältnismäßig. Das Sozietätsverbot sei weder zur Sicherstellung der anwaltlichen Verschwiegenheit, noch zur Sicherung der anwaltlichen Unabhängigkeit erforderlich. Auch wenn das Ziel der Norm wäre, Interessenkonflikte beim Rechtsanwalt zu vermeiden, sei diese unverhältnismäßig. Eine erweiternde Auslegung der Vorschrift über die dort genannten Berufsgruppen komme nicht in Betracht. Insoweit wäre § 59 a BRAO eine abschließende Regelung. Hat der Antrag des BGH beim Bundesverfassungsgericht Erfolg?

Der Antrag hat Erfolg, wenn er zulässig und begründet ist.

A. **Zulässigkeit des Antrags** 541

I. Das Bundesverfassungsgericht entscheidet gemäß Art. 93 Abs. 1 Nr. 5, Art. 100 Abs. 1 GG, § 13 Nr. 11 BVerfGG über die Verletzung von höherrangigem Bundesrecht durch Landes- oder Bundesgesetze, wenn die Frage von einem Gericht, wie hier, vorgelegt wird (sog. **konkrete Normenkontrolle**). Das Bundesverfassungsgericht ist daher zuständig.

II. **Vorlagegegenstand** kann nach Art. 100 Abs. 1 GG nur ein formelles nachkonstitutionelles Gesetz wie die BRAO sein.

III. **Vorlageberechtigt** sind gemäß Art. 100 Abs. 1 GG, § 80 Abs. 1 BVerfGG alle Gerichte, und damit auch der BGH.

IV. **Weitere Vorlagevoraussetzungen** sind nach Art. 100 Abs. 1 GG, § 80 Abs. 2 S. 1 BVerfGG, dass das vorlegende Gericht das Gesetz für ungültig hält und das Gesetz entscheidungserheblich ist.

1. Das mit dem Verfahren befasste Gericht muss **von der Verfassungswidrigkeit überzeugt** sein. Der BGH hält § 59 a BRAO für unverhältnismäßig und da-

mit für verfassungswidrig wegen einer Verletzung des Art. 12 GG. Zwar setzt die Überzeugung von der Verfassungswidrigkeit einer Norm auch voraus, dass eine verfassungskonforme Auslegung der Vorschrift nicht möglich ist. Mit dieser Möglichkeit hat sich der BGH jedoch befasst und unter Hinweis auf eine aus seiner Sicht abschließende Regelung des § 59 a Abs. 1 BRAO nachvollziehbar verneint.

2. Die gesetzliche Vorschrift muss auch für die Entscheidung im konkreten Fall **entscheidungserheblich** sein. Die zulässige Rechtsbeschwerde zum BGH hätte Erfolg, wenn § 59 a Abs. 1 BRAO insoweit verfassungswidrig wäre, als dieser eine Partnerschaft von Rechtsanwälten mit Ärzten und Apothekern nicht zulässt. Sie wäre dagegen unbegründet, wenn § 59 a Abs. 1 BRAO insoweit verfassungsgemäß wäre. Daher ist die Verfassungsmäßigkeit der Vorschrift auch entscheidungserheblich.

V. Letztlich ist auch die Form (§§ 23 Abs. 1, 80 Abs. 2 BVerfGG) gewahrt.

Die konkrete Normenkontrolle ist zulässig.

542 B. **Begründetheit des Antrags**

Der Antrag ist begründet, wenn § 59 a BRAO verfassungswidrig ist (vgl. §§ 82 Abs. 1, 78 S. 1 BVerfGG). Es könnte eine Verletzung der **Berufsfreiheit aus Art. 12 Abs. 1 GG** gegeben sein.

Anmerkung: *Hier erfolgt eine verkürzte Prüfung des Grundrechts. Zu den Einzelheiten des Grundrechts der Berufsfreiheit AS-Skript Grundrechte (2017), Rn. 451 ff.*

I. Dann müsste der **Schutzbereich betroffen** sein. Art. 12 Abs. 1 GG schützt als einheitliches Grundrecht den Beruf. Beruf ist jede auf Dauer angelegte Tätigkeit zur Schaffung und Erhaltung einer Lebensgrundlage. Dazu zählt auch die Freiheit, den Beruf gemeinsam mit Angehörigen anderer Berufe auszuüben,[1053] die durch § 59 a Abs. 1 BRAO für Rechtsanwälte mit Ärzten oder Apothekern untersagt wird. Damit ist der Schutzbereich der Berufsfreiheit betroffen.

II. Es müsste auch ein **Eingriff** in den Schutzbereich gegeben sein. Das Sozietätsverbot i.S.v. § 59 a BRAO verhindert, dass sich Rechtsanwälte mit Ärzten und Apothekern zu einer gemeinschaftlichen Berufsausübung verbinden. Dadurch wird der durch Art. 12 Abs. 1 GG geschützte Lebensbereich durch die gesetzliche Vorschrift verkürzt, sodass ein Eingriff vorliegt.

III. Dieser Eingriff in den Schutzbereich könnte **verfassungsrechtlich gerechtfertigt** sein.

1. Art. 12 Abs. 1 S. 2 GG enthält die **Einschränkungsmöglichkeit**, dass der Beruf durch oder auf Grund eines Gesetzes geregelt werden kann. Diese nach dem Wortlaut nur für die Berufsausübung geltende Schranke bezieht sich wegen des einheitlichen Schutzbereiches sowohl auf die Berufsausübung als auch auf die -wahl. Der Regelungsvorbehalt wird durch § 59 a BRAO umgesetzt.

1053 BVerfG RÜ 2016, 317, 318.

2. Die die Berufsfreiheit einschränkende Regelung des § 59 a BRAO müsste die Einschränkungsmöglichkeit **in verfassungsgemäßer Weise konkretisieren**. Dies ist der Fall, wenn § 59 a BRAO formell und materiell verfassungsgemäß ist.

   a) Die Norm ist **formell verfassungsgemäß**. Insbesondere besteht für den Bund die konkurrierende Gesetzgebungskompetenz aus Art. 74 Abs. 1 Nr. 1 GG als Kernkompetenz (Art. 72 Abs. 2 GG).

   b) § 59 a BRAO müsste auch **materiell verfassungsgemäß** sein. Dies setzt insbesondere voraus, dass die Norm **verhältnismäßig** ist. Dabei wird der Grundsatz der Verhältnismäßigkeit im Bereich des Art. 12 GG durch die sog. **Drei-Stufen-Theorie** systematisiert.[1054] **543**

      aa) Die Anforderungen an die Rechtfertigung eines Eingriffs hängen von der Intensität des Eingriffs ab. Durch das Sozietätsverbot wird weder Rechtsanwälten noch anderen Berufen die Wahl des Berufes (das „Ob") unmöglich gemacht, sondern lediglich die Berufsausübung geregelt (das „Wie). Daher handelt es sich um einen **Eingriff auf der ersten Stufe**.

      bb) Der Gesetzgeber müsste mit der Regelung in § 59 a BRAO einen **legitimen Zweck** verfolgen. Berufsausübungsregelungen können durch **vernünftige Erwägungen des Gemeinwohls** gerechtfertigt werden. Das Sozietätsverbot in § 59 a BRAO und die daraus resultierende Begrenzung der sozietätsfähigen Berufe soll die **Beachtung der wesentlichen anwaltlichen Grundpflichten** aus § 43 a BRAO sichern. Dazu zählen neben der Pflicht zur Verschwiegenheit das Verbot, widerstreitende Interessen zu vertreten (§ 43a Abs. 4 BRAO) und die Pflicht, keine die berufliche Unabhängigkeit gefährdenden Bindungen einzugehen (§ 43 a Abs. 1 BRAO).[1055] Der Gesetzgeber verfolgt mit dem Sozietätsverbot daher einen legitimen Zweck.

      cc) Die Begrenzung der sozietätsfähigen Berufe gemäß § 59 a BRAO müsste **verhältnismäßig** sein, also geeignet, erforderlich und angemessen. Dabei ist zwischen den verschiedenen durch die Regelung geschützten Grundpflichten des Anwalts aus § 43 a BRAO zu unterscheiden.

      (1) Hinsichtlich der anwaltlichen Verschwiegenheit ist das Sozietätsverbot nicht verhältnismäßig. Einerseits unterliegen auch Ärzte und Apotheker einer eigenen beruflichen Verschwiegenheitspflicht, sodass eine unbefugte Offenbarung eines fremden Geheimnisses auch für sie, wie für einen Anwalt, ein gemäß § 203 Abs. 1 Nr. 1 StGB sanktioniertes Vergehen darstellt. Andererseits handelt es sich um einen Eingriff von einem erheblichen Gewicht. Gerade im modernen (Wirtschafts-)Leben werden die von einem Anwalt zu beurteilenden Sachverhalte immer komplexer und können häufig ohne einen externen Sachverstand kaum beurteilt werden. Eine ausreichende und qualifizierte Beratung

1054 Zur Drei-Stufen-Theorie AS-Skript Grundrechte (2017), Rn. 471 ff.

1055 BVerfG RÜ 2016, 317, 319.

und Vertretung der Mandanten ist häufig nur unter Beteiligung von Sachverständigen aus anderen Berufszweigen möglich. Daher hängt letztlich auch der Erfolg einer modernen Anwaltskanzlei davon ab, auf externen Sachverstand zugreifen zu können. Insofern ist die Regelung unangemessen und unverhältnismäßig.[1056]

(2) Auch zur Sicherung der anwaltlichen Unabhängigkeit ist die Regelung unangemessen und unverhältnismäßig. Die Gefahr, dass durch eine Zusammenarbeit von Anwälten und Ärzten/Apothekern die anwaltliche Unabhängigkeit beeinträchtigt wird, ist sehr gering. Gemäß § 1 PartGG können sich Angehörige freier Berufe zusammenschließen, wobei freie Berufe im allgemeinen die persönliche, eigenverantwortliche und fachlich unabhängige Erbringung von Dienstleistungen höherer Art zum Inhalt haben (§ 1 Abs. 2 S. 1 PartGG). Nach den für Ärzte und Apotheker geltenden Berufsordnungen haben dementsprechend auch diese freien Berufe die Unabhängigkeit zu wahren, sodass die Gefahren, die mit einer gemeinsamen Berufsausübung für die Unabhängigkeit einzelner Berufsträger verbunden sind, zu gering sind, als dass das Sozietätsverbot angemessen wäre.[1057]

(3) Letztlich ist § 59 a BRAO auch zum Schutze des Verbots, widerstreitende Interessen zu vertreten, unverhältnismäßig. Zwar wird das Verbot für Rechtsanwälte durch den Straftatbestand des Parteiverrats (§ 356 StGB) abgesichert, während sich Ärzte und Apotheker nicht eines Parteiverrats i.S.v. § 356 StGB schuldig machen können. Dieser Unterschied erklärt sich jedoch daraus, dass Ärzte und Apotheker bei der Ausübung ihrer Berufe typischerweise nicht im Interesse ihrer Patienten in ein Gegnerverhältnis zu Dritten geraten. Zudem sind auch die anderen, nach § 59 a BRAO nicht von einem Sozietätsverbot betroffenen Berufe (z.B. Steuerberater oder Wirtschaftsprüfer), grundsätzlich nicht an das Verbot des § 43 a Abs. 4 BRAO, § 3 BORA gebunden und ebenfalls grundsätzlich nicht potentielle Täter des Parteiverrats nach § 356 StGB. Hier hat es der Gesetzgeber hingenommen, dass die Gefahr besteht, dass ein nicht-anwaltlicher Partner Interessen vertritt, die denen des Mandanten zuwider laufen. Um dies zu verhindern, bestimmen §§ 30, 33 Abs. 2 BORA, dass eine interprofessionelle Zusammenarbeit eines Anwalts mit anderen in § 59 a BRAO genannten Berufsgruppen nur zulässig ist, wenn diese bei ihrer Tätigkeit auch das anwaltliche Berufsrecht beachten und der Rechtsanwalt gewährleistet, dass die Regeln der BRAO auch von der Organisation eingehalten werden.

1056 BVerfG RÜ 2016, 317, 320 f.
1057 BVerfG RÜ 2016, 317, 321.

§ 59 a BRAO ist demzufolge materiell verfassungswidrig und greift in verfassungsrechtlich nicht gerechtfertigter Weise in das Grundrecht der Berufsfreiheit ein. Art. 12 Abs. 1 GG ist verletzt.

Ergebnis: Die konkrete Normenkontrolle ist zulässig und begründet. Der Antrag des BGH beim Bundesverfassungsgericht hat Erfolg.

---

8. Abschnitt: Einstweilige Anordnungen, Art. 93 Abs. 3 GG, § 32 BVerfGG[1058]

A. Zulässigkeit und Begründetheit des Antrags

I. Zulässigkeit gemäß Art. 93 Abs. 3 GG i.V.m. § 32 BVerfGG

1. Zuständigkeit des BVerfG gemäß § 32 BVerfGG

Diese Voraussetzung ist erfüllt, wenn das BVerfG auch für das (geplante oder bereits anhängige) Hauptverfahren zuständig ist. In Betracht kommen grundsätzlich alle Verfahren gemäß Art. 93 GG i.V.m. § 13 BVerfGG. **544**

2. Antragsberechtigung

Antragsberechtigt ist jeder, der auch im Hauptsacheverfahren beteiligtenfähig sein kann. **545**

3. Antragsbefugnis

Eine Antragsbefugnis ist nur erforderlich, soweit das Hauptsacheverfahren eine solche voraussetzt.

4. Keine Vorwegnahme der Hauptsache

Der Antrag ist grundsätzlich unzulässig, wenn Antragsinhalt und Hauptsachebegehren (im Wesentlichen) deckungsgleich sind oder der Antrag sogar darüber hinausgeht. Etwas anderes gilt nur dann, wenn unter den gegebenen Umständen eine Entscheidung in der Hauptsache zu spät kommen würde und der Antragsteller in anderer Weise ausreichenden Rechtsschutz nicht mehr erlangen kann.

Beispiel: Verfassungsbeschwerde gegen Versammlungsverbot[1059]

1058 BVerfG 2001, 2457, Anm. Schoch Jura 2001, 833; Schlaich/Korioth, Das Bundesverfassungsgericht, Rn. 462 ff.; Sachs Verfassungsprozessrecht, Rn. 542 ff.; Niesler Jura 2007, 362; Morlok/Michael Staatsorganisationsrecht, Rn. 587 Fn. 133 ff.; Degenhart Staatsorganisationsrecht, Rn. 800 ff.; Schoch/Ehlers § 19; Bäcker JuS 2013, 119; Gröpl Staatsrecht I, Rn. 1598 ff.

1059 BVerfG, Beschl. v. 14.08.2006 – 1 BvQ 25/06; Niesler a.a.O. S. 365 m.w.N. in Fn. 68 ff.

5. Rechtsschutzbedürfnis

546 Das Rechtsschutzbedürfnis kann in folgenden Fällen fehlen:

a) Keine Dringlichkeit i.S.v. § 32 Abs. 1 BVerfGG;

b) Antragsteller kann noch rechtzeitig und zumutbar fachgerichtlichen Rechtsschutz beantragen (§ 90 Abs. 2 BVerfGG analog).[1060]

II. Begründetheit

547 Gemäß § 32 Abs. 1 BVerfGG ist der Antrag begründet, wenn die einstweilige Anordnung zur Abwehr schwerer Nachteile, zur Verhütung drohender Gewalt oder aus einem anderen wichtigen Grund zum gemeinen Wohl dringend geboten ist.

1. Grundsätzlich ist in diesem Zusammenhang eine Folgenabwägung vorzunehmen. Abzuwägen sind die Folgen, die eintreten würden, wenn eine einstweilige Anordnung nicht erginge, das Hauptsacheverfahren aber Erfolg hätte, gegenüber den Nachteilen, die entstünden, wenn die einstweilige Anordnung erlassen würde, sich das Hauptsacheverfahren aber als unbegründet erweisen würde (sog. **Doppelhypothese**).[1061]

2. Ohne Folgenabwägung können nur die folgenden Fallkonstellationen entschieden werden:

a) Das Hauptsacheverfahren ist unzulässig oder offensichtlich unbegründet; in diesem Fall ist der Antrag auf einstweilige Anordnung (ohne Weiteres) unbegründet.[1062]

b) Das Hauptsacheverfahren ist zulässig und offensichtlich begründet; in diesem Fall ist der Antrag auf einstweilige Anordnung (ohne Weiteres) begründet.

Besonders strenge Maßstäbe legt das BVerfG an, wenn es um das Inkrafttreten eines Gesetzes[1063] oder um Maßnahmen mit völkerrechtlichen oder außenpolitischen Auswirkungen geht.[1064]

B. Widerspruch, Außerkrafttreten

548 Unter den Voraussetzungen von § 32 Abs. 3 BVerfGG kann **Widerspruch** gegen die einstweilige Anordnung erhoben werden, der allerdings keine aufschiebende Wirkung hat (§ 32 Abs. 4 BVerfGG).

Die einstweilige Anordnung **tritt nach sechs Monaten außer Kraft**, sofern sie nicht mit einer Mehrheit von zwei Dritteln der Stimmen wiederholt wird (§ 32 Abs. 6 BVerfGG).

1060 BVerfG a.a.O.

1061 BVerfG NVwZ 2007, 324.

1062 BVerfG NVwZ 2007, 324.

1063 BVerfG NVwZ 2008, 543, Anm. Sachs JuS 2008, 737.

1064 BVerfG NJW 2003, 2379 f. zum Auslandseinsatz der Bundeswehr.

STICHWORTVERZEICHNIS

Die Zahlen verweisen auf die Randnummern.